LE SHANGAÏÉ

ANDRÉ LE GAL

Le Shangaïé

ROMAN

J.-C. LATTÈS

A Yolande

CHAPITRE PREMIER

JEAN-MARIE QUÉÏNEC naquit le 29 février 1880, à Morlaix, au domicile de sa grand-mère, Jeanne Combote, 18, rue des Hautes-Murailles.

Morlaix, en ce temps-là, était une petite bourgade du Finistère, tapie sous un viaduc majestueux, qui reliait, superbe, les contreforts boisés de la vallée du Dossen. La ville descendait, pelotonnée sur les coteaux, en ruelles tortueuses jusqu'à l'animation des quais. Sous le pont de Morlaix, les bateaux venaient relâcher. Non seulement les chasse-marée, petites embarcations d'une dizaine de mètres, gréées à deux mâts, dont c'était la fonction essentielle de remonter les rivières côtières et de les redescendre à contre-marée, chassant la marée, mais aussi des navires plus imposants, des gros lougres sardiniers de la Manche et de jolies goélettes élancées qui commerçaient avec les ports anglais. De temps en temps, des long-courriers venaient accoster, trois-mâts à vergue, lourds et tranquilles, « brassés carrés », remplis d'épices et de tabac et chargés du mystère des grands voyageurs. Ces jours-là, on se pressait sur les quais. C'était une bouffée du bout du monde qui se répandait sur la ville, les embruns de la Tasmanie, la fureur du Horn et le soleil de San Francisco.

La boulangerie Quéïnec était située sur le quai de Léon. L'endroit était naturellement passant et commerçant, au cœur de l'activité du monde, auprès de l'église, du marché et du port, un emplacement qui avait assuré, pendant des générations, le rendement de la boulangerie. François Quéïnec avait été le premier à rompre avec la tradition familiale. Les voiliers si proches..., une tentation permanente : à quinze ans, il avait fini par s'embarquer. Après quelques années « au commerce », il s'était enrôlé dans la marine de guerre, la « Royale », en tant que gabier. Il avait bourlingué sur tous les océans, il avait pris le goût des pays exotiques, des mers orientales, des petites Annamites et du bambou.

A trente-cinq ans, l'abus des douceurs asiatiques et du tafia lui avait valu une réforme. Il était revenu à Morlaix, maigre et absent, solidement pensionné, et avait retrouvé sa chambre au-dessus de la boulangerie du quai de Léon. Ses parents étaient morts, et Yves – son frère, de quinze ans son aîné – continuait à s'activer au pétrin avec un ouvrier. Yves n'avait jamais pu s'embarquer : des amarres, qui l'avaient retenu fermement à la boulangerie... Mais il n'avait jamais cessé d'en rêver, et les jours de soleil, après la fournée de l'après-midi, il allait s'asseoir sur un banc, près du viaduc, et regardait des heures entières l'activité sur les bateaux, les mâts, les profils des coques et les chasse-marée qu'on halait dans la rivière.

En 1878, François Quéïnec épousa Catherine Combote. Il avait quarante ans, elle en avait vingt. Il était décharné et silencieux, elle était potelée, solide et volontiers bavarde. Il était malade, elle éclatait de vie. Un mariage « arrangé », bien sûr, entre deux êtres que tout séparait... Pourtant, toute sa vie Catherine gardera des six ans que durera son union un souvenir chaud et doux, et pour François Quéïnec, son premier mari, une tendresse discrète que rien n'entravera jamais.

Un an après le mariage, Yves Quéïnec prit « le mal » en sortant un jour d'hiver sur le pas de la boulangerie, encore transpirant des chaleurs du fournil. Il mourut peu après et François fut contraint de vendre la boulangerie. C'était la fin d'une tradition familiale, un crève-cœur que les quelques milliers de francs-or, produit de la vente, parvinrent à apaiser.

Quelques mois plus tard, le 28 février 1880, Catherine sentant venir les douleurs de l'enfantement monta rue des Hautes-Murailles où sa mère, Jeanne Combote, tenait une petite épicerie-buvette. C'est le lendemain, dans la matinée du 29 février, par un soleil lumineux et un froid sec, dans la chaleur douillette d'une chambre du premier étage d'un vieil immeuble d'une venelle du haut de Morlaix, que vint au monde Jean-Marie Quéïnec.

Jean-Marie garda peu de souvenirs de son père. La vision de sa maigreur s'aggravant sans cesse, un regard bleu un peu nostalgique, le « regard des Quéïnec » dont il avait lui-même hérité, un être solitaire et pourtant affectueux. Quelques images aussi qui restèrent en lui : François Quéïnec ayant repris la place de son frère Yves sur le banc près du viaduc, observant, lointain, les passages des bateaux dans l'écluse et, comme ancrée dans une mémoire profonde, cette histoire que son père racontait souvent avec un sourire entendu... Un jour, quelques années auparavant, il était allé voir un cousin dans une ferme non loin de Morlaix, sur la commune de Saint-Pabu. L'endroit était un lieu-dit d'accès malcommode et s'appelait *Koad an Ankou* : le terroir de l'enfer. Ce jour-là, de vieilles paysannes étaient avec lui dans la carriole, rudement bringuebalées par les sursauts des fondrières et les nids-de-poule.

Au bout d'une demi-heure de cahots et de meurtrissures, l'une d'elles s'exclama d'une voix nette : « *Gaou'n deus lâret'n aotrou person... Neo ket ken aes all da vont betek koad an ankou.* » Le curé du village m'a menti : pas si facile d'aller en enfer.

François Quéïnec mourut au mois de février 1884, Jean-Marie allait avoir quatre ans. Le curé de Saint-Matthieu, dans son homélie, parla des pays lointains, des sacrifices consentis pour la France et de la mer, sur laquelle il avait tant navigué. Dans l'église comble, chacun acquiesça. Mourir de l'opium et du tafia, c'était mourir de l'Océan. C'était bien évident. François Quéïnec était mort en marin.

Joseph Morvan était venu aux obsèques. C'était un petit homme rond et sanguin, d'une soixantaine d'années, le teint buriné et le regard noir. Bien que plus âgé que François Quéïnec, ils avaient été bons amis : les souvenirs des escales à Haiphong, en Chine, à Madagascar... Il venait souvent à Morlaix voir son « cher François ». Le jour de l'enterrement, bien sûr, il ne pouvait être absent. Ce qu'il expliqua à Catherine au moment des condoléances. Il ne pouvait pas rester non plus... Il devait retourner à Saint-Malo le jour même... Des obligations professionnelles, le départ pour « la campagne ».

En quittant la Royale, quinze ans auparavant, Joseph Morvan s'était reconverti dans la pêche à Terre-Neuve. Il était originaire de Saint-Servan. Les armateurs de la région lui avaient fait confiance. Il avait été engagé en qualité de bosco, maître de manœuvre. Il avait donné toute satisfaction dès la première campagne... Il était intelligent, travailleur, obstiné. On l'avait aidé à obtenir son brevet de « captain » et depuis dix ans il commandait pour l'armement Gautier de Saint-Malo un brick-goélette trois-mâts de quarante mètres et de trente hommes d'équipage. « Je reviendrai vous voir, Catherine, lui dit-il quand on eut descendu le cercueil de François Quéïnec dans le caveau de famille. Après la campagne. Je ne vous abandonnerai pas. »

Il tint parole. Il revint fin octobre. Catherine s'était installée avec son fils dans un petit appartement au premier étage d'un immeuble modeste au bout du quai, au-dessus des écluses, non loin du viaduc. Dans la salle à manger, au parquet impeccablement astiqué, elle avait accroché un portrait de François, son défunt mari, entre les assiettes de porcelaine exposées sur les étagères. Elle portait le deuil avec simplicité; une robe noire qui faisait ressortir la jeunesse de ses traits. Il lui en fit la remarque.

« Vous faites une veuve bien jeune, Catherine, lui dit-il. Il faudra songer à refaire votre vie. C'est pas les belles propositions qui manqueront... Il faut penser à l'avenir, Catherine, à l'avenir de Jean-Marie... »

Il avait une idée derrière la tête. Elle l'avait repérée tout de suite. Il avançait à pas de loup, mais pas trop, tout de même pour être compris...

« Pourquoi ne viendriez-vous pas passer quelques jours à Saint-Briac, pour vous changer les idées? Je me suis fait construire une belle maison, *La Javotte*, pas très loin du bourg, dans un petit bois de pins maritimes, au-dessus d'une plage de sable blanc. Ça vous changera des bruits et des odeurs des quais. Dinard est à côté. Une belle petite ville, Dinard, surtout depuis que les Anglais ont fait construire leurs maisons le long de la corniche... »

Il se montrait de plus en plus direct. Elle était surprise. Elle hésitait.

« Et puis il y a Saint-Malo, fit-il en prenant

Jean-Marie sur ses genoux. Dis, Jean-Marie, t'aime-rais pas, toi, aller à Saint-Malo, voir les remparts, les corsaires?... »

Jean-Marie fit « non » de la tête. Saint-Malo, il n'en avait jamais entendu parler. Ça ne l'intéressait pas. Il n'avait rien à faire non plus de Joseph Morvan. Ce qu'il voulait, c'était rester avec sa mère. Et seul, de préférence... Il n'en démordait pas.

Catherine attendit un an, le temps que le deuil officiel soit écoulé, que les convenances ne soient pas trop heurtées, et elle accepta l'invitation de Joseph Morvan. Sa mère, Jeanne Combote, avait su la convaincre :

« C'est un brave homme, lui avait-elle dit... Bien sûr, tu auras d'autres propositions... Mais pourquoi attendre?

— Il a bientôt soixante ans, avait fait remarquer Catherine...

— C'est pas ce qui l'empêchera de veiller sur toi... Et puis... il a du " bien ". »

La phrase clef était dite. Ce qui avait fini par convaincre Catherine. Pas vraiment pour l'argent. Pour Jean-Marie, son avenir, qu'il ne soit pas dans le besoin.

Le mariage eut lieu au mois de décembre 1886, dans l'église de Saint-Servan, commune natale de Joseph Morvan. Seule une cousine de Catherine était venue de Morlaix. Elle était son témoin et surveillait Jean-Marie, au premier rang dans le chœur, qui s'arrangeait pour faire tomber à espaces réguliers le prie-Dieu qui était devant lui. Joseph Morvan non plus n'avait pas beaucoup de famille. Quelques cousins éloignés, à la mode de Bretagne, qu'il avait mobilisés pour ce jour-là... Pourtant, en ce samedi de décembre 1886, la grande église de Saint-Servan était pleine à craquer, au point que, malgré le temps froid et légèrement brumeux, on avait laissé ouverte la grande porte à double battant pour que les nombreux retardataires qui formaient un attroupement sur le parvis puissent suivre l'office. C'est qu'ils étaient tous venus, les terre-neuvas de la région, et de très loin parfois. Certains n'avaient pas hésité à quitter tôt le matin, en pleine nuit parfois, leur village des bords de Rance, de la Richardais, de Plouher et même de Dinan, dans leurs habits du dimanche qui les rendaient gauches, pour assister au mariage de M'sieur Morvan, le père Joseph, le captain. Tous ceux qui avaient navigué sous ses ordres étaient là, les habitués du Grand-Banc de Terre-Neuve, du Platier ou du Bonnet-Flamand[1], tous les « pelletas » de Saint-Malo et de Cancale, non seulement « patrons » et « avant de doris », mais aussi les hommes du commandement, les boscos, les trancheurs, les maîtres saleurs et tous les captains sans exception. Une ambiance moins recueillie que chaleureuse... Emile Gautier, l'armateur, était venu lui aussi en personne en compagnie de Madame. C'est dire l'estime dans laquelle le monde morutier, malouin et cancalais, le tenait.

C'est vrai qu'il le méritait, Joseph Morvan. C'était un bon marin, surtout un bon pêcheur qui savait détecter en un coup d'œil les bancs de poisson. Un flair infaillible. Le brick-goélette *Sans-Peur* qu'il commandait depuis dix ans était devenu le plus rentable de l'armement Gautier. Il n'était pas rare

---

1. La pêche à la morue, à la fin du siècle dernier, se déroulait sur trois « bancs », à l'est de Terre-Neuve : le « Grand-Banc », le « Platier » et le « Bonnet-Flamand ». Elle durait d'avril à octobre. Les morutiers à voile se rendaient sur les lieux de pêche et les « terre-neuvas », appelés également « pelletas », lançaient des lignes à bord de « doris », petites embarcations de cinq à sept mètres de long. Le doris appartenait à un pêcheur, le « patron », qui engageait à ses frais un aide, souvent un mousse, qui, posté à l'avant, devenait « avant de doris ». Les morues étaient comptées lors du retour au bateau.

que pendant une campagne à Terre-Neuve il aille relâcher à quatre, voire cinq reprises, à Saint-Pierre pour décharger la morue. Un rendement exceptionnel. Fin septembre, à bout de sel, il « débanquait » avant tout le monde, et, quatre semaines après, la rumeur se répandait dans Saint-Malo, autour du port et chez les commerçants du « pilo » : le *Sans-Peur* avait été signalé au phare des hauts de Bréhat. Il ne tarderait pas à être à quai.

La Javotte, la maison de Saint-Briac, était solide et confortable. C'était une grande villa à deux étages, en pierre de taille, construite sur une corniche bordée d'un chemin de douaniers, face à la mer dont elle était protégée par les pins maritimes, où elle s'était enfouie. Catherine Combote, veuve Quéïnec, devenue Morvan, s'y installa peu à peu. Elle n'était pas vraiment chez elle. Les meubles n'étaient pas les siens. Les portraits sur les murs ne lui évoquaient rien. C'était un exil qu'elle vivait, renforcé encore par l'éloignement de la villa du bourg de Saint-Briac.

Jean-Marie y fut plus vite sur son territoire. A l'école, bien sûr, dans les premiers temps, on le chahuta : il était étranger, il avait un drôle d'accent, il venait du bout du monde, du pays des fous, de « chez les singes »... Quelques coups de sabot judicieusement expédiés lui valurent le respect de ses condisciples. L'estime tient souvent à peu de chose.

Les années passèrent, rythmées par les campagnes à Terre-Neuve. L'hiver, Joseph Morvan parcourait la campagne environnante pour recruter son équipage. Il détestait la « foire aux pelletas » qui se tenait une fois l'an au village du Vieux-Bourg, près de Combourg, où les terre-neuvas, assis dans la grande salle d'un café, attendaient les offres des captains. « Les foires, c'est pour les bestiaux, disait-il, pas pour les humains... » Il avait des manières somme toute, Joseph Morvan, et il faisait des dizaines de kilomètres dans les chemins défoncés des bords de Rance pour engager ses marins chez eux, dans les fermes où ils habitaient. Tout est affaire d'élégance : les marins, avant même d'embarquer, lui en étaient reconnaissants.

Le soir après le repas, assis dans un fauteuil profond près d'une fenêtre que faisait frémir le hurlement du noroît, il compulsait les ouvrages de géographie. Il se plongeait dans des voyages immenses, sans fin, il refaisait les routes de ses périples passés, il retrouvait les paysages du temps où il « écumait » l'océan Indien et la mer de Chine avec François Quéïnec.

« Avec ton père, sur la *Clorinthe*, disait-il à Jean-Marie, on peut se vanter d'en avoir vu du pays! »

Il déroulait alors une grande carte.

« Quand nous sommes allés à Saigon... Tiens, regarde. »

Il faisait la route avec le doigt.

« On a commencé par doubler le Bonne-Espérance et on s'est fait tosser pendant quarante-cinq jours dans l'océan Indien... Mais ça sert à rien d'en parler. Les coups de chien, c'est pas des bons souvenirs... Quand on est arrivé dans le détroit de la Sonde et le détroit de Gaspard, il faisait un temps merveilleux, à peine une petite brise, et on avançait doucement sous huniers volants et perroquets. Les indigènes sont venus à notre rencontre, dans de longues pirogues. C'était des types fins, musclés, qui chantaient en cadence... On leur a échangé des montagnes de fruits et de poissons contre un bout de savon et un couteau à trois francs... »

Il souriait, comme plongé dans une stupéfaction ravie : trente ans après, il n'en revenait toujours pas!

« ... Après, on s'est engagé dans le delta du Mékong et on a remonté la rivière de Saigon, tiré par un remorqueur chinois, le *Nam-ri*... Sur chaque berge, tribord et bâbord, on voyait des grands échassiers qui se pavanaient dans les hautes herbes et des buffles bossus qui tiraient les charrues dans les rizières... »

Jean-Marie montait se coucher émerveillé : ce n'était plus un coup de vent en Manche qui faisait trembler la grosse maison de Saint-Briac, c'était un typhon en mer de Chine. Les sampans étaient en bas, solidement amarrés le long du quai. Il s'endormait tranquille.

Tous les ans, quand arrivait la dernière semaine de février, *La Javotte* connaissait des moments de tension, de fureur, d'orages. Joseph Morvan préparait son départ en campagne. Catherine avait beau se donner du mal, s'appliquer, plier son linge avec précaution dans son « coffre », ranger les paquets de tabac, caler soigneusement les bouteilles de gin – un luxe de captain, une boisson d'une autre tenue, tout de même, que le « boujaron », le rhum repoussant que buvaient les matelots – il trouvait toujours quelque chose à redire, une raison pour se mettre en colère, un prétexte pour déclencher la tempête.

« Catherine, nom de Dieu!... qu'il hurlait depuis son bureau du premier étage, tu as encore oublié mon atlas de l'Océanie. »

Elle se risquait :

« Mais, Joseph..., je croyais que tu n'en avais pas besoin à Terre-Neuve! »

Il s'étranglait.

« Voilà maintenant que tu t'occupes de ce dont j'ai besoin ou pas! »

Même en campagne, il ne pouvait se passer des cartes des pays lointains. Terre-Neuve, ce n'était pas vraiment du voyage. De la pêche dans une mer froide, des chapes de brume soudaines, aucune curiosité nulle part, sauf les icebergs qu'on voyait descendre quelquefois et les trois cent cinquante bistrots qu'on trouvait à Saint-Pierre. Et puis c'était bien le seul endroit au monde où il n'avait besoin de rien pour faire sa route : ni instruction nautique ni tables de Mercator. Une boussole, tout au plus... Sur le Grand-Banc, il y allait tout seul, sans rien, et même la mer du Labrador, il la connaissait comme sa poche, il se repérait à la couleur de l'eau; et le Saint-Laurent, si on avait voulu, les yeux fermés, il le remontait... Seulement le soir, quand la mer n'était pas trop mauvaise, il ressortait ses « wagoners[1] » du bout du monde, et seul dans sa petite cabine de captain, à la lumière d'une faible lampe à huile, à cent cinquante milles au sud-est de Saint-Pierre-et-Miquelon, il calculait pour la centième fois la meilleure route pour s'engager dans le détroit de Formose.

En mars 1890, Jean-Marie Quéïnec eut enfin le droit d'accompagner son père à Saint-Malo pour le départ à Terre-Neuve. Un matin, le jardinier vint ranger la carriole devant le perron de *La Javotte*. On cala le petit coffre du captain à l'arrière, on installa Jean-Marie sur le siège du cocher, couvert d'un ciré à cause de la pluie fine qui tombait sur la baie de Saint-Malo – « Maudite boucaille! » avait pesté Joseph Morvan – Catherine et son mari s'assirent sur la petite planche de bois, au milieu de la carriole, sous la bâche, et Guérin Le Bideau, le jardinier-cocher, mena l'attelage à vive allure sur la route de Dinard.

1. Déformation maritime des cartes du géographe Waghenaer.

Malgré le crachin, la « boucaille », c'était la fête à Saint-Malo pour le départ des terre-neuvas. Ce qui frappa Jean-Marie en descendant du petit vapeur à roue qui faisait la traversée depuis Dinard jusqu'à l'embarcadère de la porte de Dinan, en bas des remparts : les familles qui déambulaient, pauvres et endimanchées, en attendant l'embarquement du fils, du père ou du grand-père, parmi les carrioles des forains et plus loin, dans le grand bassin Vauban, le long du quai de la grande porte, la forêt des mâts de dizaines de bricks-goélettes, entrelacs guillerets de centaines de petits drapeaux : les grands pavois des jours de départ.

Joseph Morvan avait retenu deux chambres à l'hôtel de l'Univers. Le *Sans-Peur* ne prendrait pas la mer avant trois jours. Il fallait tout vérifier avec Emile Gautier, l'armateur, Antoine Boisset, le bosco, et Youen Duval, le maître saleur. L'état du gréement : bien fatigué. Ferait quand même la campagne. Et peut-être même deux ou trois autres... Les vivres : pas la peine de trop s'alourdir. De toute façon, on se nourrira de la pêche, soupe de têtes de morues bouillies à tous les repas. Ne pas oublier deux cochons vivants qu'on tuera l'un le 14 juillet, l'autre le 15 août, et surtout le « boujaron », le mot clef pour les terre-neuvas, le mauvais rhum qui fait oublier le froid, l'humidité, la fatigue, la douleur.

Catherine et Jean-Marie arpentèrent pendant deux jours la rue principale de Saint-Malo, « faisant le pilo[1] », les yeux éblouis des lumières de ce qu'ils percevaient comme une immense métropole, ravis au spectacle des vitrines si variées et élégantes, entrant timidement prendre un chocolat dans une crêperie bondée du haut de la rue de Dinan, apeu-

---

1. « Faire le pilo » consiste à monter et à descendre la rue principale de Saint-Malo, anciennement dénommée rue du Pilori.

rés en croisant les groupes de jeunes marins éméchés qui fêtaient le départ, comblés de joie devant les violoneux et les orgues de Barbarie qui se déchaînaient à la porte Saint-Vincent, en bas des remparts.

Le *Sans-Peur* ne put prendre son départ, comme prévu, à la marée haute de cinq heures du soir. Jules Guédon n'était pas arrivé. Marie-Louise son épouse – une grande femme sèche de Cancale, entre deux âges, vêtue de noir, les yeux clairs et vifs, le nez pointu, entourée de ses enfants, marmaille silencieuse et docile, habillés impeccablement pour le départ à Terre-Neuve, dont l'aîné pouvait avoir douze ans et le dernier, qui s'accrochait autour de son cou, à peine six mois – s'en excusa auprès de Joseph Morvan.

« Merci de ne pas vous en aller sans mon Jules, m'sieur Morvan.

– On n'est pas à une journée près, Marie-Louise, sourit le captain en bas de la coupée... La morue, on lui avait pas dit qu'on devait partir aujourd'hui. Y a pas de raison qu'elle s'en aille. Elle nous attendra bien vingt-quatre heures. »

Le *Sans-Peur* ne partirait que le lendemain. Ce n'était pas une catastrophe. D'ailleurs, il s'en doutait, Joseph Morvan, que le père Jules ne serait pas à l'embarquement au moment voulu. C'était une tradition. Ce qu'il expliqua le soir à Catherine et Jean-Marie qu'il avait invités à dîner dans un restaurant des remparts, pour marquer son départ :

« ... Depuis dix ans que je navigue à Terre-Neuve, j'ai jamais vu le père Jules paré à manœuvrer au moment voulu... C'est une habitude bien ancienne chez lui, un rite qui remonte à sa première campagne, paraît-il, quand il était mousse... C'est pas d'hier. »

Il servit un verre de muscadet à Catherine qui

protesta qu'elle ne buvait jamais et lui fit valoir que c'était un jour important.

« Tous les ans, c'est pareil, continua-t-il. Jules descend de la carriole de Cancale avec Marie-Louise et les enfants le matin du départ. Il passe à l'armement Gautier toucher son avance et sur le quai, devant la passerelle du *Sans-Peur*, après avoir déposé son coffre dans le poste, il procède au partage. C'est rien de dire qu'ils sont pas d'accord... Marie-Louise se met à pleurer : " C'est tout c' que tu m' donnes, mon Jules!... qu'elle fait. Et la pauvre " garsaille ", alors, c't' hiver, comment j' vas-t-y lui donner à mâger, et comment j' vas-t-y les habiller, les " pouchailles "... " Jules donne un billet de plus, et comme elle en veut davantage, il finit par se mettre en colère : " Et moi, avec quoi j' vas tirer ma bordée? qu'il exulte... J' vas é bancs, nom de Dieu, j' vas é bancs! " »

Aller « é bancs » pour les pêcheurs, c'est six ou sept mois de souffrance. Pas dur à comprendre. Jules, il ne veut pas oublier un bistrot avant de partir. Il aurait des remords, une fois en mer...

Joseph Morvan prit tout à coup un air entendu, en attaquant le plateau de fruits de mer.

« Les plus jeunes, les célibataires, ils ont pas que les bistrots à visiter, le jour du départ... Ils vont dans certain lieu... »

Il se fit évasif pour éviter que Jean-Marie ne comprenne.

« ... Rue Thévenard, au numéro dix, il y a une porte à double battant, du chêne épais de trois pouces... Dans le bas, le bois est entamé, un creux qui s'est formé : les pelletas ont pris l'habitude d'envoyer des grands coups de sabots-bottes dans la porte pour qu'on leur ouvre. La patronne prend son temps pour ouvrir le judas. Les coups de pied qui secouent le chambranle, ça l'impressionne pas. Elle a l'habitude. " Qu'é c'est-y? " qu'elle demande imperturbable. – On vient pour le coup d' partance, qu'ils font. – C'est complet. Revenez dans deux heures... " Alors, ils font deux ou trois cafés et ils reviennent deux heures plus tard rue Thévenard, " pour le coup de partance ". »

Catherine sourit et fit semblant d'être offusquée. Jean-Marie se douta qu'il s'agissait d'un secret bien trouble qui appartenait au monde des adultes. Il était intrigué, mais n'en laissa rien paraître.

« Le père Jules, continua Joseph Morvan, il pense que ça porte chance pour la campagne de monter sur le bateau en louvoyant bord sur bord et encadré par deux brasses carrés. »

Il vit une lueur d'incompréhension dans le regard de Jean-Marie.

« Les brasses carrés, Jean-Marie, ce sont les gendarmes maritimes... Ils portent un bicorne. De loin, on a l'impression qu'ils ont une vergue sur la tête..., qu'ils sont " brassés carrés ". Jules, ils finissent par le retrouver dans un café, rue de la Soif ou porte de Dinan, et ils nous l'amènent à bord... L'année dernière, ils se sont mis à quatre pour lui faire enjamber la coupée, tellement il était éméché. Il avait pas passé la grande porte qu'on l'entendait déjà : " Me touchez pas, vantiés maudits brasses carrés! qu'il hurlait... J' veux boire un dernier coup de boujaron... J' vas é bancs, nom de Dieu, j' vas é bancs! "

« Quatre gendarmes maritimes pour le père Jules : on va avoir une bonne campagne, on a pensé, une pêche miraculeuse... Pas du tout. Le poisson a été bien finaud : on a été obligé d'attendre la fin octobre pour " débanquer "; la dernière limite avant que la navigation ne soit trop dangereuse, à cause des glaces... Quand on est venu s'amarrer au bassin Duguay-Trouin, Marie-Louise attendait sur le quai, avec les gamins qui grelottaient dans leurs habits achetés en juin, pour la communion de l'aîné. Sur les bras, elle avait un nourrisson qui dormait, pelotonné contre sa poitrine. Jules était étonné. Il se grattait la tête en soulevant son bonnet de laine : " Qu'é c'est-y? qu'il a demandé, depuis le bastingage. – Ben, mon Jules…, qu'elle a fait, en baissant les yeux… C'est l' coup d' partance! " Jules s'est mis à compter sur ses gros doigts… Octobre. Novembre. Ça fait neuf… Il a eu un immense sourire dans une bouche édentée et noire… " Alors… l'est à moé, qu'il a fait dans une joie absolue, l'est à moé! " »

Jules Guédon monta à bord le lendemain comme prévu, ivre mort, entre deux « brasses carrés ». Le *Sans-Peur* fut tiré par les remorqueurs à la marée haute de six heures et demie. Il passerait la nuit au mouillage en baie de Saint-Malo, à quelques milles des côtes, sous le vent de l'île Cézembre. C'était une précaution que prenaient les captains. Attendre une nuit au large pour que tous les hommes retrouvent leurs esprits, qu'ils puissent établir la voilure, monter dans les haubans sans risquer d'accident. « Faire dessouler la viande », qu'ils disaient. Une sagesse élémentaire.

Pierre Le Cozic venait de temps en temps à Saint-Briac. Il y passait deux ou trois mois puis repartait. Il en profitait pour rendre visite au père Renault, l'unique instituteur de la commune. Il lui était reconnaissant de lui avoir appris à lire et à écrire. Il n'était pas ingrat, il s'en souvenait. C'était un homme jeune, d'une trentaine d'années, grand et costaud, les yeux marron, les cheveux noirs et courts, des traits ronds et le teint buriné et rougeoyant, qui témoignait de ses voyages, de sa fréquentation des océans lointains, des îles du bout du monde.

Pierre Le Cozic était « matelot léger » sur les long-courriers, les trois et quatre-mâts, barques ou carrés, de l'armement Bordes de Nantes, et il faisait chaque année, depuis plus de quinze ans, le voyage autour du monde. Sa mère, Marie Le Cozic, veuve sans ressources, avait été la gouvernante de Joseph Morvan avant qu'il n'épouse Catherine Quéïnec. Celle-ci, en arrivant à *La Javotte*, avait gardé Marie Le Cozic à son service. Elle l'aidait à astiquer les escaliers, à faire la cuisine, à s'occuper du ménage. Elle avait eu une attitude de charité discrète et élégante, Catherine. Pierre Le Cozic y avait été sensible et, par contrecoup, s'était piqué d'une amitié de grand frère pour Jean-Marie. A chaque retour de voyage, quand il revenait à Saint-Briac, il avait toujours dans son sac une petite place pour un cadeau. Jean-Marie avait ainsi disposé dans sa chambre, sur une étagère spécialement réservée, une collection d'objets hétéroclites, souvenirs d'escales au bout du monde : des petits éléphants d'ivoire achetés dans une échoppe de Shanghaï, des pipes en bambou d'Hanoï, des statuettes indiennes, une dent d'ours du Kamtchatka achetée à un chasseur de baleines anglais rencontré à Hawaii, un bric-à-brac extravagant dont la pièce la plus volumineuse était une canne confectionnée avec des vertèbres de requin. Un cadeau pas très original, comme il l'avait expliqué à Jean-Marie :

« Tu sais, Ti Jean, sur les bateaux, c'est pas tout le temps qu'on a des tempêtes. On ne passe pas toutes nos journées à louvoyer, à border des écoutes, à virer au cabestan ou à monter dans les cocotiers pour envoyer les voiles ou reprendre de la toile. Quand le captain connaît bien son affaire, et c'est chaque fois, il va accrocher les vents où il faut et on reste peinard sur le gaillard d'avant à faire la sieste dans un hamac... Tiens, par exemple, cette fois-ci, pour aller de Liverpool à Rio de Janeiro, avant de faire du sud en direction des Malouines et de doubler le Horn, on s'est installé bâbord amures à peine doublé le cap Lizard. On est passé accore[1] d'Ouessant et on a fait route nettement au sud-ouest pour éviter de se faire prendre au piège du golfe de Gascogne. On était en octobre, et à cette période de l'année, dans l'Atlantique Nord, le vent domine à l'ouest, des grands frais avec une houle méchante... A Madère, on a pu attraper sans trop de problèmes la brise du nord. On a pris un bord dans le sud jusqu'au cap Vert et après tout droit, tribord amures, jusqu'au large de Recife, appuyé par les alizés de nord-est. J'ai jamais autant dormi de ma vie. On s'est réveillé un peu au passage de la " ligne "..., fit-il l'air entendu... Quand on est arrivé au large du Brésil, le bosco a aboyé : " A serrer les cacatois... " Plus personne ne savait si c'était au tour des tribordais ou des bâbordais... On est tous montés là-haut! »

Il souriait doucement : une sacrée preuve, tout de même, qu'ils étaient restés longtemps sans manœuvrer.

« Pour s'occuper pendant trois semaines, on a lancé des lignes... On a ramené des centaines de poissons, des dorades énormes et aussi des requins, des bêtes monstrueuses de cinq mètres de long avec des rangées de dents plus coupantes que des rasoirs... Le " coq " nous a fait revenir la chair dans une marinade et avec les vertèbres, tu vois, Ti Jean, je t'ai fait une canne pour tes vieux jours... »

Jean-Marie avait souri, émerveillé. Il avait dans sa chambre l'épine dorsale d'un monstre mangeur

---

1. Passer accore : passer à proximité d'une côte.

d'hommes qui, il y a peu, vivait tapi au fond de l'océan. Un point pourtant l'intriguait, une question qui était toujours restée sans réponse. Il se risqua :

« Dis, Pierre..., tu as déjà fait escale à San Francisco ? »

Le Cozic le regarda en souriant, un peu étonné.

« Trois fois, Ti Jean... Pourquoi ? »

Jean-Marie baissa les yeux, honteux de ce qu'il allait dire. Pourtant il le fallait. C'était impératif... Il se lança :

« Pourquoi tu ne m'as jamais rien ramené de San Francisco ? »

Il avait peur d'être mal compris. Il ne voulait pas avoir un cadeau, un de plus. Il s'en moquait bien. Il voulait connaître un secret...

Le Cozic le regarda avec attention. Il ne se méprenait pas sur le sens de la question. C'est vrai qu'il y avait là comme la marque d'un mystère, d'une réalité plus profonde. Il essaya de l'expliquer :

« San Francisco, Ti Jean, c'est pas une ville comme les autres... C'est le plus grand port du monde.

— Plus grand que Saint-Malo ? fit Jean-Marie en alerte.

— Cent fois plus grand que Saint-Malo..., rectifia Le Cozic d'un ton passionné. Plus grand que Hambourg même, plus grand que Liverpool. Et le plus drôle, c'est qu'au large tu ne vois rien... Une toute petite coupure dans les montagnes rocheuses, entre la pointe Reyes au nord-ouest et le cap San Pedro, au sud. C'est tout. Tu entres dans un goulet étroit, passage majestueux entre des falaises immenses, la Golden Gate, là tu découvres une baie magnifique, immense et lumineuse, avec des vapeurs à roue qui courent dans tous les sens, des îlots rocheux et au loin, très loin, des petites maisons blanches qui s'accrochent à la montagne dans la brume de chaleur. Il arrive qu'on jette l'ancre dans la baie, mais le plus souvent des remorqueurs nous tirent jusqu'à des pontons en bois, des wharfs qu'ils disent, faits de troncs d'arbres plantés dans la vase et soutenant des madriers grossièrement joints... C'est quand même solide et ça supporte une sacrée animation... La ville est agrippée à la colline, le long d'avenues immenses qui plongent vers la mer en paliers successifs... Près du port, et en remontant vers la Golden Gate par Columbus et North Beach, c'est une multitude de petites ruelles, de maisons en bois, de tavernes bondées et de chercheurs d'or aussi, qui déambulent, maigres et barbus... »

Le Cozic regarda Jean-Marie, comme s'il sortait de ses pensées.

« Dans les rues de Frisco, on trouve de tout... »

Il sourit.

« ... Une fois, j'y ai même vu une fête chinoise. C'est vrai... Un immense dragon qui rampait dans Montgomery Street et au milieu des drapeaux, des serpentins de papier, dans les rires et les grondements des tambours... Ç'aurait été un beau cadeau, hein? Ti Jean... »

Il prit un air amusé :

« ... J'ai pas pu l'emporter. J'aurais pu te ramener des essences de fleurs orientales ou des turquoises mexicaines montées en colliers. On en trouve plein les rues, dans les échoppes du port... Ça t'aurait pas servi à grand-chose. »

Il eut un hochement de la tête.

« San Francisco, c'est pas vraiment une ville. C'est des images qui s'entrechoquent, le soleil rouge le soir, au-delà de la Golden Gate, les odeurs de bière et les vapeurs salées, les milliers de petites lumières jaunes qui s'allument les unes après les autres. Ce qu'on ramène de Frisco, Ti Jean, c'est de

28

l'émerveillement... Et ça, ça se met pas dans un sac de matelot, » conclut-il en haussant les épaules.

Le Cozic resta à Saint-Briac jusqu'à la fin de septembre. La veille de son départ pour Nantes, il passa un soir faire ses adieux à Catherine et Jean-Marie. Il prendrait la mer dans quelques jours. Il ne savait pas exactement quand, ni pour quelle destination. Un tour du monde sans doute. Un de plus.

Vers la mi-octobre, le *Sans-Peur* doubla le phare des hauts de Bréhat, et son arrivée imminente fut annoncée à Saint-Malo et dans la région. Une bisquine de Cancale cingla aussitôt en sa direction, fringante et bien voilée, et profitant d'un vent du nord, net et franc, elle fut à la hauteur du brick-goélette quelques heures plus tard, en baie de Saint-Brieuc. On était en fin de matinée. Les terre-neuvas, accoudés au bastingage du *Sans-Peur* qui naviguait auprès la regardèrent, silencieux et las, maigres et hirsutes, vêtus de vieilles vareuses et de pantalons de toile, les poignets recouverts de vieux pansements déchirés pour apaiser les « choux de Terre-Neuve », ces rangées de gros furoncles qui apparaissaient sous l'usure du ciré et la morsure de l'eau de mer. L'ambiance était morne. « Bien triste pour un retour », pensa le patron de la bisquine qui vira de bord pour revenir vers Cancale.

A Saint-Malo, sur le bassin Vauban, en bas des remparts, chacun dans la foule qui était venue en fin d'après-midi attendre le terre-neuvas, comprit qu'il s'était passé quelque chose. Les marins répondaient à peine aux signes de bienvenue, ne relevaient pas les interpellations, les insultes amicales. Ils étaient pensifs, accablés par un événement infiniment triste, une nouvelle qui ne tarderait pas à se répandre dans la ville.

Le captain Morvan suivit les manœuvres d'amarrage avec attention et fit un signe discret en direction de sa femme et de Jean-Marie qui attendaient sur le quai. Le bosco donna ordre de lancer la passerelle... Depuis plusieurs minutes, Marie-Louise, entourée de toute la marmaille qui s'agrippait à ses jupes noires, commençait à sentir l'envahissement de l'inquiétude, les chocs de son cœur dans sa poitrine, l'interrogation qui revenait : où était passé Jules, pourquoi n'était-il pas avec les autres sur le pont à lui faire des signes ou à aider à la manœuvre ? Et la façon dont ils la regardaient, les autres marins, ces regards de commisération, ce chagrin...

Le mousse descendit le premier de la coupée, d'une allure rapide, et fendit la foule vers Marie-Louise.

« Le captain veut vous voir, Marie-Louise », dit-il simplement.

Elle ne répondit rien. Elle sentit ses lèvres qui tremblaient un peu et les larmes qui lui venaient aux yeux. Elle demanda à son aîné, un garçon de douze ans, d'attendre sur le quai en veillant sur ses frères et sœurs. Elle monta la coupée, seule, le corps droit et raide, dans un silence où affleuraient l'angoisse et les remous du remorqueur.

Dans le poste des officiers, Marie-Louise pleurait doucement. Catherine, que Joseph Morvan avait fait appeler, la tenait par les épaules pour la consoler. Jean-Marie regardait, abasourdi. Le captain, d'un ton simple, expliquait :

« Jules, il est parti un matin, comme tous les jours, pour poser les lignes, avec Yvon Miossec, son " avant de doris ". C'était un jeudi, au mois d'août. Il faisait un temps superbe. Les hommes travaillaient torse nu, dans les canots. Vers deux heures de l'après-midi, la brume est tombée d'un coup, épaisse, dense... Les doris sont revenus. Sauf celui de Jules. J'ai fait donner la corne et la cloche..., mais rien! Au bout d'une demi-heure, j'ai fait enflammer le " moine ", le tonneau rempli d'essence qu'on allume dans ces cas-là. Mais il ne nous a pas vus. Depuis, on est sans nouvelle, Marie-Louise... On a arrêté la pêche pendant trois jours et on a sillonné le coin dans tous les sens. C'était trop tard, les courants les avaient emmenés. »

Marie-Louise dit doucement :

« C'était quand même un brave homme, mon Jules... Ça me fait peine maintenant qu'il â mort.

– On ne peut pas dire ça, Marie-Louise, fit le captain... On peut dire qu'on l'a pas retrouvé. On ne peut pas dire qu'il est mort. »

Marie-Louise se leva et s'essuya les yeux.

« Je sais qu'il y aura des mauvaises femmes pour me dire qu'il va revenir, me tuer avec de l'espoir... Je ne croirai pas aux illusions. »

Elle sortit du poste des officiers et descendit la passerelle. Sur le quai, les familles étaient parties avec les marins, les enfants étaient seuls. Elle prit le tout-petit, le dernier, dans ses bras, les rassembla et, l'allure haute et fière, se dirigea vers la porte Saint-Vincent pour prendre la carriole de Cancale.

CHAPITRE II

Un nouvel hiver passa dans les pins de *La Javotte*. Joseph Morvan avait repris ses tournées dans les fermes des bords de Rance et autour de la baie du mont Saint-Michel. Il arrivait chez les « pelletas » dans la petite carriole que menait Guérin Le Bideau. On le faisait asseoir sur un long banc de bois ciré et on lui offrait la bolée de cidre. On savait vivre et on connaissait ses devoirs envers un captain de Terre-Neuve. On avait des civilités... Le marchandage ne tardait pas à s'engager. On se mettait d'accord sur le montant de l'avance à l'embarquement et sur la part de la pêche. Ce n'était pas long. On levait son bol de cidre, on trinquait une dernière fois et le tour était joué. Joseph Morvan, il était de parole. On n'était pas inquiet. Il advenait parfois que l'épouse se mêlât à la négociation. L'ambiance changeait alors en un instant et la conversation devenait autrement tendue.

« Tu vas point accepter des conditions pareilles, Corentin? rugissait la fermière, qui jusque-là avait fait mine de surveiller la soupe dans la cheminée. Tu veux-t-y les laisser crever de faim, tes pouchailles?

— C'est un accord d'honnête homme..., balbutiait l'homme.

– Un accord de malheur, ripostait sa femme. Les petits, j'aurai rien à leur donner pour les habiller, il y aura bientôt plus rien à faire bouillir dans la cheminée... »

Joseph Morvan savait qu'il fallait intervenir. Il était rodé à ce genre de situation. Il ne se laissait pas déborder.

« Corentin, disait-il d'un ton ferme en regardant l'homme dans les yeux. C'est toi qui vas embarquer sur le *Sans-Peur*. C'est avec toi que je discute... et personne d'autre. »

Il prenait son temps.

« Tu sais que je t'offre de bonnes conditions. Sont-elles à ta suffisance? »

Corentin se reprenait. Il ne serait pas dit qu'il laisserait sa femme négocier à sa place, qu'il perdrait sa réputation. Il tranchait.

« J' crois qu' oui, captain. Je crois qu'on va faire une bonne campagne. »

Joseph Morvan saluait poliment, quittait la vieille maison et remontait dans sa carriole. Guérin Le Bideau faisait claquer son fouet. Pendant de longues minutes, alors que l'attelage se débattait dans les fondrières des chemins creux, lui parvenaient les échos d'une violente dispute. Bien avant d'être arrivé sur le Platier ou le Bonnet-Flamand, avant même d'avoir enjambé la lisse du *Sans-Peur*, Corentin essuyait son premier coup de tabac.

A l'école communale de Saint-Briac, Jean-Marie Quéïnec avait fini par se sentir complètement admis, un enfant du pays à part entière. Le père Renault, l'instituteur, était un brave homme qui avait voué sa vie à l'enseignement et à la mer. En plus de son travail de maître, il aidait les matelots du long cours qui n'avaient pas eu les moyens

matériels de faire des études à accéder à « Hydro »,
l'école de la marine marchande de Saint-Malo.
Entre deux voyages, deux tours du monde, les
jeunes gabiers des grands coureurs, trois ou quatre-
mâts, venaient acquérir les notions de mathémati-
ques qui leur permettraient un jour d'obtenir le
brevet de capitaine au long cours. Ils avaient déjà
été une cinquantaine, en une dizaine d'années, à
suivre ainsi des « cours du soir » que le père
Renault, pour des raisons de commodité, dispensait
de six heures à neuf heures du matin. Quand à neuf
heures retentissait la cloche du début de la classe,
quand les écoliers se mettaient en rangs, les matelots descendaient les marches du perron de l'école
et retournaient chez eux. C'était, en ces petits
matins frais de Bretagne, une bouffée de mystère, la
magie des grands bords majestueux que l'on prend,
toutes voiles dessus, dans la houle profonde du
Pacifique, qui traversait la cour.

A Cancale, Marie-Louise Guédon avait fait face,
vaille que vaille, à la disparition de Jules. Elle avait
trouvé un emploi chez un mareyeur du port, « A la
houle », où toute la journée elle triait les huîtres
destinées aux restaurants de Saint-Malo, de Dinard
et de Granville. Jean-Baptiste, son aîné, qui allait
sur les treize ans, avait accepté l'offre du vieux
Quemener de devenir mousse, le troisième homme
du *Kermor*, une bisquine qui se préparait pour les
« caravanes » de printemps, les quatre ou cinq
jours de l'année où le ramassage des huîtres était
autorisé en baie du Mont-Saint-Michel. Noël avait
été bien triste chez les Guédon. Après la messe de
minuit, la famille était redescendue des hauteurs du
bourg, sans un mot, vers la petite maison qu'elle
habitait dans une rue près du port. Marie-Louise
avait couché toute sa « garsaille » en dissimulant sa

tristesse, tant bien que mal. Quand tout le monde s'était endormi, Jean-Baptiste dans une toute petite pièce au premier étage, trois autres dans le même grand lit près de la cheminée dans la pauvre salle à manger et le dernier dans le lit des parents, Marie-Louise s'était laissée aller et avait senti des larmes couler sur son visage sec. Jules, elle l'avait jamais beaucoup fréquenté. Quand il n'était pas à Terre-Neuve, il était au bistrot... Tout de même, il avait toujours été droit, jamais regardant sur le travail, sur sa peine. Cette nuit de Noël, Jules lui manquait, elle sentait la douleur de l'absence.

C'est un mardi clair de la mi-février, en fin d'après-midi, qu'un jeune garçon déboucha, à bout de souffle, dans la boutique du mareyeur où Marie-Louise, ses mains gantées de caoutchouc plongées dans d'immenses paniers en fer, triait des huîtres.

« Marie-Louise, Marie-Louise! cria-t-il. C'est le père Jules. Il est de retour. »

Marie-Louise se releva, stupéfaite, posa les poings sur les hanches et le fixa.

« Qu'é tu dis? fit-elle, les yeux écarquillés. Et d'abord, qui tu es?

– Je m'appelle François... »

Il reprit peu à peu sa respiration.

« Je suis le fils Adelie, mousse sur la bisquine de mon père, la *Santez-Anna*... Ce matin, de bonne heure, on est allé mouiller quelques casiers dans les rochers autour des îles Chausey. En revenant tout à l'heure, on a distingué un point minuscule, à l'ouest au vent de la pointe du Grouin. On a tiré une bordée pour aller voir ce que c'était. Quand on a été assez près, j'ai cru que mon père allait avoir une attaque... « C'est pas Dieu possible! » qu'il a dit au moins dix fois. On a pourtant été obligé d'y croire : à cent mètres devant nous, accore des cailloux de la pointe du Grouin, le père Jules qui nageait[1], tranquille, en souquant sur ses avirons... »

Il ajouta, soudain un peu triste :

« Il était tout seul. »

Marie-Louise sentit ses jambes qui fléchissaient, une curieuse faiblesse qui l'envahissait. La nouvelle s'était répandue autour du port et un attroupement s'était formé devant l'étal du mareyeur.

« Mon Jules, répétait-elle, il est de retour! »

Le jeune garçon reprit :

« Il nous a fait signe quand on a été assez près. Il a soulevé son bonnet... On lui a demandé : " Qu'é tu fais là, père Jules? " Il nous a expliqué qu'il était parti en dérive sur le Platier et qu'il revenait chez lui. Ça allait de soi, on aurait dit. On lui a proposé de le prendre en remorque, mais il nous a répondu qu'il arriverait bien tout seul. Alors on l'a laissé... D'ici une heure, Marie-Louise, Jules aura amarré son doris à la cale. »

Chez la Yande, le plus grand bistrot sur le port, on avait accolé quatre tables ensemble de façon à en faire une grande, comme pour un banquet inattendu, une fête improvisée. Ils étaient là, les terre-neuvas de Cancale, du *Sans-Peur* ou d'autres goélettes, les patrons et les matelots des bisquines, tous les amis de Jules, assis devant un verre de vin rouge, du « cacheté » que la Yande offrait spécialement pour l'occasion. Marie-Louise avait repris son visage dur et fier, une fois passée l'émotion qui s'était transformée en larmes de joie quand son mari avait posé le pied sur le quai. Le père Jules, au milieu de la tablée, dans le café où on se pressait jusque sur le pas de la porte, regardait son verre de vin l'air pensif, en haussant les épaules, comme sous le poids d'une grande tristesse.

---

1. Nager, dans le sens maritime : ramer.

« C'est pour Yvon Miossec. Ça m' fait de la peine. C'était un brave gars... Il aura même pas de famille pour le pleurer. Il sortait tout droit de l'orphelinat de Dol. Et puis c'était mon " avant de doris ", et j'étais le " patron "... Mais j'â rien pu faire... Rien du tout.

– C'est vrai que c'est du malheur, fit la grosse Yande d'un ton net en arrêtant de servir du rouge, mais faut plus y penser... On fait la fête parce que vous êtes là, père Jules. »

Elle sourit.

« Faut nous raconter... C'est-y vrai que vous êtes revenu du Platier à l'aviron? »

Le café tout entier éclata de rire. Jules, lui-même, retrouva sa gaieté et fit plisser ses petits yeux verts.

« Tu m' prends-t-y pour un surhomme?... Ça s'est passé bien simplement. Un jour, peu après le 15 août, on était parti relever nos lignes, tous les doris en étoile, à trois mille autour du *Sans-Peur*. La pêche donnait à plein. La veille déjà, on avait ramené de pleins canots de morue. Ce jour-là s'annonçait de même. Il faisait beau, un soleil radieux... J'étais occupé à remonter une ligne, vers deux heures de l'après-midi, quand Yvon me tape sur le dos. " Père Jules, qu'il me fait, v'là la boucaille qui tombe. " Je regarde au loin. C'était pas de la boucaille : c'était de la bonne brume, épaisse à n'y pas voir à deux mètres, les temps bouchés qu'on trouve qu'à Terre-Neuve. »

Les marins tout autour dans le silence confirmaient d'un geste de la tête.

« ... Je me dis : je remonte encore une morue et on s'en retourne au *Sans-Peur*... »

Jules eut un mouvement de découragement.

« ... J'aurais pas dû. En un clin d'œil, la brume nous est tombée dessus. En quarante ans de Grand-

Banc, j'avais jamais vu ça. Et même sur les atterrages du Labrador. Une brume épaisse que c'était.
Bientôt, on voyait même plus l'avant du doris... J'ai
dit à Yvon : " Faut pas s'inquiéter, le captain va
faire donner la corne et la cloche... On va se repérer
au son. " Mais la brume était si dense qu'elle laissait
même pas passer les bruits. On n'a rien entendu...
J'ai espéré entrevoir la lumière du " moine ". Au
bout de quelque temps, j'ai dit à Yvon, en souriant :
" C'est pas grave. On va pas bouger. On va attendre
que cette vantié maudite brume daigne se lever et
on retournera au brick, on peut pas être loin. "
Yvon, c'était sa première campagne. Il était pas
vraiment inquiet. Il se méfiait pas. Quand on connaît pas les dangers, n'est-ce pas, on ne peut pas
avoir peur... »

Il fit une pause, leva son verre de vin et le vida
d'un coup. Il s'essuya la bouche du revers de sa
manche et continua :

« Moi, évidemment, j'étais moins rassuré... La
nuit est tombée et le froid est venu, un froid
humide qui nous rentrait jusqu'aux os. On n'avait
pas grand-chose sur le peau, nos chemises et nos
vareuses. On grelottait. Yvon est venu contre moi;
on a essayé de se réchauffer. On a passé la nuit
comme on a pu. La brume s'est levée avec le jour...
et, là, ce que je craignais s'est réalisé : tout autour,
la mer était déserte, vide, avec seulement la grosse
boule rose du soleil, dans l'est. Le *Sans-Peur* avait
disparu. On était parti en dérive... »

Chez la Yande, malgré l'affluence, le silence était
absolu. Chacun était accroché aux paroles du père
Jules.

« Yvon a compris d'un coup. Il s'est mis à pleurer... Je lui ai dit : " On est en dérive. C'est arrivé à
d'autres. On n'est pas les premiers. Ni les derniers...
Le *Sans-Peur* doit être à notre recherche. Il finira

bien par nous trouver. En plus, on est en plein sur le chemin des paquebots d'Amérique. Il y en aura bien un pour nous récupérer. " Yvon a repris confiance. Il était d'accord avec moi. On resterait pas longtemps en dérive, une journée, pas plus. Fallait pas s'inquiéter. Seulement, il avait pris froid, pendant la première nuit. Il était bien fragile. La fièvre lui est venue. Il a beaucoup toussé. Puis beaucoup moins. Puis de moins en moins. Il a fini par s'endormir. Il est mort le lendemain matin, au lever du jour... »

La Yande passa dans l'assistance sa bouteille de « cacheté » à la main pour remplir le verre du père Jules. Il remercia d'un signe de tête et reprit :

« Ça me fait peine... J' l'ai veillé jusqu'au soir. J'ai dit les prières que je connais. Quand la nuit est venue, je lui ai attaché une gueuse aux pieds, un poids qui me servait à lester des lignes... »

Il eut tout à coup un regard lointain et dit simplement :

« J' l'â jeté à l'ieau... »

Le père Adelie, le patron de la bisquine qui l'avait le premier entrevu à la pointe du Grouin, intervint d'une voix brusque et apaisante :

« C'est un enterrement qu'est pas moins beau qu'un autre, père Jules. L'Océan, comme cimetière, ça manque pas de grandeur... C'est un honneur qu'il a eu, le gars Yvon, un grand honneur. »

L'assistance approuva d'un murmure. Après un moment de tristesse, Jules continua :

« Le lendemain, à midi, j'ai vu de la fumée au loin. Un vapeur d'Amérique, comme je l'avais prévu. Il était temps : quarante-huit heures que j'avais rien mangé et rien bu... C'était un paquebot anglais qui allait à New York, le *Cornwalls*. Ils m'ont pris à bord... Le captain, c'était un brave type. Au début, il voulait pas embarquer mon doris. J' lui ai dit :

" Mon doris, il est à moi. Si je le perds, je pourrai plus jamais faire la pêche à Terre-Neuve. Si vous me prenez, faut prendre aussi mon canot'... Sinon, je reste pas sur votre rafiot! " Il a fini par accepter. »

Jules, tout à coup, eut comme une lumière de ravissement dans les yeux.

« Il a même fait mieux. Il a organisé une quête sur le bateau. " Pour le naufragé de l'Atlantique ", il a dit. Je suis passé entre les passagers, mon bonnet à la main. »

Il regarda Marie-Louise avec fierté.

« Ben, tu vois... En une heure, j'ai ramené plus de sous que pendant trois campagnes é bancs.

– Vous v'là riche, père Jules », commenta la Yande dans les rires de l'assistance.

Jules reprit :

« On est resté un mois à New York. C'est une ville de fous, avec des maisons immenses... J'avais point de papiers : j'ai point pu débarquer.

– Et puis vous étiez point rassuré non plus, hein! père Jules? » intervint la Yande.

Jules eut un grand sourire. New York, c'était une ville redoutable. Du danger à peine mis sac à terre. Ce n'était pas pour lui. Il l'avouait.

« J'ai aidé aux travaux à bord, reprit-il, pendant tout le retour aussi. J'ai aidé le coq à porter ses chaudrons. Début octobre, ils m'ont laissé à Southampton, en Angleterre. C'est là que j'ai attendu longtemps : y en n'avait pas un, de ces vantiés maudits d' captains anglais qui voulaient m'embarquer. " On vous prend, si vous voulez, mais sans votre doris. " Tout ce qu'ils disaient. Y a seulement un mois, j'ai trouvé un caboteur du Havre qui revenait chez lui et qui m'a pris, avec le canot'... Et après, un transport de bois norvégien qui allait à Saint-Malo. J'y suis arrivé ce matin à l'aube et j' me suis dit : j'ai eu trop de mal à revenir par la mer, j' vais pas finir

en carriole. J'ai mis mon doris dans le bassin et j'ai
souqué sur les avirons... La pointe de la Varde, la
pointe du Grouin... »

Il conclut dans un sourire édenté :

« Et me v'là!...

– Vous arrivez encore trop tôt, père Jules,
enchaîna Adelie.

– Pourquoi ça? fit Jules interloqué.

– C'est à cause de votre messe des morts... Elle
était prévue pour la semaine prochaine. »

Le café tout entier fut secoué d'éclats de rires.
Marie-Louise jugea nécessaire d'intervenir.

« T'inquiète pas, mon vieux Jules, fit-elle. On est
heureux de te voir. T'arrives pas trop tôt. »

Elle réfléchit un court instant.

« Au contraire..., t'arrives même juste à
temps. »

Jules la regarda étonné.

« Ben, à cause du *Sans-Peur*, fit-elle, comme frap-
pée par l'évidence de ce qu'elle annonçait. Il va
repartir pour une nouvelle campagne... dans quinze
jours! »

C'est pendant l'hiver qui suivit, après que le
Sans-Peur fut une nouvelle fois « revenu des
bancs », que Joseph Morvan fut frappé d'une
congestion cérébrale. Une nuit de janvier 1892,
Catherine fut réveillée par les tremblements et les
gémissements de son mari, près d'elle, sous le lourd
édredon du lit conjugal. Elle passa une robe de
chambre et alluma une lampe à huile, sur la table
de nuit. Joseph Morvan avait les yeux révulsés et la
bouche crispée dans un rictus. La bave lui était
venue au coin des lèvres. Il poussait un râle
continu, rauque, un grognement plaintif qui remontait de la gorge et venait se répercuter contre les

parois nasales pour s'évacuer dans un sifflement. Aux premières heures de la matinée, alors que les rafales de vent commençaient à mollir, Joseph Morvan eut tout le corps parcouru d'une contraction fulgurante, puis se détendit, inerte. Marie Le Cozic, que Jean-Marie avait couru chercher dans la nuit, s'approcha du corps, soudain apaisé, et d'un frôlement de la main lui ferma les yeux.

Catherine ne put retenir un sanglot. Marie Le Cozic la prit dans ses bras.

« M. Morvan, c'était un homme bien honnête et généreux, fit-elle doucement. Ecoutez : la tempête se calme. La marée commence à descendre. M. Morvan, il est mort au jusant. Les flots ont voulu garder son âme. Ils l'emportent avec eux... »

Catherine Combote affronta la mort de son deuxième mari avec vaillance et énergie. « Une épreuve envoyée par le Ciel pour vous amener vers le salut », avait dit le curé quand on avait descendu le cercueil de Joseph Morvan dans le caveau du cimetière de Saint-Servan. Elle n'avait pas bien compris ce qu'il avait voulu dire. Ce qui comptait pour elle, c'était son fils, Jean-Marie Quéïnec, qu'il reçoive une bonne instruction, qu'il soit armé dans la vie. Le reste, le paradis, le « salut », c'était pas son affaire. Pas encore. Elle verrait bien plus tard.

Le père Renault ne tarissait pas d'éloges sur Jean-Marie. C'était un enfant opiniâtre. Intelligent, d'après ce qu'il croyait. Il le répétait volontiers à Catherine, chaque fois qu'il la rencontrait dans le bourg de Saint-Briac. Elle était flattée, bien sûr. Pourtant, son fils, à bien des égards, l'inquiétait.

« J'ai toujours l'impression qu'il est au bout du monde, disait-elle. Toujours en voyage. Souvent, je le surprends plongé dans les atlas de feu Joseph

Morvan. Dès qu'il pourra, il partira... Je le sais. Je pourrai pas le retenir.

– C'est bien possible, avait fini par admettre le père Renault. Je le vois bien, moi aussi, il reste des heures le nez collé sur un dessin de goélette. Il se pourrait bien qu'il ait attrapé le microbe du " père Bitord ". Si c'est ça, faut pas essayer de lutter. Faut le laisser prendre la mer. »

Le microbe du père Bitord, c'était un diagnostic irrémédiable, comme si le père Bitord lui-même, le roi des boscos, le prince de la manœuvre et du matelotage, avait posé son doigt sur le destin de Jean-Marie Quéïnec. Il était voué à la bourlingue sur les sept océans. Une vocation irrésistible. Une fatalité.

Pour les fêtes de Noël, Emile Gautier, l'armateur de Saint-Malo, vint rendre visite à Catherine, à *La Javotte*. C'était une visite de courtoisie, une façon de s'assurer « qu'elle n'était pas dans le besoin », de lui montrer qu'on ne l'avait pas oubliée. Il vint un après-midi. A cinq heures, il accepta le café avec les gâteaux secs.

« Joseph ne vous a pas laissée dans la gêne, Catherine. J'en suis heureux. J'étais venu m'en assurer. Je m'étais dit aussi que si, des fois, vous aviez été dans la nécessité... Nous avons acquis un nouveau brick-goélette de quarante mètres, le *Château-Laborde*, en remplacement du *Sans-Peur*, qui a sombré, comme vous le savez. Il sera commandé, à la prochaine campagne, par mon ami le commandant Grospierre... Il serait d'accord pour embarquer Jean-Marie comme mousse. En souvenir de Joseph Morvan... C'est ce qu'il m'a chargé de vous dire. »

Jean-Marie se leva d'un coup et regarda sa mère. Catherine baissa les yeux.

« C'est très aimable, monsieur Gautier... Jean-

Marie, il est encore bien jeune. Il restera avec moi. »

Emile Gautier se leva.

« C'était une simple proposition, Catherine. »

Il vit le visage de Jean-Marie qui était devenu blême et dit avec un léger sourire :

« Si jamais vous changez d'avis, faites-le-moi savoir... avant la fin février. »

Le premier bord fut pris au large de l'île de Cézembre, par un matin frais du mois de mars 1893. Les marins hissèrent les voiles auriques du grand mât et du mât d'artimon, ainsi que le flèche, dans le rythme des chants cadencés et les hurlements du maître de manœuvre, puis grimpèrent les haubans du mât de misaine, agiles malgré leurs lourds sabots-bottes, se glissèrent jusqu'aux empointures des vergues, des huniers et des perroquets qu'ils larguèrent dans les claquements de la toile épaisse. Le cap Fréhel doublé, Saint-Malo ne fut bientôt, au loin, qu'un point clair dans la côte nappée d'un halo de brume.

Le *Château-Laborde* courait tribord amures, toutes voiles dessus, rapide malgré sa coque ventrue de terre-neuvas. Il garderait le même bord de longues heures encore, bien après avoir dépassé la baie de Saint-Brieuc et avoir doublé les îles de Bréhat. A l'arrière du bateau, près de la petite cabane carrée, en bois verni, qui tenait lieu de timonerie, le commandant Grospierre était en éveil, attentif au gonflement des voiles qu'il surveillait de temps en temps d'un coup de tête nerveux, mais surtout soucieux de s'éloigner des récifs qui rôdaient encore çà et là et de repérer le plus vite possible la moindre voile, la moindre trace de fumée à l'horizon. Tant qu'on était en Manche, tant qu'on n'avait pas « démanché », il fallait être sur le qui-vive. Les vapeurs, les « bailles à escarbilles », fonçaient tout droit, rien ne les arrêtait, ils ne se déroutaient jamais, à croire que la fumée noire que crachaient leurs hideuses cheminées courtes finissait par les aveugler eux-mêmes. Le principal danger, pourtant, venait des voiliers du long cours, les trois et quatre-mâts du bout du monde, superbes vaisseaux profilés de près de cent mètres de long, aux « phares hauts comme les tours de Notre-Dame », chargés du bois de l'Oregon ou du salpêtre du Chili, épuisés par les milliers de lames déferlantes, les hurlements du cap Horn ou les grands calmes du « pot au noir », soucieux de courir au plus juste et avares de manœuvres. Le captain Grospierre s'en méfiait tout spécialement. De surcroît, il n'ignorait pas que les équipages des grands voiliers nourrissaient peu d'estime pour les terre-neuvas, piètres marins, pêcheurs en sabots. « Vous naviguez comme un " pelletas ", lieutenant. » L'insulte suprême du long cours. « J'appelle ça faire une route à la mode du Grand-Banc... » Tout était dit... Edouard Grospierre, jusqu'à doubler l'île d'Ouessant, serait sur ses gardes.

Jean-Marie Quéïnec se tenait à côté de lui, sous le mât d'artimon, près de l'homme de barre. Il avait voulu embarquer... Sa mère, Catherine, avait tenté de s'y opposer, mais avait été confrontée à trop de détermination, trop de désirs à prendre la mer. Elle avait capitulé. Et puis Emile Gautier s'en était mêlé. « D'une certaine façon, Jean-Marie est fils de captain, avait-il dit. Il le deviendra lui-même. On va le faire embarquer pour sa première campagne, pour l'amariner un peu. Il reprendra ses études en octobre. Ne soyez pas inquiète, Catherine : le *Château-Laborde* est un bateau solide et en bon état. Quant à

Edouard Grospierre, c'est un captain d'expérience. »

« Des captains d'expérience, il y en a des dizaines qui dorment leur dernière nuit sur les hauts-fonds de Terre-Neuve », avait-elle pensé, mais elle n'avait rien dit. Elle avait le sentiment d'une nécessité qui s'exprimait en dehors d'elle et s'inclinait.

C'est vrai que le captain Grospierre était un marin expérimenté. Il n'en était pas à sa première campagne sur les bancs du Platier ou du Bonnet-Flamand, il en avait depuis bien longtemps inventorié toutes les ressources, il avait repéré toutes les facéties du poisson, les couleurs changeantes de la mer, les reflets du soleil au crépuscule, dans la frisure des vagues : toutes les indications qu'enseignait une vie à Terre-Neuve et qui assuraient une bonne pêche.

C'était aussi l'homme de confiance de l'armement Gautier, un exécuteur spécialisé dans les tâches délicates au point qu'un surnom lui était venu, qui rencontrait un franc succès dans les postes d'équipage et dans les bistrots de Saint-Malo : « le sonneur de cloches ».

Et ce n'était pas sa campagne de l'année passée, le *Sans-Peur* dont il avait pris le commandement après la mort de Joseph Morvan et qui avait fait naufrage, qui risquait d'atténuer sa réputation. Nul n'ignorait, en effet, la façon dont le brick-goélette de Terre-Neuve avait sombré. Il avait, du reste, exécuté à cette occasion un classique du genre... Tout avait commencé une semaine avant le départ pour les bancs. Le garde maritime avait inspecté le *Sans-Peur*, en compagnie d'Emile Gautier.

« L'est plus tout jeune, le rafiot, avait-il diagnostiqué. Les jambettes de pavois craquent, les membrures sont à genoux, monsieur Gautier. Et le gréement! Vous avez vu l'état des mâts, des vergues

et des haubans? Un gréement de vaisseau fantôme...
Va pas tarder à se casser la gueule... »

Il avait pris l'armateur à part, en descendant la coupée :

« Monsieur Gautier, le *Sans-Peur*, je le laisse partir. Ça ferait trop de misère chez les marins, s'il restait à quai. Mais pour la prochaine saison faudra le retaper. Sinon, je serai obligé de le réformer. »

Emile Gautier avait chaudement remercié le garde maritime et l'avait assuré que, au prochain départ à Terre-Neuve, le brick serait transformé, réparé, rajeuni, remis à neuf, promis-juré : aussi fringant qu'au jour du lancement.

Il n'avait pas traîné. Le lendemain, il avait convoqué Youen Duval, le lieutenant, le deuxième homme du bord que, par tradition, on appelait « maître saleur », et Edouard Grospierre, le captain, qu'il venait de nommer en remplacement de Morvan.

« Le *Sans-Peur* était une bonne goélette, dit-il simplement. Seulement, il commence à avoir de la bouteille. »

Il eut un discret sourire entendu.

« Ce que m'a expliqué le garde maritime, hier, à l'inspection. Je me suis dit : c'est vrai. Le *Sans-Peur*, il a fait son temps. Il a gagné ses invalides...

– Vous voulez dire que ça pourrait bien être sa dernière campagne? fit Duval d'un ton ironique, comme exagérant une inévitable fatalité.

– J'en ai peur, fit Emile Gautier sur le même mode.

– Alors, fit le captain mimant à son tour le découragement, il va falloir faire sonner la cloche! »

La campagne se déroula comme à l'accoutumée, longue et pénible. Le rendement de la pêche était satisfaisant. Au 15 août, on était déjà allé deux fois à

Saint-Pierre pour décharger le poisson : une bonne saison... Au début septembre, le temps se durcit. Les tempêtes se succédèrent. Les hommes ne sortaient que rarement dans les doris pour ramener les lignes et s'effondraient le soir tout habillés, le ciré huileux de morue écorchée, dans leurs couchettes, leurs « placards » où la paille des sommiers s'était transformée en fumier. La fatigue devenait pesante. Les plaies aux mains ne se fermaient plus et les « choux de Terre-Neuve » commençaient à apparaître.

Dès les premiers jours d'octobre, les cales du *Sans-Peur* furent de nouveau remplies de belles morues bien dodues et le captain Grospierre jugea le moment venu de « débanquer ». Avant de regagner Saint-Malo, il décida de faire un détour par Saint-Pierre pour y déposer un marin qui s'était entré un hameçon dans la main et dont la blessure s'infectait dangereusement..., une précaution compréhensible. Une fois qu'il serait amarré au quai de la Ronsière, il demanderait à l'agent d'assurance de Saint-Pierre-et-Miquelon de constater l'état de sa cargaison. Pourquoi pas, après tout, puisqu'il était sur place ?

C'est par un matin de beau temps, fin octobre, alors que le *Sans-Peur* allait s'engager en Manche en laissant l'île d'Ouessant plein sud, que Youen Duval, le maître saleur, monta précipitamment de la cale et cria sur le pont :

« Captain, captain..., voie d'eau sur tribord avant ! »

Le captain Grospierre sortit de la timonerie sans précipitation. Il prononça d'un ton puissant :

« Faites donner les pompes, lieutenant... »

Une heure plus tard, Duval émergea de nouveau sur le pont.

« Captain, captain! Les pompes n'étalent pas. On a un mètre d'eau dans la cale! »

Grospierre prit un temps pour s'éclaircir la gorge et dit d'une voix forte :

« A mettre les chaloupes à la mer! Le navire est perdu. Avant d'embarquer, que chacun vienne signer la reconnaissance d'abandon... »

Le lendemain, en milieu d'après-midi, la nouvelle arriva à la Lloyd's de Londres. Un chef de service, aux cheveux grisonnants, relut plusieurs fois le télégramme : « *Sans-Peur* abîmé suite voie d'eau à 80 milles par le travers d'Ouessant... Equipage rescapé... »

Il fit passer la dépêche à son adjoint, un homme plus jeune, qui partageait le grand bureau aux fauteuils de cuir profonds, en disant simplement :

« Les Malouins nous ont encore vendu un bateau! »

Il se leva avec raideur, sortit de la pièce... Quelques instants plus tard, la cloche d'argent astiquée que la Lloyd's avait installée dans le hall austère de son immeuble et que l'on frappait à chaque naufrage, se mit à retentir...

Jean-Marie Quéïnec, pour sa première campagne à Terre-Neuve, bénéficia de l'estime affectueuse que l'équipage du *Château-Laborde*, tous les anciens du *Sans-Peur*, portait à Joseph Morvan. Et puis il n'avait pas le mal de mer : un détail qui avait son importance. Au contraire, en arrivant dans l'Atlantique, en « débouquant » de la Manche, le *Château-Laborde* avait essuyé un « grand frais », un coup de chien bien goudronné qui avait creusé la mer dans une houle nerveuse. Jean-Marie, dans son ciré tout neuf, accroché à la drisse d'artimon, était demeuré impavide, souriant de bon cœur quand la goélette

venue au sommet d'une vague retombait lourdement dans une gerbe d'écume... Après deux heures
de mer formée et de vent solide qui venait écrêter
le sommet des vagues, après que le captain Grospierre eut été contraint d'abandonner le près pour
prendre une bordée plus large dans le sud-ouest, le
ciel, demeuré jusque-là d'un bleu tranchant, s'alour-
dit peu à peu de nuages noirs. Bientôt, une succession de grains s'abattirent sur le pont du terre-
neuvas et le ciel se déchira d'éclairs. Grospierre fit
signe à Jean-Marie de se mettre à l'abri dans le
poste de veille, endroit réservé aux officiers, un peu
en avant de la timonerie, encombré d'une vaste
table recouverte de cartes et de livres de bord.
Quand la nuit fut tombée, le captain vint l'y rejoindre, le regard vif, le ciré dégoulinant de pluie et
d'eau de mer. Il regarda le jeune garçon avec
bienveillance, visiblement ravi de lui voir le teint
toujours aussi frais.

« C'est donc pas aujourd'hui que les poissons
auront à manger », fit-il en souriant.

Il s'assit sur un banc, fixé derrière la table à
cartes, avec sûreté malgré la houle qui faisait rouler
le navire bord sur bord.

« J'ai fait réduire la voilure, reprit-il. On navi-
guera encore un temps uniquement sous voile
axiale, la brigantine, l'étai de hune et le clinfoc. Si le
vent devait forcir, ce qui m'étonnerait, on prendrait
la cape courante. »

C'était un moment béni pour Jean-Marie. Les
premiers embarquements, une mer creusée, le sifflement du vent, le *Château-Laborde* qui cognait
dans la lame en jaillissements d'écume et le captain
qui parlait, devant lui, le langage magique des
marins, qui le traitait d'égal à égal. Un instant de
bonheur. Son entrée dans le monde du large, du
bout de l'horizon.

50

Pendant les sept mois que dura la campagne, la solidité de son estomac pendant le premier coup de tabac lui valut l'affection du captain et la bienveillance de l'équipage. Il faisait son boulot sans rechigner, aidant le coq à soulever les marmites, le pied assuré pour apporter les plats dans le carré des officiers, les jours de forte mer. Ii trouvait le travail difficile. Et pourtant il ne se doutait pas qu'il était un privilégié, qu'on lui épargnait les vexations, les insultes, les punitions injustes, les coups de pied, les gifles, tout ce qui faisait le lot traditionnel des mousses sur les bancs de Terre-Neuve. On le préservait. Dans les grandes occasions, Edouard Grospierre le faisait manger à sa table. Un honneur rarissime. Le jour du 15 août 1893, Jean-Marie Quéïnec, à treize ans, partagea le repas du captain et du maître saleur dans le carré des officiers, à savourer les côtelettes du cochon qu'on avait tué pour l'occasion. Impressionné, il garda le silence tout le repas. A la fin, il se lança. Une question qui le tracassait depuis quelque temps.

« Dites, captain, balbutia-t-il. C'est vrai qu'à Saint-Pierre, il y a un marin qui a trois jambes ? »

Le captain Grospierre eut un large sourire.

« Qui t'a raconté ça ?

– Les marins, captain... Le père Jules a même juré que c'était vrai... " Que cette vantiée maudite Marie-Louise couche avec les gabelous si c'est un mensonge ! " qu'il m'a dit. Les autres ont protesté que c'était pas une preuve. »

Le captain et le maître saleur se mirent à rire de bon cœur.

« C'est vrai que, le père Jules, il la connaît bien, l'histoire. Il était là quand ça s'est passé, fit le captain, plongeant dans sa mémoire... C'était il y a une trentaine d'années. Le père Jules était " avant de doris " et j'étais lieutenant, " maître saleur ". Le captain était un vieux terre-neuvas du nom de Guilloux, connu dans toute la région. C'était le premier sujet de conversation dans les bistrots de Saint-Malo, de Cancale et d'ailleurs... Et même de Fécamp. Le captain Guilloux, c'était pas un tendre. Ni un sentimental... Il menait les équipages à la dure, mais il s'épargnait pas non plus... Il m'avait expliqué d'où étaient venues ses habitudes de rudesse : de sa première campagne, vers 1840, quand il était mousse. Son brick avait fait naufrage. Trois jours dans une chaloupe, au milieu d'un ouragan, des creux de huit mètres, avec dix marins, au bord de la folie, dans un froid à anéantir un ours. Ils avaient été récupérés un soir par une goélette de Saint-Pierre qui dérivait, elle aussi, sur le Bonnet-Flamand. Une heure, qu'ils avaient mis pour grimper à bord, agrippés aux échelles de corde, le temps de perdre deux matelots qu'une lame gigantesque avait écrasés contre la coque. On les avait installés, avec l'équipage, à l'abri dans la chambre de veille, le seul endroit qui n'était pas inondé. Pendant la nuit, le vent avait encore forci. L'ouragan tournait au cataclysme. La goélette était en fuite, éperdue, les mâts arrachés, et s'enfonçait de plus en plus dans les déferlantes à cause d'une voie d'eau sur l'avant... Au matin, ils avaient réalisé la situation : une mer blanche d'écume, des vagues énormes et un navire désemparé. Et la goélette de Saint-Pierre, à son tour, avait coulé... Depuis, le captain Guilloux était devenu d'une rigueur impitoyable : " Deux naufrages en quatre jours : pas mal pour un premier embarquement, qu'il disait. Je suis un miraculé. Un clipper de la Black Ball Line qui faisait Londres-New York m'a recueilli, accroché à un bout de vergue, à moitié mort. J'en ai toujours voulu au captain de mon brick... La mer est suffisamment cruelle, c'est pas la peine de l'aider. Le captain laissait les marins faire ce qu'ils voulaient et, lui, il biberonnait à longueur de journée; il descendait à lui tout seul le boujaron et le pinard de la cambuse... Il a pas senti venir le coup de chien : il était affalé sur sa couchette. Ivre mort. " En souvenir de cette aventure, Guilloux contrôlait tout à bord, surveillait tout : il serait pas pris en faute... Donc, un matin, il y a trente ans, sur le *Vaillant*, au cours d'un virement pour changer de lieu de pêche, le petit foc, le " yankee ", se coince sur son point d'amure à l'extrémité du bout-dehors. La mer était bien formée et personne n'était volontaire pour aller le débloquer... Guilloux, qui était le captain, fait ni une ni deux, traverse le bateau, tombe la vareuse et se met à avancer, à califourchon sur le beaupré... Que s'est-il passé exactement? La draille du yankee a cédé, dans un sifflement, et lui a sectionné la moitié de la jambe un peu en dessous du genou. Il est revenu en rampant sur le gaillard d'avant et s'est fait transporter dans sa cabine... Il fallait prendre la mesure qui s'imposait : il n'a pas hésité. Il a fait appeler le charpentier du bord, en demandant qu'il vienne avec sa scie. Puis il s'est servi un grand verre de whisky, l'a bu cul sec et a dit : " Vas-y, mon gars... et fais-moi un beau moignon! " Il était courageux et solide, le captain Guilloux... Tout de même, on l'a entendu hurler, au moins trois milles autour du *Vaillant*. On lui a fait un pansement avec des charpies trempées dans de l'alcool... Le lendemain, le charpentier lui a reformé le moignon, il a recousu la peau qui pendait, avec du fil à épissure. Le captain, peu à peu, reprenait des couleurs. L'après-midi, je lui ai dit, en souriant : " Captain, voulez-vous qu'on procède à l'immersion solennelle de votre jambe? " Il m'a regardé d'un œil sévère et il m'a dit : " Point du tout... Ma jambe, elle sera enterrée en terre chrétienne. Laissez-la dans le sel à poisson. Je l'inhumerai à mon retour, au cimetière de Paramé! » J'ai été interloqué. J'ai rien dit. J'ai pris la jambe du captain et je l'ai placée dans un bac à sel, dans la soute aux morues. Début septembre, on est allé relâcher à Saint-Pierre. Un pêcheur était tombé malade : une congestion pulmonaire qui tournait mal. Le captain accompagne le malheureux à l'hôpital, appuyé sur les béquilles qu'on lui avait confectionnées, et il remarque, au fond de la salle commune, une religieuse qui donnait des soins. Il s'approche, retire sa casquette et lui dit : " Ma sœur, est-on bien en terre chrétienne, par ici? " Elle fit de la tête un oui un peu surpris. " C'est pour ma jambe, j'avais pensé l'enterrer dans mon pays, à Paramé, mais je me dis : s'il y a ici un endroit consacré, ce sera aussi bien. " Elle est restée sidérée, muette pendant quelques secondes, puis elle s'est reprise : " Vous tombez très bien, qu'elle a fait, demain on enterre un marin, un pauvre bougre emporté par une pleurésie. Si vous voulez, je fais mettre votre jambe dans son cercueil. Elle sera enterrée en terre chrétienne. "

Le captain Grospierre regarda Jean-Marie :

« Et c'est depuis ce jour, depuis bientôt trente ans, qu'un marin dort de son dernier sommeil sur les hauteurs de Saint-Pierre, avec trois jambes. Sa tombe est à l'entrée du cimetière. »

Jean-Marie regagna sa couchette, son petit « placard » humide dans le poste avant, le carré des marins au bois poisseux d'huile de morue. Derrière une faible lampe à huile posée sur une petite table, les terre-neuvas achevaient de fêter le 15 août et levaient d'un geste incertain leur dernier boujaron. Le père Jules d'une voix vacillante chantait : « Les gabelous, ou-ou, sont autour de nos femmes. Les gabelous, ou-ou, sont autour de chez nous... »

Jean-Marie regarda ces hommes avec tristesse. Il s'endormit en pensant à Pierre Le Cozic qui, en ce moment même, sur la dunette d'un trois-mâts, il en était sûr, régatait avec un clipper anglais, dans le souffle des huniers bien tendus et le battement des perroquets, quelque part, dans la luminosité du Pacifique, entre Hawaii et San Francisco...

CHAPITRE III

Port Talbot, dans le renfoncement du canal de Bristol, était, en 1894, le port charbonnier du pays de Galles. Il ressemblait en tous points aux grands ports européens de cette fin de siècle : Liverpool, Londres, Hambourg ou Nantes. C'était, le long des quais et des entrepôts, un enchevêtrement de vergues, de mâts et de haubans, des voiliers de toutes sortes, petites goélettes gréées à deux ou trois mâts pour le cabotage et long-courriers « brassés carrés », vaisseaux majestueux à trois ou quatre mâts, qui venaient se lester en charbon pour leur croisière du bout du monde. On s'interpellait depuis le bastingage, on embarquait des caisses de vivres, on ralinguait des voiles sur les gaillards d'avant, sous les regards nonchalants des boscos et des lieutenants, dans le grincement des *spouts*, tapis roulants actionnés par des machines à vapeur, qui vomissaient le charbon dans les soutes. Les captains, sur les ponts, surveillaient de près les opérations. Les manœuvres de chargement constituaient, dans un voyage au long cours, une difficulté qu'il s'agissait de surmonter avec attention et délicatesse. Elles conditionnaient la durée de la traversée mais surtout assuraient la sécurité de l'équipage. Il suffisait, en effet, que la charge soit mal répartie sur toute la longueur des soutes pour que, dans une tornade, sous le choc répété des déferlantes du Pacifique Sud ou des lames d'ouest de l'Atlantique, la cargaison ripe sur un bord et que le navire vienne à « s'engager », à pencher d'un côté. Le voilier, sous le poids de ses mâts gigantesques, de son fardage et de sa voilure, partait alors d'un coup sur le flanc, dans le sens du vent, et finissait couché, les empointures de vergues touchant l'eau dans une mer démontée... Le navire n'était plus manœuvrant. L'ordre d'abandon devenait alors inévitable. « L'engagement » était donc, par-dessus tout, la hantise des captains. Ce que Pierre Le Cozic expliqua à Jean-Marie, sur le quai de Port Talbot.

« Ça t'étonne, hein, Ti Jean, de voir un captain au long cours surveiller le chargement, à même le pont du navire, dans le fracas des spouts et la poussière du charbon? C'est parce que c'est un bon captain. La mer est rarement vraiment méchante, le plus souvent c'est pas elle qui tue. Tu te souviens de ce que disait Joseph Morvan : "La mer n'est jamais aussi dure que les cailloux." C'est vrai, mais il y a autre chose : la cargaison, qui est parfois bien traîtresse et bien fantasque. Par gros temps, elle devient capricieuse, elle ne tient plus en place, le diable au corps qui lui vient, on dirait. Si elle n'a pas été bien arrimée, bien encloisonnée par des "bordies" solides, tu peux préparer les chaloupes, le naufrage n'est pas loin. Elle finit par tout casser dans la cale et, une fois qu'elle s'est bien amusée, elle s'arrête sur un bord. Quand le bateau n'est pas complètement couché, il faut faire un demi-tour, de façon que le vent te redresse d'un coup et t'équilibre ta cargaison... Seulement, virer vent arrière pendant une tempête, lof pour lof, comme on dit, c'est pas une mince affaire. En plus, tu viens au

travers de la lame... C'est rare que tu t'en sortes. »

Jean-Marie Quéïnec écoutait Le Cozic, attentif et
émerveillé. C'était une émotion intense qu'il ressentait. Bien plus forte que quand il avait mis le pied
sur le pont du *Château-Laborde*. Il embarquait pour
le long cours. C'était une autre affaire, le bout du
monde, l'inconnu, le rêve, l'aventure. Il contemplait
le *Taracapa* : quatre-vingt-dix mètres de long, des
flèches de cacatois à soixante-quatre mètres du
pont, des dizaines de voiles, des milliers de mètres
carrés de toile lourde qui se tendraient dans le vent
quand il prendrait son premier bord, le lendemain,
toutes voiles dessus, dans le canal de Saint-George,
entre l'Angleterre et l'Irlande...

Catherine avait pleuré. Il avait accepté qu'elle
l'accompagne jusqu'à l'embarcadère de Dinard. On
était en plein dans les fortes marées du mois
d'octobre. La mer était basse et s'était retirée très
loin. La vedette à roue qui faisait la traversée vers
Saint-Malo déposerait Jean-Marie à la cale du Petit-
Bé et il regagnerait les murs par une petite digue en
ciment dressée dans les rochers. Pierre Le Cozic
l'attendait au Bar de l'Univers. Ils auraient quelques
heures à attendre avant que le *Hilda*, le ferry à
vapeur qui faisait une fois par semaine la liaison
avec Southampton, ne prenne la mer dans la nuit
bien avancée. Catherine s'était serrée contre lui. Il
n'aimait pas ça. Il trouvait les effusions impudiques.
Il se sentait gauche, dans ces moments-là, mal à
l'aise. Il fallait qu'il parte, qu'il embarque. C'était
ainsi. Une obligation qui lui échappait. Pourquoi sa
mère pleurait-elle? Elle rendait la situation plus
pénible, douloureuse même. Elle s'était mise à
sangloter, sur la cale de Dinard.

« Tu aurais pu rester avec moi... »
Elle s'étranglait de larmes.

« ... Tu n'as même pas quinze ans. Encore plus jeune que ton père, quand il s'est engagé... »

Il ne pouvait rien répondre. Et, les derniers instants, en montant sur la passerelle du petit vapeur, elle avait dit simplement, en s'essuyant les yeux :

« Prends bien soin de toi. »

Les amarres jetées, il s'était retourné. Catherine, vêtue de noir, remontait la cale vers la carriole de Guérin Le Bideau. Elle retournait dans la grande maison de Saint-Briac. Elle passerait des hivers et des étés, dans les pins maritimes de *La Javotte*, face à la mer, à attendre son retour. Plus inquiète chaque fois. Elle avait trente-cinq ans.

Au bar du *Hilda*, qui faisait en une nuit la traversée jusqu'à Southampton, Pierre Le Cozic, entre deux pintes de bière, avait trouvé les mots pour détendre l'atmosphère, dissiper la tristesse qu'il sentait rôder, par moments, dans le regard clair de Jean-Marie.

« Naviguer au commerce, avait-il dit légèrement sentencieux, c'est naviguer dans l'aristocratie des marins. Au commerce, rien n'est comme ailleurs, tout est différent. A commencer par le *Taracapa*, une merveille, Ti Jean, un joyau sorti il y a dix ans des chantiers Dubigeon, de Nantes. Une coque en acier, un pont en teck du Brésil et une chambre de veille en acajou. Je te parle pas de la cabine du captain : tu verras par toi-même, les parquets sont astiqués, mieux qu'au casino de Dinard, et sur son bureau il a un morceau de cuir vert. Il y pose ses encriers, ses plumes, ses chronomètres personnels, ses livres de route et son violon. Tu verras, Ti Jean, le captain Lelièvre, c'est un mélomane. Dès qu'on aura établi la voilure et dès qu'il aura bien fixé la route, dès qu'on aura accroché les alizés, si tu préfères, tu l'entendras jouer dans sa cabine. C'est un virtuose. Il joue une musique que lui seul connaît. Pas ce qu'on joue d'habitude sur les bateaux, avec le violon aigre et l'accordéon, les jours de fête ou quand on passe l'équateur, la " ligne ", mais une musique nerveuse et triste à la fois, c'est beau. Souvent, les matelots se regroupent près du château arrière, sous la dunette, pour mieux écouter les concerts du captain Lelièvre... »

Il eut un mouvement de regret.

« ... Ça dure jamais longtemps. Le bosco tarde pas à débouquer avec sa frimousse de bouledogue. " C'est pas un équipage, qu'il fait à chaque fois, c'est un ramassis de couleuvres qui se croient au music-hall ! " Et d'envoyer deux ou trois matelots en haut des cocotiers pour vérifier les points de cargue des contre-perroquets. »

Le Cozic se mit à hocher la tête en souriant.

« C'est vrai que maintenant ça va être mon boulot. Va falloir que je joue au bosco, que j' devienne le cerbère du bord... »

Il mimait l'embarras, Le Cozic, face à ses nouvelles fonctions. Au fond de lui, il était très fier. Il était devenu maître de manœuvre sur le *Taracapa*. Un poste important, tout de même..., une promotion.

Le 4 novembre 1894, le remorqueur *North-Cumberland* vint se ranger le long du quatre-mâts. A midi, la cloche de quart « piqua huit ». A une heure de l'après-midi, il arracha le *Taracapa* du quai de Port-Talbot et l'engagea dans le canal de Bristol, dans le souffle brusque de ses machines et sous un voile lourd de fumée noire. Le captain Lelièvre était sur la dunette auprès du timonier, qui tenait à deux mains la superbe roue de barre, en bois sculpté, entouré de ses officiers, le commandant en second Stephan, et Guillaume Le Scouarnec, le lieutenant chargé des problèmes d'intendance et que, par tradition, on désignait sous le nom de « lieutenant de cage à poules ». Le commandant Auguste Lelièvre était un homme d'une cinquantaine d'années, un petit corps nerveux et sec sanglé dans une longue veste d'officier aux deux rangées de boutons dorés, portant une casquette de gros drap noir, molle et arrondie, dépouillée de tout gallon ou insigne, sa casquette de lieutenant visiblement, à laquelle il s'était attaché. Fidélité et superstition... Comme tous les capitaines au long cours, le commandant Lelièvre avait accédé très jeune au grade suprême de la marine marchande, du « commerce ». A vingt-trois ans, son brevet en poche, il avait été nommé commandant en second, sur un joli trois-mâts des Antilles, qui faisait, deux fois l'an, la route du cacao entre Nantes et Fort-de-France. La direction de l'armement Bordes l'avait laissé deux ans à ce poste, histoire de l'endurcir un peu, le temps de lui former le caractère et le sang-froid maritime au cours de deux cyclones et d'une multitude de coups de chien superbement « astiqués » dans l'Atlantique. A vingt-cinq ans, il avait embarqué sur le *Marie-Anne*, un trois-mâts barque, pour son premier tour du monde, d'est en ouest, le cap Horn dans le mauvais sens, à contre-courant, à contre-vent, à contre-déferlantes, à contre-tornades, le cap « dur » des Anglais, le cap « stiff », au milieu d'une tempête de neige; des vagues de quinze mètres charriant des blocs de glace qui s'abattaient sur le pont dans des grondements de tonnerre...

Un voyage dont il gardait un souvenir intact. Le gros temps commença au large de l'Argentine, deux jours avant d'avoir doublé les Malouines. Le capitaine Rozier, qui commandait le *Marie-Anne*, fut contraint de mouiller aux îles des Etats, au large de la Patagonie, et d'attendre que le vent, soufflant en apocalypse au secteur nord-ouest, vienne à mollir un peu pour doubler le cap de fin du monde. Au bout de quinze jours, il perçut un début d'accalmie. Le ciel, jusque-là uniformément gris sombre, s'en-trouvrit et laissa apparaître le soleil pendant quelques instants. « C'est le regard de Dieu », dit le captain Rozier, et il décida aussitôt de tenter sa chance. Pendant une semaine, les vents furent conciliants et le *Marie-Anne* doubla le Horn sans tirer trop de bords et même en gardant beaucoup de toile, non seulement les basses voiles, mais aussi les huniers fixes. A bord, chacun avait commencé à retrouver le sourire et Auguste Lelièvre, qui venait de fêter son vingt-cinquième anniversaire et qui, jusque-là, avait rempli ses fonctions de second captain avec une muette obéissance, se risqua à un commentaire :

« Au cap Horn, il vente la peau du Diable, paraît-il... Le Diable nous aurait-il en indulgence? »

Le captain Rozier le foudroya du regard.

« Vous attendrez, monsieur Lelièvre, que nous soyons en rade de Valparaiso pour exprimer votre optimisme. Nous sommes encore à une latitude où tout est possible. Dans ces régions, les ouragans vous tombent dessus en un clin d'œil, sans crier gare, ils vous envoient pas un carton d'invitation pour participer à la grande chaloupée. Une bonne bourrasque, bien cirée au nord-ouest et, en trois jours, vous retournez aux Etats. Nous ne sommes pas encore à l'abri de ce genre de surprise. J'ai fait mettre de la toile pour pouvoir remonter le plus vite possible le long de la côte chilienne. Pour ne rien vous cacher, les petits nuages formés très haut et la forte brise qui nous appuie en ce moment tribord amures ne m'inspirent rien de bon. Trop beau pour être honnête. " Ciel pommelé et femme fardée ", vous connaissez la suite..., ruine pour le gabier. En plus, depuis ce matin on n'a pas eu la visite d'un seul albatros. Les " poules " sont au poulailler. Le coup de tabac pourrait bien ne pas être très loin... »

Le lendemain matin, alors que le Horn avait été doublé depuis trois jours et que le ciel avait viré à la luminosité violette des basses latitudes, le captain Rozier, qui venait de sa cabine après être passé consulter le « Renard », le livre de Loch, dans la salle de veille, et jeté un coup d'œil au baromètre, apparut sur la dunette où le second Lelièvre achevait son quart. Il avait les mains dans les poches de son caban. Il faisait froid. Il releva son col, d'un geste brusque, fit à Lelièvre un signe poli de la tête et, sans dire un mot, commença à inspecter le ciel autour de lui. Il se retourna complètement pour inspecter l'horizon à l'arrière du *Marie-Anne* et, tout à coup, laissa échapper un juron :

« Nom de Dieu!... »

Il fit volte-face.

« Monsieur Lelièvre, depuis quand les cirrus[1] sont-ils apparus dans le sud-est?

– Aux premières lueurs, captain... »

Rozier eut un regard intense et dur.

« Et vous ne m'avez pas prévenu? »

Lelièvre resta interloqué.

« Je n'ai pas cru bon, captain. Ils sont derrière nous, je me suis dit... »

Rozier haussa les épaules, nerveusement.

« Derrière nous! » grommela-t-il, stupéfait de tant d'ingénuité.

Il n'en revenait pas, le captain.

« Derrière nous..., ils vont pas le rester long-temps, derrière nous! »

Il se reprit :

---

1. Nuages donnant l'impression de filaments massés ensemble.

« Monsieur Lelièvre, faites amener le bosco. »

Le second piqua un coup sec sur la cloche de quart. Le bosco sortit du poste de matelot. Quelques secondes après, il traversa le pont du *Marie-Anne* et grimpa l'échelle de la dunette. C'était un petit homme d'une cinquantaine d'années, trapu, le teint buriné, les traits creusés par les ans et le sel des embruns, des petits yeux verts et des cheveux rares et blonds. Le captain lui indiqua d'un geste les nuages au loin.

« Qu'est-ce que vous en pensez, bosco? »

Le vieux maître de manœuvre émit un sifflement à la fois admiratif et inquiet. Il hocha la tête.

« La brise est au noroît et le ciel maquerellé au sudet, dit-il simplement. Les nuages se ramassent sous le vent : gare à la renverse... »

Il regarda Rozier, un peu par en dessous.

« J' crois ben qu'on va prendre la branlée, captain.

– C'est aussi mon avis, bosco, approuva Rozier. Vous garderez les basses voiles ferlées et l'étai d'artimon. On essaiera de prendre une bordée dans le nordet, tribord amures, pour attraper le courant de Humboldt. Avec un peu de chance... »

Le bosco opina de la tête et sortit son petit sifflet d'ivoire et d'argent. En quelques modulations aiguës, les deux équipes de matelots, les hommes des deux bordées, jaillirent sur le pont.

« A serrer les huniers! A ferler les grand-voiles! » hurla-t-il.

Ça n'a pas suffi. Une heure plus tard, le *Marie-Anne* essuya de plein fouet une tempête effroyable, « la bonne branlée du père Bitord », convint le bosco, des rafales de vent terrifiant qui avaient creusé la mer au point d'en faire d'immenses montagnes russes, blanches d'écume, que le navire escaladait vaille que vaille, dans les hurlements de ses haubans, les craquements déchirés de ses mâts et le fracas de son étrave cognant lourdement contre les crêtes qui déferlaient au sommet des lames. Bientôt, il fallut abandonner le cap. Le captain Rozier fit serrer les basses voiles. L'étai d'artimon fut arraché dans la bourrasque. Le captain fut alors contraint de mettre en fuite et, au soir du deuxième jour, le *Marie-Anne* doubla pour la deuxième fois le cap Horn, cette fois d'ouest en est. Dans l'autre sens.

Le premier passage du Horn, pour le captain Lelièvre, il ne risquait pas de l'oublier... et la suite non plus. Rozier avait décidé de relâcher aux Etats pour retaper un peu le *Marie-Anne* durement éprouvé par l'ouragan. L'hiver austral était bien installé. Les vents haletaient dans une tornade ininterrompue toujours orientés au même secteur ouest-nord-ouest, toujours de face, un vent debout à longueur de jour, à perte d'horizon, des mugissements féroces dans une obscurité glacée, des rafales de neige qui finissaient par masquer le déferlement des vagues contre les rochers désolés.

Dix fois, le *Marie-Anne* avait voulu forcer le passage. Le captain Rozier avait tout essayé, tout tenté, tout osé, tirant des bords bien au sud des îles Diego-Ramirez, à la limite des icebergs, pour essayer de contourner l'ouragan, ou au contraire cherchant un abri sous les falaises mêmes de l'ultime péninsule, au risque de se fracasser contre les rochers de basalte lunaire ou d'être écrasés par un ressac terrifiant, avec l'espoir, si mince, de se faire porter par le vent de terre. Cent fois, l'équipage était monté dans les haubans, agrippé à des vergues couvertes de glace, les pieds dérapant sur les marchepieds verglacés, pour serrer et rabanter des voiles devenues raides et cassantes. Chaque fois, en vain, le *Marie-Anne* avait irrémédiablement dû rebrousser chemin. A la dixième tentative manquée, alors que le trois-mâts, les voiles serrées ou arrachées, à la « cape sèche », fuyait devant les lames, le captain Rozier, les traits tirés par le manque de sommeil, le visage hirsute d'une barbe de dix jours, convoqua dans le poste de veille dévasté par la tourmente son état-major : le second Lelièvre, le lieutenant de « cage à poules » et le bosco. Il leur dit, sans plus de commentaire et d'une voix blanche :

« J'ai pris ma décision. On va mettre le cul dedans... »

Chacun comprit et approuva en silence. Le captain Rozier, pour la première fois de sa carrière, la mort dans l'âme, s'avouait vaincu par le terrible Horn. Mettre le cul dedans, c'était renoncer à doubler le cap et faire demi-tour pour rejoindre Valparaiso par l'Atlantique Sud, puis le Pacifique : le tour de la Terre. Chaque année, ils étaient plusieurs commandants de voiliers à prendre cette décision. Le voyage devenait alors une longue souffrance. Auguste Lelièvre ne l'avait jamais oublié. Deux cent seize jours de mer, à manger les produits de la pêche, à boire l'eau de pluie recueillie dans des seaux, à courir devant la longue houle de l'océan Pacifique.

Depuis, Auguste Lelièvre était devenu un captain qui se défiait de tout optimisme et de tout commentaire. Il était devenu réservé. Puis silencieux. Puis taciturne. Un captain comme les autres.

A trois heures de l'après-midi, ce 4 novembre 1894, le remorqueur *North-Cumberland* lança deux coups de sirène nerveux, le signal : hisser la voilure. Le second Stephan regarda le captain Lelièvre dans une attitude à la fois raide et respectueuse.

« Nous avons une brise modérée du sud, captain.

Il me semble que c'est un temps à mettre " tout dessus ", pour défiler la parade en mer d'Irlande. »

Lelièvre prit son temps pour inspecter le ciel autour des mâts vertigineux du *Taracapa*. Il eut une sorte de toussotement sec et laissa tomber d'un ton coupant :

« Votre brise modérée, monsieur Stephan, me paraît un peu fraîche. En plus, elle ne va pas rester au secteur sud très longtemps. J'ai remarqué quelques traces de cirrus, des barbes de chat, qui pourraient bien annoncer un coup de suroît. »

Il fit une pause, le temps de prendre une décision.

« Après tout, vous avez raison. Nous allons envoyer toute la toile. Avec ce qui se prépare, le goudron qui va nous épousseter d'importance, autant qu'on démanche le plus tôt possible. »

Jean-Marie Quéïnec se tenait droit, les mains posées sur la rambarde en chêne ciré de la dunette, tout à l'émotion de son premier embarquement au long cours, les cheveux blonds tirés en arrière par les vents du sud, le regard émerveillé par la majesté de l'instant, le *Taracapa* qui tanguait lentement dans la manche de Bristol, une mer d'un vert profond, aux crêtes frissonnant sous la brise. Le second Stephan lança d'une voix forte :

« A hisser toute la voilure! »

Il descendit rapidement par l'échelle de dunette et traversa le quatre-mâts sur la passerelle surélevée qui permettait de regagner le gaillard d'avant sans être emporté par les énormes paquets de mer que le voilier embarquait les jours de tempête. Le second était chargé de diriger les bâbordais et d'organiser la manœuvre sur l'avant, envoyer les focs, les voiles de misaine et du grand mât avant; le bosco, Le Cozic, se chargeant des tribordais et veillant à l'installation de la voilure sur le grand mât arrière et le mât d'artimon. Dès le signal, les hommes grimpaient dans les hunes, les plus agiles se hissant jusqu'aux vergues des cacatois, à plus de soixante mètres du pont, les pieds vacillant sur les marchepieds, minces filins tendus sous les vergues, arc-boutés sur les cylindres d'acier à desserrer les voiles. A cette hauteur, le roulis que subissait le bateau était amplifié au point que les gabiers, accrochés en haut des mâts, parcouraient dans le ciel un grand arc de cercle, comme attachés à un immense métronome. Il arrivait que, sous le choc du navire se redressant, les matelots perdent l'équilibre et partent dans le vide, suspendus par leurs seules mains agrippées à la vergue. On faisait alors « pavillon » et on attendait que le voilier se penche sur l'autre côté pour pouvoir, de nouveau, nouer ses jambes autour des marchepieds.

Les tribordais que commandait Le Cozic furent les premiers à redescendre sur le pont, une fois envoyés la grand-voile arrière, les huniers fixes, les huniers volants, les perroquets et les cacatois. A chaque nouvel embarquement s'installait une rivalité entre les deux équipes de marins. C'était la jubilation de retrouver le pont d'un grand bateau qui prenait peu à peu de la vitesse, en faisant claquer ses hautes voiles, une façon que le navire avait de s'ébrouer, de se gonfler d'une profonde respiration. C'était aussi le souci de s'imposer dès le début du voyage, de montrer qu'on connaissait bien le boulot, qu'on n'était plus « castor », mousse ou novice, qu'on était un gabier accompli, un matelot fini.

Le Cozic, d'une voix puissante, entonna le chant à virer : *C'est Jean-François de Nantes*... Les matelots se mirent à tourner autour du cabestan en poussant, dans un ahanement brusque, les barres devant eux. Ils reprirent à bout de souffle : « Oué – Oué – Oué... » Les voiles peu à peu cessèrent de claquer, bien tendues, étarquées par des écoutes bordées à craquer. Le *Taracapa* prit sa vitesse, épaulé sur la houle qui se formait dans l'entrée du canal de Saint-George et fut très vite à la hauteur du remorqueur. Deux marins sur le gaillard d'avant larguèrent l'aussière. Le *North-Cumberland* commença aussitôt à faire demi-tour et envoya un puissant sifflement de vapeur. Le second Stephan fit affaler et envoyer par deux fois le clinfoc. Le *Taracapa* répondait aux vœux de bonne route et s'enfonçait dans le crépuscule. Dans le sud-ouest, alors que le grand voilier avait depuis longtemps noyé la terre, une masse sombre monta au ras de l'horizon.

Jean-Marie, dans la nuit de novembre, servit son premier repas dans la salle à manger. Les officiers expédièrent leur dîner à toute allure, sans dire un seul mot. Il en ressentit une certaine tristesse, une vague déception : il avait apporté son plateau depuis la cambuse, située au milieu du bateau, sans que son pied ne vienne à chanceler malgré la mer qui s'était creusée dans la nuit noire et les rafales de vent qui l'avaient courbé en deux et, par instants, projeté contre la passerelle qui surplombait le pont du navire.

Le carré des officiers du *Taracapa* n'était jamais, en présence d'Auguste Lelièvre, un endroit de franche gaieté, il le vérifia par la suite, tout au long du voyage. En ce premier soir de mer, l'atmosphère y était particulièrement pesante. Aucun des officiers n'était enclin à se répandre en compliments sur la virtuosité et le pied marin du mousse. Le captain avait senti juste : le temps se dégradait de minute en minute. La brise fraîchissait, comme prévu, au sud-ouest. A la tombée du jour, les barbes de chat s'étaient transformées en gros nuages noirs qui, au crépuscule, avaient fini par prendre des dimensions gigantesques. A huit heures, la nuit était devenue absolue et un premier grain s'était abattu sur le *Taracapa*. Leur dîner avalé en un quart d'heure, le captain Lelièvre et le second Stephan, un homme d'à peine vingt-cinq ans, les traits juvéniles et le corps vigoureux, montèrent sur la dunette, engoncés dans leurs cirés, le visage renfrogné d'inquiétude. Un coup d'œil au baromètre en arrivant dans la timonerie : une baisse importante.

« Le sorcier fait une drôle de gueule », dit simplement Stephan.

Le captain hocha la tête sans dire un mot. Une violente rafale de vent chargée de pluie fit de nouveau tressaillir le quatre-mâts. Lelièvre piqua un coup dans la cloche de quart pour appeler le bosco. Le Cozic surgit du poste avant et accourut vers la timonerie. Sur le pont, un paquet de mer faillit lui faire perdre l'équilibre. Il entra, ruisselant de pluie et d'eau de mer.

« Prenez deux ris dans les huniers, serrez les perroquets, les focs et les basses voiles », fit Lelièvre, expéditif.

Le Cozic enregistra l'ordre et repartit aussitôt vers l'avant.

« En plus, avec cette obscurité du diable, impossible de se repérer, fit Stephan, d'une voix où perçait l'inquiétude.

— Nous sommes en train de doubler l'île Lundy, fit le captain, imperturbable. Si le coup de vent tourne en tempête, on mettra à la cape, mais le plus tard possible... L'endroit est infesté de cailloux. On va essayer de démancher. Si le suroît nous en laisse le temps. »

Une heure plus tard, le suroît avait encore forci. La tempête commençait à hurler au large du pays de Galles. Les gabiers des deux bordées serrèrent toutes les voiles et envoyèrent la voile d'étai d'artimon, la « marquise », pour mettre le navire à la cape courante. A minuit, il fallut renoncer. La « marquise » fut arrachée dans un bruit de tonnerre par une rafale de vent. Le *Taracapa*, désemparé, vint par le travers de la lame, mais fut redressé par le timonier d'un coup de barre providentiel. Dans la nuit profonde, alors que la tempête avait tourné à l'ouragan, le grand vaisseau, à sec de toile, en fuite, courait le mords aux dents vers les récifs acérés de l'Irlande.

Le jour se leva. Les matelots et Jean-Marie Quéïnec, le mousse, regroupés sur la dunette auprès des officiers, aperçurent, dans le matin livide, entre les grains qui s'abattaient sur le navire, les brisants de Saltee, au sud-est de l'Irlande. Le vent du sud-ouest y portait inexorablement. Le captain Lelièvre, d'un geste de la tête, désigna à Le Cozic les rochers de granit où la houle creusée se fracassait en explosions d'écume.

« On y va tout droit, bosco, fit-il en plissant ses petits yeux verts. On va essayer d'être manœuvrant et de prendre une bordée dans le nord. Avec une benjamine au mât de misaine et un foc tourmentin, on pourrait s'en sortir.

– Je m'en charge, captain », intervint le second Stephan.

Personne n'eut la moindre réaction. Ni Lelièvre ni Le Cozic. Les gros coups durs, c'était au second à les régler. Une affaire entendue. L'apprentissage de son futur métier de captain. La justification de son autorité.

Stephan traversa le pont, accroché au bastingage en filins d'acier de la passerelle surélevée, et parvint à descendre au bas du mât de misaine, malgré les rafales de vent qui manquèrent plusieurs fois de le jeter sur le pont balayé par la mer en furie. L'opération fut exécutée de main de maître en quelques minutes. La benjamine et le foc furent envoyés dans les claquements lourds et les écoutes rapidement tournées autour d'un cabillot. La virtuosité du second témoignait d'un sang-froid et d'une force physique exceptionnels. Les matelots appréciaient en connaisseurs... D'un coup, le *Taracapa* vint sur tribord et commença à remonter vers le nord. Stephan, qu'un énorme paquet de mer avait à moitié assommé, remonta sur la dunette au moment où le voilier, devenu manœuvrant, frôlait le phare de Tuscard qui clignait, sinistre, sur son îlot déchiqueté. Les marins eurent un frisson en voyant les pics de granit que le ressac découvrait à quelques dizaines de mètres d'eux. Le *Taracapa*, sous benjamine et foc tourmentin, se mit à remonter, échevelé, la mer d'Irlande.

La tempête se calma le lendemain. La tornade peu à peu s'épuisait. Les bourrasques firent place à un vent modéré et à une pluie fine... Pierre Le Cozic vint discrètement à la cambuse au moment où Jean-Marie, accroché à l'évier par une sangle, faisait la vaisselle. Jean-Marie, c'était son petit frère, en somme. Il veillait sur lui. Surtout qu'il avait écrit lui-même à l'armateur pour qu'il l'embarque comme mousse. Il s'en sentait responsable. Et, surtout, il en était fier. A aucun moment, pendant l'ouragan, Jean-Marie n'avait montré sa peur. Il n'avait pas pleuré. Pas claqué des dents de frayeur. Pas même blêmi. Les matelots avaient observé, étonnés. L'un d'eux, en retournant dans le poste avant, avait même laissé tomber : « L'a du poil aux pattes, le " castor "... C'était pourtant une bonne branlée. A son âge, j'aurais eu la trouille. »

Le Cozic avait apprécié le compliment. Un hommage de première importance.

« On fait le tour de l'Irlande, Ti Jean, c'était pas prévu. »

Le Cozic vint s'asseoir derrière la table où le coq avait mis des haricots à tremper dans une grande marmite.

« Je croyais qu'on était tranquille jusqu'au cap Horn, remarqua Jean-Marie d'un ton de reproche amusé.

– Tu as fait Terre-Neuve, répondit Le Cozic. Tu sais qu'on n'a pas besoin d'aller au bout du monde pour avoir du gros temps... Les atterrages de la Manche sont toujours dangereux. Tu verras jamais un captain fermer l'œil avant d'être bien installé en Atlantique, bien après avoir doublé Start Point et le cap Lizard, la sortie officielle de la Manche. Pas facile de louvoyer dans un chenal qui paraît un peu étroit pour un voilier de cent mètres de long. On prend pas un bord comme avec un canot' à misaine. Sans compter les cailloux. Partout, il y en a, surtout en mer d'Irlande, quand tu débouques de la Mersey, en venant de Liverpool. C'est pas les épaves qui manquent; sur les récifs, un vrai cimetière de bateaux. En principe, par beau temps, tu prends tes précautions, tu passes bien au large. Mais, des fois, t'es bien obligé de t'en approcher. Tiens, au retour, pour savoir où tu vas relâcher, à Dunkerque, Hambourg ou Londres, tu " passes à ordre " au sémaphore de Falmouth, en Cornouailles, et quand le temps est bouché, tu viens accore des récifs pour voir les signaux. C'est souvent que ça finit mal. Et puis... »

Le Cozic prit un temps, comme s'il en venait à l'essentiel.

« Et puis il y a les remorqueurs. Les véritables naufrageurs de la Manche. Ils sont d'accord pour te sortir du port par n'importe quel temps. Pour te prendre ton pognon, ils sont toujours à poste. Présents à l'appel. Seulement, une fois en mer, si le temps fraîchit, ni yap ni yop ils font : ils te laissent en plan et ils regagnent la terre. " Désolés, on a cassé l'aussière ", qu'ils disent. Tu parles! Ils l'enlèvent eux-mêmes de la bitte d'amarrage, l'aussière, quand la mer est trop creusée... Tu te retrouves, d'un coup, sur un navire à sec de toile, avec un temps à ne pas mettre un canard sur le pont et des bourrasques à t'expédier direct sur les rochers... J'en ai déjà vu beaucoup de ces belles goélettes déchirées sur le granit... L'équipage regagne la terre en chaloupe en regardant les vergues de perroquet s'enfoncer dans les remous. On maudit le commandant du remorqueur. On promet de le retrouver, de lui faire payer sa traîtrise... Et puis on se dit qu'on finirait en rouge à l'inscription maritime. Privés d'embarquement. On finit par oublier. »

Il fallut attendre d'avoir doublé Madère pour entendre la belle musique du captain Lelièvre se mêler aux grincements du gréement, au frisson de l'étrave pénétrant la houle souple d'ouest, au souffle battant les hautes voiles. Le Cozic était un bosco conciliant. Il laissait les matelots jouir des arabesques du violon du captain. Au bout d'un certain temps, quand il sentait que les marins avaient eu leur comptant de notes cascadantes et de soupirs écorchés, il renvoyait tout le monde au boulot :

« Pour des amateurs de musique, vous avez pas beaucoup d'oreille... J'entends d'ici les huniers qui faseyent. »

Tout le monde comprenait.

« A étarquer les huniers! » aboyait Le Cozic.

L'inactivité sur les bateaux : un péril bien sournois. Il fallait s'en méfier. Autant que des récifs de

Cornouailles, ou des coups de vent soudains du large de l'Argentine, les grains blancs, les *pamperos*, qui avaient vite fait de retourner un navire. Le Cozic tenait en main l'équipage. Un bon maître de manœuvre.

Le captain Lelièvre sortait rarement de sa cabine. Il restait à sa table et, quand il ne jouait pas du violon, se plongeait dans des lectures sans fin de partitions musicales. Il cultivait le mystère, son arme essentielle. Il laissait au second le soin de faire les relevés astronomiques à midi avec le sextant, de « fusiller le soleil ». Il ne sortait que dans les grandes occasions, les manœuvres délicates, les coups de chien trop goudronnés. Il était d'une espèce à part qui ne se mêlait pas aux hommes et son essence quasi divine rassurait l'équipage.

De temps en temps, il profitait de ce que le lieutenant était au poste de commandement, sur la dunette, pour sortir de sa cabine et grimper l'écoutille. Il rôdait quelques instants, sur le château arrière, tournait autour de la timonerie, jetait un coup d'œil sur les hautes voiles et bougonnait, d'un ton tranchant :

« Monsieur Le Scouarnec...

– Oui, captain.

– Si vous aviez mis vos cacatois, les auriez-vous enlevés ?

– Non, captain, balbutiait le lieutenant.

– Alors, nom de Dieu, pourquoi sont-ils serrés ? Vous êtes en promenade, Le Scouarnec ? Vous batifolez sur l'Océan ? Nous avons quatre-vingt-dix jours pour arriver à Valparaiso. Ne l'oubliez pas. »

Si les cacatois étaient envoyés, le captain n'était pas sans ressource.

« Des cacatois avec la polka qui se prépare ! »

Il s'étranglait de stupéfaction.

« Vous voulez nous arracher nos flèches des mâts, si le tabac nous tombe dessus, faire grimper les gabiers en catastrophe, prendre des ris à l'irlandaise ? »

Prendre des ris à l'irlandaise, cela signifiait qu'il fallait déchirer les voiles à coups de couteau pour que le vent les emporte. La pire des infamies maritimes pour Auguste Lelièvre. Il poursuivait :

« Vous avez encore quelques bonnes années devant vous à vous occuper de poulaillers, monsieur Le Scouarnec... Laissez la navigation aux marins. Chacun son boulot. »

C'était le traitement habituel du lieutenant, les vexations d'usage. Personne n'y prêtait vraiment attention... Quelques minutes après, le second Stephan montait à son tour sur la dunette et faisait envoyer les cacatois. La tradition était respectée.

Le temps s'éclaircissait au fur et à mesure que le *Taracapa* descendait au sud, le long des côtes d'Afrique. Les alizés furent accrochés comme prévu aux îles du Cap-Vert et le grand quatre-mâts barque fut halé à l'ouest par les vents réguliers et chauds, en route vers les côtes du Brésil.

Un jour, on passa l'équateur. On devait se trouver au beau milieu de l'Atlantique, dans une température de fournaise, quelque temps avant d'arriver dans les brises fantasques du « pot au noir ». Le franchissement de l'équateur, le passage de la ligne, donnait lieu à une cérémonie burlesque, sur les long-courriers. C'était aussi la tradition... Seulement, cette tradition-là, le captain Lelièvre ne l'appréciait pas du tout.

« Tout est bon pour avoir la double, avait-il dit au second Stephan. Le passage de la ligne ? Une bouffonnerie ridicule, une plaisanterie pour biffins... »

Les biffins : à la fois des militaires et des terriens. Le mépris absolu...

L'équipage n'avait pas insisté. Le rite avait été réduit au minimum. Gloaguen, le plus vieux matelot du bord, une barbe blanche en coton faisant ressortir de beaux yeux bleus et une couronne en carton sur la tête pour figurer un Neptune en goguette, avait, au nom de l'équipage réuni sur le pont, interpellé le captain Lelièvre, le visage fermé et les mains dans le dos, raide sur la dunette.

« Moi, père La Ligne, autorise l'entrée dans mon domaine du *Taracapa* et du captain Lelièvre. Icelui devra payer la double à l'équipage pour octroi! »

Lelièvre fit oui de la tête en bougonnant et redescendit dans sa cabine. La cérémonie était terminée.

La nuit venue, les matelots s'attardèrent sur le gaillard d'avant, dans la caresse chaude des focs tendus. Le vieux Gloaguen chantait des chansons d'amour et de départ, des ballades nostalgiques qui parlaient de filles abandonnées sur un quai, à Lorient ou à La Rochelle, des vieux airs que tout le monde avait oubliés, sauf lui, qui les tenait de son grand-père. Des refrains qui remontaient aux ténèbres des temps, de l'époque – que tout le monde connaît – où les vents étaient encore en prison sur leur île du bout du monde avant qu'un captain, qui avait passé un pacte avec le diable, ne vienne les délivrer. A un moment, Le Cozic intervint :

« Dites, père La Ligne, fit-il faussement respectueux. Vous avez un nouveau venu dans votre royaume. Jean-Marie Quéïnec, le mousse. Il serait temps de lui révéler le secret de Votre Majesté. La légende du grand *Chasse-Foudre*.

– Il a raison, père La Ligne », confirma un des matelots assis à même le bois du gaillard d'avant.

Gloaguen regarda Jean-Marie, assis comme les autres sur le pont, le dos appuyé contre le pavois.

« C'est que, fit-il d'un air sérieux et pénétré, la

légende du grand *Chasse-Foudre*, c'est pas une légende comme les autres... C'est une histoire magique.

— Cric-crac, firent ensemble les matelots.

— Le grand *Chasse-Foudre*, c'était un immense vaisseau, continua Gloaguen. Tellement grand que, le jour du lancement, il fallut pour le tirer jeter un palan sur la lune!

— Cric-crac, ponctuèrent les marins.

— Le mât était si haut que les gabiers mettaient toute une vie pour monter serrer les contre-cacatois. Il faut dire que dans les hunes de vigie, il y avait des auberges, des tavernes, des bistrots, avec des belles filles et du tafia à tire-larigot... Alors, quand ils revenaient sur le pont, ils avaient des grandes barbes blanches, forcément...

— Cric-crac.

— Un jour, dans l'Atlantique, le captain du grand *Chasse-Foudre* a décidé d'aller au Japon. "On va faire route au nord", qu'il dit au timonier. Et il s'engage en Manche. Seulement, à l'époque, tout le monde sait ça, l'Angleterre était attachée à la France par un grand bras de terre, des falaises de granit plus dures que le cap Fréhel... Impossible de passer. Alors, le captain prend sa décision : il fait brasser à culer, il fait enduire l'étrave de graisse de baleine, il attend un grand frais de suroît bien goudronné et il lance le vaisseau contre la terre. Le *Chasse-Foudre*, il est passé d'un seul coup... et ça a donné le pas de Calais.

— Cric-crac!

— Dans l'histoire, c'est les Anglais qu'ont été bien baisés : les voiles du grand *Chasse-Foudre* étaient si hautes et si larges qu'ils n'ont pas vu le soleil pendant deux jours...

— Cric-crac!

78

– Jean de l'Ours était gabier, sur le grand *Chasse-Foudre...* »

Le vieux Gloaguen s'arrêta.

« Le père La Ligne ne peut pas raconter tous les secrets, fit-il, l'air désolé. Si Jean-Marie Quéïnec est un bon castor, si le pied ne lui manque pas en haut des cocotiers, il aura droit de connaître l'histoire de Jean de l'Ours, un gabier si grand et si fort qu'un jour, accroché à la vergue du " grand fixe ", il a senti un petit caillou, au fond de sa botte. Il a secoué sa botte et le caillou est tombé dans l'Océan. Depuis, c'est l'île d'Ouessant.

– Cric-crac! » conclurent les matelots, en acquiesçant d'un hochement de tête.

Jean-Marie s'endormit dans le roof avant, chaud et humide, le poste des matelots, sur la petite couchette étroite qui protégeait du roulis. En descendant l'échelle du gaillard, Le Cozic lui confirma de la façon la plus formelle l'existence de Jean de l'Ours.

« Tout le monde l'a vu, dit-il, définitif. Toi aussi, tu finiras par le rencontrer. C'est en principe dans ces régions qu'il aime à se promener. Quand les alizés du nord-est sont bien installés et que la chaleur de la ligne écrase les bateaux, il y a toujours un matelot, le soir, pour s'endormir dans la hune de Vigie. Un coup de lune par là-dessus, et Jean de l'Ours apparaît... »

Il regarda Jean-Marie avec sérieux.

« ... Un jour, je l'ai vu qui aidait le coq du grand *Chasse-Foudre* à jeter ses escarbilles par-dessus bord. Comme il a senti que je le regardais, il s'est retourné, pas content : " T'as rien à faire, Le Cozic, que tu regardes les autres travailler? " il m'a dit. " Je suis tombé là par hasard ", que j'ai essayé de lui expliquer. Il a vu que j'étais de bonne foi et il s'est calmé. Il m'a dit : " Puisque tu es là, regarde bien ce que tu vas voir, tu le raconteras aux autres frères-là-côte... " Et tu sais ce que j'ai vu, Ti Jean? Les milliers d'escarbilles de la cambuse du grand *Chasse-Foudre*, en arrivant dans la mer, sont devenues des îles, des milliers d'îlots de toutes les formes... On y passera bientôt. Je te les montrerai. C'est la Polynésie. »

CHAPITRE IV

Le canal de Lemaire est un mince bras d'océan entre la côte sud de l'Argentine, le début des falaises arides de la Patagonie et les îles des Etats, petit archipel désolé, largement au sud des Malouines. C'est le dernier abri avant le Horn, le dernier mouillage possible, le dernier refuge pour attendre que les tornades s'épuisent, espérer l'accalmie, rien qu'un jour ou deux, un peu de bienveillance, une saute au nord pour doubler le cap. C'est déjà le pays du froid et, depuis des jours, l'univers du ciel gris et bas, des bourrasques de neige pendant la mauvaise saison, l'hiver interminable. C'est le domaine des albatros, les immenses oiseaux blancs qui tournoient en arabesques souples autour des voiliers, l'envergure élégante et le bec acéré.

Le captain Lelièvre décida de s'engager dans le canal de Lemaire. On était en janvier. L'année 1895 commençait bien dans les basses latitudes, un été austral frais et clair, des lueurs rosées à l'aurore et une jolie brise de nord-est qui augurait pour le *Taracapa* d'un passage grandiose, en fanfare, toutes voiles dessus, entre le cap Horn et les îles Diego-Ramirez. Depuis plusieurs jours, le captain Lelièvre désertait sa cabine. Il avait reposé son violon dans sa boîte et rangé le tout, avec précaution, dans son coffre. La saison des concerts était finie. Elle ne reprendrait que deux mois plus tard, quand le *Taracapa*, ayant relâché à Valparaiso, remonterait, majestueusement, le long de la côte américaine. Le temps n'était plus aux frémissements plaintifs des sonates de Schubert. Auguste Lelièvre ne passait guère plus de quatre heures par jour dans sa petite chambre, le temps d'un sommeil bref, et il remontait sur la dunette; le même itinéraire tous les jours, la salle de veille d'abord, un regard sur le « renard », un autre sur le « sorcier », puis la timonerie, pour vérifier que le cap était bien suivi. Ensuite, sur le pont du château arrière, les mains enfoncées dans les poches de son lourd manteau bleu marine, la casquette de grosse étoffe noire enfoncée sur la tête, le col relevé, il inspectait le ciel tout autour du bateau, humait la teneur de l'air, flairait le souffle du vent. Deux mots au second Stephan et un signe de la tête au lieutenant, il avait sacrifié aux civilités. Il pouvait dès lors se consacrer à la communion absolue avec l'océan et le ciel : sa seule source de prédiction météorologique et sa seule technique de navigation.

Les matelots apprécièrent la manœuvre du captain. Le canal de Lemaire, c'était un bon chemin. Le vent de terre y halait au sud. Une aubaine dont on ne pouvait profiter que par beau temps. Le seul danger, c'était le calme, avait fait remarquer un marin, comme le *Taracapa* s'engageait dans la passe. Les courants, particulièrement forts en cet endroit, risquaient d'envoyer les navires droit sur les rochers des Etats. Le vieux Gloaguen avait bougonné : « Du calme, au cap Horn, depuis trente ans j'en ai jamais vu. Même dans le canal de Lemaire... Et puis c'est pas avec la lune qu'on a depuis trois jours, qu'est pleureuse pire qu'une hôtesse qu'est pas encore payée, qu'on risque d'être souventé. On

pourrait même avoir un vent à deux ris d'ici peu... »
Il avait vu juste. Deux heures après, alors que le soir commençait à tomber dans une froidure mauve, le captain Lelièvre dit, sans autre commentaire :

« Monsieur Stephan, vous ferez serrer les hautes voiles et vous prendrez deux ris dans les huniers.

— Tout le monde là-haut », hurla Le Cozic dès que l'ordre de reprendre de la toile lui fut parvenu. A peine les matelots furent-ils redescendus sur le pont que le vent commença à forcir au secteur nord-ouest. Le *Taracapa* quittait le canal de Lemaire et continuait à « faire du sud », cognant avec élégance dans la houle qui se formait à l'ouest, prenant de la gîte sur bâbord, vers les tornades du cap Horn.

A neuf heures, le lendemain matin, Jean-Marie Quéïnec grimpa l'écoutille du poste avant et déboucha sur le pont. Le quatre-mâts courait avec vaillance, toujours amuré sur tribord, dans une mer creusée et blanche, étincelante d'un ciel lumineux, et tirait un bord dans le sud-ouest pour étaler le noroît qui soufflait en tempête. Il se sentait rempli d'une joie immense, une fierté qu'il n'aurait pu imaginer. Il venait de doubler le cap Horn. Un événement capital.

Pendant la nuit, alors qu'il était calfeutré dans sa couchette, coincé par la planche de roulis, à écouter le *Taracapa* qui affrontait les lames déferlantes et tressaillait de toute sa charpente, le vieux Gloaguen, qui était resté assis à la petite table du poste sous la lumière vacillante d'une lampe à huile, lui avait parlé du terrible cap :

« Le Horn, je l'ai doublé vingt fois, avait-il dit. Dans les deux sens. Eh bien, je l'ai vu une seule fois. A mon premier voyage. On venait de Sydney, en Australie. C'était au mois de décembre et il faisait un temps radieux. Le captain a pu s'approcher pour qu'on puisse le voir dans le détail, ce cap de malheur... On a été déçu. C'est une falaise comme les autres. Un peu plus sinistre et désolée. C'est tout. Le bosco s'est approché de moi. " T'as doublé le Horn, mousse, qu'il m'a dit. T'as le droit de cracher au vent. " J'avais pas l'impression d'avoir accompli un acte qui méritait un tel honneur. Depuis, j'ai compris. Mon premier passage, il était miraculeux. Au cap Horn, c'est l'ouragan toute l'année. Comme dans le Pacifique Sud ou le « suét », le cap sud-est de la Tasmanie. La branlée assurée. »

Ce jour de janvier 1895 aurait dû rester, pour Jean-Marie Quéïnec, un moment de plénitude, d'orgueil. Un souvenir merveilleux. Mais, il en fut autrement.

En début d'après-midi, alors que le Horn avait été laissé loin dans l'est depuis le début de la nuit, la bourrasque d'ouest vint à mollir un peu et le *Taracapa* put commencer à remonter dans le nord, dans l'océan Pacifique. Le captain Lelièvre donna ordre au second Stephan de remettre de la toile, larguer les ris « dans les fixes » et envoyer les perroquets. Il n'attendit pas que la manœuvre soit effectuée : il descendit dans sa cabine. Il avait confiance dans son second, et dans le bosco. C'était des marins consciencieux, qui connaissaient bien leur boulot. Rester surveiller l'exécution d'un commandement aussi simple aurait constitué un affront. En plus, il avait fait une investigation de tous les risques possibles avant-coureurs d'un regain de la tempête. Rien à craindre. Le vent était installé, encore solide, mais il viendrait à s'épuiser, peu à peu... Le captain Lelièvre avait veillé pendant deux jours : il s'affala sur son lit étroit et sombra dans le sommeil.

Une heure plus tard, il fut tiré de son incons-

cience par un choc à peine perceptible, un cogne-
ment un peu plus sec de l'étrave contre la lame.
L'événement, qui serait passé inaperçu d'un profane
éveillé, avait suffi à tirer d'un seul coup le captain
Lelièvre de ses rêves profonds. En une minute, il fut
sur la dunette. Le second Stephan s'agitait dans
tous les sens. Dans la mâture, des hommes d'équipage commençaient à serrer les hautes voiles, tandis que d'autres, agrippés au beaupré, ramenaient
les focs, dans les vagues immenses qui s'écrasaient
en avalanches glacées. Lelièvre regarda son second
avec dureté.

« Reprenez votre sang-froid, monsieur Stephan.
Que se passe-t-il?

– Un homme à la mer, captain », fit le second,
essoufflé d'énervement.

Lelièvre se retourna. Derrière le navire, loin dans
les lames qui s'étaient reformées, un homme se
débattait et faisait de larges signes, dans un soleil
blanc et froid. Il disparaissait de longs instants dans
les creux et réapparaissait, chaque fois un peu plus
loin, au sommet d'une vague. Le captain Lelièvre
hocha la tête, puis regarda de nouveau le ciel
autour de lui, se tourna vers le pont et considéra les
voiles. Il dit d'un ton net :

« Monsieur Stephan, renvoyez-moi les focs, les
perroquets, larguez les ris.

– Mais, captain..., fit Stephan, sidéré.

– Nous avons perdu un homme, ça suffit », coupa
Lelièvre d'un ton ferme et irrité.

Visiblement, il trouvait incongru d'avoir à expliquer un ordre.

« Vous voulez mettre en panne, arrêter le navire
pour récupérer votre matelot? C'est bien ça, monsieur Stephan? »

Il n'attendit pas la réponse. Son ton devint méprisant :

« Avec le temps que nous avons, le coup de noroît qui nous secoue, si vous venez " bout au vent " vous allez " culer " et endommager votre mécanisme de barre. Peu de chance, du reste, qu'il s'en sorte... A partir de là, tout peut arriver. Surtout les catastrophes. A moins qu'avant, ce qui est certain, vous ne veniez par le travers de la lame. Ça aurait l'avantage de nous faire chavirer tout de suite! »

Stephan fut glacé par l'attitude du captain qu'il tenait pour cynique et d'une cruauté brutale. Il marqua son obéissance d'un geste de la tête et transmit à Le Cozic l'ordre de rétablir la voilure. Les matelots marquèrent leur désapprobation d'un grognement bref, puis remontèrent dans les haubans raidis de glace, sur le quatre-mâts chahuté par le Pacifique, pour desserrer les huniers... Le *Taracapa* retrouva sa stabilité, ses voiles lui rendaient à nouveau ses appuis. Toutefois, il gagnait peu au vent. Le naufragé s'éloignait lentement du navire, mais restait bien en vue de l'équipage. Lelièvre regarda son second.

« Qui a jeté une bouée à la mer? » fit-il d'une voix coupante.

Jean-Marie Quéïnec, qui se trouvait sur la dunette à ce moment, intervint d'une voix où perçait une certaine fierté.

« C'est moi, captain... »

Le captain se tourna et fixa le regard bleu du mousse. Jean-Marie vit passer dans les petits yeux verts du captain une lueur d'immense tristesse. Lelièvre eut un imperceptible mouvement de découragement et, sans un mot, regagna sa cabine.

L'homme tombé à la mer s'appelait Joseph Lestrade. C'était un Parisien, un authentique produit de la butte Montmartre qui ne manquait jamais de rappeler son adresse, 55, rue Caulaincourt, comme un label de gouaillerie et la marque d'une véritable connaissance de la vie. Il avait commencé comme tout le monde, mousse à quatorze ans, sur un trois-mâts qui ralliait Le Havre à San Francisco. Avant d'embarquer pour le tour du monde, il n'avait jamais vu la mer. Une rareté tout de même, dans l'univers du long cours. Il n'avait pas accepté le métier de marin comme une fatalité, mais choisi comme une vocation. Un matin, il s'était rendu au siège de l'armement « des voiliers parisiens », non loin de chez ses parents, rue Montmartre, et il avait obtenu un embarquement. Depuis plus de quinze ans, il bourlinguait sur les sept océans. C'était un « matelot fini ». Il se présentait dans les postes d'équipage selon le même rituel. Il jetait son sac sur une couchette vide et il disait : « Dieu vous bénisse. Je m'appelle Lestrade Joseph, 55, rue Caulaincourt, Paris 18e. » Un être serviable, au demeurant, toujours prêt à donner la main au camarade en difficulté, et un sacré gabier, aussi, jamais pris en défaut par un maître de manœuvre pour rabanter la voile en bout de vergue ou virer au cabestan.

A la vérité, la rue Caulaincourt, ça faisait déjà belle lurette qu'il n'y était pas allé. En mer, il en parlait tout le temps. Et la rue Lepic? Une vie intense, exceptionnelle. Même les rues de Frisco, à côté, ressemblaient à des allées de cimetière. Et la rue des Abbesses? Un éblouissement de chaque instant. Et chez Louise? Un claque d'un raffinement inimaginable avec des créatures superbes, dodues et cultivées, pas des bourriques à marins, non, des filles raffinées, capables de soutenir une conversation, des femmes du monde... Même qu'à côté les « maisons » des ports, avec leurs hôtesses grippe-sous et leurs pensionnaires délabrées, faisaient figure d'asiles misérables. Parfaitement! Seulement, il était comme les autres, Joseph Lestrade. A peine mis sac à terre, il se précipitait dans un « foyer » et il prenait pension. Il avait vite fait de dilapider tous ses sous. Il voulait rattraper les mois de mer, la solitude, les désirs étouffés. Il avait la démesure de ceux qui ont été trop privés. Il ne tardait pas à être à sec.

L'hôtesse était compréhensive. Elle faisait crédit, une avance sur sa prochaine prime à l'embarquement. Au bout d'un mois, elle arrêtait les frais :

« Dis donc, Joseph, faisait-elle, tu commences à me devoir beaucoup de sous. Y'a du jusant dans la caisse. Va falloir que t'embarques... »

C'était la fin des plaisirs. Elle contactait elle-même les captains du port et Joseph, comme les autres matelots, reprenait la mer.

C'était comme ça que, deux ans plus tôt, il avait embarqué sur le *Taracapa*. La grosse Jeannie, la tenancière du Mouton bleu, une pension du quai de la Fosse, à Nantes, l'avait fait enrôler sur le quatre-mâts du captain Lelièvre.

« M'inspire pas beaucoup, ton rafiot, avait fait Joseph Lestrade.

— Qu'est-ce que tu lui reproches? avait dit Jeannie, surprise.

— Son nom... *Taracapa*. Coupant comme un poignard. Des odeurs de vieilles magies indiennes, aussi... Un bateau porte-poisse!

— T'es superstitieux comme une chaisière, avait rigolé l'hôtesse. C'est pas son nom qui l'empêche de flotter. Tout ira bien, tu verras, aussi bien que sur un autre. »

Et pendant deux ans, tout s'était bien passé. Jusqu'à ce jour de janvier 1895, cette tempête ensoleillée, à cent vingt milles du cap Horn. Il était monté envoyer le perroquet d'artimon. Il avait fait

« pavillon », mais la vergue était recouverte de glace. Il était tombé à l'eau.

Quand la voilure fut de nouveau envoyée et quand le captain Lelièvre fut redescendu dans sa cabine, l'équipage se retrouva au complet sur la dunette, les mains tenant fermement la lisse, dans une mer échevelée et blanche et un soleil éclatant. Joseph Lestrade, petite forme au loin dansant au sommet des vagues, continuait à faire de larges signes avec les bras. Les matelots, engoncés dans leur ciré ruisselant d'eau de mer, regardaient, impuissants. Au bout de longues minutes, Le Cozic dit, avec un immense regret :

« Il est résistant, Lestrade. Avec la mer glacée et la tempête, il devrait être mort.

– Il a une bouée, fit Gloaguen simplement. Sinon, il aurait déjà coulé depuis longtemps. Ç'aurait été bien mieux. Il aurait passé d'un coup. Maintenant, il va mourir de froid, peu à peu... C'est pas une belle agonie. »

Jean-Marie, en un éclair, comprit la tristesse du captain, le regard soudain découragé, le reflet de désespoir qu'il avait vu dans ses yeux. Lancer une bouée dans la mer déchaînée du Horn, ou d'ailleurs, c'était condamner un homme à mourir dans la souffrance. Prolonger sa douleur. Le supplice du froid et de la conscience face à la mort. Il avait commis une faute grave. Il se sentait désemparé. Il ne se doutait pas que le pire allait arriver.

Gloaguen ajouta, comme pour lui-même :

« Si, au moins, il peut mourir de froid...

– Y'a plus qu'à espérer », dit Le Cozic, dans le murmure d'approbation et l'inquiétude des marins.

Combien de temps les matelots restèrent-ils ainsi, à observer, immobiles, Lestrade qui continuait à faire des signes, de plus en plus loin, au sommet des vagues? Une éternité, leur sembla-t-il. En fait, quelques minutes. Gloaguen tout à coup donna un coup de coude à Le Cozic. Le bosco leva la tête. Sur l'avant du bateau, à environ deux milles dans le nord-est, une ample forme blanche se découpait dans le ciel d'un bleu métallique. Un albatros. Porté par le vent violent, il fut bientôt à la hauteur du voilier, frôlant les vagues au niveau des vergues de basse voile. C'était une bête immense, qui prenait le vent de toute son envergure, rapide et souple, le bec crochu et acéré, tendu vers le naufragé qui se débattait toujours dans le lointain.

« Charognard du diable... », laissa échapper Gloaguen.

Quelques instants plus tard, le grand oiseau se mit à tournoyer autour du petit point qui gesticulait dans les vagues. Peu après un autre albatros apparut, plus petit celui-là, un malamok, qui accourait aussi du nord-est. Ils furent bientôt deux à décrire des cercles majestueux et terrifiants au-dessus du malheureux Lestrade. A ce moment, alors que le naufragé avait disparu dans le creux d'une lame, le plus grand des oiseaux plongea d'un coup vers la mer et s'évanouit à son tour derrière la vague. Les matelots, sur la dunette du *Taracapa*, ne devaient plus jamais revoir Joseph Lestrade. Son corps, revenu au sommet des flots, était masqué par les immenses ailes de l'albatros. Le malamok piqua à son tour. Pendant de longues minutes, l'équipage du voilier distingua, muet, dans l'écume blanche du Pacifique, les corps des grands oiseaux qui se secouaient, sous les chocs rapides des coups de bec nerveux.

Dans les brumes du courant de Humbolt, au large de la côte péruvienne, les déchirures du violon du captain se mêlèrent de nouveau au grincement des poulies et au claquement mou des voiles qu'un vent, insuffisant, ne parvenait à tendre. Le *Taracapa* remontait vers San Francisco. Les hommes de l'équipage commençaient à parler du grand port nord-américain. Les tavernes autour des wharfs, la baie magnifique sous un ciel perpétuellement lumineux, la Californie rayonnante, les filles superbes, comme on ne peut pas imaginer, les cheveux blonds, le teint doré et les yeux bleus. Un ravissement de tous les instants. Gloaguen se souvenait même avoir vu dans un music-hall, deux ans auparavant, une femme magnifique, brune, des grands yeux noirs, qui faisait un curieux numéro de dressage, habillée en dompteur. Il ne se souvenait plus très bien de son nom. Lola Montès, ou quelque chose comme ça... Il irait la voir si elle passait dans une salle de Frisco.

Les hommes n'avaient pas quitté le bord à Valparaiso. Personne ne met pied à terre au Chili. On reste en rade : une contrainte prévue dans le contrat d'embarquement. Les marins n'avaient pas protesté. Valparaiso était une ville aussi sinistre que le ciel gris laiteux qui la surplombait. Rien à y faire. Sauf peut-être se faire arrêter par la police, corrompue jusqu'au bout du bicorne, qui vous mettait en prison pour n'importe quel prétexte, simplement pour que le captain soit obligé de payer votre libération. La prison était devenue, sur les long-courriers, le symbole même de Valparaiso, au point qu'ils avaient gardé le nom espagnol, la *calaboza* dans leur argot de marin, pour désigner la geôle. Le nom avait un peu changé, la *calaboza* était devenue la « carabousse », mais l'image était restée la même : lugubre. Seul Le Cozic avait débarqué quelques heures, histoire de remplir d'un peu de pisco les placards de la cambuse. Il avait débarqué « à la lorgnette », comme si du bord on eût pu s'assurer, avec une longue-vue, qu'on ne lui faisait pas un mauvais sort.

Depuis que le Horn était passé et que le *Taracapa*, chargé de salpêtre, remontait le long de la côte d'Amérique du Sud, le captain Lelièvre sortait plus volontiers de sa cabine. Il faisait quelques pas sur la dunette, l'air moins taciturne, moins renfrogné. A la table des officiers, il se laissait aller à participer aux conversations, jamais de bavardages inconsidérés bien sûr, mais, tout de même, il finissait par dire quelques mots, écouter les remarques du second et du lieutenant, ponctuant d'un mouvement de tête les observations des uns et des autres. Un jour, il se laissa même aller à une plaisanterie. C'était un dimanche, à midi. Jean-Marie venait d'apporter l'apéritif, une bouteille de vin cuit et des verres, quand Auguste Lelièvre laissa tomber, visiblement content de sa formule :

« A San Francisco, monsieur Le Scouarnec, vous veillerez à ne pas vous faire shangaïer un cochon... »

Tout le monde s'était esclaffé, même Guillaume Le Scouarnec, le lieutenant de cage-à-poules. Jean-Marie n'avait pas compris. Surtout le mot « shangaïer » lui avait paru étrange, mystérieux. Magique. Quelques jours plus tard, il avait posé la question à Pierre Le Cozic qui prenait son repas, seul, un soir dans la cambuse.

« A San Francisco, Ti Jean, tu sais sur quel raffiot t'arrives, tu sais jamais sur lequel tu repars. Tu vas dans un bistrot sur le port, tu commences à bien te bourrer le nez et, là, y'a un type, un sacré lascar d'Américain, qui te paie un coup à ta santé, à la santé de ta femme, de ton bateau, de ce que tu veux. Le lendemain matin tu te réveilles en mer, bien au large, sur un bâtiment que t'as jamais vu, avec des maux de tête à assommer un bœuf et, en face de toi, quatre malabars qui t'engueulent en anglais. Là, en principe, t'as compris. Tu sais qu'ils comptent sur toi pour la manœuvre... Y'a vingt ans, quand mon père naviguait encore, t'étais embarqué, comme ça, sur des clippers qui faisaient la mer de Chine. La première escale, c'était Shanghaï. Ils te relâchaient avec un dollar; enfin, quand le captain était pas un fieffé salaud cuit au gin. Tu finissais par te rembarquer sur les clippers anglais qui faisaient la course du thé. Des fois, tu revenais jamais... Maintenant, ils t'emmènent à la pêche à la baleine. C'est encore plus dur, à cause de cette saloperie de bête qui est plus méchante qu'une louve quand on la chasse, et les captains plus voyous que marins. A la fin de la campagne, ils te relâchent en Alaska, avec un dollar et ton fusil. Sullivan, lui, c'est un shangaïeur. Le plus grand maudit truand qu'on ait vu dans un port. C'est lui qui reçoit les ordres des chasseurs de baleine. " Il me faut trois hommes pour demain ", qu'ils font. " D'accord ", qu'il répond. Et il envoie ses rabatteurs dans tous les bistrots du port pour dégotter des costauds capables de border l'écoute et d'envoyer le harpon. Un bon coup de drogue dans ton boujaron et te v'là parti pour la pêche au Grand Nord ! »

Mars 1895. Jean-Marie Quéïnec venait d'avoir quinze ans.

« Nous arriverons au large de Frisco le 20, en milieu de journée, avait dit simplement le captain Lelièvre une semaine auparavant. Un atterrage pas bien compliqué, s'était-il donné la peine d'expliquer au lieutenant. Le ciel est dégagé. Les relevés astronomiques sont d'une simplicité désarmante. Les alizés sont réguliers et soufflent à l'ouest. Aucune surprise à attendre. En ajoutant le courant de Californie qui porte les navires vers le nord depuis les premières falaises à peine perceptibles au loin, au large du Nouveau-Mexique, on peut calculer en toute certitude l'heure d'arrivée. »

Il avait conclu, net :

« Accessible à n'importe quel captain de Terre-Neuve... »

Et de fait, le 20 à onze heures du matin, le *Taracapa* doublait le cap San Pedro à cent vingt milles au sud de Frisco, et en début d'après-midi il se présentait sous le vent de l'île Farallon, à quelques dizaines de milles de l'entrée de la baie. Seulement on était dimanche, et aucun remorqueur, aucun *tug*, petit vapeur costaud et puissant chargé de haler les voiliers dans la baie, dans les tourbillons de fumée noire, n'avait montré le bout de sa cheminée à l'horizon. Lelièvre avait fait hisser le pavillon blanc et rouge de demande de remorquage : aucune réaction. Il avait alors fait réduire la voilure et s'était approché de l'entrée de la baie, la petite coupure brève dans la côte américaine. Sans plus de succès : les remorqueurs étaient restés à quai... Le captain avait donc été contraint de reprendre le large pour éviter de se faire drosser contre les rochers. Jean-Marie avait ainsi veillé pendant une journée, en alerte sur le gaillard d'avant, pour être sûr de ne pas manquer le passage dans la Golden Gate. Mais, le lundi dans la nuit, il avait fini par s'endormir. Le lendemain matin, il avait été réveillé par le choc de l'amarrage du voilier à un wharf. Il avait manqué son arrivée à San Francisco : il n'avait pas poussé les hourras d'usage en passant dans la Golden Gate. Il se sentait amer, frustré...

Et puis l'ombre de Sullivan avait rôdé : le shangaïeur était, disait-on, dans la ville. Il se faufilait, la nuit, autour des wharfs, dans les ruelles du port, derrière les docks, guettant les matelots que ses hommes de main assommaient de whisky dans les lumières tourbillonnantes de Barbary Coast. Sullivan, dans l'ombre, bousculait le destin. Par précaution, Le Cozic avait interdit à son protégé de descendre à terre, qui restait ainsi, des heures entières, accoudé à la lisse du *Taracapa*, à regarder l'agitation sur le ponton, et les attroupements plus loin, sur le port. Une foule qui grouillait, traversée de calèches et de lourdes carrioles, un brouhaha régulier qui ne venait à s'apaiser que tard le soir, bien après que le soleil se fut évanoui derrière l'immense colline qu'était San Francisco. Le matin, la luminosité venait frapper de plein fouet la ville qui s'élevait en avenues escarpées et en maisons de bois jusqu'aux frondaisons du Golden Gate Park, les steamers traversaient la baie vers les rivages au loin, engourdis de chaleur, dans les rugissements des chaudières et le claquement sec de leur roue à aube. Jean-Marie, allant et venant sur le pont du voilier, ne percevait de San Francisco que des éclats de lumière et de bruits, une cité immense à la fois active et bon enfant, inquiétante aussi, quand la brume descendait, le soir, rosissant les lueurs qui remontaient la ville.

De cette première et décevante escale à San Francisco, Jean-Marie Quéïnec garda pourtant le souvenir d'un événement précis. Une illumination qui ne le quitta plus.

Un matin d'avril, alors que le *Taracapa* allait reprendre la mer le lendemain, chargé de blé vers Thio, en Nouvelle-Calédonie, le cuisinier du bord eut besoin du mousse pour l'aider à convoyer, dans une carriole, des caisses de vivres depuis un entrepôt situé dans une petite ruelle derrière le port. L'attelage allait s'engager sur le wharf pour regagner le navire quand, frayant son chemin dans la

foule des marins et des lamaneurs, un landau tiré
par deux chevaux noirs et fringants vint lui forcer le
passage. Un passager en descendit rapidement.
C'était un homme d'une cinquantaine d'années,
petit, corpulent et rougeaud, curieusement habillé
d'un frac rouge, d'étoffe épaisse malgré l'été qui
s'était depuis plusieurs jours solidement installé sur
la Californie, enveloppant la baie de vapeurs chaudes et légères dans un ciel étincelant; d'une chemise
à jabot, d'un gilet de soie jaune paille et d'un
pantalon crème, le tout rehaussé de bottes de
cheval et d'un haut-de-forme noir. A peine à terre, il
se retourna, nerveux, et tendit la main à une jeune
fille qui était restée assise dans la banquette profonde. Jean-Marie la vit descendre du landau et
sentit tout à coup un immense bouleversement
s'opérer en lui. Sa respiration s'arrêta, son cœur se
mit à battre plus fort. Une chevelure rousse. Des
yeux verts. Il eut l'impression qu'elle le regardait.
Un coup d'œil, furtif. Il sentit ses lèvres qui tremblaient un peu. La jeune fille prit, avec grâce, le bras
de l'homme et disparut dans la foule...

Le lendemain, en passant la Golden Gate, à
l'avant du *Taracapa* qu'un remorqueur petit et trapu
tirait vers le large, Jean-Marie Quéïnec fouilla du
regard, une dernière fois, les ultimes maisons de
San Francisco et les jardins qui descendaient vers le
goulet étroit, avant que les navires ne se jettent
dans le Pacifique. Mais il ne la revit pas.

Plus tard, bien longtemps après que la côte américaine eut disparu dans l'est, peu à peu confondue
dans la brume de chaleur, alors que le captain
Lelièvre avait fait envoyer toute la toile, il se risqua
à questionner le cuisinier.

« Le gros bouffi, rouge comme une pivoine et
habillé en montreur d'ours? » fit le coq, en regardant Jean-Marie surpris.

C'était Colemane. Ezechiel Colemane. Le véritable roi de Frisco. Le vrai patron du port. Tout le
monde le connaissait. La petite rouquine, c'était sa
fille, Samantha. Le coq plissa ses petits yeux.

« Une jolie fille, hein, Jean-Marie? »

Jean-Marie ne répondit pas. Elle s'appelait
Samantha. C'était l'important. L'ironie du cuistot, il
s'en moquait bien. Désormais, il l'appellerait par
son prénom. Il ne la quitterait jamais.

Les années passèrent. Les embarquements se
succédèrent. Jean-Marie Quéïnec apprit à grimper
aux hautes vergues, accroché aux empointures,
dans des mers creusées. Il devint « matelot léger »,
souple malgré son corps qui s'était formé, sa stature
forte et athlétique, ses muscles qui s'étaient endur-
cis à border l'écoute ou à virer au cabestan. Il passa
des tempêtes hurlantes de l'Atlantique au grand
calme de l'équateur et aux houles majestueuses du
Pacifique que les voiliers prenaient grand largue,
filant les quatorze et quinze nœuds au loch, dans un
soleil que la forte brise venait adoucir.

Le regard vert et la chevelure rousse de Samantha lui revenaient sans cesse, assauts inattendus,
élans incontrôlés qui le ramenaient sur le port de
San Francisco, hors des rugissements glacés des
basses latitudes, bien au-delà des chaleurs lourdes
de l'équateur.

A chaque retour de voyage, il allait directement à
Saint-Briac. Catherine le choyait pendant deux
mois. Elle lui avait laissé accès au bureau de feu
Joseph Morvan. A son tour, il se plongeait des
heures dans les atlas du bout du monde, surtout du
Pacifique Nord, les atterrages de la Californie, de
San Francisco, où ses routes ne l'avaient plus jamais
mené. Emile Gautier venait à *La Javotte*, quand

Jean-Marie était de passage. Il ne désespérait pas d'en faire un captain de Terre-Neuve. Peut-être aussi d'en faire son gendre. Jean-Marie s'en rendait compte. Il souriait : sa vie n'était pas là. C'était bien évident.

Il resta cinq ans sans revoir Pierre Le Cozic. Ils n'embarquaient pas sur les mêmes bâtiments et ne passaient pas leurs vacances au même moment. Il arrivait parfois qu'ils relâchent dans les ports à quelques jours d'intervalle. Une fois à Rio, ils s'étaient manqués de vingt-quatre heures. Le sort de la marine... A la Noël 1900, enfin, ils se retrouvèrent. Une joie sincère. Sans détour. Le bonheur simple de se revoir.

« Tout de même, t'es devenu un sacré gaillard, Ti Jean! » s'était exclamé Le Cozic, dans les jardins de *La Javotte*.

Catherine avait préparé un superbe repas, mais ils n'étaient pas arrivés au gigot qu'ils avaient déjà commencé la revue des anciens, ceux qu'ils avaient connus. Leur destinée.

« Le captain Lelièvre? fit Le Cozic. Il a gagné ses Invalides. Cinquante ans de bourlingue. Des milliers et des milliers de bords, pris sur toutes les mers.

— Un vantié maudit frère-la-côte, dirait le père Jules..., fit Jean-Marie en souriant.

— Un sacré bat-la-houle, confirma Le Cozic. Pour ses adieux, il a offert un pot, sur le *Taracapa*. M. Antonin est venu en personne. Avec Madame... Les Bordes savent ce qu'ils doivent au père Lelièvre. On était amarré au quai de la Fosse, à Nantes. C'était une joyeuse fête. Le captain a pas dit un mot. Comme d'habitude... Sa femme a parlé pour deux.

— Il était marié? fit Jean-Marie interloqué.

— Depuis plus de quarante ans. Sa femme qui nous a raconté tout ça. Elle nous a rien épargné. Même que quand elle l'a connu, il était lieutenant de cage-à-poules et qu'il avait le mal de mer. C'était pour ça qu'il jouait du violon, à l'époque : il se concentrait sur la musique. Il oubliait ses nausées... Après, le mal de mer était parti, mais le violon était resté. Une habitude. Puis un plaisir. Maintenant, il va pouvoir jouer toute l'année. Par n'importe quel temps... A peu près la seule chose qu'il ait dite de la soirée. Sa femme se demande comment elle va supporter ça... »

Le Cozic s'assombrit un instant.

« A un moment, il a levé son verre en mémoire de Stephan. C'était un geste délicat. On a été touché. Dans le fond, Auguste Lelièvre, c'était un homme sensible. Un captain, ça peut pas montrer sa tristesse. C'est là pour donner des ordres. C'est pas là pour cajoler les marins.

— Qu'est-il arrivé à Stephan? demanda Jean-Marie, le regard en alerte.

— C'est vrai qu'on est toujours aux quatre coins du monde, fit Le Cozic, pensif. On vit dans l'ignorance des uns des autres... »

Il se reprit.

« Personne ne sait vraiment ce qui lui est arrivé. Stephan, il avait été nommé captain. A vingt-sept ans, c'était un bon début de carrière. On lui avait donné le commandement de l'*Antonietta*, un beau trois-mâts qui avait déjà beaucoup roulé sa bosse, de Vancouver à Bordeaux, mais qui était encore en bon état et qui venait d'être regréé dans un chantier d'Aberdeen. Il était parti un matin de mars 1898, il y a deux ans, de Newcastle, un trou à charbon au fond de la Tyne. Ses ordres étaient pour Valparaiso et retour. La route habituelle... Au large du Brésil, il a aperçu, au loin, un quatre-mâts qui avait été retardé dans le pot au noir, un « P » de Hambourg, le *Potosi*, un navire de chez Laïetz, tu sais, le marchand de chapeaux[1]... C'est Klineberg, le captain du rafiot allemand qui a raconté l'histoire. L'*Antonietta* était beaucoup plus petit, mais plus facile à manœuvrer. Ils ont commencé à régater. Jusqu'aux Malouines, ils ont eu un beau temps, un vent de demoiselle, régulier du nord-est. Peu à peu la risée a forci. Le vent a vite fait de plus rien avoir d'une demoiselle. Sauf les caprices... Il s'est mis à souffler dans tous les sens. L'équipage de l'*Antonietta* a manœuvré sans relâche pendant des jours et des jours, louvoyant bord sur bord, larguant les ris et reprenant de la toile le quart d'heure suivant... Stephan, c'était un mangeur d'écoutes. Les vigies du *Potosi* ont raconté que, pendant les trois semaines qu'a duré la régate, ils l'avaient observé à la longue-vue, en permanence sur la dunette, pour commander les manœuvres. En arrivant aux Etats, l'*Antonietta* était parvenu à la hauteur du *Potosi*, à peine un mille sur tribord arrière. Un exploit vraiment exceptionnel. Le captain du quatre-mâts allemand a fait amener par deux fois son pavillon. Il saluait son vainqueur. Il s'inclinait. Seulement, Stephan, il trouvait que c'était pas suffisant comme victoire. Il voulait être le premier en rade de Valparaiso, se promener sur la grande avenue, l'Almendral, et demander, mine de rien, aux autres captains si, des fois, ils n'auraient pas vu le *Potosi*. Il était facétieux, Stephan. Et courageux. »

Le Cozic hochait la tête, pensif.

« Un peu inconscient, aussi. Aux Etats, il vantait une sacrée piaule. Un noroît astiqué comme les cuivres d'un navire amiral. Une superbe branlée en perspective. Le captain Klineberg a fait serrer toutes les voiles, sauf les basses qu'il a envoyées en

1. Laïetz, le premier armateur allemand à la voile, avait été, dans sa jeunesse, marchand de chapeaux.

oreilles de lièvre, et il s'est mis à courir un bord dans le sud. Il surveille la manœuvre, au milieu des grains qui commençaient à s'écraser en rafale, sous un ciel noir comme des ailes de corbeau, et il se retourne, machinalement, pour voir le trois-mâts. Sidéré il a été, le captain : plus rien à l'horizon. Plus trace de l'*Antonietta*. Disparu. Envolé. Il en a fait part à son second. Ils se sont mis à fouiller les parages à la lorgnette... Quand ils l'ont repéré, le captain est resté muet de stupéfaction. L'*Antonietta* s'engageait dans le canal de Lemaire.

– Il s'est fracassé contre les rochers? fit Jean-Marie, comme assuré de l'issue d'une telle initiative.

– Pas du tout, Ti Jean, répondit net Le Cozic. Le captain du *Potosi* a été sorti de sa couchette, trois jours plus tard, par le mousse : ordre spécial du second. En arrivant sur la dunette, par une belle éclaircie dans une mer déchaînée, le second lui indique un voilier dans l'horizon. C'était l'*Antonietta*, qui avait une belle journée d'avance et qui prenait un bord dans le sud-ouest... En arrivant en rade de Valparaiso, le captain Klineberg s'apprêtait à offrir une tournée de schnaps à tout l'équipage de l'*Antonietta*. De toute sa carrière, il n'avait jamais vu marin aussi prodigieux, ce qu'il répétait à longueur de journée, paraît-il. Et le captain, il le voulait à sa table; voir de plus près à quoi ressemblait un lascar qui s'engageait dans le canal de Lemaire par tempête de noroît... »

Après quelques secondes de silence, Le Cozic, empreint d'une tristesse simple, termina l'histoire :

« ... Il a rien offert du tout. L'*Antonietta* n'est jamais arrivé à Valparaiso. Le captain Klineberg s'est renseigné auprès des autres bateaux. Personne n'avait vu le trois-mâts... On suppose qu'il est descendu très au sud, pour contourner la tornade et attraper un courant qui l'aurait remonté au nord. C'est une navigation dangereuse à cause des glaces qui apparaissent dans cette région, qui se mêlent aux déferlantes. La nuit, c'est rare qu'on les distingue. Elles s'écrasent sur les coques et ouvrent des voies d'eau... Stephan, c'était un bon marin. Il est mort d'avoir trop tiré la bourre au *Potosi*. D'avoir régaté au cap Horn. »

Il prit un temps et conclut :

« Tu sais, Ti Jean, c'est une fin qui en vaut bien une autre. »

CHAPITRE V

L'ordre arriva à *La Javotte*, en septembre 1903 :

Prière vous présenter en qualité de premier lieutenant sur quatre-mâts Saint-Pol, entre le 1er et le 7 novembre, mouillage à Dunkerque. Commandant Briand. Ordre pour Sydney, San Francisco et retour.

Catherine était heureuse de sa nomination au grade de lieutenant. Le titre la rassurait. Son fils, pensait-elle, avait enfin franchi les bourrasques cruelles de l'apprentissage. Plus d'inquiétude, plus de souci à avoir... Pour Catherine, l'image s'imposait depuis toujours : les jeunes lieutenants avaient des idées claires et des gestes calmes. Ils portaient du drap anglais, des bottines en chevreau glacé et fumaient du tabac de Virginie. Dans son esprit, cela ne faisait aucun doute : les jeunes lieutenants étaient à jamais sauvés des eaux.

« Jeune lieutenant de cage-à-poules, rectifia Jean-Marie. Ils m'ont bombardé premier lieutenant... Evidemment. Je dois être le seul. Pas difficile... »

Il remonta dans le bureau du premier étage et ouvrit une nouvelle fois le grand livre de cartes. Il se sentait heureux. En éveil. Il allait enfin reprendre la route de San Francisco. L'ordre qu'il attendait depuis des années. Huit, exactement. Le *Taracapa* était loin. L'image de Samantha sur le port, qui ne l'avait pas quitté, lui revenait plus enivrante que jamais. Il avait toujours su qu'il reviendrait. Samantha Colemane... Le nom contenait une magie, un pouvoir merveilleux.

Etienne Voisin était commandant en second sur le *Saint-Pol*. C'était un homme jeune, qui n'avait pas encore trente ans, petit et trapu, avec un visage carré enluminé d'un teint rougeoyant, acéré d'un regard noir, des petits yeux drôles et vifs. Il s'exprimait avec bonhomie et chaleur.

« Vous êtes les premiers à arriver... Déjà dix jours que je suis là. »

Il entraîna le lieutenant Quéïnec vers sa cabine dans le château arrière, sans trop se presser : un homme qui haïssait les agitations inutiles, les brusqueries des petits chefs.

« L'autorité vient naturellement. Quand on la brusque, elle s'en va. »

C'est ce que répétait Joseph Morvan. Une règle élémentaire, que n'avaient pas comprise les dizaines de sous-officiers, les officiers mariniers de la Royale, que Jean-Marie venait d'endurer pendant dix-huit mois de service militaire. A Toulon, surtout. Des maîtres de manœuvre grincheux, envieux des conscrits qui arrivaient à la caserne à peine descendus d'un voilier du tour du monde, la démarche élargie par les roulis incessants des navires, le geste précis en haut des vergues. Ils se mettaient à hurler d'un coup, la langue lourde de pinard, pour n'importe quoi :

« ... Vous appelez ça un nœud de jambe de chien, Quéïnec? »

Ils étaient sidérés, ils en rajoutaient :

« ... Moi, j'appelle ça un nœud de ma petite sœur... Vous avez appris le matelotage dans les " maisons " de Java ou de Bornéo. Pas sur les navires, c'est l'évidence. »

Il y en avait toujours un pour conclure :

« Un Trafalgar tous les ans, on aurait, avec des olibrius pareils... »

Tout le monde acquiesçait. Ils vidaient leur rancœur. Ils étaient apaisés. Jean-Marie n'avait rien dit. Pendant un an, il avait fait le dos rond. Mis à la cape. Irréprochable... Les derniers six mois, il les avait passés dans les contrées éloignées de l'Annam et du Tonkin. Saigon, caressante et accueillante, qui vous absorbait dans la tiédeur des soirs, vous assoupissait au fond d'un pousse-pousse ou dans les bras d'une Chinoise de Cholon, vous dévorait de l'intérieur. Passé trois ans, plus personne ne revenait. Le mal était enraciné. Les stigmates apparaissaient : la maigreur, le teint jaune, les yeux qui se bridaient; les officiers et les sous-officiers finissaient sur le flanc, comme s'ils fussent entrés dans l'éternité en tirant sur le bambou.

Le second Voisin continuait calmement à guider Jean-Marie vers sa cabine, en poursuivant ses récriminations paisibles contre sa solitude à bord.

« ... Tout de même, aucun matelot n'est encore arrivé. Pas même le bosco. Ils doivent être encalminés dans une pension du port. »

Il descendit l'écoutille et s'engagea dans la coursive au plancher ciré. Tout en bas dans l'escalier, il y avait deux portes. Sur la gauche, la cabine du captain. En face, un peu décalée, témoignant d'une superficie plus étroite, la chambre du second. Un peu plus loin dans le couloir, en face d'un petit escalier abrupt qui permettait d'accéder directement à la dunette par un capot que l'on tenait ouvert les jours de beau temps, les deux cabines de lieutenant, cellules exiguës, meublées d'un lit étroit, recouvert d'une couverture anthracite et enchâssé dans une commode dont le rebord tenait lieu de planche de roulis, et d'une table minuscule, scellée contre la cloison de bois. Jean-Marie ressentit une joie immense à entrer dans le petit réduit : c'était une chambre d'officier. Il était fier. Le poste avant, la tannière des matelots était loin. Il était devenu un homme de la passerelle.

« Evidemment, votre cabine n'est pas spacieuse », fit Voisin, se méprenant sur le silence de Jean-Marie.

Il sourit.

« Notez que vous pouvez occuper les deux chambres de lieutenant, si le cœur vous en dit. Nous ne sommes que trois officiers à bord. »

Le message était clair. Il était, comme il pensait, lieutenant de cage-à-poules. Il s'occuperait de l'intendance. Il compterait tous les jours les œufs au fond du poulailler, les barriques de château-cambuse et les litres d'eau-de-vie, deviendrait la bête noire, l'âme maudite du cuistot qu'il surveillerait matin et soir. C'était le lot de sa fonction.

Pendant la première semaine de navigation, le captain Briand ne lui adressa pas la parole. C'était le commandant le plus estimé de la compagnie. Un homme d'une soixantaine d'années, à la fois solide et d'un raffinement discret, les cheveux blancs et les yeux bleus, toujours soucieux de sa tenue, une élégance délicate qui témoignait du soin qu'il apportait à son métier. A chacun son arme : la distinction et la recherche vestimentaire, à la limite du dandysme, étaient un atout propre au captain Briand, un point qui venait renforcer son autorité. C'était aussi, dans tous les armements français, un des plus vieux habitués de la route de San Francisco. Depuis quarante ans, il vouait pour la grande ville de Californie une passion absolue, sans faille, une fidélité que rien n'entamait. Le second Voisin le taquinait volontiers pendant les repas, en donnant discrètement un clin d'œil à Jean-Marie.

« ... Si la police américaine arrête tous les voyous de San Francisco, nous risquons d'arriver dans un désert », disait-il l'air gravement préoccupé.

Eugène Briand plissait ses yeux bleus avec mépris.

« Monsieur Voisin, vous êtes un fruste et un béotien. Vous confondez les poètes avec les crapules. Ce manque de discernement n'est pas à votre honneur... »

Il reposait sa fourchette et son couteau avec solennité.

« Apprenez que les gens des Etats-Unis, et spécialement de San Francisco, construisent un pays à la taille d'un continent. Ils seront bientôt les maîtres du monde... si ce n'est déjà fait. »

Il concluait avec hauteur :

« Vous ne voudriez tout de même pas appliquer à ces êtres d'exception les lois de nos pays arriérés, traiter les bâtisseurs d'empire comme des voleurs de poule! »

Voisin souriait en jetant un coup d'œil rapide à Jean-Marie. Le captain était tombé dans le panneau. Une nouvelle fois, il avait laissé libre cours à sa passion, son amour démesuré et quasi charnel pour San Francisco. Briand n'était pas dupe. Il voyait le manège de son second. Il en profitait. Parler de San Francisco, c'était déjà le commencement des rêves, le début du plaisir. Il avait pris Jean-Marie à part, suite à cette altercation feinte avec son second, et s'était mis à lui parler du grand port du Pacifique avec chaleur et précaution comme s'il eût parlé d'une ancienne maîtresse.

« San Francisco aurait pu vivre des grains et des peaux, dit-il avec jubilation. La région est florissante. Un véritable eden. Sans compter les vergers, les fruits à profusion. Et le soleil, à la fois chaud et léger, et la mer qui déferle en gerbes fraîches contre les rochers de Seal Rock... Eh bien, ce n'était pas suffisant : c'est l'or qui a assuré la fortune de la ville. »

Il n'en revenait pas, Eugène Briand. Un endroit béni des dieux, vraiment... Il laissait passer un léger sourire. Emerveillé.

« La première fois qu'ils ont trouvé des paillettes étincelantes dans les rivières de la baie, le Sacramento et le Montezuma, c'était en 1848. Evidemment, je n'étais pas là pour assister au phénomène, la première ruée vers l'or. Quinze ans plus tard, quand je suis venu pour la première fois, tout le monde en parlait. On racontait les déferlements de tous les aventuriers du bout du monde, qui filtraient l'eau claire dans un tamis, à longueur de journée; des histoires de fortunes gigantesques, de filons merveilleux... On accourait des quatre coins de la planète pour trouver de l'or, où il était, dans les ruisseaux ou dans les poches des chercheurs... Le petit village de Mexicains et d'Indiens est devenu une grande ville grouillante d'activités et d'inventions. Les bateaux y ont fait escale. La navigation devenait possible... Les remorqueurs aidaient au passage dans la baie. Les commerçants se sont mis à consolider les rivages, les quais ont gagné sur la mer. On a construit des pontons, vaille que vaille, des wharfs. On a même ancré un bateau-feu, au vent d'Alcatraz, pour signaler les passes... Et puis tout a brûlé. En 1851. Un incendie formidable, une dévastation absolue. Totale. »

Il fit une pause, comme sidéré de la performance.

« Ça ne les a pas découragés, les immigrants. Au contraire, on aurait dit. Ils ont reconstruit la ville. Au même endroit. Et toujours avec le bois pris dans les forêts tout autour. L'activité est repartie. Dans Market Street, on s'est mis à vendre n'importe quoi, et dans Columbus aussi : des bibles reliées pleine peau et des jarretières en dentelle. A chacun ses goûts. Les immigrants continuaient d'affluer par milliers avec leurs enfants, des petits blondinets, dans les carrioles. Les prêcheurs d'apocalypse barbus s'installaient aux carrefours, la flasque de bourbon qui ressortait de leurs vieilles redingotes. Les maîtresses et les pensionnaires débarquaient par pleines diligences... »

L'éblouissement lui venait dans les yeux, au captain.

« La première fois que je suis venu, en 1866, on parlait des Chinois. C'était le premier sujet de conversation dans tous les bistrots de la ville basse. Le grand journal de San Francisco, l'*Examiner*, qui venait d'être créé, tartinait à longueur de colonne sur le péril jaune. A l'époque, ils étaient déjà cent mille, au moins, à s'être installés dans les rues au-dessus de Montgomery et Columbus, un peu avant les bouges du bout de l'horreur de Barbary Coast. Cent mille personnes! C'était une ville à part. Inquiétante et impénétrable. Chinatown! Ils fuyaient la terreur des empereurs, chez eux, la dynastie mandchoue, cruelle et corrompue. Et puis la guerre aussi, contre les Anglais, la guerre de l'opium... Depuis, régulièrement, les autorités montent une opération contre les Chinois. La dernière fois, il y a trois ans, en 1900, ils ont bloqué tout le quartier. Une mise en quarantaine. La peste qui rôdait, paraît-il. Ça n'empêchait pas, le soir, comme d'habitude, les odeurs de gingembre, de porc grillé au curry et de fleurs d'Orient de monter sur la ville, dans la tiédeur de la nuit. Au bout de deux mois, les matelots ont retrouvé le chemin des fumeries. Ils se sont fait de nouveau étouffer leurs dollars par des petites Chinoises expertes, les yeux noirs bridés et le teint laiteux. Tout est redevenu normal. »

Le captain Briand se levait. Il continuait la traversée de San Francisco, tout seul, dans sa cabine au parquet ciré, face à ses souvenirs et à son émerveillement, dans le tangage tranquille du *Saint-Pol*, à la lumière orangée de sa lampe à huile.

Les vents étaient favorables. Le passage du Bonne-Espérance se ferait sans difficulté. Entre deux inspections-surprise à la cambuse, Jean-Marie Quéïnec prenait son quart sur la dunette, sourcilleux sur le maintien de la voilure, la bonne tenue des hauts de voile, perroquets et huniers volants, qu'il voulait toujours bien bordés, à la fois gonflés et tendus. Le second Voisin venait de temps en temps rendre visite au lieutenant Quéïnec, près de la timonerie. Il aimait sa discrétion et sa réserve et commençait à le prendre en affection. Il ne manquait pas de lui faire des compliments sur l'installation de sa voilure. Un comportement qui ne courait pas les dunettes... Il hochait la tête avec un sourire :

« Vous avez fait serrer la brigantine et ferler les basses voiles, lieutenant, disait-il.

— Oui, monsieur », répondait Jean-Marie, vaguement inquiet.

Le second prenait son temps.

« Vous avez bien fait... Nous courons largue. Vous avez gardé ce qu'il faut de toile pour une allure portante. »

C'était un sacré compliment. Jean-Marie remerciait discrètement d'un signe de la tête.

« En remontant dans l'océan Indien, pour rejoindre le golfe Spencer, en Australie, nous serons sans

110

doute amenés à faire du près, courir contre le vent. Il faudra faire attention. Pas de zèle, du sang-froid. Vouloir battre des records, c'est la pire des tentations. On se prend au jeu. On veut faire la nique au *Cutty Sark* et au *Teaping*[1] et on laisse trop filer la grand-voile d'artimon, on remonte dans le lit du vent, on lofe au point d'amener tout au vent... et on " fait chapelle "! Pas besoin de vous faire un dessin. »

Jean-Marie faisait « non » de la tête. Pas besoin d'un croquis. « Faire chapelle », c'était voir les voiles arrachées par le vent venu de pleine face, les vergues aussi, et le bateau soudainement stoppé, inerte comme un caillou, prenant les lames à toute volée, la mâture bientôt fracassée. « Faire chapelle » : la pire des catastrophes pour un grand voilier « brassé carré ». Il serait sur le qui-vive.

Pendant les repas, surtout le déjeuner du dimanche, après l'inévitable vermouth qu'offrait le captain Briand, Etienne Voisin se laissait aller à sa bonne humeur. Le captain Briand était discrètement complice. Il aimait la joie de vivre qui jaillissait de son second, sa gaieté et sa forme d'humour, décapante et féroce. Un dimanche midi, au dessert, alors que le *Saint-Pol* courait par beau temps le long de la côte atlantique de l'Afrique du Sud, la conversation roula sur un certain Guilloux, capitaine d'armement à Nantes, réputé pour son esprit vétilleux et son caractère irascible qui se trouvait avoir le même patronyme que la grand-mère du second Voisin, Céline Guilloux. Jean-Marie se souvint de l'histoire du marin à trois jambes de Saint-Pierre. Le captain de Terre-Neuve qui avait fait inhumer sa jambe s'appelait aussi Guilloux. Quand il eut fini de raconter l'aventure, il conclut :

1. Célèbres clippers britanniques de la « course du thé ».

« Tout de même, se faire amputer à vif, avec une scie de charpentier! Il n'était pas douillet, le captain! »

Il ajouta, après un temps :

« Faut dire qu'il avait été amariné à la dure! Deux naufrages en quatre jours... De quoi former un caractère. D'entrée de jeu, on peut dire...

– C'est effectivement une performance bien intéressante, dit Voisin l'œil malicieux. Le captain Delpierre, dans le même ordre d'idée, peut également se vanter d'avoir vécu une expérience exceptionnelle.

– J'ai vaguement entendu parler de Delpierre, fit Briand, visiblement intéressé. Il a eu une année assez peu favorable... C'est bien ça? »

Voisin sursauta.

« Une année peu favorable? Trois cent soixante-cinq jours d'enfer, vous voulez dire. Une poisse à décoller au fer de calfat qui lui est tombée dessus! »

Il se tourna vers Jean-Marie :

« Delpierre était un solide captain, un marin expérimenté par quarante ans de carrière. Un homme sûr et tranquille. Sa première tempête ne datait pas d'hier. Un *shell back wale*, disent les Anglais, une baleine au dos recouvert de coquillages. Dire s'il avait bourlingué, Delpierre, s'il avait essuyé des coups de chien sur tous les océans et si rien ne pouvait lui faire perdre son sang-froid. »

Il prit un temps.

« ... C'est ce que tout le monde croyait. Bref, il y a dix ans, précisément en 1893, le captain Delpierre faisait la route du Chili. Il commandait un trois-mâts barque robuste, habitué du Horn, qui allait faire son plein de salpêtre à Iquiqué et retour à Dunkerque. Un nitratier classique, costaud et sans surprise. Début février, au large de l'Argentine, il essuie un grain électrique... »

Voisin regarda un instant Briand.

« ... Dans le temps, on disait les feux Saint-Elme. Peu importe le nom. Le phénomène n'a pas changé. Des décharges d'électricité s'abattent d'un seul coup sur le navire. C'est très curieux. Le gréement devient phosphorescent, les étincelles courent dans tous les sens. Je me souviens, un jour, avoir vu la barbe d'un captain éclairée de petites étoiles, des feux follets virevoltaient autour de lui... Dans ces cas-là, la mâture est sacrément secouée. Il vaut mieux avoir senti venir le grain, avoir pris ses précautions. Sinon, c'est le démâtage assuré. Delpierre ne s'était pas laissé surprendre. Il avait fait serrer toutes les voiles. Il s'en était sorti indemne. Il était fier de lui. A juste titre. Il fait de nouveau envoyer toute la toile, offre " la double " à l'équipage et redescend dans sa cabine. Il était trois heures de l'après-midi et il faisait un temps superbe, un temps de curé, une jolie brise de dix nœuds et un soleil chaud... Delpierre s'installe à sa table de travail pour noter le fait sur son livre de bord. Il se sert un verre de gin pour fêter lui aussi l'événement... Tout à coup, il entend une énorme explosion. Un choc d'une violence inouïe, les tableaux accrochés au mur de sa cabine qui s'écrasent sur le parquet, le plafond qui se fendille et lui-même projeté contre les cloisons en lattes d'acajou. Il remonte à toute vitesse sur le pont. Le grand mât et la misaine s'étaient effondrés. L'artimon avait tenu le coup, mais toutes les vergues avaient été arrachées, y compris la baume de la brigantine qui, sous le choc, avait brisé la barre à roue et blessé le timonier. Des bouillons de fumées noires s'échappaient des écoutilles du château avant et de la chambre de veille... Delpierre était abasourdi. A ce moment, son second monte par l'échelle de dunette. Il était défait, le visage noirci par la fumée, la vareuse déchirée. Il fait : " On a un incendie sur l'avant... En plus, le feu a gagné les réserves d'alcool de la cambuse. – La situation est grave ? – Désespérée, captain... " Delpierre réalise, effectivement, la situation d'un coup d'œil et ordonne l'évacuation du navire... C'est dans la chaloupe où il s'était embarqué, pendant les trois jours qu'a duré sa dérive avant qu'il ne soit recueilli par des pêcheurs argentins, qu'il a trouvé l'explication de ce qui s'est passé, la cause de la gigantesque explosion qui avait soufflé le gréement du trois-mâts. Delpierre à son départ de Newcastle s'était fait affréter en charbon; chargé de coke jusqu'au ras des pavois... L'explosion, c'était tout simplement un coup de grisou.

– Un phénomène rarissime, ponctua Briand.

– Une malchance unique, reprit Voisin, à l'image de ce qu'allait être l'année 1893 du captain Delpierre. En avril, il se voit confier le commandement d'un autre trois-mâts. Du nitrate, qu'il va prendre derrière les spouts de Cardiff. Gros coup de noroît en Manche de Bristol et, à la tombée du jour, le remorqueur casse son aussière.

– Pas très original, fit Jean-Marie.

– Effectivement. Delpierre a fait envoyer de la toile, en catastrophe... Sans succès. Il s'est fracassé contre le granit gallois au beau milieu de la nuit. Son deuxième naufrage depuis le début de l'année. Le captain Delpierre devenait d'humeur difficile. L'armateur, lui, ne disait rien. Les accidents font partie du métier. Il n'avait rien à reprocher à son commandant. Aucune faute professionnelle. Il ne lui tenait pas rigueur. Au contraire, semble-t-il... L'*Esterel* était un quatre-mâts barque, jumeau du *Saint-Pol*, son *sister-ship*, quatre-vingt-dix mètres de long et cinq mille quatre cents mètres carrés de voilure...

Lui aussi faisait la route du Chili et il attendait au mouillage de Dunkerque qu'on lui affecte un captain... Delpierre était devenu disponible. Fin mai, le voilà sur la dunette de l'*Esterel,* toute voile dessus, dans l'Atlantique. Et au même endroit que quatre mois auparavant, au large des côtes de l'Argentine, l'imprévisible qui une nouvelle fois montre le bout de son nez..., de son grain, devrais-je dire. Un grain blanc, cette fois. Un magnifique pampero, une bourrasque folle, tout à trac, avec, quelques minutes plus tôt, un ciel bleu limpide et un " sorcier " qui batifolait dans le grand beau temps. L'*Esterel,* tout quatre-mâts de quatre-vingt-dix mètres de long qu'il était, n'a pas résisté longtemps. Il a été retourné comme un youyou... Delpierre, une nouvelle fois, est entré dans le port de Buenos Aires en chaloupe, remorqué par des pêcheurs argentins...

– Les mêmes qu'au mois de janvier? » demanda Jean-Marie, d'un ton sérieux.

Briand le regarda en souriant, mais Voisin s'esclaffa :

« Ça aurait été trop beau! »

Il riait de tout son cœur, le second... Les malheurs du captain Delpierre n'étaient pas pour lui déplaire. C'était à coup sûr un captain taciturne, renfrogné, grincheux. Silencieux et avare avec l'équipage... de tout, de sourire et de boujaron. De politesse. Le père Bitord se vengeait. Il ramenait tout le monde à la modestie. Il avait l'œil.

« ... Une semaine se passe à Buenos Aires et Delpierre reçoit un message de son armement. La *Victorine* avait dû relâcher à Valparaiso, une escale imprévue dans sa route depuis l'Australie. Le captain avait été hospitalisé à Santiago du Chili : son cœur lui avait joué un mauvais tour... La *Victorine* était un quatre-mâts carré exceptionnel. Seul le cinq-mâts *France* l'a surpassé pour la longueur et la hauteur de ses vergues. Cent huit mètres qu'il mesurait, la *Victorine*, et ses phares frissonnaient à soixante-douze mètres du pont. C'était une bête impressionnante, un coureur de race aussi, élancé, rapide, élégant... Seulement, il n'était pas facile à manœuvrer. Le second était encore trop jeune. Inexpérimenté. Delpierre était le seul qui pût le ramener en Europe. Son pépin, le pampero goudronné, qui lui était tombé dessus, sans être providentiel, se révélait utile : le captain Delpierre s'embarqua sur un vapeur, par le Magellan, et prit, en rade de Valparaiso, la possession de la *Victorine*. C'est peu de dire qu'il a été attentif pendant le voyage... On a raconté qu'il ne dormait jamais plus de deux heures d'affilé, pour éviter toute mauvaise surprise. Trois navires coulés en huit mois : il avait son content de naufrages pour l'année 1893, le captain Delpierre. Ça lui suffisait amplement... »

Briand servit lui-même le digestif dans les petits verres que le mousse venait d'apporter. Voisin continua :

« Il passe comme prévu, le 30 décembre, à Falmouth, aux ordres... Et là, rien du tout! aucune instruction. Le message n'était pas arrivé... Delpierre se fait prendre en charge par un remorqueur du Havre qui passait dans le coin et il va au mouillage dans la baie de Plymouth pour attendre les événements. Il y arrive en fin de soirée et il prend toutes les précautions : une ancre à l'avant, une autre à l'arrière... Il passerait la nuit tranquille. Il fait allumer un fanal sur l'avant et il va pour regagner sa cabine quand un drôle de sentiment lui vient, une intuition. Il dormirait mieux, se dit-il, s'il ajoutait une autre lumière. Une sécurité de plus... Et il fait installer un autre fanal, à l'arrière de la *Victorine*. »

Voisin fit une pause, pour prendre son verre de cognac.

« ... Plymouth est un port militaire anglais, la plus grande base de la *Navy* en Europe. Le 30 décembre, à minuit, le lieutenant de vaisseau Tom Keans, au commandement d'une vedette garde-côte à vapeur, avec cinq hommes d'équipage, rentre d'une patrouille en Manche. Sur son chemin, pour aller au quai de Plymouth, il voit deux lumières dans la baie.... Deux navires au mouillage, se dit-il. Je vais passer entre eux, j'ai largement la place... Le captain Delpierre a été tiré de son sommeil par le fracas de la vedette qui défonçait, de plein fouet, la coque de la *Victorine*, en plein par le milieu. Quand il est monté sur la dunette, il était dans tous ses états. Il s'étranglait de rage, paraît-il, il jurait, il blasphémait... "Nom de Dieu de nom de Dieu", qu'il vociférait en piétinant sa casquette qu'il avait jetée par terre. Il voulait qu'on lance une échelle de corde pour aller l'étrangler lui-même, "ce maudit chien d'Anglais" qui avait voulu l'envoyer par le fond, et un canot qu'il réclamait aussi, avec un bidon d'essence pour aller mettre le feu à l'amirauté... Les pompes de la *Victorine* ont pu étaler la voie d'eau. Des bateaux sont venus en renfort. Le voilier n'a pas coulé. Il est quand même resté plus d'un an en bassin de carène. Il avait été bien esquinté. Le captain Delpierre aussi, il en avait pris un sacré coup. Il est resté longtemps en état de prostration. Il ne disait plus un mot. A personne. Il se croyait poursuivi. Maudit. A Nantes, il passait des journées à errer sur les quais, absent, le regard vide... Il s'est quand même retapé, peu à peu. Quelque temps après, on lui a de nouveau confié un commandement.

– Il avait fini par oublier? demanda Briand.

– Mieux que ça! s'exclama Voisin. L'année 1893,

c'était devenu comme un grand trou dans sa mémoire. Il l'avait effacée, gommée pour toujours. Comme Plymouth, un port inconnu pour lui, il ne voyait pas où ça pouvait être... Jamais mis les pieds. »

Il regarda Jean-Marie, avec un air enjoué.

« Au fond, il avait fait mieux que votre captain de Terre-Neuve : il s'était amputé lui-même. »

Etienne Voisin continua pendant des semaines à assurer son service de second avec sérieux, modestie et compétence. Avec chaleur aussi envers Jean-Marie à qui il ne manquait jamais d'enseigner les principes de conduite d'un grand voilier, les moyens de bien équilibrer une voilure, de bien épauler la lame. Un jour, vers midi, alors que le cap de Bonne-Espérance avait été doublé depuis plus d'un mois, que le *Saint-Pol* remontait vers le nord-est pour regagner le golfe Spencer, sur la côte méridionale de l'Australie, en abandonnant les fortes brises du Pacifique Sud, bien au-dessus des Kerguelen, le second Voisin monta sur la dunette, le teint pâle, livide, les joues creuses et le regard inquiet.

« J'ai dû attraper un coup de froid, fit-il, s'efforçant à un sourire. Une mauvaise grippe. Mon lit sera mon meilleur traitement. »

Il risqua une plaisanterie douloureuse.

« Ne profitez pas de mon absence pour laisser faseyer le grand volant arrière. D'ailleurs, je l'entendrais de ma cabine. »

Il posa sa main sur le bras de Jean-Marie.

« Je ne tarderai pas à revenir prendre mon quart. »

Etienne Voisin ne vint jamais plus prendre son quart. Son mal empira très vite. Le captain Briand s'en inquiéta dès les premiers symptômes. A la table des officiers, il tenait Jean-Marie au courant, pendant les repas. Quelques mots laconiques :

« Notre second captain me paraît mal en point, disait-il. Sa fièvre devient inquiétante. Il a de curieux furoncles qui lui sont venus, et des ganglions aussi, sous les bras. L'infection gagne... »

Chaque soir, le visage d'Eugène Briand se fermait davantage. Il évoquait l'état de santé de Voisin en quelques phrases :

« Il ne va pas fort, disait-il simplement. La fièvre, toujours, qui ne veut pas baisser. Et puis les douleurs qui lui viennent dans le dos, les reins qui se bloquent, sans doute. Je vais être obligé de sortir mes ampoules de morphine. Je ne peux pas le laisser souffrir. »

Un jour, après son quart de huit heures, alors que le soir se couchait dans les rougeurs froides du Pacifique Sud, Jean-Marie obtint du captain le droit de rendre visite au second.

« Ne soyez pas surpris, fit Briand. Il est très amaigri. Vous aurez du mal à rester impassible : il est méconnaissable. Votre étonnement pourrait l'étonner... si jamais vous tombez dans un de ses moments de conscience. »

Voisin n'était pas dans un « moment de conscience ». Il ne reconnut pas Jean-Marie. C'était devenu un être jeune, inconsciemment courbé sur sa souffrance, maigre, les yeux vides, qui palpitait comme un oiseau blessé, plongé dans une dérive sans fin, d'où émergeaient des ordres criés dans la brume et des appels tendus vers sa mère, du fond de son naufrage.

Jean-Marie comprit que la mort avait déjà investi le corps du commandant Voisin. Il quitta la petite chambre, remonta sur le pont et fit quelques pas. Il se sentait profondément las. Il éprouvait pleinement, pour la première fois, la sensation de solitude immense que provoquent les agonisants : Etienne Voisin était seul, infiniment loin, au bout de son délire et de sa souffrance. Dans un autre monde.

Sur le pont, vers l'avant du *Saint-Pol*, il se trouva nez à nez avec Billy Boullic, le bosco. C'était un homme puissant, d'une quarantaine d'années, qui faisait régner l'ordre parmi les hommes d'équipage du haut de son mètre quatre-vingt-dix et de ses cent kilos. Le visage carré et le regard buté, il dirigeait la manœuvre à coups de sifflet nerveux et d'aboiements précis. Un être renfermé et taciturne qui pouvait rester des jours et des jours sans dire un mot, sauf les ordres qu'il hurlait et les menaces qu'il proférait, surtout envers Le Quellec, un jeune gabier, encore un castor, marin agile et vaillant, mais que le bosco avait pris en grippe.

« Tu veux que je monte te montrer comment on rabande de la toile, Le Quellec, nom de Dieu! » hurlait Boullic.

Il pestait, comme pour lui-même.

« ... Patouillard de malheur! »

Le Quellec, ça le laissait indifférent, l'acharnement du maître de manœuvre. Au contraire, ça l'amusait plutôt. Accroché à la vergue de cacatois, à soixante-cinq mètres du pont, dans le sifflement du vent et l'éclatement de la voile, d'une voix suffisamment forte pour être entendue des marins qui s'activaient dans les vergues, il répliquait, goguenard :

« Monte pas dans les haubans, Boullic, tu vas faire pencher le bateau... »

Il faisait un clin d'œil à Bizien, son meilleur copain de bordée.

« Et s'il tombe à l'eau, on se le fait piquer par un baleinier... »

Puis d'une voix plus forte :

« Pas d'imprudence, Boullic! »

Le bosco grommelait. Il se doutait bien que Le Quellec avait une nouvelle fois mis les rieurs de son côté. Contre lui. Il le coincerait. Il avait encore le temps.

C'est Boullic qui salua le premier Jean-Marie.

« Bonjour, lieutenant, fit-il bourru. Nous avons un bien beau coucher... »

Jean-Marie fut surpris. Le bosco voulait engager la conversation. Il fit en haussant la tête :

« Oui, maître! Un beau coucher.

— Comment va le commandant Voisin, lieutenant? enchaîna le bosco d'un ton bref.

— Pas bien, fit Jean-Marie machinalement.

— Vous avez consulté le médecin de papier? »

Boullic appelait ainsi le petit livre d'instruction médicale qui tenait lieu de médecin à bord des bateaux.

« Il est bien ignorant de la maladie du commandant, le médecin de papier, répondit Jean-Marie. Personne ne sait très bien ce qu'il a. On sait qu'il va mourir, c'est tout.

— Quand j'étais mousse, dit Boullic d'un ton grave, il y avait un captain qui soignait bien les malades. Il disait : " Voilà ce que dit le médecin de papier : de l'eau chaude dans ton boujaron, avec la poudre que je te donne. Si ça suffit pas, je te ferai allonger sur le coffre à pharmacie, ça finira par te guérir. "

— Et ça le guérissait? » demanda Jean-Marie interloqué.

Boullic fit « non » de la tête.

« J'ai jamais vu personne s'en sortir comme ça », dit-il en regardant les planches du pont.

Il leva les yeux vers Jean-Marie.

« ... Peut-être qu'avec le commandant Voisin ça pourrait marcher. Faut essayer. »

Le commandant Briand ne mit pas en pratique les conseils du bosco. Voisin continua à agoniser dans sa cabine, blême, les cheveux collés de sueur. Dans un délire permanent.

Il mourut à l'hôpital de Sydney, où le *Saint-Pol* s'était dérouté, sans que l'on pût savoir quelle maladie l'avait emporté. « Infection pernicieuse », conclut simplement Briand. Ça ne voulait rien dire, mais c'était suffisant. Etienne Voisin avait à peine trente ans. Il était mort, ravagé de douleur, dans le délire de la fièvre, sur un lit d'hôpital, à Sydney. Le reste était sans importance.

Il fallut reprendre la mer, le jour même de l'inhumation du second captain dans un petit cimetière de la banlieue pauvre de Sydney. On avait déjà perdu beaucoup de journées. Il fallait retourner au fond du golfe de Spencer, sur la côte sud de l'Australie, pour déposer le bois que le *Saint-Pol* avait chargé à Dunkerque, se lester en laine et faire route vers San Francisco. Pas le temps de s'attarder. La tristesse serait pour après. Quand on aurait pu faire le retard, si jamais on y arrivait.

Le détroit de Bass fut franchi une deuxième fois. Le *Saint-Pol* remonta tout dessus au nord-est, dans les mers chaudes et le soleil resplendissant du Pacifique, halé par une belle brise, solide et régulière. Jean-Marie Quéïnec occupait désormais les fonctions de commandant en second. Les hommes l'appelaient « commandant », mais il n'était pas dupe. Il remplaçait Voisin, selon ses moyens. Il prenait les quarts, il surveillait la voilure. Le captain Briand faisait le point, les relevés astronomiques, prenait les hauteurs de soleil. Il n'était pas vraiment second captain. Un intérimaire, sans plus. Une utilité.

C'est un midi, pendant la première semaine de juin, que Boullic monta sur la dunette par le côté droit, l'échelle traditionnellement réservée aux marins. Jean-Marie venait de prendre son quart et Briand était redescendu dans sa cabine. La voilure avait été établie au maximum et le *Saint-Pol* courait allégrement ses quinze nœuds, dans le souffle chaud de ses hautes voiles, les basses voiles ferlées à l'exception de la grand-voile de misaine qui craquait, tendue dans une respiration puissante. Boullic paraissait préoccupé. « Encore plus sombre que d'habitude », se dit Jean-Marie. Le bosco retira le bonnet de laine bleue qu'il portait malgré le beau temps et dit d'un ton bourru :

« Je veux point vous importuner, commandant. Je crois bien qu'il nous arrive une deuxième houle. »

Jean-Marie le regarda étonné.

« Qu'est-ce que vous voulez dire, maître ? »

Le bosco parut contrarié. Ce qu'il disait était pourtant clair. Expliquer l'évidence : la pire des inutilités pour Billy Boullic. Il s'y résolut de mauvaise grâce.

« Ça fait déjà une semaine qu'on est porté par une houle de sud-ouest. Des lames amples et souples... »

Jean-Marie opina de la tête. Boullic reprit :

« Depuis une heure, j'ai remarqué des vagues qui nous arrivent du nord-ouest, des ressacs qui se forment sur tribord. »

Jean-Marie tourna le regard sur la droite et scruta la mer avec attention. Il lui fallut une longue minute d'observation pour constater le phénomène décrit par le bosco. Dans le nord-ouest, jusqu'à l'horizon, des crêtes blanches apparaissaient, imperceptibles, au sommet des vagues. La large houle semblait blanchir, comme si elle eût rencontré un obstacle inattendu. Boullic reprit :

« ... C'est très mauvais signe, commandant. Il se pourrait qu'on se fasse branler d'ici peu.

– Je vous remercie, maître », dit Jean-Marie d'un ton sec.

Au fond de lui, il se sentait ulcéré. Comme pris en faute. Le phénomène était discret, mais évident. Boullic l'avait remarqué tout de suite, sans l'aide de personne. Lui, par contre, n'avait rien vu. Le bosco avait été obligé de lui montrer et de lui indiquer le secteur d'où arrivait la « deuxième houle ». Il lui avait mis le nez dans sa faute. Jean-Marie ajouta, d'un ton rapide :

« Je vais prévenir le captain. »

Briand comprit en un instant ce qui arrivait.

« On va pas tarder à essuyer un superbe cyclone, dit-il à peine monté sur la dunette. Nous sommes passés par le travers d'Hawaii depuis deux jours. C'est la zone des ouragans du Pacifique Nord. Les Américains les appellent des *twisters*. Des tornades d'une violence extrême. Des vents tourbillonnant à soixante nœuds... De quoi arracher toutes les toitures de Saint-Malo, et les remparts avec... »

Le commandant Briand avait prononcé la dernière phrase avec un léger sourire. Il n'ignorait pas que Jean-Marie Quéïnec connaissait bien la baie de Saint-Malo pour l'avoir entendu en parler avec Voisin; les dangers de la navigation, les dizaines d'îlots, les récifs, les brisants de toutes sortes, de quoi vous envoyer par le fond à la moindre erreur de barre... Lui aussi était de Saint-Malo. Il habitait une grande maison, face à la mer, sur la chaussée du Sillon. Ils étaient du même pays, en somme. Briand choisissait un curieux moment pour faire ses confidences. Il reprit, d'un ton où perçait l'impuissance :

« On va mettre la tête sous l'aile..., ramasser la toile et attendre. Tout ce qu'il nous reste à faire! »

Il y eut un hurlement furieux. Puis le ciel devint noir, plus noir que la nuit. La mer se creusa en hautes falaises sombres hérissées d'écume sauvage. Le *Saint-Pol* ne fut plus qu'un gigantesque craquement, un gémissement ininterrompu, une blessure. Jean-Marie Quéïnec se souvint, plus tard, avoir rampé sur le pont, s'accrochant à la lisse, dans les vagues qui déferlaient et le bateau qui se couchait sous les rafales, pour dégager Le Quellec écrasé sous un mât. La seule image qu'il conserva, comme rescapé d'un immense cauchemar.

CHAPITRE VI

Le gréement de fortune que Jean-Marie avait installé s'était révélé solide et même d'une efficacité inespérée. Le beaupré, transformé en mât de misaine, haubanté par les drisses de hunier soutenait, vaille que vaille, le gonflement du foc, tandis que sur la dunette la grande vergue de l'artimon laissait battre la brigantine.

Depuis l'aube, il ventait un délicat noroît qui poussait allégrement de fines traînées blanches, très haut, dans un ciel clair, restes épars et attardés du cyclone. Jean-Marie avait rassemblé les hommes sur le gaillard d'avant, matelots épuisés, hagards, meurtris. Blessé à la colonne vertébrale, Le Quellec gémissait, tandis que Bizien lui appliquait un linge humide sur le front. Kervella, le mousse, regardait, absent, le pont ravagé, jonché de manœuvres, d'écoutes, de cordages, de filins, de mâts brisés, de vergues éclatées, d'espars de toutes sortes. Il avait traversé l'ouragan avec sang-froid, sans une larme, sans un mot; sauf un hurlement aigu, terrifié, quand au crépuscule du deuxième jour le grand mât avait cédé et s'était abattu sur le pont. Jean-Marie ne put s'empêcher de repenser à la houle déferlante de la Manche de Bristol, cette nuit de novembre 1894, aux brisants de Saltee, aux rochers de Tuskar, si proches. Lui non plus n'avait pas dit un mot. Onze ans déjà...

Billy Boullic, le bosco, émergea avec difficulté de la soute aux voiles et aux cordages, cette « fosse aux liens » qui, au fil des siècles, était devenue la « fosse aux lions ».

« Les voiles de rechange sont intactes, commandant. Faudrait les étaler sur le pont.

— Nous verrons plus tard, répliqua sèchement Quéïnec. Messieurs, poursuivit-il en considérant l'ensemble de l'équipage, le captain m'a chargé de vous communiquer notre position. Nous nous situons actuellement à sept cents milles au nord-ouest de San Francisco. Compte tenu de la voilure que nous avons établie et du vent installé au noroît, en nous aidant du courant de Californie que nous devrions trouver dans environ cent milles, nous pouvons être à terre dans une dizaine de jours. »

Le Quellec poussa un gémissement bref, comme le jappement d'un petit chien.

« Monsieur Boullic, vous veillerez à la distribution des vivres et de l'eau. »

Le bosco eut un mouvement de tête découragé. Il savait, comme Jean-Marie, qu'il n'y avait pas grand-chose à partager, la cambuse ayant été entièrement submergée : à peine cinq boîtes de biscuits détrempés et un litre d'eau par homme, tous les trois jours.

Avant de regagner sa cabine – qu'il avait désertée depuis trois jours – Jean-Marie passa rendre compte au captain, dans le roof des officiers, en contrebas de la dunette. L'endroit était totalement dévasté. Les superbes eaux-fortes et photos sous verre des navires de l'armement Bordes qui rehaussaient les panneaux d'acajou, la vaisselle, les fauteuils, les cartes, tout était détruit, écrasé, brisé;

jusqu'aux lampes à appliques de cuivre qui s'étaient détachées, répandant leur huile sur le parquet.

Le commandant Briand, les traits tirés, mais rasé et dans un uniforme impeccable, triait, d'un pied nonchalant, les photos et les dessins dans le fatras des éclats de verre et des brisures de bois.

« Où en sommes-nous exactement, monsieur Quéïnec? » demanda-t-il.

Puis relevant la tête avec un sourire fatigué :

« Vous m'excuserez de ne pas vous offrir un siège.

— Nous avons un blessé grave, captain. Le Quellec. Je ne pense pas qu'il survive à ses blessures.

— Et les dégâts matériels?

— Le bâtiment est entièrement démâté. Plusieurs bordies ont cédé à la hauteur du faux pont. C'est ce qui nous vaut une voie d'eau moyenne qu'on a pu isoler par les compartiments étanches.

— Les pompes sont en état?

— On a pu en bricoler une. Ça devrait suffire.

— Bien. Vous direz à Boullic de s'en occuper.

— Je préfère m'en charger moi-même, captain. »

Le ton rapide et ferme de son second fit sursauter légèrement le commandant Briand.

« D'accord, fit-il, l'air soucieux, c'est sans doute mieux. La barre a l'air de tenir le coup. C'est un bon point. Pour ce qui est des chronomètres, un seul fonctionne. Espérons qu'il donne l'heure exacte... Allez vous reposer, Quéïnec. Vous me relèverez à huit heures. »

Jean-Marie, quelques instants plus tard, se jetait sur sa couchette, les vêtements durcis par l'eau de mer, sans un regard pour la désolation du lieu, la petite armoire béante, le linge répandu, les livres éparpillés sur le sol, le journal de bord souillé. Quatre jours qu'il n'avait pas dormi. Quatre jours pendant lesquels il avait combattu un cyclone.

A six heures, on frappa à la porte. On dut frapper longtemps, car Jean-Marie entendit les coups venir de très loin, mêlés dans ses rêves à ceux frappés contre la porte de la classe du père Renault, de plus en plus proche, de plus en plus fort... Il ouvrit les yeux. Devant lui, Bizien, son bonnet de laine serré dans la main, les traits tirés, creusés, le regard bleu, humide, lointain, l'appela :

« Commandant, commandant. »

Jean-Marie se souleva sur les coudes.

« Commandant. C'est le captain qui m'envoie pour vous prévenir. Le Quellec est mort. »

La détresse perçait, contenue, humble dans la voix du marin. Bizien s'excusait par avance de son manque de retenue, de son abattement, de sa peine. Jean-Marie se leva et son regard croisa celui de Bizien.

« J'espère qu'il n'a pas trop souffert, dit-il lentement en baissant les yeux.

— Non, commandant. Le captain lui avait donné de la morphine... Commandant ? »

Jean-Marie leva les yeux sur le vieux matelot.

« Commandant, le captain a dit qu'on lui rendrait les honneurs, à Le Quellec...

— Evidemment, Bizien ! fit Jean-Marie l'air étonné.

— C'est que, reprit vivement Bizien comme pour se justifier, avec Le Quellec on était pays. Lui, sa mère habitait Cancale, en haut, au bourg. Moi, à La Houle. Quand son père a été naufragé à Terre-Neuve, le mien a décidé de le prendre comme mousse sur la bisquine. Le Quellec, il était plus jeune que moi... C'est moi qui lui ai appris à ferrer les bancs d'huîtres dans la baie du Mont-Saint-Michel. Après, quand j'ai navigué au commerce, il a voulu me suivre. J'ai écrit comme j'ai pu à la maison Bordes, vous comprenez, commandant, à M. Antonin, pour qu'il ait un embarquement. C'était, en quinze ans, notre premier voyage ensemble. Un métier de pauvres qu'on fait, commandant. Un métier de pauvres. »

Jean-Marie hocha la tête : oui, un métier de pauvres... C'était vrai. Pourtant il le savait, Bizien; jamais, pour rien au monde, il n'aurait cherché du travail à terre, chez les « pieds de vache », comme on disait à La Houle. Il était voué à l'Océan. Il y était chez lui tout autant que les oiseaux, les marsouins ou les cachalots. Il ne pourrait jamais s'en défaire.

Une heure plus tard, Le Quellec fut immergé. Le Pensec, le vieux calier, lui avait cousu un linceul dans la toile d'une voile. Boullic lui avait passé les gueuses au pied, un pesant anneau en acier de la clef du mât de hune tombé dans la tourmente. On installa Le Quellec dans son humble habit blanc, appuyé sur le rebord du pavois, soutenu, à l'autre extrémité, par deux matelots. Autour, les hommes se tenaient silencieux, droits, tête nue.

Le commandant Briand s'avança, sortit de sa poche un vieux missel écorné et se mit à lire d'une voix monocorde :

« *De profundis clamavi ad te, Domine...* »

Puis, irrité par ce qu'il venait de dire, il referma le livre et se mit à parler à haute voix, simplement, comme s'il s'était parlé à lui-même, seul devant le gros paquet blanc, bosselé, qui attendait sur sa planche.

« Honneur à toi, Le Quellec. Que les flots te protègent et que Dieu te garde. »

Il fit un signe de tête aux deux hommes qui tenaient la planche. Le corps glissa par-dessus le bastingage. A peine une gerbe d'écume et ce fut tout : Le Quellec faisait à jamais partie des âmes de l'Océan.

L'équipage se remit tant bien que mal des suites

du cyclone. On avait déblayé le pont, rangé le poste d'équipage, colmaté la voie d'eau, consolidé les mâts de fortune et gréé un clinfoc à l'avant et une voile d'étai en trinquette sur l'artimon. Le *Saint-Pol* faisait bonne route. Le captain s'était fait installer un fauteuil sur la dunette, le temps que sa cabine et le carré soient remis en état. Depuis qu'il avait pu apprécier la valeur, le sens du dévouement, le comportement de son second – que certains auraient qualifié d'héroïque, mais que lui considérait comme convenable, et en tout cas allant de soi chez un officier digne de ce nom – il s'entretenait plus volontiers avec Jean-Marie.

« Il faudra vous résigner à passer votre brevet de capitaine, finit-il par lui dire, j'en parlerai à la compagnie. »

Jean-Marie avait ressenti la fierté l'envahir, la joie aussi, la confiance en l'avenir. Et, pour joindre l'acte à la parole, Briand s'était mis à lui parler navigation astronomique, orthodromie, évaluation des courants et des alizés, manipulation des instruments.

« Mais il vous faudra aussi doubler le cap Cosinus, avait-il ajouté en plissant les yeux.

– J'en fais mon affaire », avait répondu Jean-Marie, qui n'ignorait pas que ce cap-là avait naufragé plus d'une vocation.

Les matelots supportaient leurs privations sans mot dire avec dignité, une sorte de respect tacite à la mémoire de Le Quellec. Ils passaient leurs journées inactifs, sur le pont, sous un soleil pâle, à se raconter leurs histoires de mer, de voyages, de bagarres de port et de bonnes fortunes. Billy Boullic demeurait silencieux, taciturne. De temps en temps, il grommelait : « Bateau de malheur », ou encore : « Officiers du diable. Nous faire mourir pour l'armateur : c'est tout ce qu'ils sont bons. »

Les hommes le regardaient étonnés, et, peu à peu, leur surprise tournait à une vague inquiétude.

Ce fut quatre jours avant d'arriver à San Francisco que Jean-Marie aperçut, au matin, une chaloupe à environ deux milles par bâbord. Une petite voile avait été hissée et, pour autant que Jean-Marie pouvait en juger, un homme faisait des signes au *Saint-Pol*. Il fit appeler le captain qui le rejoignit aussitôt sur la dunette.

« Bien, fit Briand, va falloir virer. On s'en serait passé. Monsieur Quéïnec, vous attendrez que les focs soient passés à contre pour amurer les voiles sur tribord. »

L'équipage fut à poste en un instant : excité par l'inactivité des derniers jours et par l'imprévu qui leur arrivait dans un canot de sauvetage.

En abordant la chaloupe, Jean-Marie revécut un instant la violence du cyclone qui s'était abattu. Les hommes, à l'intérieur, étaient brisés, entassés pêle-mêle, inertes, meurtris, certains ensanglantés. Ils étaient douze. Deux avaient des fractures aux jambes, trois autres des plaies multiples, dont le mousse qui avait le crâne rougi par une coupure au cuir chevelu. Un homme jeune, qui pouvait avoir dans les vingt-cinq ans, le regard clair et vif malgré l'épuisement, attendit dans la chaloupe que tous les hommes aient été transportés sur le *Saint-Pol* pour grimper lui-même à l'échelle de corde. Arrivé sur le pont, il eut un geste machinal pour rectifier sa tenue; attitude qui fit sourire imperceptiblement le commandant Briand, tant l'homme était en loques. Il mobilisa toute sa dignité pour saluer le captain :

« Lieutenant Thomas Lexington, sir, officer on board the *Gosvernor Ames*. » Briand se tourna vers Quéïnec qui avait répondu au salut du jeune officier.

« Monsieur Quéïnec, il m'apparaît que votre connaissance de la langue anglaise doive nous être une nouvelle fois utile. Jusqu'ici j'ai pu, sans trop de difficulté, comprendre ce jeune homme. Vous m'obligeriez en vous entretenant avec lui. Quand il sera reposé, évidemment... »

En milieu d'après-midi, Jean-Marie vint rendre compte au commandant, non seulement du récit de Lexington, mais également des témoignages qu'il avait recueillis auprès des matelots. L'histoire, telle que l'avait racontée Lexington, était simple. Le *Gosvernor Ames*, goélette schooner de 84 mètres de long, de 13 mètres de bau et jaugeant plus de 2 000 tonneaux, avait sombré à 300 milles par le travers de l'île d'Hawaii, après avoir été démâté puis chaviré lors du cyclone. Le *Gosvernor Ames* appartenait à l'armement Colemane, de San Francisco, était commandé par le captain Widwark et secondé par le commandant Stollberg. Seuls douze hommes de l'équipage, sur les vingt, avaient pu prendre place dans un canot de sauvetage. Le captain Widwark, le second et dix matelots avaient péri. Les marins rescapés confirmaient le récit de Lexington. A leur façon. Car un point intrigua tout de suite Quéïnec : aucun, parmi les matelots, ne parlait l'anglais. C'était un assemblage hétéroclite de nationalités européennes, des Allemands, des Portugais en majorité, un Croate et un Grec; celui-ci du reste atteint d'une vilaine fracture ouverte à la jambe qui lui arrachait des hurlements chaque fois que l'étrave du *Saint-Pol* cognait dans la houle courte qui annonçait la côte de Californie. Le cosmopolitisme du *Gosvernor Ames* ne présenta aux yeux du captain Briand, qui recevait Jean-Marie dans le carré des officiers déblayé par le mousse, aucun caractère singulier :

« Vous savez bien, monsieur Quéïnec, que les

équipages dans ces régions – et spécialement à San Francisco – sont le plus souvent composés de bric et de broc. On prend ce qu'on trouve. Je veux dire, ce que trouve Sullivan, Sullivan le shangaïeur. Il n'est pas regardant sur les nationalités, l'animal. Ni sur les têtes. Il les aime toutes... Surtout celle de Lincoln, sur les billets de dix dollars. Alors cet équipage, dans le fond, il me paraît tout ce qu'il y a d'américain. »

Jean-Marie acquiesça. C'était vrai, nombreux étaient les shangaïés sur les clippers de la côte ouest. Mais là, tout de même, la proportion lui paraissait élevée... Le commandant Briand poursuivit :

« A la vérité, je me demande comment diable ils ont pu mettre un canot à la mer pendant un tel ouragan. Et avec une goélette chavirée. Vraiment, il m'épate, ce Lexington. Sans compter qu'ils ont étalé des creux de quinze mètres dans un youyou que je ne prendrais pas pour aller à l'île de Ré... Ils nous cachent quelque chose, vous croyez? Je le pense aussi. Après tout, c'est leur affaire. Nous, on les ramène à Frisco. Ça suffira comme ça. »

En trente-cinq ans de navigation, le commandant Briand avait fini par se buriner l'esprit, par se calfater l'âme par une robuste sagesse et une prudence méticuleuse. Avec les hommes comme avec les bateaux. Pareil. Faire abattre les hautes voiles avant que la risée ne tourne à la tempête. Ne jamais demander plus que ce que l'on peut donner. L'équipage du *Saint-Pol* était épuisé. Il n'était pas temps de s'encombrer l'esprit avec le secret des nouveaux arrivants.

Les marins, eux-mêmes, avaient bien accueilli les rescapés du *Gosvernor Ames*. Bien sûr, il avait fallu partager les quelques litres d'eau qui restaient et les biscuits répugnants d'eau de mer et de vermine.

Mais San Francisco n'était plus loin. Les vieux routiers du Pacifique l'avaient déjà remarqué : l' « avel zouar », avait simplement dit Le Pensec. Une légère frisure, à peine perceptible, au sommet des crêtes de la houle. Le vent de terre... Et puis les naufragés étaient de pauvres bougres, bien plus malheureux qu'eux, marins du *Saint-Pol*, matelots travaillant dur, mais respectés par les officiers et fiers de leur bateau et de leur compagnie. Des hommes libres et dignes. Devant eux, c'était le spectacle de la descente aux abysses, des humiliations répétées de ces équipages de bateaux-bagnes, bateaux-tortures, bateaux-misère. Ils les regardaient avec pitié. Compréhension, aussi. Il fallait faire attention. L'enfer n'était jamais très loin. Un petit détour au bas de Market Street, une bourlingue imprudente à Chinatown, un pisco-punch assaisonné au Fierce Grizzly ou au Parenti et c'en était fini... En attendant, ils n'avaient rien appris sur le naufrage du *Gosvernor Ames*; sauf des regards inquiets, des coups d'œil furtifs et des grognements butés.

Le lendemain, le lieutenant Lexington fut convié à se joindre au « banquet » des officiers, ainsi que le lui avait signifié Jean-Marie. Kerzoncuff, le coq, avait pu récupérer un peu de café et le captain l'avait fait servir avec solennité au carré des officiers. Le lieutenant Lexington s'était assis sur un simple fauteuil en bois brun, face au captain Briand et à Jean-Marie. La première impression du captain n'avait pas menti : le lieutenant était soucieux de sa tenue et de sa présentation. Sa façon discrète d'arranger ses vêtements, ses hardes plutôt, cette manière de relever ses manches ne laissait aucun doute. De plus, se dégageait de sa personne l'élégance assurée d'un jeune homme plus habitué à évoluer dans les salons lambrissés que dans les postes d'équipage. Jean-Marie en ressentit un vague agacement. Briand, par contre, sembla apprécier cet air de nouveauté, cette bouffée légèrement mondaine qui leur arrivait en pleine mer.

« Vous pardonnerez mon anglais désastreux », articula difficilement Briand.

Puis, sans s'arrêter aux dénégations du lieutenant :

« Je ne sais plus si je vous ai dit le plaisir que nous avions de vous avoir à notre bord. En meilleure santé.

— Nous vous en sommes reconnaissants, captain, remercia Lexington.

— Le commandant Quéïnec m'a rapporté que le *Gosvernor Ames* était un clipper de fière allure...

— Un schooner, captain, corrigea l'Américain. En fait, il n'était plus tout jeune. Il était sorti, il y a plus de vingt ans, du chantier de Mac Kay, à l'East Boston. C'était un *down-easter* de la grande époque. La compagnie l'avait racheté, il y a cinq ans, à la Black Ball Line. Ils avaient eu des ennuis de mâture. De barre, aussi. On lui avait donné un nouveau gréement. Sans vergue. C'est peut-être l'explication de l'accident.

— Un *twister* qui souffle à soixante-dix nœuds, ça ne vous suffit pas comme explication ?

— Bien sûr, captain, répondit vivement Lexington. En fait, il remontait si bien au près que le captain Widwark a sans doute trop tardé à prendre de la toile. »

Briand et Quéïnec échangèrent un regard entendu : l'explication de Lexington, le bâtiment surtoilé dans un cyclone, était, sans s'être concertés, ce qu'ils s'attendaient à entendre.

« C'était un torcheur, votre captain Widwark.

— C'était un bon marin, rectifia sèchement Lexington.

– J'en suis convaincu, renchérit Briand avec une légère pointe de malice dans le regard.

– Dites-moi, Mr. Lexington, intervint Jean-Marie, c'est bien pour la « Colemane » que vous naviguiez ? »

La question le brûlait depuis que les naufragés avaient mis le pied sur le pont. Ce mot, ce nom : Colemane, qui depuis dix ans revenait en lui, magique, évoquait l'univers merveilleux qu'il avait reconstruit autour de Samantha. En dix ans, il en avait collecté, des informations. Il avait pu ainsi remonter à la source, plus d'un siècle et demi d'histoire de la famille Colemane.

Au début, était John Colemane. Premier du nom. Il était loin de se douter qu'il allait fonder une dynastie, Black Ball Johnny. Il était né au pays de Galles, en 1730. La misère. Comme les autres gamins des *slums*, il avait hanté les docks, rôdé autour des tavernes, détroussé les marins solitaires qui titubaient la nuit, le long des quais, à la recherche de leur bâtiment.

A douze ans, il avait trouvé à s'embarquer. Un captain de la compagnie des Indes orientales l'avait pris à bord du *Morning Pearl*, un vaisseau qui faisait chaque année le voyage de la Chine. Il avait été engagé en qualité de « Peggy », surnom féminin attribué – non sans ambiguïté – dans la marine anglaise au mousse chargé de la chambre du commandant. Durement amariné par Bonne-Espérance et la Tasmanie, il s'était enrôlé quelque temps sur les navires de Sa Majesté, dans l'escadre de Gregory – « Grog » – Vernon, l'amiral qui allongeait d'eau le rhum de ses marins. A dix-neuf ans, la Navy l'avait rendu au commerce : pas besoin de s'embarrasser d'une forte tête. Relâché avec son sac et son couteau sur les quais de Londres, il avait aussitôt embarqué sur le *Magdalena*, un trois-mâts ventru de la Black Ball Line, qui faisait le transport des passagers avec le Nouveau Monde. Pendant un voyage, en 1752, suite à une altercation lors d'un virement, il avait assommé et proprement défiguré le bossman d'un formidable coup de poing. Le captain l'avait mis aux fers et relâché sur le port de New York...

A sa mort, quarante ans plus tard – en 1802 – Johnny « Black Ball » Colemane, ayant su tirer profit de la lutte pour l'indépendance des Etats-Unis, était à la tête d'une compagnie d'armement et d'un chantier de construction de clippers à Baltimore.

Jeremy Colemane, le numéro deux, avait fait fructifier le patrimoine légué par son père. Remarquable marin, il avait réalisé quelques fructueuses percées du blocus britannique, dans les années 1815. Son fils et son petit-fils s'étaient contentés d'agrandir l'affaire en pourvoyant les provinces du Sud en main-d'œuvre africaine.

Dans les années 1850, pour répondre à l'activité nouvellement apparue sur la côte ouest, la compagnie Colemane instaura une des premières lignes régulières « coast to coast », New York-San Francisco. Manœuvrés par des équipages rudes et entraînés – à l'image de leur impitoyable concurrent de la Black Ball Line, curieuse obstination du destin – les clippers de la Colemane ralliaient San Francisco en moins de cent trente jours. A New York ou Boston, ils embarquaient, outre les objets les plus hétéroclites pour répondre aux besoins des villes nouvelles du grand Ouest américain, des immigrants, en majorité irlandais et italiens; aventuriers éperdus, chercheurs d'or prêts à perdre trente dollars et peut-être leur vie au cap Horn pour être les premiers sur les berges mirifiques du Sacramento.

Ezechiel Colemane, descendant cadet du cinquième rang de la dynastie, avait été chargé de développer les activités de la compagnie sur la côte ouest. En quarante ans, il était devenu un des personnages les plus importants de San Francisco. Dans tous les ports du Pacifique, dans tous les bouges où se soûlaient les marins, de Rangoon à Hobart et Valparaiso, on était sûr d'entendre son nom, au hasard d'une conversation entre marins, et Jean-Marie en avait entendu de toutes sortes. Des récits remplis d'admiration et de crainte : Ezechiel Colemane qui donnait des soirées extravagantes dans son palais de Clifton House, sur les hauteurs de San Francisco, dans l'embrasement de milliers de torches portées par des esclaves noirs; Ezechiel Colemane qui nommait le maire de Frisco, le capitaine du port, qui contrôlait les maisons de jeux, qui régnait sur Chinatown. Et, étrangère à ce monde du diable, languissante dans une chambre de jeune fille aussi fleurie qu'une serre, écrasée sous les dentelles et les oiseaux-lyres, la fragile et rousse Samantha qui feuilletait, rêveuse, un roman de Victor Hugo... Victor Hugo étant le seul écrivain dont il eût jamais entendu parler.

« Et il venait d'où, votre *Gosvernor Ames*? De la Colemane? reprit Briand, un peu surpris par l'attitude soudain pensive de Jean-Marie.

– De Bornéo, captain. Nous avons chargé du tissu, en plus du thé, à Fu-cho. »

« Ce lieutenant Lexington ne ment qu'à moitié, pensa Briand. Fu-Show et Bornéo, c'est le circuit habituel. C'est pour la cargaison : il doit oublier l'essentiel. » On frappa à la porte du carré. Trois coups rapides, vigoureux.

« Entrez. »

Kervella, le mousse, se présenta, essoufflé.

« Captain, captain. C'est Boullic... Il veut tuer Le Pensec.

– Quéïnec, occupez-vous du bosco », fit calmement Briand.

Jean-Marie, en un instant, fut sur le pont, pressant le pas vers le gaillard d'avant. Derrière lui, Kervella, encore sous le coup de l'émotion, résumait la situation entre deux halètements.

« Il a dit à Le Pensec : " Tu as tué Le Quellec. C'est toi qui as amené le cyclone. " Et il a sorti son couteau. Bizien l'a poussé et Le Pensec s'est réfugié dans le poste. »

Devant le poste des matelots, dans le roof avant, les hommes avaient formé un attroupement autour de Boullic.

« Billy, nom de Dieu! hurlait Bizien. Arrête de faire le con. Qu'est-ce qu'y t' prend, tu vois bien qu'il est barricadé? »

Le Pensec avait eu le temps de coincer une planche de roulis contre la porte du poste.

« Je vais le tuer, ce fils du diable! hurlait Boullic en envoyant dans la porte de formidables coups de pied qui faisaient frémir tout l'avant du *Saint-Pol*. C'est lui qui a appelé l'esprit de la tempête. Il a tué Le Quellec. Il lui a fait tomber le mât sur les reins. Il mange avec les démons, au fond de la cale. C'est un valet de Satan... Sors de là, maudit albatros, je vais te clouer sur le pont.

– Taisez-vous, Boullic », intervint Jean-Marie d'une voix forte, avec toute l'autorité du commandant en second qui ne souffle pas de réplique.

Boullic se retourna, les yeux révulsés, le regard éperdu, les muscles puissants, tendus, prêt à lui sauter à la gorge.

« T'es avec lui, Quéïnec, fit-il haletant. T'es un chien qu'est monté à bord, officier de l'enfer. »

En un saut, il se rua sur Jean-Marie qui esquiva, d'un mouvement du tronc, le cent kilos de muscles du bosco. Celui-ci se retourna et chargea une nouvelle fois, le couteau en avant. En un éclair, le poing de Jean-Marie était parti et s'écrasait sur le visage de Boullic dans un bruit sec de chair et d'os écrasés. Le bosco poussa un grognement, tituba, foudroyé par la violence du coup et s'effondra comme un gros animal vaincu, le corps parcouru de secousses et de tremblements.

« Bizien, vous l'enfermerez dans la fosse aux lions, ordonna Jean-Marie en ramassant le couteau de Boullic. Et n'oubliez pas de libérer Le Pensec. »

A peine essoufflé, il se caressa doucement la main droite, rajusta sa vareuse et, comme les marins s'étaient écartés pour le laisser passer, il regagna d'une démarche rapide le carré des officiers. Le Pensec sortit du poste avant, le regard lointain, indifférent à ce qui venait de se passer.

« Félicitations, commandant, fit Lexington quand Jean-Marie entra dans le carré des officiers. Mis à part Gentleman-Jim Corbett que j'ai vu boxer l'an dernier à Frisco, vous avez le plus beau swing que je connaisse. »

Jean-Marie ne répondit pas au sourire du lieutenant. Un tel incident était toujours regrettable. Bien sûr, les coups de poing n'étaient pas rares sur les navires, mais chacun savait qu'ils témoignaient toujours d'un manque d'autorité, en fin de compte d'une faute commise par les officiers. Et puis la police à bord, le coup de poing expéditif, c'était le rôle du bosco, le boulot du maître de manœuvre. Le bosco rossé devant les matelots, c'était la ruine de tout l'édifice. La fin d'un équipage.

« Vous voyez, lieutenant Lexington, fit Briand, notre cyclone brise les bateaux et les esprits... Soyez assez aimable de me laisser avec le commandant Quéïnec. Nous arriverons demain à Frisco. Nous nous reverrons. »

Seul avec Jean-Marie, le captain se mit à arpenter lentement le carré.

« C'est vrai que vous avez fait preuve d'une belle souplesse. D'un sacré punch aussi... »

Puis, redevenant soudainement soucieux :

« Pour ne rien vous cacher, cet incident avec Boullic, je le redoutais depuis notre embarquement à Dunkerque. Le capitaine d'armement, mon vieil ami Morfouace, m'avait parlé de Boullic comme maître de manœuvre. Je le connaissais, Boullic, et pas d'hier..., de plus de quinze ans. Un voyage au Chili pour la maison Bordes... C'était mon premier voyage comme second sur un quatre-mâts, le *Lauriston*... On a eu des pépins dès le début. Le captain Gautier avait embarqué sa femme. A l'époque, dans les années 1890, c'était un peu la mode pour les captains de faire le voyage avec leur femme. Antoinette Gautier, elle, n'en était pas à son premier embarquement. Le Horn, elle l'avait déjà doublé plusieurs fois. C'était une petite femme rondelette, avec de beaux yeux bleus très vifs. Elle était jeune, elle souriait tout le temps. Je m'en souviens très bien. Une énergie sans faille. On n'avait pas " démanché " depuis trois jours, par jolie brise de nord-est, qu'arrive la première tuile : le novice, qui était monté étarquer le grand volant arrière, tombe à l'eau. Disparu d'un coup... On peut tous mourir pendant les tempêtes, n'est-ce pas, Quéinec? Ça fait partie du métier. Mais, par beau temps... C'était trop stupide. On a eu le cœur serré. Personne n'a rien dit. C'est là que j'ai commencé à entendre parler de Boullic. Et de Le Pensec... Boullic, il était " castor ", matelot léger. Agile et costaud. Toujours le premier à bout de vergue, rude à border une écoute. Pas loquace et facilement violent. Le Pensec, lui, c'était un des meilleurs voiliers de la compagnie. Toujours à faire des épissures ou à ralinguer une voile.

Toujours à fond de cale. Jamais un mot. Il vivait dans l'obscurité de la soute à voiles comme dans les entrailles de la terre, dans l'entourage des génies et des diables. C'était pour ça qu'il commandait aux vents. Quand on était encalminé depuis trop longtemps, on le sortait des ténèbres. " Appelle le vent, Le Pensec ", que lui disait le bosco, et Le Pensec se mettait à siffler doucement, une modulation harmonieuse pour ne pas brusquer le vent, pour ne pas qu'il se fâche d'avoir été réveillé brutalement...

« Le Pensec, comme tous les caliers, il était magicien. Il disait l'avenir. Il savait ce qui se passait au pays. S'il y avait des malades. Si les femmes étaient fidèles. C'est dire s'il était craint, Le Pensec... Un jour, en sortant de la cambuse, il regarde la femme du captain, sur la dunette, et il dit en bougonnant : " Longues oreilles et robe noire autant que cape de moire mènent marin à désespoir. " C'était un vieux dicton que lui seul connaissait. Les longues oreilles, c'était pour nos amis (jamais le commandant Briand n'aurait prononcé le mot lapin[1] sur un navire!), la robe noire pour les curés et la cape de moire pour les femmes à bord. En clair, la femme du captain amènerait le malheur. Dire s'il y a eu un rapport?... Au large de l'Argentine, on a dégusté un *pampero* qui nous a arraché la moitié de la toile. On récupère un peu, mais on n'était pas en vue des Malouines que Mme Gautier est prise de vomissements. Le captain nous a annoncé que sa femme était enceinte et il a offert " la double " à l'équipage...

« Le Horn, on a mis cinquante-six jours pour le passer. Cinquante-six jours d'ouragan. A la fin, le captain Gautier est resté cinq jours sans dormir.

---

1. Par superstition, on ne doit jamais prononcer le mot « lapin » sur un bateau sous peine de provoquer une catastrophe.

Quand il est redescendu dans sa cabine, il a trouvé sa femme inanimée. Septicémie. Son enfant était mort en elle et l'avait emportée. On l'a immergée en face de Valparaiso.

« Au retour, on était pas encore entré dans les froids qu'on voit un grand albatros qui tourne autour du *Lauriston*. On essaie de l'attraper, de le prendre au piège : rien à faire. Et il reste avec nous deux jours, trois jours. A la fin, Le Pensec sort de son trou et il fait : " C'est l'âme de la femme du captain qui cherche un compagnon. " Le lendemain, un matelot a été enlevé par un paquet de mer. Rosec, le meilleur copain de Boullic... Alors, vous comprenez, Quéïnec, quand à Dunkerque j'ai vu sur le rôle, en plus de Boullic, le nom de Le Pensec, j'ai été inquiet... J'avais quelques raisons. »

La nuit venue, Jean-Marie resta de longues heures pensif, sous un ciel pur et étoilé, à écouter le *Saint-Pol* craquer de toutes ses blessures et le sommeil pesant des matelots, allongés à même le chêne du plancher. Le lieutenant Lexington fit quelques pas sur le pont, peu après minuit, et le salua poliment :

« Les premiers oiseaux de terre sont déjà là, commandant. Avant demain midi, nous serons à quai. Trois mois que je suis parti... Je ne reconnaîtrai pas San Francisco. Trois mois, pour cette ville, c'est toute une existence. »

C'était vrai. Jean-Marie sentait confusément que le temps, dès que la Golden Gate aurait été franchie, s'emballerait, qu'il serait pris dans un autre tourbillon, une autre tempête. Il finit par s'asseoir lui aussi à même le pont et, le dos appuyé contre le pavois, il laissa le sommeil se mêler au souffle de la mer.

CHAPITRE VII

San Francisco, vu du large, c'était à peine une entaille dans le roc de la Californie, une échancrure minuscule dans un trait sombre atténué de brouillard. L'homme de quart, à peine entrevue au ras de l'horizon la ligne bleutée de la côte américaine, avait fait donner la cloche de la cambuse. Il était un peu plus de sept heures du matin. Les matelots s'étaient levés, tranquillement, heureux de toucher au port, fin de leur cauchemar et de leurs souffrances mais trop las pour manifester une joie exubérante. Ils s'étaient regroupés sur le gaillard d'avant, les matelots du *Saint-Pol* et du *Gosvernor Ames* mêlés, dans une confraternité qui peu à peu déliait les langues.

« Je me demande bien ce qu'ils ont encore inventé, dit Kerzoncuff, le premier à verser dans l'euphorie. La dernière fois que je suis venu à Frisco, c'était il y a cinq ans, en 1899, un an après la ruée vers l'or; le *Klondike*, comme ils disaient. Ils déambulaient dans les rues, les chercheurs d'or, par familles entières, avec des matelas, des cuisinières, même des meubles, dans leurs carrioles. Les mômes derrière... Ils avaient pas l'air d'en avoir trouvé beaucoup de pépites, dans leur Sacramento. Ils dormaient sur les trottoirs. J'ai vu, en un jour, plus de loqueteux que dans toute ma vie. On est resté deux mois. Tous les jours, il y avait un commerce nouveau. A la fin, on allait prendre des bains turcs dans Montgomery Street. T'as jamais vu ça à Quimper, hein? Kervella... Je m'en souviens encore, au 273... On tournait en rond. C'était un endroit rempli de vapeurs chaudes. Des Chinois avec des grandes soutanes brodées et des nattes dans le dos nous passaient les serviettes. On savait plus où on était... »

La gaieté et l'excitation commençaient à s'emparer du groupe des marins. Bizien s'empressa d'intervenir :

« A la Cage aux lions, chez Maggy, le premier soir, j'ai cru rêver. Ce que je vois en arrivant dans le salon : une fille en habits de chez nous, en velours noir et dentelle. Parfaitement! Et en plus, la coiffe de Plougastel. Je me dis : c'est Maggy qui veut nous faire une farce; la fille a des yeux noirs, ça doit être une Mexicaine. Je vais lui parler en breton, on va bien rigoler... Je m'approche et je lui fais : " Me vije plijet, intron ger, d'e lakaat barzh toull ho revr[1]... " »

Les marins du *Saint-Pol* partirent d'un rire gigantesque...

« Là, elle me regarde, surprise d'abord, et puis elle devient rouge, complètement cramoisie, et elle me répond, sec : " N'eo ket ur feson da gaozeal d'un intron. Te po morse toull ma revr, pezh lous[2]! " Elle a jamais voulu croire mon histoire, que je l'avais prise pour une Mexicaine... Au bout de quinze jours, on a été amis. Annick Marchadour'h, elle s'appelait. Elle était de Daoulas, du bourg. Elle mettait ses

1. J'aurais, chère madame, un grand plaisir à vous la mettre dans le cul.
2. C'est pas des façons de parler à une dame. Tu l'auras jamais, le trou de mon cul, grossier.

habits du dimanche pour recevoir les clients. Elle voyait pas ce qu'il y avait de surprenant... »

Le commandant Briand vint rejoindre Jean-Marie sur la dunette. Le jour se levait peu à peu, les oiseaux de mer piaillaient de plus en plus nombreux autour du *Saint-Pol*, l'échancrure au loin dans la côte devenait plus distincte. Jean-Marie salua le captain avec un petit mouvement de surprise. Briand s'en aperçut :

« Vous ne pensiez pas, Quéïnec, qu'un malheureux cyclone allait me faire manquer à mon devoir de correction envers nos amis américains? »

« Vraiment, rien au monde ne pourrait le faire faillir à la tradition, pensa Jean-Marie. Je me demande même, si on avait fait naufrage... »

Depuis dix ans qu'il était captain, Briand n'avait jamais manqué aux convenances. Cette fois encore, il accosterait dans une tenue digne d'un officier au long cours : redingote, gilet, lavallière, souliers vernis et tube. Rien ne manquait, même pas les gants beurre frais qu'il tenait à la main.

« Vous hisserez le guidon de la compagnie. »

Puis, se lissant la barbe :

« ... et la flamme blanche et rouge. »

Le guidon de la compagnie, c'était l'étendard de l'armateur, le petit pavillon blanc liséré de rouge, frappé des lettres A.D.B., que l'on hissait au sommet du grand mât. La flamme blanche et rouge sur laquelle Briand avait hésité, c'était le signal de demande d'aide... Après quelques instants de silence, le regard tendu au loin, ayant deviné un minuscule point noir en avant de la côte, il poursuivit :

« Notre remorqueur n'a pas traîné. Ils ont encore dû perfectionner l'observatoire de Telegraph Hill. A l'heure qu'il est tout le monde connaît notre pedigree... »

Le nom de Telegraph Hill, d'un coup, fit à nouveau remonter à la mémoire de Jean-Marie les souvenirs de son passage, dix ans auparavant, à San Francisco. C'étaient des émotions qui revenaient, Samantha encore, qui rôdait dans son être. Le Cozic, il s'en souvenait bien, l'y avait amené peu avant le départ du *Taracapa*. C'était, à ses yeux, la plus belle promenade de San Francisco, l'endroit le plus distingué. Jean-Marie s'était dit qu'il y reverrait peut-être Samantha. Mais rien... Ils avaient gravi les escaliers à flanc de colline, entre les maisons pauvres, les éclats des jurons italiens et les chèvres qui se cramponnaient sur le coteau terreux. Au sommet de Telegraph Hill, c'était une bouffée d'océan qui arrivait et la vue sur les rivages ultimes de la magnifique baie de San Francisco. Non seulement sur Sausalito, de l'autre côté de la Golden Gate, mais sur les tuiles rouges de Berkeley, au loin, et même Oakland dans un halo de brume tiède. Au sommet d'une tour qui se voulait moyenâgeuse, on avait installé le grand squelette d'un télégraphe Chappe. Telegraph Hill : ce n'était pas dur à trouver. Chacun sur le port regardait les gestes raides des bras articulés. En un instant, la population était renseignée sur le bateau au large, d'où il venait, ce qu'il transportait... Chacun prenait ses dispositions.

En contrebas, sur un terre-plein caillouteux, un architecte mégalomane avait voulu singer un palais autrichien : Layman Castel. Le restaurant et la salle de concerts n'y pouvaient rien : la lèpre l'emportait.

Le lieutenant Lexington rejoignit Briand et Jean-Marie sur la dunette, près de l'homme de barre.

« Vous serez bientôt chez vous, lieutenant », fit le captain.

Puis, indiquant la fumée du remorqueur qui devenait de plus en plus distincte, en avant de la côte :

« Un seul remorqueur... Il y a vingt ans, nous en aurions eu quatre ou cinq à faire la course pour être le premier, à se tirer une bourre infernale. C'est la misère, à Frisco? »

Lexington était soucieux et ne répondit pas à l'ironie de Briand : depuis dix ans, la Colemane avait confisqué la quasi-totalité de l'activité des remorqueurs de San Francisco. Les petites compagnies rivales avaient été rachetées, dans leur intérêt, bien entendu, et pour pas grand-chose. C'est ce qu'on racontait autour de la baie. On disait aussi que certains obstinés n'avaient pas compris l'avantage qu'il y avait à être vendeur. L'erreur est humaine. L'erreur de navigation aussi, et un naufrage est si vite arrivé...

Bref, le prix de l'accostage aux wharfs de Frisco avait été multiplié par dix... et pas moyen de se passer des *tugs* de la Colemane. Les courants dans la Golden Gate – spécialement au jusant – et les vents tourbillonnants dans la baie faisaient de l'arrivée sous voiles une opération à haut risque, surtout pour un quatre-mâts de quatre-vingt-douze mètres de long. A Sydney, Thio ou Valparaiso, c'était autre chose, et les captains faisaient volontiers montre de leur virtuosité : ferler les basses voiles assez loin du port, contre-brasser les huniers fixes et affaler les perroquets volants au dernier moment. C'était beaucoup plus qu'une technique ou qu'une science : un art absolu, une osmose complète avec le bateau, la mer et le vent. L'art de laisser le bateau courir sur son erre et s'arrêter, tout seul, le long du quai.

Vers dix heures, le *Banks of Sacramento* prit le *Saint-Pol* en remorque. C'était un petit vapeur puissant dont la cheminée courte laissait échapper une épaisse fumée noire. Il était commandé par un petit homme rougeaud qui se présenta, au porte-voix, sous le nom de « captain Goodham », battait pavillon américain et, sur un des haubans maintenant la cheminée, arborait le guidon rouge à croix de Saint-André vert de la Colemane.

A onze heures, l'île Farallon, avant-garde virevoltante de mouettes de la côte californienne, fut doublée. A midi, le *Saint-Pol* s'engageait dans la Golden Gate. Il était d'usage, en cet instant, que les équipages des long-courriers poussent une série de « hourras ». C'était le signe d'une victoire; sur la longueur du trajet, sur la cruauté du Pacifique, sur la douleur qu'ils avaient endurée. Une manière, aussi, de témoigner leur respect devant la beauté de ce goulet qui indiquait l'entrée de l'immense baie de San Francisco. C'était la façon la plus naturelle de dire « bonjour »...

A peine avaient-ils franchi la passe et longeaient-ils la corniche de San Francisco que leur parvinrent, portés par le vent, les échos cuivrés d'une musique militaire. Jean-Marie se tourna vers le lieutenant Lexington avec un sourire interrogateur.

« Nous recevoir en fanfare! Vos compatriotes poussent loin le sens de l'hospitalité.

– Je crains de vous décevoir, commandant Quéïnec, fit Lexington avec une légère pointe de nervosité. Nous longeons les jardins du Presidio. Depuis plus d'un an, le parc sert de campement aux soldats en transit pour les Philippines. Vous avez entendu parler d'un conflit avec l'Espagne... »

En vérité, si Jean-Marie se souvenait avoir eu des échos d'une guerre hispano-américaine, il n'y avait jamais prêté attention, la croyant circonscrite aux Caraïbes, c'est-à-dire en dehors de ses routes de navigation. Lexington continua :

150

« ... Fort Mason, que nous apercevons, le dernier promontoire avant la baie, a été transformé en hôpital. »

Puis, regardant Jean-Marie droit dans les yeux :

« ... Vous savez peut-être que le *Maine* a été coulé ? »

Jean-Marie comprit instantanément le message. Ça voulait dire : « Je suis sûr que vous êtes un inculte, un ignare, que vous ne savez même pas que le *Maine* était un croiseur et qu'il a été coulé. Sorti de votre livre de bord et de vos marins rustauds à moitié abrutis, vous êtes une parfaite nullité. »

Le captain Goodham sortit sur l'arrière du remorqueur et beugla dans le porte-voix :

« Nous allons vous amarrer à Meigg's Wharf. Ce sera plus commode. A cause de vos avaries... »

Meigg's Wharf était le wharf le plus important de San Francisco. C'était le premier ponton dès l'entrée du port, à peine pénétré dans la pâleur bleutée de la baie, face à Treasure Island et Alcatraz.

Le *Banks of Sacramento* poussa le *Saint-Pol* contre les pilotis du wharf, à côté d'un lourd ferry à vapeur encombré, sur chaque bord, de deux énormes roues. A intervalles réguliers, il laissait échapper de la cheminée, derrière le poste de pilotage, un puissant jet de vapeur qui se transformait en hurlements stridents. Par la passerelle, installée au milieu du steamer, embarquaient des soldats, hommes jeunes vêtus de grandes capotes kaki malgré le temps printanier, engoncés dans leurs bandes molletières, raidis par le paquetage et le fusil dans le dos. La fanfare, c'était pour eux : une quinzaine de musiciens endimanchés, avec une casquette blanche à galons dorés, des cuivres, des violons, un tambour au milieu. Leur musique martiale avait des relents de kermesse... La foule interpellait les militaires qui répondaient d'un signe de la main, des jeunes filles en robes légères leur distribuaient des fleurs qu'ils accrochaient à leur ceinturon, passaient dans leurs boutonnières ou fixaient au bout de leur fusil. C'était une foule bon enfant qui fêtait le départ des soldats. Pour la plupart de ces émigrants, de ces déracinés, la guerre était un événement heureux; la preuve que les Etats-Unis étaient devenus un vrai pays, une nation comme les autres.

Les marins du *Saint-Pol* bénéficièrent de la liesse générale et bientôt, sur le wharf, on se bouscula pour voir de plus près le magnifique quatre-mâts meurtri par l'ouragan. Des hommes barbus, le chapeau mou fripé, se mirent à tendre des bouteilles en guise de bienvenue, les pensionnaires des *boarding-houses* du port, venues dire un dernier au revoir à leurs anciens clients, transportaient leurs ombrelles quelques encablures plus loin pour s'en faire de nouveaux.

Un homme se fraya un chemin dans la foule et grimpa la coupée, d'un pas souple et décidé. C'était un gentleman élégant, habillé d'un costume blanc et d'un gilet rehaussé de boutons nacrés et d'une chaîne en or. Le teint mat, les cheveux noirs, gominés, et les moustaches fines témoignaient de son origine latine.

« Fernando nous accueille en personne, fit discrètement Briand en s'approchant de Jean-Marie; c'est l'agent de la compagnie en Californie, Luiz Fernando. Il est censé s'occuper de nos intérêts. En fait, il s'occupe surtout des siens... »

Fernando grimpa les marches de la dunette.

« Bonjour, monsieur Fernando, fit Briand en soulevant à peine son haut-de-forme. Permettez-moi de vous présenter le lieutenant Quéïnec, qui a servi de second depuis la mort de Voisin.

– Enchanté. C'est une joie de vous voir, commandant, s'empressa Fernando dans un anglais teinté d'une pointe d'accent espagnol. Surtout en vie. Nous avons eu des échos du cyclone. D'ailleurs, trois voiliers sont portés disparus : le *Blue Ribbon*, le *Shenandoah* et le *Gosvernor Ames.* »

Briand indiqua d'un doigt discret Lexington qui faisait les cent pas nerveusement sur le pont.

« Si vous voulez des nouvelles du *Gosvernor Ames*...

– Mais, s'exclama Fernando, visiblement surpris, c'est Thomas Lexington ! J'ai entrevu Ezechiel Colemane sur le port, en compagnie du maire. Il venait saluer nos soldats. Je vais le prévenir tout de suite.

– Le capitaine du remorqueur l'aura déjà fait, coupa Briand. D'ailleurs, tenez... »

Un groupe d'hommes s'ouvrait un chemin, sans ménagement, parmi la foule et se dirigeait vers le *Saint-Pol*. Au milieu, costume sombre, gilet gris, large cravate de soie et chapeau melon, un homme d'une soixantaine d'années, puissant, le visage sanguin, les gestes empreints d'une autorité sèche et nerveuse, avançait rapidement, indifférent à l'agitation de son entourage, ses collaborateurs, personnages à l'élégance douteuse, à mi-chemin entre les courtisans empressés et les gardes du corps vigoureux.

Dès qu'il les vit arriver, Lexington descendit la coupée et marcha à leur rencontre. Il salua poliment l'homme important et lui parla quelques instants à l'oreille en lui indiquant le quatre-mâts amarré près du gros vapeur... Quelques instants plus tard, sur la dunette, il présentait au commandant Briand et à Quéïnec Ezechiel Colemane, illustre président de sa compagnie. L'entrevue fut brève. Colemane présenta en deux phrases des remerciements pour le sauvetage de ses marins. Briand fit remarquer que c'était là une pratique somme toute assez répandue chez les gens de mer. Jean-Marie observa avec intensité le gros homme rouge, aux yeux bleus légèrement injectés et aux dents jaunies en se disant que le nouveau maître du Pacifique manquait par trop de distinction. Luiz Fernando se perdit en obséquiosités. Chacun fut à sa place.

Comme ils regagnaient la coupée, un bruit aigrelet de cloche surnagea dans le brouhaha de la foule et les flonflons de la fanfare.

« C'est l'ambulance, s'empressa Fernando. Telegraph Hill nous avait signalé votre demande d'aide. Alors, je me suis permis...

– Vous avez bien fait », répondit Colemane d'une voix brève, d'un ton qui fit tressaillir Jean-Marie.

Il y avait dans ces quelques mots toute l'indifférence, tout le mépris d'un puissant pour la souffrance d'autrui, pour la vie humaine. Un matelot blessé, mort, un équipage noyé, peu lui importait. Ezechiel Colemane ressemblait à sa réputation. Il ne fallait pas se laisser abuser par ses allures de gros épicier fraudeur. Ezechiel Colemane était un monstre, cela se devinait.

Vers huit heures du soir, la brume tomba sur San Francisco. Le commandant Briand et Jean-Marie se retrouvèrent à une table du restaurant de l'hôtel Baldwin. C'était sur les hauteurs de Market Street, l'artère la plus luxueuse et la plus élégamment affairée de San Francisco, un hôtel de grande classe, entouré de bâtiments sobres et puritains, d'églises saint-sulpiciennes de brique rouge et de petites maisons en bois qui rappelaient le Mexique. Market Street avait été la première avenue de San Francisco à être pourvue de cable-cars, dans les années 1880, et Jean-Marie avait retrouvé avec plaisir ces étranges petites voitures tirées par un treuil qui escaladaient allégrement les rampes de la ville sur des rails enchâssés dans le bitume. Depuis, ce mode de transport avait fait florès et les lignés de cable-cars s'étaient multipliées. On en comptait mainte-nant plus d'une dizaine dont la dernière remontait tout Clay Street depuis le wharf du Ferry Building, passait devant les commerces de Monky Block, frôlait Chinatown pour finir au-dessus des villas blanches de Nob Hill.

Market Street était le point de ralliement de la bonne société san-franciscaine qui venait y faire ses achats de cigares, de bourbon et d' « articles de Paris »; des curistes aisés qui avaient succombé aux tentations du ciel invariablement bleu de la Califor-nie et que les pullmans de la Western Pacific Railways avaient déposés non loin du port, des commandants de long-courriers qui descendaient l'artère deux fois par jour pour aller vérifier sur les wharfs les chargements de blé. Outre les landaus et les cabriolets cossus, on y croisait les premières automobiles et, au numéro 201, John Studebaker y avait installé ses ateliers.

C'était l'endroit, non seulement des hôtels luxueux, mais aussi des restaurants élégants, des théâtres, des clubs où il fallait montrer patte blan-che et de l'Eldorado Saloon, « maison de conversa-tions » raffinée dont les pensionnaires, toutes « pa-risiennes », s'exprimaient dans un français parfois très approximatif.

Après avoir surveillé, en compagnie de Lexington, le départ des blessés du *Gosvernor Ames* pour l'hô-pital, réglé les problèmes douaniers avec les autori-tés du port, subi les contrôles de l'immigration – depuis quelques années la ville luttait contre les entrées clandestines de Chinois – Jean-Marie avait regagné sa chambre de l'hôtel Baldwin, non sans avoir, avant de quitter le navire, réuni l'équipage du *Saint-Pol* près de la coupée.

« Je ne vais pas vous faire le catéchisme, avait-il

dit, vous êtes des matelots avertis. Même toi, Kervella... Faites attention quand même... N'allez pas trop à Chinatown et ne tirez pas sur le bambou. Vous n'aurez plus de force et plus de volonté. Vous finirez par être les esclaves des Chinois. »

Les marins avaient commencé à rigoler doucement. Ils en étaient pour beaucoup à leur troisième passage à Frisco, alors que lui, Quéïnec...

« Evitez les bars du port. Et Barbary Coast. Evitez d'aller seuls dans les bistrots et ne buvez pas avec des paroissiens que vous ne connaissez pas. Et puis, le soir, pas la peine de vous baguenauder seuls dans Jackson Street. »

Les reparties avaient fusé dans un chahut rigolard.

« Dites, commandant, on pourra-t-y manger une glace sur le Telegraph? » avait fait Kerzoncuff, hilare.

Et Pouliquen, un vieux matelot qui avait bourlingué sur tous les océans, avait repris :

« Et les gueuses de chez Maggy, commandant, on pourra-t-y les baiser tout seul? »

Jean-Marie s'était mis à rire avec eux, puis, se voulant persuasif :

« Tout de même... Essayez de revenir sur le *Saint-Pol*. Et pas dans dix ans. Et vivants! »

Briand leva les yeux de la carte du restaurant Baldwin qu'il lisait, impassible.

« Evidemment... On ne peut pas leur demander de prendre pension à la Salvation ou chez les illuminés de l'" Eglise suédoise de la nouvelle Jérusalem "... A propos, Quéïnec, avez-vous remarqué, sur le Meigg's dans la foule des patriotes – ces satanés émigrants m'étonneront toujours! – un homme en veste de cuir marron, avec un chapeau à larges bords? La cinquantaine, très costaud? »

Jean-Marie se souvenait avoir remarqué cet

homme, fortement charpenté, le visage marqué par le soleil, un regard bleu très dur. Il lui avait donné l'impression de fureter, d'observer.

« ... d'espionner, corrigea Briand. Il est venu aux informations, savoir ce qui s'est passé sur le *Gosvernor*. C'est lui qui a dû s'occuper de l'embauche, alors forcément, s'il y a eu une mutinerie...

– Vous voulez dire que c'était...

– C'est vrai, Quéïnec, que vous n'aviez jamais vu William Sullivan, Shangai Bill... Savez-vous qu'il y a près de trente ans qu'il est connu à San Francisco comme le plus grand kidnappeur de matelots?

– La police ne fait rien? interrogea Jean-Marie avec une ingénuité qui fit sourire Briand.

– A Frisco, le shérif est élu. Comme le maire. C'est Colemane qui fait les élections. Et comme Colemane a besoin de marins costauds pour ses clippers qui vont en Chine... »

Un serveur, veste blanche et nœud papillon, le teint noiraud, vint prendre les commandes dans un anglais rempli des rocailles de Calabre : des œufs mimosa, des grives en gelée et du rosé de Los Angeles.

« ... J'avais à peine votre âge quand je l'ai rencontré pour la première fois, Sullivan, reprit Briand. J'étais comme vous, lieutenant de cages-à-poules. On avait accosté avec un beau trois-mâts, le *Santa-Anna*, un peu plus au sud, au wharf de Clay Street. Le captain s'appelait Bodénan... Goulven Bodénan. Un drôle de type. Il était de Saint-Pol-de-Léon. Une force de la nature parfaitement stupéfiante. Passé soixante ans, il bordait tout seul une écoute de hunier. A chaque nouvel embarquement, l'équipage avait droit au numéro. A peine au large, il se mettait torse nu, histoire que chacun puisse vérifier *de visu* que ses cent dix kilos, c'était uniquement du muscle, et il souquait sur la manœuvre... A l'époque, il y avait pas mal de " *black ball*[1] " sur les bateaux : les idées socialistes qui étaient montées à bord... Sa démonstration de foire, c'était pour prévenir les rébellions. Un truc infaillible, que lui seul pouvait se permettre. A bord, il ne parlait jamais le français. Le breton et l'anglais. C'est tout. L'anglais, on ne savait pas trop comment il l'avait appris. Certains prétendaient que, dans sa jeunesse, vers 1820, il avait été mousse sur un lougre de Roscoff qui piratait en Manche. La barque désemparée qui demande de l'aide, le navire britannique qui s'approche et les joyeux pirates bretons qui s'en emparent à coups de hache et de pique à baleine... Vous connaissez ça, Quéïnec, une histoire vieille comme le Graal. Pratiquement une tradition locale. Je me suis toujours dit : c'est pas la meilleure façon d'apprendre une langue étrangère... Bref, on était sur le wharf de Clay Street avec le *Santa-Anna*, on avait fini notre chargement de blé, on devait prendre la mer le lendemain pour Sydney et on terminait notre dîner quand le novice accourt dans le roof arrière : " Captain, captain, qu'il fait, Kermao et Yaouanck ont été shangaïés. – Nom de Dieu ! se met à hurler Bodénan. Kermao et Yaouanck : il m'a volé mes deux meilleurs castors ! Bloody, fils de pute ! " Il se lève d'un coup, arrache de la patère sa casquette et son caban et continue à vociférer : " Tu vas me les rendre, mes matelots, Sullivan. Tu vas me les rendre ou je t'écrase en bouillie... " Déjà qu'en temps normal il faisait peur, Bodénan, mais là, avec le teint blême, les yeux noirs méchants, les énormes rouflaquettes qui lui faisaient une tête de tueur aux abattoirs, il était franchement terrifiant. " Je vais aller les récu-

1. *Black-ball :* têtes brûlées. Ce terme vient de la *Black Ball Line,* la plus importante compagnie transatlantique à la voile, dont les équipages étaient considérés comme particulièrement efficaces, mais rebelles.

pérer. " Il s'envoie son verre de tafia cul sec et se tourne vers moi, d'un coup : " Briand, vous venez avec moi ! " Inutile de vous dire, Quéïnec, que j'étais très réservé quant à l'opportunité de ma participation à la petite promenade vespérale du captain Bodénan. Mais comment refuser ? Perdre la face devant Bodénan, c'était enterrer sa réputation. Et sa carrière... On a écumé Barbary Coast et Chinatown pendant plus de quatre heures. On a fait tous les bars, tous les bouges, tous les tripots. On a tout visité, de Vallejo à Bush Street. Tous les *boardinghouses* de Sansome Street, toutes les fumeries autour du théâtre chinois. On entrait dans le brouhaha des tavernes, dans la fumée, l'odeur de bière mêlée d'accordéon et de violon aigre, on allait droit au comptoir et Bodénan attrapait le patron par le col de chemise. " Où il est, ce chien de Sullivan ?... ", qu'il lui hurlait dans le nez. A une heure du matin, on n'avait toujours pas flairé la trace de Shangai Bill-Sullivan. On sort du Bear's Lead, dans Columbia Street, et Bodénan a une illumination : " Chez Maggy... On va aller chez Maggy... Elle va nous le trouver, ce charognard de malheur. "

« On était en 1872 et, pour Maggy, c'était l'année importante. Elle venait d'ouvrir, à son compte, la Cage aux lions. A trente ans, c'était une belle réussite. Elle avait baptisé son établissement d'un nom français pour profiter de l'extraordinaire réputation des " Frenchies " et de la délicatesse unique de leurs prestations... C'était le début, pour Maggy. Maintenant c'est devenu un lupanar gigantesque, avec une centaine d'" hôtesses ", une dizaine de salons, des tentures, des velours, des canapés rose pompon. Y' en a pour tous les goûts et pour tous les prix. A l'époque, c'était plus discret. Une petite maison style familial dans une rue calme, sur les hauteurs de Russian Hill. A l'intérieur, bien sûr, on y détendait le marin à coup de bière, de piano-la et d'étreintes rapides dans les chambrettes du premier. C'est Maggy qui nous a renseignés : " Ce chacal de Sullivan? Vous pouvez le trouver dans l'arrière-salle du Parenti. C'est là qu'il traîne sa moisissure. "

« Elle aussi, elle l'appréciait...

« Dans l'arrière-salle du Parenti, Bodénan y est entré d'un coup de pied, après avoir, dans la foulée, balancé une formidable gifle au patron qui nous avait menti à notre premier passage. Autour d'une table carrée, dans la lumière d'une lampe à huile filtrée de fumée de cigares, quatre hommes jouaient aux cartes. De dos : Sullivan. Pas difficile à deviner : cent kilos bien tassés, des épaules de docker irlandais, un cou large et musculeux, des cheveux blonds et ras.

« " Rends-moi mes marins, Sullivan ", rugit Bodénan.

« L'autre se retourne. Une vraie tête de fauve. Maintenant, avec l'âge, il s'est fait une allure de notable. Mais à vingt ans, avec son crâne en forme de poire, ses dents noires, ses petits yeux et son front bombé, il avait une tête de gorille. Un gorille blond aux yeux bleus. »

Briand sembla réfléchir sur ce qu'il venait de dire.

« Une espèce curieuse... Donc, il nous regarde et il répond : " O'Sullivan, si ça vous fait rien. " A ce moment-là, Bodénan se jette sur lui et commence à l'étrangler. Les deux hommes roulent par terre, Sullivan devient cramoisi, parvient à se dégager, se relève en souplesse et expédie un superbe coup de botte dans la grosse tête de mon Bodénan qui en reste assis sur le plancher, ébahi... Il a failli prendre la raclée de sa vie, le captain. Il a fini par se relever, mais il ramassait des coups dans tous les sens, ses chairs éclataient, il avait le visage en sang. Et puis le miracle : Bodénan qui esquive un terrible crochet et l'autre qui se fracasse le poing contre une cuisinière en fonte, haute comme une armoire normande, qui servait dans la journée de roulante aux ouvriers du chemin de fer. Du coup, c'est Sullivan qui a fini au tapis. En partant, Bodénan a lancé, magnifique : " Maintenant, vous êtes prévenus. Je veux mes deux matelots sur le *Santa-Anna* avant midi. "

« On a attendu jusqu'à deux heures. Mais, finalement, on a largué les amarres sans eux... Pendant des années, j'ai cherché à savoir ce qu'ils étaient devenus. Mais rien. Kermao et Yaouanck, personne ne les a jamais revus. »

Les lumières s'étaient mises à frémir en contrebas, dans la ville : des milliers de becs Auer, des milliers de petites taches jaunes qui piquaient les avenues et dévalaient vers la mer. Les steamers avaient allumé leurs feux sur la baie. San Francisco, tout entière, s'abandonnait à la nuit.

Au matin, après une nuit réparatrice dans le lit profond d'une chambre tendue de velours bleu, en entrant dans le cabinet de toilette au lavabo de porcelaine enchâssé dans une console en merisier, Jean-Marie eut la sensation de reprendre conscience, mieux, d'accéder à une conscience qui, jusque-là, lui était restée voilée. Dans la glace, il se regarda, lavé de la fatigue, du cyclone. Il se vit. Le moment qu'il attendait confusément depuis dix ans, depuis qu'il avait embarqué sur le *Taracapa*, avec le commandant Lelièvre. Il se vit, dans ce matin clair de San Francisco, le teint bronzé, buriné par des centaines de jours de mer, le corps puissant et mince, des traits réguliers et fins, les cheveux blonds, soyeux, comme éclaircis par les embruns, et un regard bleu, d'une pâleur rarissime, dont sa mère répétait à l'envi qu'il lui venait d'Henriette Leroux, sa grand-tante paternelle, celle que tout Morlaix avait surnommée, en son temps, « la fleur du quai ». Les mystères de la filiation... Et cette ambition latente, contenue, qui l'avait amené à refuser « les beaux partis » – à la grande tristesse de toute la famille – et une carrière assurée dans l'armement Gautier sur les atterrages de Terre-Neuve, le prenait maintenant de plein fouet. Il s'était révélé à lui-même pendant le cyclone. Il s'était mis à exister intensément, en remontant Market Street, dans le regard appuyé des belles Californiennes. Cette ville le séduisait. Il la séduirait à son tour, il la prendrait comme on prend une femme. Comme il prendrait Samantha.

Quand il descendit dans le hall, la matinée était déjà bien avancée. La lumière claire de la Californie se répandait par les baies vitrées. Il retrouvait ce qui l'avait marqué, à son premier passage : l'éternité du ciel, la luminosité bleue jusqu'à l'horizon, inerte, limpide, et le frisson de l'Océan qui parvenait en frôlements légers.

A la réception, Briand avait laissé un message : « Rejoignez-moi sur le *Saint-Pol*. » Jean-Marie y parvint peu avant midi. Il avait voulu venir à pied et avait sous-estimé la distance. Meigg's Wharf était à l'autre bout de la ville et les rues étaient encombrées de carrioles, de marchands ambulants; toute une foule besogneuse et enjouée qui s'interpellait entre les immeubles en planches rosies par le temps, dans les odeurs d'oignons blonds, de citrons verts, d'épices asiatiques et de bière au gingembre.

« J'ai libéré Boullic, annonça Briand dès qu'il vit Jean-Marie. Il avait recouvré ses esprits. On n'allait pas le laisser indéfiniment dans la soute à voiles. Surtout que le bateau en a pour un certain temps avant de prendre la mer. J'ai fait une inspection en détail, ce matin. Il va s'offrir quelques bons mois de vacances en Californie, ce vieux *Saint-Pol*... »

L'esprit éclairci par une nuit de sommeil, Jean-Marie réalisait mieux l'étendue des dégâts. C'était vrai : le *Saint-Pol* était bon pour plusieurs mois de carène. A moins qu'il ne serve d'entrepôt flottant ou de ponton... Une idée qui, un instant, lui assombrit l'esprit.

« Avant de livrer Boullic aux joies du port, j'ai eu une visite, continua le commandant en prenant Jean-Marie par le coude. Je vous raconterai ça sur le *Martinez*! »

Le temps était clair sur la baie : un soleil radieux et un vent léger, avec par moments des lambeaux de brouillard qui achevaient de se déchirer. Le mystère de cette ville : la brume qui tombait, d'un coup, épaisse, imprévisible. Les journaux étaient remplis des récits terrifiés de collisions de ferry-boats : *Le brouillard a encore tué!* titrait en lettres énormes l'*Examiner*. Sans compter les explosions de chaudière...

Le *Martinez* était un gros vapeur à roues qui faisait deux fois par jour la traversée San Francisco-Oakland. Le voyage durait un peu plus de deux heures. Pour passer le temps, les voyageurs, en majorité des ouvriers de la *Pacific Railways*, s'étaient installés au comptoir du *coffee-room*, sous la passerelle du capitaine. On y servait des tartes chaudes aux pommes de terre, des beignets tartinés de confiture de groseilles et d'impressionnantes pintes de bière, dans le brouhaha des conversations, les éclats de rire et le fracas des pistons.

« William Thorndike est passé me voir ce matin,

dit Briand, en guettant les réactions de Jean-Marie. Evidemment, ça ne vous dit rien... »

Jean-Marie en convint avec une netteté appuyée. Le captain Briand avait fait une petite mise en scène. Autant lui faire plaisir.

« Il a vu notre photo dans le journal. Plus exactement la photo du *Saint-Pol*, en arrière-plan des braves piou-pious embarquant sous le regard de Colemane. Le *Saint-Pol*, il le connaît bien. Je l'ai embarqué, il y a deux ans, comme passager. Il allait installer les bureaux de sa compagnie à Hawaii. Il connaît aussi Colemane. Comme son frère, on peut dire... Ils ont eu dés vies parallèles. Thorndike est originaire de Boston, comme Colemane. Mais pas du même quartier. Tous les deux ont travaillé dans les chantiers de construction de clippers : Thorndike chez Mac Kay, en qualité de charpentier de marine. Colemane chez Colemane, en qualité de fils du patron.

« Tout de même, il a eu de la chance, William Thorndike. Le vieux Donald Mac Kay l'a repéré un jour, en admiration devant la charpente d'un clipper... En vingt ans, il en a fait un excellent architecte. Thorndike s'est dit que sur la côte ouest on aurait besoin de bateaux, avec les nouveaux arrivants. Alors, il s'est installé à Oakland. Trente ans déjà... Au début, Mac Kay l'a aidé. L'affaire a bien tourné et il a fini par avoir un chantier important. Ses bateaux, on les reconnaissait entre mille. Des bêtes de course. Les *down-easters* de la côte ouest. Un peu lents aux allures portantes, mais imbattables pour remonter au vent, capables de tenir des près serrés inimaginables. Maintenant encore, les Thorndike sont les meilleurs. Et de loin. Personne ne tient la comparaison. Seulement on en voit moins... Beaucoup moins. Colemane lui a fait des misères... »

Puis, comme se parlant à lui-même et en indiquant d'un geste nonchalant les steamers qui croisaient dans la baie :

« Si ce n'est pas Colemane, ce sera la vapeur... Pour Thorndike, ça reviendra au même. »

CHAPITRE VIII

William Thorndike les attendait à Oakland, sur l'embarcadère, à côté d'un vieux landau décapoté auquel on avait attelé deux alezans frémissants. C'était un homme qui entrait dans l'âge où la vitalité, peu à peu, vous abandonne. Comme le sommeil. Comme les amis, aussi, qui s'en vont les uns après les autres. Il avait conservé d'une vie follement active une poignée de main ferme et un regard vif et noir. Son chantier périclitant et l'âge venant, il s'était discrètement éloigné du monde. Il avait abandonné les costumes sombres, les chapeaux mous et les cols empesés et s'était retranché dans des vêtements amples et des chemises ouvertes, ceux qu'il portait chez Mac Kay, il y a cinquante ans, quand il était charpentier de marine. Ses cheveux blancs, tirés en arrière, retombaient souples, sur les épaules. Il n'était pas vraiment dans la vie, Thorndike. Il la frôlait, tout au plus, mais avec élégance.

« Cette machine infernale ne vous a pas envoyé par le fond? Vous êtes chanceux, fit-il en souriant à Briand et Quéïnec.

— Simplement cassé les oreilles, répondit Briand.

— Et noirci le tour des yeux », ajouta Jean-Marie, mis en confiance par la chaleur qui se dégageait de Thorndike.

Celui-ci acquiesça en souriant : la vapeur noircissait tout, c'était bien évident.

Les trois hommes s'installèrent dans le landau profond et confortable où les attendait, l'air indifférent, assis sur le siège du cocher, un vieux Noir grisonnant, bizarrement habillé de bottes de cavalier, d'une culotte de cheval crème et d'une redingote de chasse à courre rouge, fripée, portée à même la peau. Jean-Marie ressentit la délicieuse sensation que procurent les cabriolets à cheval, cette curieuse impression de quiétude, d'éloignement du monde...

La route longeait le large canal qui sépare l'île d'Alameda des falaises d'Oakland et remontait dans les frondaisons bruissantes jusqu'au lac Merritt. C'était un ample chemin terreux, encombré çà et là de groupes d'hommes sombres et silencieux, des terrassiers du chemin de fer qui regagnaient l'embarcadère. Thorndike les désigna à Briand d'un mouvement de tête.

« Les ouvriers de la Pacific Railway... Des pauvres bougres, Italiens pour la plupart. Ils travaillent quinze heures par jour. Les équipes se relaient sur le chantier, plus au nord, vers Berkeley. C'est le progrès, mon vieil Eugène, le progrès. Si tu veux pas de lui, lui, il veut bien de toi. Les locomotives, ils te les feront passer dans ton jardin... »

Jean-Marie regarda Thorndike, légèrement intrigué : derrière les intonations souriantes et délicatement blasées, son propos était amer. Et puis cette façon d'appeler le captain par son prénom... Du coup c'était lui, lieutenant Quéïnec, qui entrait dans l'intimité du commandant.

« As-tu remarqué, continua Thorndike en baissant légèrement la voix et en désignant le cocher, que George fait des efforts considérables pour améliorer sa tenue vestimentaire?

– Il est rutilant, convint Briand avec une moue exagérément admirative.

– Superbe, tu veux dire! Depuis quelque temps, trois ou quatre ans, je me suis éloigné du monde des affaires et j'ai cessé de donner des réceptions à Ashby Ranch. Je me suis dit que c'était du temps de volé sur ce qu'il me reste à vivre. Si peu, sans doute... Je n'y reçois, désormais, que de rares amis. George s'est dit que la situation était grave, qu'il devait se mobiliser pour redorer un peu la gloire de la famille. Vis-à-vis des domestiques des autres propriétés du coin, aussi, il veut donner le change, couper court aux réflexions venimeuses sur la ruine de son patron... Tout de même, je me demande bien où il a pu dénicher cette tenue de piqueur de renard. »

La route remontait le long de la corniche et les alezans avaient un peu ralenti le trot rapide qu'ils soutenaient depuis le début, sans que George ait jugé bon de les stimuler du fouet, ni même de la voix. Au détour d'un virage, derrière une rangée de peupliers en bas de la côte déchiquetée, apparut dans la brume bleue de la baie un chantier de construction de bateaux. De loin, l'activité du chantier parvenait avec netteté. Quelques rares ouvriers, petits points noirs à peine distincts, tournaient autour de bassins de radoub où reposaient de petites goélettes. L'essentiel du travail était concentré un peu à l'écart, autour de la carcasse immense d'un clipper profilé pour la course, un animal puissant et rapide qui était en train de naître, fragile encore, soutenu par des dizaines de poutres de bois. William Thorndike, qui avait observé, du coin de l'œil, la stupéfaction admirative de ses visiteurs, fit arrêter le cabriolet.

« Le dernier enfant des chantiers Thorndike...

Dernier dans tous les sens du mot », fit-il d'une voix désabusée.

Puis, se tournant vers le commandant Briand :

« Tu te souviens de notre voyage à Hawaii? Je t'avais parlé d'un projet important...

– Le cinq-mâts schooner? »

Thorndike fit de la main un geste d'évidence :

« Le voilà. Enfin, presque... D'ici à deux ans, il pourra tirer ses premiers bords dans le Pacifique. On pourra rallier Hawaii en cinquante jours. J'ai fait tous les calculs... *Julia*, il s'appelle. Je lui donne mes dernières économies et mes dernières forces. »

Le cabriolet repartit dans l'après-midi clair et léger du printemps californien. William Thorndike, soudain métamorphosé par ce qu'il venait de voir, parlait d'abondance : un monologue empressé, où se mêlaient la passion, le rêve, les déceptions, les angoisses. L'amour aussi.

« Soixante-dix-neuf mètres, il mesure... Evidemment, je ne compte pas le beaupré. J'aurais pu faire plus. Cinq mâts, après tout, c'est raisonnable. Six mâts, j'ai eu envie. Sept même, pourquoi pas? Je me souviens du *Great Republic*. C'était mes débuts chez Mac Kay. On l'a lancé en 1855, aux chantiers de Boston. J'avais dix-sept ans. C'était mon premier lancement, l'émotion, la bouteille de vin... Les cales qu'on enlève d'un coup de maillet et les quatre mille tonneaux qui glissent sur les rails. Ce n'était pas rare qu'il y ait des morts pendant l'opération, des ouvriers écrasés sous la coque. On disait même que c'était un bon présage pour le bateau, qu'il se nourrissait du sang des victimes. Des idioties, bien sûr, qu'on faisait semblant de croire pour effacer la tristesse... Le *Great Republic*, je n'ai pas été pour grand-chose dans sa construction. J'étais apprenti depuis deux ans et je commençais à peine à me servir de l'herminette. Jusque-là, j'étais surtout un champion du fer à calfater, sans compter le balai et la gamelle des compagnons qu'il fallait réchauffer.

« Le vieux Donald Mac Kay a regardé le lancement, imperturbable, habillé comme tous les jours, avec son haut-de-forme et sa redingote noire. Il était encore plus muet que d'habitude, si je puis dire. Il savait mieux que personne que le *Great Republic* était un quatre-mâts clipper vraiment révolutionnaire. Rien que pour la hauteur des phares : quatre-vingt-onze mètres! Pour moi, il était un peu monstrueux... On n'a jamais su vraiment ce qu'il valait. Il a brûlé deux jours après son lancement. Le *Great Republic* n'a pas vécu vieux. Comme tous les monstres... Cette fois, je me suis dit : cela ne suffit pas de construire des bateaux immenses, avec des mâts hauts comme les tours de Manhattan et des cacatois qui s'envolent comme feuilles d'automne à la première risée. Aller vite, ce n'est pas le but qu'il faut rechercher. Ce qu'il faut, c'est mettre le moins de temps possible pour faire une traversée... »

Thorndike surprit le regard interrogateur de Jean-Marie.

« Evidemment, c'est un peu curieux ce que je raconte... Vous savez bien, lieutenant, que les voiliers classiques – carrés ou barques – ne sont rapides que vent arrière, et encore... petit largue, parce que, autrement, les voiles d'artimon déventent toutes les autres. Le *Julia* sera aussi rapide que les plus grands clippers de la course du thé. Et beaucoup plus souvent. »

Ashby Ranch était la demeure de la famille Thorndike, c'est-à-dire de William et de sa fille Julia. C'était une grande bâtisse en bois blanc, noyée dans la verdure, sur les hauteurs de « Piemont », un peu au sud de Berkeley. Elle rappelait les belles villas coloniales au sud des Etats-Unis par ses balcons ciselés et les ibiscus sur les rebords de ses fenêtres. Par les domestiques aussi, un couple de Noirs – George qui, outre ses fonctions de cocher et de palefrenier, s'occupait de tailler les massifs de roses ou d'éclaircir les allées ombragées de la propriété et remplissait à l'occasion, c'est-à-dire de plus en plus rarement, l'office de maître d'hôtel, et Sarah, sa femme, dodue comme une poule, cuisinière, femme de chambre et lingère aussi, qui détenait sans partage le pouvoir domestique. William Thorndike lui avait abandonné sa suzeraineté sur ce territoire par commodité et un peu par paresse, ne conservant qu'un bien inaliénable, le choix de son habillement, c'est-à-dire, à ses yeux, l'essentiel.

George et Sarah étaient dans une position ambiguë, commune à bien des vieux serviteurs : subalternes et intimes, respectueux et intransigeants sur les devoirs et obligations des patrons. Surtout Sarah, qui s'était chargée de l'éducation de « Mademoiselle Julia » et qui, depuis déjà deux ans, contrôlait, jusque sous leur nez, la qualité des jeunes gens qui venaient faire une cour plus ou moins discrète à la fille de « Monsieur William ».

Ashby Ranch n'avait pas résisté à la mode victorienne qui avait été la marque du bon goût à San Francisco dans les années quatre-vingt. Le maître d'œuvre s'était fait un devoir d'ajouter un curieux perron à colonnades, rappel appuyé de la sobre élégance des immeubles de Knight Bridge.

William Thorndike s'était éloigné du monde, mais il l'observait de loin, comme San Francisco que l'on devinait, de l'autre côté de la baie, petite tache blanche agrippée à la montagne.

Les trois hommes avaient fait le tour du jardin, sous le regard flatté de George, et s'étaient installés sous les frondaisons.

« Un porto étonnant, dit Thorndike en débouchant une bouteille que George venait d'apporter, ainsi que des verres et de la glace, sur une table roulante. Le meilleur, assurément : il vient d'Hawaii!

– Les caves du Baldwin regorgent de rosé californien, fit remarquer Briand. Rien ne nous étonnera...

– Il vient d'Hawaii, reprit Thorndike en plissant les yeux. Je veux dire : c'est là que je l'ai acheté... Les clippers britanniques qui vont en Chine ou dans les îles de la Sonde font escale à Madère ou Porto, à l'aller. Ils en profitent pour embarquer le vin du cru et ils le font voyager : Bonne-Espérance, Tasmanie, mer de Chine; retour par le cap Horn et l'Atlantique... A l'arrivée, sur les docks de Londres, il est d'une qualité exceptionnelle : il a vieilli un an dans un tonneau à fond de cale, ballotté par les sept océans. " *Return from India* ", disent-ils. Et tout le monde comprend. Le mien, je l'achète à Pearl Harbor... Hawaii, c'est la moitié du parcours. Il est " demi-retour des Indes ", en somme... »

Les yeux mi-clos, Thorndike sirota son verre de porto.

« ... Pas trop mal, tout de même, conclut-il. Mon fournisseur, c'est le captain Carrington, le skipper du *Little Lily*, un trois-mâts qui relâche à Hawaii tous les dix-huit mois. Un fieffé ivrogne... Doit pas rester grand-chose comme *return from India* à fond de cale quand il débouche dans la Tamise, le captain Carrington. Le plus drôle de l'affaire : il y a une quinzaine d'années, il a été congédié par son employeur, la Scottish Red Line d'Aberdeen. Buvait trop... Danger permanent... Depuis, il a trouvé un engagement où il donne toute satisfaction, une compagnie qui lui fait confiance : la Temperance Line! Parfaitement, je n'invente rien. »

Briand éclata de rire. Jean-Marie sourit, en se disant que Thorndike était, décidément, un homme bien curieux. Passionné et indifférent, soucieux de contourner un monde trop pesant. Préoccupé à ne pas ennuyer ses invités, attentif à la courtoisie, à l'élégance.

Un petit sulky, tiré par le trot d'un bai brun nerveux, s'engagea sous le portail en fer forgé de la propriété, longea l'allée de graviers et s'arrêta devant le perron. D'où il était, à l'autre bout du jardin, Jean-Marie ne put distinguer clairement le conducteur. Il devina une forme assez légère, mince, un adolescent peut-être, à l'abondante chevelure noire, aux gestes souples et gracieux, qui entra dans la grande villa blanche.

« Julia revient du chantier de bonne heure », constata Thorndike.

Jean-Marie le regarda, interloqué.

« Julia... Ma fille. Elle délaisse l'université pour s'occuper de l'autre *Julia*, sa petite sœur, en somme. C'est devenu une passion, aussi absolue que la mienne. Elle me sert de secrétaire, elle suit la comptabilité et répond au courrier. Bientôt un an qu'elle travaille avec moi. Au début, je la chassais. J'étais inquiet. Les accidents, ce n'est pas ce qui manque sur les chantiers. Tomber dans un bassin de carène, c'est vite fait : un étai qui cède, un barrot de pont qui s'effondre, une vergue mal scellée, un espar qui s'écrase de vingt mètres, c'est tous les jours que ça arrive... Tu sais, Eugène, fit-il en se tournant vers le commandant Briand, en plus d'un demi-siècle, de l'East Boston à Oakland, j'en ai vu des coques qui dérapent, des emplantures de mâts qui cèdent et des charpentiers écrasés...

« Ce n'était pas simple, non plus, avec les ouvriers. Ils ne supportent pas un étranger sur le boulot, alors, en plus, une gamine dans leurs jambes... Heureusement, Fachetti, le contremaître, le chef des compagnons, il la connaît depuis sa naissance, Julia, il la faisait sauter sur ses genoux quand elle était petite fille. »

Une ombre passa subitement dans le regard noir de William Thorndike.

« ... Depuis sa naissance. Enfin, presque... »

Briand eut un hochement de tête entendu, un peu triste. Jean-Marie comprit qu'il y avait là un secret, un de plus sans doute, enfoui au cœur de William Thorndike.

« Peu à peu, elle est arrivée à ses fins. Obstinée pire qu'une mule. L'année dernière, elle est venue avec moi, à Portland. On est resté deux semaines pour choisir les bois. Elle n'en a pas perdu une miette... Tu ne lui feras pas prendre du bois arsins pour de la charpente ou du teck du Brésil. Depuis, elle est tolérée autour des radoubs. Meritt Shipyard, c'est son domaine. Elle suit l'avancement des travaux, les remises en état des deux petits schooners et de la goélette que vous avez entrevus en venant. Mais c'est surtout *Julia* qui l'intéresse. Si je la laissais faire, elle contrôlerait tout, que les prélarts sont bien installés à la fin de la journée, que les calfatages des bordés de pont sont étanches, que les maugères ont été appliqués soigneusement. Les moindres chevilles, les moindres clous de doublage, elle les vérifierait dix fois si je ne faisais pas attention. " Ne joue pas au chien de berger ", je lui répète. Dans un sens, ça me fait plaisir de la voir se passionner pour les bateaux. Elle continue ma vie... Ça fait chaud au cœur, quand j'y pense... Sauf que tout a changé. Elle aura plus de déceptions qu'autre chose. " Reprends tes études d'architecture à l'université, lui ai-je dit. Des maisons, des immeubles, on en fera toujours. Pour les voiliers, c'est terminé. Si tu veux t'occuper de bateaux, apprends à faire des chaudières. " »

Elle n'était pas vraiment belle, Julia. C'était une jeune fille brune, vive, enjouée, qui allait vers ses vingt ans en jetant sur le monde un regard noir et rieur. Le commandant Briand la connaissait depuis plus de dix ans, depuis la première fois qu'il avait répondu à l'invitation de Thorndike et qu'il était allé dîner à la résidence luxueuse qu'il possédait à l'époque, perchée dans la quiétude de Nob Hill, le quartier chic de la ville. C'est lui qui fit les présentations, le soir, avant de passer à table dans la grande salle à manger d'Ashby Ranch. Il lui sembla que Julia rougissait imperceptiblement en croisant le regard de Jean-Marie. Thorndike eut sans doute la même sensation en voyant sa fille se troubler à la vue de l'officier français. Evidemment, de prime abord, en voyant le jeune homme descendre du ferry, sur l'embarcadère d'Oakland, l'idée qu'il pût avoir un jour une aventure avec Julia ne l'avait pas effleuré. Il n'avait vu en Jean-Marie qu'un lieutenant qui accompagnait son ami Briand. D'ailleurs, au fond de lui, il ne percevait pas vraiment Julia comme une femme. Bien qu'il la trouvât jolie, il n'avait jamais imaginé qu'elle pût ressentir les émois des autres jeunes filles et devenir la proie de l'amour. A force de parler bateaux, schooners, près serrés, affrètements pour Hawaii, elle était devenue à ses yeux un être asexué. L'émotion qu'il percevait ce soir chez sa fille, cette façon qu'elle avait de ne pas vouloir regarder Jean-Marie, de parler trop vite, d'interpeller George – qui avait pour l'occasion sorti sa tenue de serveur stylé, veste blanche, pantalon et cravate noirs – lui ouvrait les horizons du domaine naturel dont il avait peu à peu gommé l'existence. Il en ressentit comme une bouffée de fraîcheur, un renouveau de jeunesse tout à fait inattendu. Et puis, à bien y regarder, ce jeune homme était fort convenable. Il était « bien de sa personne », très beau garçon même – puisque la donnée esthétique devenait tout à coup importante – réservé, intelligent sans doute; encore que, de ce côté-là, le silence de Jean-Marie permît peu d'appréciation. C'est pour se rassurer sur ce point, plus ou moins consciemment, que William Thorndike passa le dîner à orienter la conversation autour de Jean-Marie.

« Vous avez eu votre baptême du feu en somme, lieutenant, votre premier cyclone, fit-il à peine entamés les hors-d'œuvre, une énorme tarte aux poireaux que Sarah avait tenu à apporter elle-même sur la table.

– Ce n'était pas mon premier embarquement, Mr. Thorndike, fit Jean-Marie avec un sourire clair qui ajouta une note de légèreté à son regard d'un bleu si pâle qu'il laissait facilement croire à la mélancolie.

– Vous naviguez depuis combien de temps? questionna vivement Julia.

– Mon Dieu..., fit mine de réfléchir Jean-Marie, j'ai déjà eu le temps de doubler quatre fois le cap Horn, deux fois Bonne-Espérance, la Tasmanie. J'étais en train de faire mon deuxième tour du monde. J'ai d'ailleurs cru qu'il allait être plus court que prévu. Ma vie aussi, du reste...

– Je ne vous prenais pas pour un officier débutant, protesta aimablement Thorndike, un canard... Comment dites-vous en français, Briand?

– Un canard de passerelle.

– Voilà. Ici nous disons poulet d'entrepont. Ce sont des volatiles qui sont assez cousins... Voyez-vous, Mr. Quéïnec, un cyclone constitue un événement tout à fait à part dans la vie d'un marin.

Nullement inévitable et encore moins indispensable. J'ai connu de remarquables captains qui avaient doublé plus de vingt fois le Horn sans jamais en voir la queue d'un... au sens propre, bien entendu. Ils avaient tout vu dans leur vie, des calamités épouvantables, des tempêtes interminables, des déferlantes de quinze mètres, ils avaient chaviré, passé cul par-dessus tête, fait naufrage même... Mais de cyclone, zéro! Alors que, moi, qui ne suis pas marin...

– Papa, intervint Julia, en feignant d'être contrariée, tu vas ennuyer nos amis...

– C'est vrai que ma fille a déjà eu l'occasion d'entendre cette histoire, s'excusa Thorndike.

– Plusieurs fois, confirma Julia en appuyant ses dires d'un hochement de tête.

– Je serai court, donc, pour ne fâcher personne. J'avais une trentaine d'années, vous voyez, ce n'est pas récent...

– Papa, intervint Julia de nouveau, je t'en prie...

– Respecte ton vieux père, s'insurgea gentiment Thorndike... Mac Kay m'avait pris avec lui dans son bureau d'études, aux chantiers de Boston, et on venait de lancer le *Kineo*, un quatre-mâts franc commandé par la Black Ball Line. Le *Kineo*, il ne marchait pas bien fort et on ne savait pas au juste pourquoi. Répondait pas à la barre, prenait de la gîte pour un oui pour un non... Bref, on décide de voir de plus près ce qu'il avait dans le ventre et de le faire courir pendant deux mois, histoire de faire l'inspection de toutes les avaries possibles. " Allez donc faire un tour dans les Caraïbes, me proposa Mac Kay. L'endroit y est plaisant, le soleil, les plages de sable fin, les palmiers, les ananas, des négresses tout ce qu'il y a de civilisées... "

– Tu es fait pour les bouges de Barbary Coast, fit Julia l'air consterné.

– C'est Mac Kay qui disait ça! protesta Thorndike. Et nous voilà partis, plein sud, vers le tropique du Cancer. Pour l'occasion, on avait engagé un captain, un ancien de la Black Ball, Daniel Mortimer, un vieux bourlingueur qui avait tout affronté de la vie du marin, les ouragans, le scorbut, les mutineries et les coups de couteau dans les ports. »

Puis, avec un large sourire malicieux :

« ... Et même, je crois, les prostituées qui subtilisent les pantalons. »

Julia, découragée, leva les yeux au ciel.

« " Prenez Mortimer, m'avait dit Mac Kay, il connaît bien la région, la Floride, les Caraïbes et le golfe du Mexique. " J'ai su par la suite qu'il avait fait le commerce des esclaves pendant vingt ans, le captain Mortimer, alors, évidemment, les Caraïbes, il connaissait dans le détail, on peut dire, jusqu'à l'anse la plus cachée de l'île la moins visitée. Il avait recruté l'équipage au mieux, le meilleur qu'il soit, m'avait-il assuré. Sûr qu'il était solide et vaillant à la manœuvre et qu'il obéissait au moindre mouvement du menton de Mortimer. Sa réputation était toujours vivace, le souvenir de la grande cale, sa spécialité, disait-on...

– La grande cale? fit Jean-Marie étonné.

– C'est vrai que vous êtes jeune, cette expression ne vous dit rien. Vous avez quel âge?

– Vingt-deux ans, répondit Jean-Marie.

– William, intervint Briand, l'âge n'a rien à voir dans cette histoire. Les officiers français n'ont jamais eu recours à la grande cale.

– C'est vrai. Vous préfériez faire courir les punis entre deux rangées de matelots qui les asticotaient, au passage, à coups de corde à nœuds. Courir la bouline, vous disiez... La grande cale, c'était pour ces barbares d'Anglo-Saxons... Je concède que le procédé manque quelque peu d'humanité. »

Puis, regardant Jean-Marie :

« La grande cale consiste à faire passer un matelot de bâbord à tribord. Par le chemin le plus long, bien entendu, par la quille...

– C'est une noyade déguisée, réagit Jean-Marie, un assassinat pur et simple !

– Je ne vous contredirai pas... Les témoins de cette pratique affirment, pourtant, que le plus pénible était de voir les remous provoqués en surface par l'activité fébrile des requins... On comprend pourquoi les hommes du *Kineo*, qui avaient pourtant des têtes à avoir évité de justesse les gibets de Long Island, étaient obéissants. Petit coup de chien au large de la Caroline du Nord, sans gravité, et on fait des ronds dans l'eau entre les Bahamas, la Jamaïque, les îles françaises, Sainte-Lucie et Cuba. On était au mois de juin – le 17 juin 1864, pour être précis – et à cette époque de l'année, radieuse et même étouffante dans la mer des Caraïbes, souffle encore la jolie brise des alizés de nord-est. On décide de relâcher à Tobago. J'avais bien avancé dans mon travail et à peu près repéré d'où venait la faiblesse du *Kineo* – un mauvais équilibrage du mât de misaine et du beaupré qui amenait le bateau à s'engager malgré lui sur tribord – et après vingt-neuf jours de mer les joyeux gabiers du captain Mortimer avaient besoin de se dégourdir les jambes...

– Papa, ta délicatesse me ravit », ponctua Julia, faussement offusquée.

Thorndike fit mine de la remercier d'un hochement de tête, en se servant une tranche du rôti que George lui présentait sur un plateau d'argent.

Jean-Marie se surprit à observer Julia. Il trouvait agréable son regard chaud et souriant, cette façon qu'elle avait de se moquer tendrement de son père, en jouant d'une fausse pudibonderie qui désamorçait instantanément ce qui aurait pu être trop trivial dans son récit. Elle en avait entendu de toutes sortes, Julia, autour des wharfs quand elle était petite fille et qu'elle assistait au chargement des bateaux de son père. Et au chantier, tous les jours, les ouvriers ne changeaient pas leur langage quand ils la voyaient arriver. Elle avait vite compris le désir des hommes et ses manifestations. Elle n'y voyait rien de sublime ni rien de monstrueux. Une curiosité naturelle, c'est tout.

« Depuis le début de la matinée, reprit Thorndike, alors qu'on tenait, bâbord amures, un gentil quatorze nœuds au loch, le captain Mortimer regardait dans le ciel, l'œil soucieux, de tout petits nuages, très haut. " Les moutons du diable, dit-il en mâchonnant son bout de cigare... Et, en plus, le baromètre qui sait plus où donner de la tête. Il est passé ou on va le prendre sur la gueule?... " Je me risquai : " Qu'est-ce qui vous inquiète, captain? " Il n'a pas été très loquace, Mortimer, il m'a simplement dit qu'il était inutile de noter la résistance du mât de hune ou la tension de la draille de grand foc, vu que dans deux heures il n'y aurait peut-être plus rien, plus de mât, plus de voile, plus rien. Et peut-être plus de bateau...

« On est quand même arrivé sans problème à Puerto Tobago, vers deux heures de l'après-midi. C'est là que j'ai compris : dans le port les pirogues étaient renversées, les petits caboteurs s'étaient fracassés les uns contre les autres, les maisons des quais avaient été à moitié emportées, les toitures arrachées ou effondrées. On s'est mis à couple avec un quatre-mâts barque finlandais qui avait subi des dégâts assez légers. La voile d'étai de marquise avait été arrachée, nous avait précisé le captain Ericksonn, sorte de bovin blond au regard stupide, pas eu le temps de la serrer. Egalement, un bras orientant la vergue de la grand-voile arrière qui avait été faussé. Rien que de très bénin. Ils avaient eu droit simplement à la queue du cyclone. Mélissa, le nom qu'on avait donné, paraît-il, à la tornade, filait depuis à deux cents kilomètres-heure au secteur nord-est. On l'avait échappé belle... Mortimer, lui, n'était pas convaincu. Quelque chose le chiffonnait, ses systèmes intérieurs étaient en alerte. " Personne ne descend à terre, ordonna-t-il. On sait pas ce qui peut se passer. " Erickssonn a dit une phrase en finlandais à son second, du genre : " Tous alcooliques, ces Américains... ", et ils se sont mis à rigoler franchement, sans chercher à se cacher. Mortimer n'a rien dit. Il a jeté un regard morne sur la tête d'abruti du Finlandais et il est allé s'asseoir à l'avant du *Kineo* qu'il avait orienté nez au large, installé sur le guindeau pour mieux observer le ciel, l'Océan et l'horizon.

« Il n'y est pas resté longtemps : moins d'une demi-heure après, le voilà qui traverse le pont d'un pas saccadé et qui fait donner la cloche de quart. " Tout le monde à la manœuvre. " Il monte sur la dunette, dans la foulée, et se met à libérer vivement la barre à roue qu'il avait solidement attachée avec un énorme cordage. " Les queues de jument reviennent, m'annonce-t-il en indiquant des petites traces blanches, loin dans le ciel bleu. Très mauvais signe. J'ai remarqué en plus quelques nuages hauts qui brassaient à contre. Mélissa est de retour... Vaut mieux se faire secouer au large que contre les rochers. " Il a fait part de ses observations au captain Erickssonn et lui a dit qu'il appareillait pendant qu'il était temps. L'autre a transmis le message à son second et nous a répondu, en essayant visiblement de garder son sérieux, que son

Burstica était solide, qu'il arriverait à tenir le choc... En s'engageant dans les passes de sortie du port, on l'entendait encore rire aux éclats, le captain Ericksonn.

« Pour être secoués, on a eu notre compte. Vous savez ce que c'est... Quand on est revenu à Tobago, c'était un spectacle de désolation. Un cyclone qui passe deux fois en vingt-quatre heures, ça ne laisse pas grand-chose debout. Dans le port, on a eu beau regarder dans le détail, on n'a pas vu trace du quatre-mâts finlandais. Disparu. On était tout ce qu'il y a de perplexe. Un quatre-mâts de soixante-dix mètres, tout de même, ça ne peut pas se volatiliser comme un sac de plumes... On a fini par le localiser, le *Burstica* : le raz de marée l'avait soulevé et projeté à plus de cent cinquante mètres à l'intérieur de l'île, pas très loin de l'église! Quant au captain Ericksonn, on n'a jamais su s'il avait fini par s'arrêter de rigoler. On ne l'a pas retrouvé. »

Au dessert, pendant la glace à l'ananas, tandis que George passait autour de la table pour servir un vin rouge péruvien qui fit frissonner Jean-Marie tant il était acide, la conversation revint sur le *Saint-Pol.*

« Suite au cyclone, fit remarquer Thorndike, on a changé tout le gréement du *Kineo.* Du coup, il a couru comme un pur-sang. Plus aucun problème, ni de barre, ni de gîte... Pour le *Saint-Pol* ce sera pareil. Dans six mois, vous verrez...

— Nous attendons l'avis de l'armateur, fit remarquer Briand, l'air soucieux. Je crains que Fernando n'envisage des mesures un peu... extrêmes.

— Je ne suis pas sûr que Fernando soit soucieux des intérêts de votre compagnie, fit Thorndike.

— Je ne l'avais pas vu depuis longtemps, intervint Julia. Mais hier, en fin d'après-midi, je profite d'avoir fini des achats plus tôt que prévu dans

Market Street pour passer voir le *Saint-Pol*, sur Meigg's Wharf. Le *Glory of the sea*, le gros vapeur transport de troupes, était parti. Vous étiez en pleine conférence avec l'équipage, lieutenant..., fit-elle en jetant un regard rapide et intense à Jean-Marie. Je me suis fait discrète... En revenant à pied, le long du front de mer, pour prendre le ferry au wharf de Fort Montgomery, j'ai croisé un groupe de pauvres diables, en haillons, les pieds nus, qui entouraient un élégant gentleman, mince, petite moustache, costume blanc, guêtres blanches, gilet, panama. Je n'ai pas vu ce qu'il distribuait, les malheureux semblaient mendier... Et puis, d'un coup, la lumière me vient : Luiz Fernando! Je n'en suis pas revenue...

— Vous le connaissiez donc? » demanda Jean-Marie.

Julia sourit.

« Quand j'étais petite fille, je n'aimais pas trop rester à Nob Hill. Je me trouvais à l'écart de ce qui était la vie même. C'était retiré, tranquille... Beaucoup trop tranquille. Le calme des cimetières. On n'entendait jamais rire les autres enfants derrière les murs des propriétés. On allait à l'école protestante sur la route du Golden Gate Park, entre les saules pleureurs et les buissons de mimosas. Je n'y ai pas appris grand-chose, sauf à lire et à écrire... Les bonnes manières, aussi. De temps en temps, on avait droit au goûter chez Jessica Lee ou Samantha Colemane... »

Jean-Marie fixa Julia et la jeune fille jeta un regard oblique vers son père en reprenant :

« C'était bien morose, vous voyez. Heureusement mon père, William Thorndike, fit-elle, l'œil pétillant de malice, n'avait pas le goût de la religion réformée. Il trouvait les pasteurs austères...

— Charlatans, aussi, appuya Thorndike.

– C'est ainsi que j'ai frayé avec la religion catholique. L'école protestante par commodité; l'église Saint-François-d'Assise par philosophie.

– N'exagérons rien, protesta son père.

– L'avantage, pour moi, était que, tous les mercredis après-midi, j'allais au catéchisme à Saint-François, dans le bas de la ville. La circulation, les fiacres, les cable-cars qui glissaient dans Jackson Street, les commerces, le brouhaha et les disputes des ivrognes, les exhalaisons de bière et les odeurs du port qui montaient portées par le vent. L'enfer des protestants, en somme... Vraiment délicieux.

– Tu finiras dans les flammes de Belzébuth, prophétisa gravement William Thorndike.

– J'espère bien! Saint-François était une belle église en pierre de taille au coin de Columbus et de Wallejo Street, en lisière du quartier israélite de Chinatown et de Barbary Coast. Le soir, vers sept heures, quand la brume se levait et qu'on allumait les lampadaires dans les rues, on sentait les monstres tout proches, prêts à s'ébrouer, à se réveiller pour la nuit... Luiz Fernando était commis chez un épicier italien, un peu en dessous de Saint-François, en descendant vers le port. Pendant la pause, à cinq heures, tous les enfants du catéchisme se ruaient chez l'épicier pour acheter du raisin, des pommes ou des biscuits. Fernando servait, contrôlait qu'on payait tout, qu'on ne volait pas. Ce n'était pas facile. On était au moins une trentaine dans le minuscule magasin... Et puis les petits catholiques de Saint-François n'étaient pas des anges. Des fils d'Irlandais des ruelles du port, ou d'Italiens de Telegraph Hill... Le chef de gang, c'était Thomas Lexington. Un authentique voyou, celui-là. D'ailleurs, il n'a pas changé... J'en étais donc restée avec Luiz Fernando : un petit employé pauvre d'une vingtaine d'années

qui ne parlait pas trois mots d'anglais et baragoui-
nait l'italien. Visiblement, il a fait du chemin...

– Dans le mauvais sens, précisa Thorndike. Le
très mauvais sens... »

Dans sa chambre d'Ashby Ranch, Jean-Marie
perçut au loin, de l'autre côté de la baie, les
lumières de San Francisco. Julia se mit au balcon,
dans la chambre contiguë. Elle pouvait ainsi perce-
voir le Pacifique, moments brefs de respirations
fraîches.

« Les soirées sont douces en Californie, n'est-ce
pas, lieutenant ? fit remarquer Julia.

– C'est vrai... Vous avez bien de la chance, Julia.

– Vous pourriez très bien... »

Puis, se reprenant :

« ... Vous pensez que le *Saint-Pol* repartira bientôt ?

– Bientôt ? Certainement pas. Jamais ? Peut-
être...

– Alors il faudra revenir à Ashby Ranch. Sarah
m'a dit que vous étiez mieux que tous les garçons
réunis. Et pourtant, Sarah est très difficile. Mon
père vous trouve agréable... Je crois qu'on a besoin
de vous, Jean-Marie. C'est vrai. Besoin de vous... »

CHAPITRE IX

Un groupe de marins, en face de l'hôtel Baldwin, ne pouvait passer inaperçu. Plus bas, dans le port, près des wharfs ou dans les tavernes de Barbary Coast, on n'y aurait pas prêté attention, bien entendu; au contraire, leur habillement simple, leur teint buriné, leur démarche rendue pesante par des années à se déplacer sur la surface instable des ponts des navires se seraient intégrés naturellement au paysage, un élément inscrit dans le décor. En face de l'hôtel Baldwin, il en allait autrement. Le spectacle de leur pauvreté digne devenait inconvenant parmi les élégantes San-Franciscaines corsetées, dans le frôlement de l'organdi et le claquement des bottines, dans le tourbillon des ombrelles, sous le regard de messieurs austères, la moustache intransigeante et le faux col impeccable.

Le portier chamarré du palace s'apprêtait à leur faire comprendre fermement que Dieu avait désigné une place pour chacun, et que celle des marins ne pouvait être dans Market Street, quand Jean-Marie descendit du cable-car.

Il était un peu plus de midi et le soleil était à l'apogée d'une journée resplendissante. Il avait passé sa deuxième nuit dans un lit, enseveli dans les draps de lin et les montagnes de plumes. Au matin,

186

le jour l'avait réveillé et il avait senti aussitôt que ses forces, maintenant, étaient totalement revenues. Il avait pris son petit déjeuner seul, dans la grande salle à manger d'Ashby Ranch.

« Tout le monde est parti, monsieur Jean-Marie, lui avait dit Sarah, un sourire clair dans une tête noire et rondelette. Mlle Julia est partie avec M. William au chantier. Votre ami est rentré à Frisco. George vous emmènera tout à l'heure à l'embarcadère d'Oakland. Ça le met de bonne humeur, George : il va en profiter pour boire des bières avec ses copains, les employés de navigation qui amarrent le ferry. Prenez votre temps pour manger, monsieur Jean-Marie. Il peut attendre, ce vieil ivrogne. »

C'est vrai que George était de bonne humeur. Il avait siffloté tout le long du chemin et sacrément asticoté les alezans. Plus tard, Jean-Marie s'était senti renaître sur la passerelle du *Martinez*. Le vent qui soufflait doucement sur la baie, renforcé par la vitesse du vapeur, avait tiré ses cheveux blonds en arrière et tendu le visage. Une jeune fille, blonde et vive, qui avait quitté le coffee-room pour prendre l'air sur le pont lui avait adressé un regard discret, précis et chaud. Il souriait, sûr de lui, quand il parvint devant le Baldwin, face à ses marins.

« Monsieur... On voulait voir le commandant, fit Bizien, qui s'était détaché du groupe des matelots.

– Il est retenu jusqu'à ce soir », répondit Jean-Marie qui savait que Briand s'était donné toute la journée pour débattre du sort du *Saint-Pol* avec Luiz Fernando. "Monsieur... Commandant." Il y avait dans la solennité des mots quelque chose qui inquiéta instantanément Quéïnec.

« Que se passe-t-il, Bizien ? fit-il aussitôt.

– Boullic, il a..., hésita le matelot en regardant par terre.

– Boullic? explosa Jean-Marie. Qu'est-ce qu'il a encore été faire, ce maudit calfat? C'est quoi l'engeance qui lui a pris, cette fois, à ce fou furieux?

– Faut pas parler comme ça, commandant, fit doucement Bizien. Boullic, il a rien fait de mal. Il a eu un accident.

– Grave?

– Je crois, oui. Il est à l'hôpital Saint-Patrick. *Infirmery*, ils disent. Mais c'est un hôpital, dans le sud de la ville, en face de South Park...

– Que s'est-il passé, Bizien? Comment est-ce arrivé?

– On sait pas, commandant. Avec les camarades, on a pris pension dans un boarding-house près du port, dans le bas de Clay Street. Chez Flora Mac Vee. Boullic aussi, il y avait une chambre. Le Pensec, il a préféré rester sur le *Saint-Pol*. Ça fait longtemps qu'il peut plus dormir dans un lit, Le Pensec, vous savez... Comme ça, il garde aussi le bateau. Un des naufragés du *Gosvernor* est venu le voir ce matin, très tôt, un petit Portugais qui parle un peu le français... »

Jean-Marie regarda Le Pensec, par-dessus l'épaule de Bizien, en pensant qu'il allait prendre la parole, mais le vieux marin se tenait droit, le regard dans le vague, indifférent.

Bizien poursuivit :

« C'est Le Pensec qui est venu nous chercher chez Flora. Il avait fini par comprendre ce que voulait lui dire le Portugais : Boullic, " celui qui avait voulu le tuer ", était à Saint-Patrick. Une bagarre à la sortie du Flamingo, vous savez, en face du théâtre chinois. On est allé aussitôt à l'hôpital, mais on a eu du mal à le trouver, Boullic. Saint-Patrick, c'est immense. Des pauvres, des malades, des blessés, il y en a des milliers, entassés dans des salles immenses, allongés dans les couloirs, à même le sol. En plus, personne ne parle vraiment l'anglais parmi nous... On a fini tout de même par trouver une religieuse qui connaissait le français. On lui a expliqué. Elle nous a emmenés près de lui, au fond d'une salle immense, parmi des centaines de malades. Mais on n'a pas pu lui parler. Personne ne peut lui parler... Ils ont installé un paravent autour de son lit et il y a un policeman assis sur une chaise à côté, qui monte la garde. Personne n'a rien voulu nous dire, sauf qu'on n'avait pas le droit de rester. Peut-être qu'à vous, commandant, ils diront ce qu'il a, Boullic, s'il est encore en vie.

– Allons-y ensemble, Bizien », fit Jean-Marie.

Puis, se tournant vers les autres matelots :

« Pas la peine que vous veniez tous à Saint-Patrick. Retournez sur le *Saint-Pol*. Je viendrai vous voir dans l'après-midi, quand j'aurai appris quelque chose... »

En descendant Market Street dans le fiacre que les deux hommes avaient pris à la porte du Baldwin, Jean-Marie chercha à en savoir plus :

« Aucun témoin, à part le Portugais? fit-il... Personne du *Saint-Pol* n'est sorti hier soir?

– On se déplace pas en groupe, commandant. Surtout Boullic... Il était toujours tout seul. Il supportait pas une compagnie. Aux escales, il suffisait qu'on le rencontre, par hasard, dans une taverne ou une maison d'accueil, pour qu'il fasse d'un coup sa tête de mal bordé. Un soir, à Sydney, je lui en ai fait la remarque : " On est-y des galeux que, quand tu nous rencontres, tu fais ta gueule en vent debout? Si on a la peste, faut le dire, qu'on hisse le pavillon jaune... " Il m'a rien répondu, sauf qu'à terre il était plus bosco mais qu'il pouvait encore m'envoyer dans la sciure si je me déhalais pas de sa route. Tout ce qu'il avait comme conversation, Boullic!

Faut pas vous étonner, commandant, si on allait pas le chercher pour partir en bordée.

— Et des bagarres, il en avait souvent ?

— Comme on le voyait pas, on peut pas savoir. Mais je crois pas. En fait, Boullic, c'était un calme, un pacifique. Et puis les hommes seuls, c'est rare qu'ils soient mêlés à des incidents. Les Anglais, le véritable danger dans les ports, ne s'intéressent qu'aux groupes, à partir de cinq personnes. Ils aiment les bagarres rangées. Les sports d'équipe... »

Dans le fond de la salle commune de Saint-Patrick, derrière les centaines de lits emmêlés et les malades qui geignaient, dans une atmosphère bourdonnante de soleil, il ne restait plus personne autour du lit de Boullic. Le policeman était parti. Bizien et Jean-Marie s'approchèrent au moment où l'infirmière passait le paravent. C'était une jeune femme au visage doux et plein, avec des petits yeux verts et des taches de rousseur, qui passait entre les malades sans indifférence ni affectation, solide, la charité bien mesurée pour que chacun puisse en recevoir un peu. Elle comprit aussitôt pour qui venaient les deux hommes.

« Je crois que M. Yarnes veut vous voir... »

Jean-Marie la regarda, indécis. Elle expliqua avec un sourire compassé :

« M. Yarnes, le directeur de l'hôpital. Vous veniez voir le Français, n'est-ce pas ? » fit-elle en indiquant discrètement le lit, derrière le paravent.

Jean-Marie approuva d'un signe de tête. L'inquiétude commençait à monter en lui, beaucoup plus qu'un doute, la certitude qu'ils arrivaient trop tard, que le pire s'était passé. Il ne posa pas de question... L'infirmière sentit qu'il n'était pas utile d'annoncer directement la nouvelle. Elle leur indiqua la porte, à l'autre bout de la salle, et les accompagna en leur parlant doucement.

« Ses blessures étaient trop graves. Surtout la fracture du crâne, derrière, au rocher. Très dangereux... Pratiquement irrémédiable. »

Ils traversèrent plusieurs salles, d'un pas rapide, longèrent des couloirs encombrés de malades, descendirent des escaliers et débouchèrent dans les allées en gravier d'un jardin fleuri. Jean-Marie sentait confusément la tristesse de Bizien se mêler à la sienne, dans le soleil chaud de San Francisco. « On peut tous mourir pendant les tempêtes, disait Briand, ça fait partie du métier. » Mourir dans un port, aussi, ça faisait partie du métier. Pourtant, il y avait quelque chose de plus, qui déchirait le cœur : le sentiment d'éloignement, de solitude. Boullic était mort seul, loin de chez lui, en terre étrangère. Mourir dans l'Océan, c'était différent : c'était quand même mourir chez soi.

M. Yarnes n'a pas été bavard. C'était un petit homme sévère, les cheveux blancs et le teint jaune. Il feuilletait, devant lui, un dossier de carton gris.

« Boullic François. C'est bien ça? Vous pourrez le voir tout à l'heure, le temps qu'on fasse sa toilette... Le rapport du médecin indique qu'il est mort à dix heures, ce matin, des suites d'une fracture de l'occipital occasionnée par une chute. Nombreuses ecchymoses sur le corps. Traumatisme facial. »

Jean-Marie, peu à peu, sentait en lui la colère supplanter la tristesse.

« Comment est-ce arrivé? » fit-il d'un ton sec.

Yarnes leva deux petits yeux noirs, derrière des lunettes cerclées :

« Ça, mon jeune ami, fit-il d'un ton morne, vous le demanderez à la police. C'est elle, la brigade de Chinatown, si vous voulez le savoir, qui nous l'a amené, sanguinolent, à cinq heures du matin. Je n'en sais pas plus... »

Puis, refermant le dossier de Boullic :

« Chacun son boulot! Ici, on essaie de remettre sur pied tous les malades de la région. Croyez-moi, ça fait du monde. Ils ont tous la même maladie : la pauvreté. Et il en arrive des centaines tous les jours, des immigrants qui viennent faire fortune, paraît-il. »

Il eut un petit ricanement :

« Viennent crever à Saint-Patrick, oui! Tout ça pour vous dire que les esquintés volontaires, les dizaines de gugusses qui trouvent intelligent de se faire fracasser le crâne à coups de bouteille à Barbary Coast, ou ailleurs, et qu'on dépose au matin à l'entrée des urgences comme de répugnants sacs de viande désarticulés ont fini de m'arracher des larmes depuis belle lurette. On les retape, comme on peut, d'accord, mais vous ne pensez pas qu'en plus on se renseigne pour savoir comment ils en sont arrivés là! »

Jean-Marie, d'un coup, sentit la colère l'envahir, une force irrépressible qui s'emparait de lui. Il saisit le petit homme par sa chemise et le souleva de son siège :

« T'as pas fini, fumier! T'as pas fini! » se mit-il à hurler.

En descendant la grande artère ombragée qui reliait l'hôpital à Market Street, Bizien, devant le silence muré de Jean-Marie, finit par prendre la parole :

« Ça servait à rien de vous mettre dans tous vos états, commandant, fit-il. Yarnes, bien sûr, c'était pas beau ce qu'il a dit. Mais il en voit tellement, tous les jours, à Saint-Patrick... Et puis, Boullic, maintenant il est loin. »

Jean-Marie sentit le calme revenir en lui, son

souffle devenait normal, apaisé par les paroles de Bizien.

« On ne savait pratiquement rien de lui?

– Pas grand-chose, commandant. Je vous l'ai dit : il n'était pas causant. En plus, un bosco, vous le savez, ça peut pas se lier avec l'équipage, même avec un frère-la-côte comme moi qui a cogné la lame d'ouest des années avec lui.

– Il faudra prévenir sa famille, fit Jean-Marie, redevenant soucieux.

– En avait-il seulement une? fit Bizien. Même ça, j'ai jamais pu le savoir. En écrivant au recteur de Kléder, le curé de son village, vous pourrez peut-être vous renseigner. La seule chose dont il parlait parfois, c'était de son pays, le Trégor... Chauvin comme pas deux. " T'es qu'une tête d'artichaut, Boullic ", je lui disais. Ça me fait drôle, maintenant qu'il est mort. »

La détresse d'un coup s'engouffrait, par surprise, dans le souvenir de Bizien, un détail qui faisait sentir le poids de l'absence, de la disparition, de la mort.

« Où il est maintenant, Boullic? ne put-il s'empêcher de murmurer. Billy, son surnom, ça lui venait de son village. Vous savez, commandant, les oignons... Tous les ans, au printemps, les gamins de la Bretagne nord, du Trégor et du Léon prennent le bateau pour aller vendre des oignons sur les marchés anglais, de Southampton à Plymouth. Carrément dans les rues, parfois. En principe, on les appelle les " johnnies ". Lui, on l'avait surnommé Billy. Une petite originalité. Le reste, ce qu'on sait de la vie de Boullic, tient dans son " carnet de matelot ". Vous connaissez le chemin : mousse, novice, castor, matelot fini, bosco. Et puis la légende... On sait pas ce qu'il va devenir, maintenant, Boullic, dans les histoires des autres... Peut-être que dans

cinquante ans y aura un vieux bat-la-houle qui ra-
contera le soir, sur le gaillard d'avant, que Boullic
c'était le prince des boscos, le digne fils du père Bitord, grand bourlingueur d'océans, fin manœuvrier,
expert en matelotage et qu'il est mort dans une
bagarre à San Francisco, tout seul, au petit jour, à la
sortie du Flamingo, en face du théâtre chinois... »

La mort de Boullic fut reçue par les marins du
Saint-Pol dans un silence glacé. Ils avaient espéré,
malgré tout... Ils s'étaient dit qu'il était costaud,
Billy, qu'il s'en tirerait. Et puis là, devant le lieutenant Quéïnec et Bizien qui arrivaient de Saint-
Patrick, ils furent pris de stupeur. Jean-Marie se
doutait de ce qu'ils pensaient, il percevait presque
physiquement le cheminement de leur esprit. Passé
la tristesse viendrait la colère. Après Voisin à Sydney, Le Quellec pendant le cyclone, c'était maintenant Boullic qui passait de mort violente. Tout cela
n'était pas normal, pas naturel. Le *Saint-Pol* était un
bateau damné... D'ailleurs, Boullic l'avait dit et ils
l'avaient pas cru quand il avait voulu tuer Le
Pensec. Jean-Marie jugea utile de prendre les
devants :

« Boullic était un bon marin, fit-il. Evidemment,
j'avais eu des mots avec lui. Il n'empêche que je
connaissais sa valeur. Ce qui lui est arrivé hier au
soir peut nous arriver à tous. Dans un bar, il y a
toujours une bouteille qui s'écrase sur la tête de
celui qui ne se méfie pas, vous le savez bien. Et un
couteau, on a vite fait de le prendre au milieu du
dos. Pas besoin de sorcellerie pour ça. Trois morts
depuis Dunkerque, vous vous dites. C'est vrai. Les
épreuves ne nous ont pas été épargnées. Mais le
Saint-Pol a fait son travail, crânement, avec courage,
comme vous tous. Il a fait face à la lame avec
vaillance, et au cyclone aussi. Vous n'avez pas le

droit de penser que c'est un bateau maudit... Un bateau maudit est un bateau qui coule. »

Briand, assis dans le poste des officiers du *Saint-Pol*, regardait Jean-Marie fixement.

« Qu'est-ce que vous trouvez d'étrange dans la mort de Boullic, Quéïnec? »

Jean-Marie avait le regard posé sur la table à cartes. Briand continua :

« Le Flamingo est un bouge infâme. Le crime suinte sur les murs. Rien que le whisky constitue une tentative d'assassinat. Etre battu à mort au Flamingo me paraît d'une banalité décourageante.

– Pour tuer, tout de même, il faut une raison, répliqua Jean-Marie.

– Au Flamingo, on tue sans raison. Rien qui pour nous ne soit une raison, un motif sérieux... Un regard oblique peut vous valoir un coup de couteau. Un grand barbu nordique se fâche parce que vous ne parlez pas norvégien et vous ouvre la tête avec un tabouret. C'est arrivé à un de mes matelots, il y a quelques années. Sans compter l'appât du gain. Le " gain ", ça commence avec votre portefeuille et ça finit avec vos chaussures. Alors, vous voyez, des " raisons " de tuer Boullic, il y en avait des centaines. »

Jean-Marie se leva. Il n'était pas convaincu, il sentait que quelque chose n'allait pas, un ensemble de détails qui lui faisait penser, malgré lui, qu'il ne s'agissait pas d'une simple rixe, comme il s'en produisait des centaines, des milliers même, dans tous les ports du monde.

« C'est l'acharnement qu'on y a mis qui m'étonne, fit-il. Le rapport parle de traumatisme facial, d'ecchymoses multiples. Et surtout de fracture du crâne.

195

– Due à une chute, si j'ai bien compris, remarqua Briand. Il a pu tomber au début de la bagarre, perdre connaissance, et son adversaire en a profité pour s'acharner sur lui...

– Evidemment, tout est possible. Ce qui est certain, c'est qu'on ne lui a rien volé.

– S'il a eu affaire à un véritable violent, c'est tout à fait normal... L'authentique forcené, le frappeur sanguinaire ne mélange pas les genres. Pour lui, voler le portefeuille de sa victime, c'est misérable, indigne. Il y a, comme ça, fit Briand versant curieusement dans une sorte de méditation poétique, des puristes de l'agression, des brutes esthètes, en somme... »

Jean-Marie tournait en rond, dans le carré des officiers.

« Le matelot du *Gosvernor* qui vient nous prévenir, ça me paraît bizarre. »

Il haussa les épaules : il ne convaincrait pas Briand. D'ailleurs, il n'arriverait peut-être pas à se convaincre lui-même.

A huit heures, les marins partirent chez Flora. Ils paraissaient désemparés. « Ils sont à l'image du *Saint-Pol*, pensa Jean-Marie. Eux aussi, ils mettront du temps à se retaper. Faudra du temps pour changer le gréement. Mais ils reprendront la mer. Ils ont en eux la force. »

Au fond de lui, Briand pensait la même chose. Lui aussi avait fait des voyages difficiles. Mille fois, il s'était juré qu'il n'embarquerait plus. Trop de douleurs, de souffrances endurées : le froid jusqu'au fond des os, la peur, la viande moisie, le mal de mer et l'ami, aussi, qui fait son trou dans l'eau... Des vexations des sans-grade à la solitude du captain, seul avec l'armateur, seul avec la route, seul avec le vent... Tout plutôt que d'embarquer. C'était sans discussion. Avec l'âge, les gros coups de colère contre la cruauté de l'Océan s'étaient atténués et espacés. Le large était un maître exigeant. Ils finissaient tous par l'admettre. Ils s'inclinaient.

« Fernando n'est guère engageant sur l'avenir du *Saint-Pol*, fit Briand, d'un ton rapide. Il ne le voit pas reprendre la mer avant longtemps...

– Il le voit en si mauvais état? demanda Jean-Marie.

– Une épave. Il se demande même comment il flotte. J'ai essayé de lui faire comprendre que les pièces maîtresses n'avaient pas été touchées, que seule la superstructure était endommagée...

– On peut dire détruite, fit remarquer Jean-Marie.

– Détruite, si vous préférez. Il ne veut rien savoir. " Il vaut mieux s'en débarrasser, commandant ", m'a-t-il dit. Evidemment, les acheteurs ne vont pas se presser sur le wharf. En fait, j'ai compris son projet : du bois de chauffage pour les chaudières de Colemane, voilà ce qu'il veut en faire... »

Briand remarqua l'étonnement de Jean-Marie.

« C'est une image... Pour l'instant! Actuellement, sur toute la côte ouest, de Vancouver au Nouveau-Mexique, seuls les chantiers Thorndike seraient capables de regréer le *Saint-Pol*. C'est un boulot très particulier, beaucoup plus délicat qu'il n'y paraît... Et quelque chose me dit que Fernando ne tient pas à donner du travail aux ouvriers de Merritt Shipyard. »

Le commandant Briand avait prononcé ces derniers mots avec lenteur, comme s'il avait voulu se faire comprendre à demi-mot. Jean-Marie le perçut et voulut des précisions.

« William Thorndike est dans une situation difficile, c'est cela? Même avec le *Julia*, il ne peut utiliser tous ses ouvriers.

– Loin de là. Il m'a confié, ce matin, qu'il allait

devoir en débaucher une dizaine. S'il pouvait, Fernando lui ferait licencier tout son personnel et fermer boutique. Complètement... Fernando s'est enrôlé dans la bande de Colemane, c'est évident. Il va pouvoir désormais assouvir ses désirs de prédateur. Avec Colemane, il a trouvé son maître spirituel, son guide... Il va vers la fortune, Fernando... ou alors, vers Alcatraz. Ou vers le fond du port. »

Briand se mit à regarder par un hublot du roof des officiers.

« C'était mon dernier commandement, vous savez, Jean-Marie. Je ne reviendrai jamais à San Francisco. Dans dix ans, quand vous passerez par Saint-Malo, il faudra me raconter vos escales ici. Vous me parlerez de ce voyou de Fernando. Vous me direz sa maison à Nob Hill ou Cliff House, ses hangars sur les docks et ses plantations sucrières à Hawaii, peut-être... »

Puis, laissant percer la tristesse :

« Vous me direz surtout, pour Thorndike et Julia. Je suis inquiet pour eux, Jean-Marie. Très inquiet... »

Le Flamingo n'était pas l'endroit le plus difficile à trouver de San Francisco. Après avoir dîné au Baldwin, Quéïnec était redescendu en fiacre vers le port, jusqu'au bas de Market Street, puis avait déambulé dans les rues étroites qui longeaient les quais et les wharfs jusqu'à retrouver les immeubles trapus du Montgomery Block. La nuit était douce. Les commerçants en plein air avaient gardé sur leurs étals des petites lampes à huile allumées, milliers de petits points jaunes frissonnants. Les vapeurs d'oignons se mêlaient au vent salé et aux odeurs de tabac. En passant devant les fenêtres à guillotine des tavernes, il pouvait entendre les rengaines des accordéons mêlées aux rires des marins, avec de temps en temps des griffures de violon et des appels chancelants à Maggy May, qui rôde la nuit dans les rues sombres de Liverpool.

Le Flamingo n'était pas, non plus, l'endroit le plus mal famé du grand port californien. Une fois passé Monky Block et Columbus Street, il suffisait de faire quelques pas vers Chinatown pour voir sa belle enseigne, un superbe flamant rose de fer forgé, en face du théâtre chinois. Ce n'était plus le San Francisco des commerçants, des paisibles boarding-houses et des marins pacifiques mais ce n'était pas encore Chinatown.

« Briand n'y est pas venu depuis longtemps », pensa Jean-Marie, en poussant la porte de la taverne. Bien sûr, l'endroit n'était pas reluisant, mais il en avait vu d'autres, bars à marins de Djakarta, de Sydney, de Rio ou de Callao, autrement sordides. Le bar était un « vrai bar », en chêne ciré, avec une plaque de cuivre pour faire glisser les pintes de bière et une rampe dans le bas, pour poser le pied. De quoi cataloguer un établissement. Autrement distingué, tout de même, qu'une planche soutenue par deux énormes tonneaux. La lumière de grosses lampes à huile accrochées aux murs ou posées sur les tables se liait à la fumée du tabac et au brouhaha des clients. L'ambiance, Jean-Marie le perçut tout de suite, n'y était pas maritime. Pas de gaieté exubérante, plutôt des conversations sourdes. Pas de matelots blonds et souples, mais des trappeurs épais et rougeauds. Un endroit d'hommes, dur, sans accordéon, sans hôtesses guillerettes et bringuebalées de bras en bras. Sans rires et sans joie.

Au bar, on se poussa de mauvaise grâce pour lui faire une place. « Boullic dans cet endroit? se demanda Jean-Marie après avoir commandé un whisky. Drôle de type, tout de même... Et tout seul ! » Il trempa ses lèvres dans le verre que le barman venait de lui servir et le reposa en sentant une brûlure lui monter du fond de la gorge. « Doit pas leur coûter cher, le whisky, pensa-t-il. Ils le font eux-mêmes. » Il en avait encore des frissons dans la nuque et une quinte de toux qu'il ne pouvait contenir. « Tout à fait en accord avec les têtes de chasseurs d'ours qui fréquentent l'établissement. Doivent s'en servir pour se réchauffer au Grand Nord. De quoi dégivrer la banquise. »

Il sentit, quelques secondes, que les conversations tombaient sensiblement : on s'interrompait pour mieux observer l'intrus. Puis le brouhaha lourd reprit. Ses voisins, deux énormes bûcherons barbus, une fois accommodés à la présence de Quéïnec, reprirent leur discussion en lui tournant ostensiblement le dos. « Boullic n'est pas venu ici par hasard, se dit Jean-Marie. On peut y entrer comme ça dans ce bouge, bien sûr, par inadvertance, mais on en ressort tout de suite. C'est pas la gaieté de l'endroit qui incite à s'éterniser, pensa-t-il en regardant l'obscurité qui envahissait le fond de la salle, derrière les lampes à huile. Ni la chaleur communicative des habitués, ni l'élément féminin... » Il venait de découvrir la seule femme de l'endroit, une pauvre fille sans âge, les yeux vides devant une pinte de bière, à l'autre bout du bar. « A moins qu'il ne soit venu spécialement pour le whisky... »

Au bout de quelques minutes, il se décida à surmonter l'appréhension qui commençait à lui nouer le ventre et à tenter d'obtenir des renseignements sur le passage de Boullic. Le barman, les joues creuses, petite moustache maigre, le cheveu noir et gras, fit d'abord semblant de ne pas l'entendre malgré son anglais parfait... Jean-Marie reposa sa question, plus fort pour surmonter le bruit de fond :

« Je cherche un ami. J'avais rendez-vous avec lui hier soir... J'ai eu du retard. Vous ne savez pas s'il est venu? »

Le ton avait été net. Le serveur, cette fois, ne pouvait plus esquiver la question. Il fit un geste circulaire, montrant l'ensemble des clients, autour du bar :

« Des têtes, j'en vois cent cinquante tous les soirs. Dans la lumière des lampes, tout le monde se ressemble. »

Puis, se ravisant :

« Il est comment, votre ami?

– Grand, costaud... Sans barbe », fit Jean-Marie, une précision capitale au Flamingo.

Il ajouta :

« Il est français. »

Le barman fit « non » de la tête en rangeant quelques verres derrière l'évier du bar.

« Vu personne dans le genre, fit-il sans regarder Jean-Marie. Ni Français ni autre. Ici, il n'y a que des Américains. Ou des Canadiens. C'est tout. »

Jean-Marie se dit qu'il n'en saurait pas plus. Dans un sens, il était soulagé. Il était venu au Flamingo, il avait vu ce qu'il fallait voir. Il avait posé la question qu'il fallait poser. Après tout, il avait fait son devoir... Il sortit cinq cents de la poche de son caban, les posa sur le cuivre du bar et, sans attendre que le barman qui était parti à l'autre bout du comptoir lui rende la monnaie, il sortit rapidement.

Il n'avait pas fait dix mètres sur la terre pilée de Jackson Street qu'il entendit la porte du Flamingo s'ouvrir brutalement. Il se retourna. Trois hommes s'avançaient vers lui. C'étaient des clients qu'il avait remarqués dès son entrée : trois hommes immenses, larges comme des buffles, des têtes de boxeurs et des bras de bûcherons. En un éclair, il vit un long gourdin noueux qui pendait au bras d'un des hommes. Ils progressèrent vers lui, lentement, sans parler. Tout à coup, l'un des tueurs fit un signe aux deux autres... Quelque chose, derrière, plus loin, au bout de la rue. Ils firent demi-tour et rejoignirent rapidement le Flamingo. Jean-Marie fit volte-face : un groupe arrivait depuis Columbus Street, le bruit de leurs voix se rapprochait. Bientôt il put les distinguer et rapidement ils passèrent à sa hauteur : c'étaient des personnages petits, moustachus, habillés de costumes sombres, qui parlaient avec jovialité, équipés d'objets curieux, des cordes, des piques, des haches, des bâtons. Des carabines aussi... La brigade de Chinatown qui faisait sa ronde de nuit.

Encore sous le coup de l'émotion, Jean-Marie rejoignit Columbus Street. La brigade de Chinatown était arrivée à point nommé. Vraiment miraculeux! Il n'aurait pas pu grand-chose contre les trois gorilles, courir, peut-être... Peu à peu, la tension descendait, il sentait les battements de son cœur s'atténuer, les coups dans sa poitrine s'éloigner, sa respiration s'apaiser...

En descendant la grande avenue et en tâchant d'éviter chevaux et fiacres qui se croisaient sur quatre files, dans les lumières des restaurants italiens, noyé au milieu des familles qui flânaient parmi les marchands ambulants et les dresseurs de chiens, Jean-Marie acheva de se convaincre qu'il s'était passé quelque chose au Flamingo le soir où Bizien... Il ne pouvait plus croire à la bagarre qui avait mal tourné. Il y avait eu bel et bien assassinat.

Au carrefour de Montgomery Street, dans l'éblouissement de l'immeuble de l'*Examiner* où l'on s'affairait à l'édition du lendemain matin, il tomba sur la sortie des spectacles. Les publics de l'Opera-

House et de l'American Theatre se confondaient, les huit-reflets, les robes de soie et les foulards blancs se mêlaient aux calicots multicolores, aux vestes amples et aux chapeaux à larges bords, croisement du Western et du Mexique. Devant lui une jeune fille marchait à pas rapides. La taille prise, le bruissement de la robe, le martèlement sec des bottines le troublèrent. Le désir contenu, étouffé par des semaines et des semaines de mer, tout à coup lui monta dans le corps, comme libéré par ce qu'il venait de vivre, une bouffée chaude qui soudain lui serra la gorge et lui durcit le sexe. Il se dirigea vers la Cage aux lions.

Louisette avait repris son nom de jeune fille : Le Grand. Ce n'était pas original, mais elle y tenait. Son père s'était donné suffisamment de mal pour l'obtenir. A la naissance, il s'appelait Yffic Ar Braz. Toute sa vie, il l'avait passée à en faire un nom français. Le Braz, d'abord. Puis Le Grand... Il avait reçu une certaine éducation. Son propre père n'avait-il pas fait des sacrifices pour qu'il parle le français ? Pour qu'il sache lire et écrire ? Du coup, Yffic Ar Braz avait nourri pour la langue bretonne une véritable exécration. « Une langue de ferme, disait-il, et rien d'autre ! » Aboutissement normal : il avait obtenu de la chancellerie – après une accumulation de mensonges, de bassesses et d'intrigues – l'autorisation de signer Le Grand, ainsi qu'un poste de commis civil aux écritures à l'arsenal de Brest. A dix-sept ans, sa fille, Louisette Le Grand, avait fait la rencontre d'un marin charmeur, enjôleur et douteux. Tout, plutôt que de vivre avec Yffic Ar Braz que sa francisation avait rendu à demi fou : elle avait suivi le beau matelot et embarqué clandestinement pour l'Uruguay. C'était en mai 1859. Un an plus tard, en l'église San Juan de Montevideo, elle épousait son drôle de gabier et devenait Mme Louisette Tolédo. Entre-temps, elle était également devenue Maggy.

La Cage aux lions, c'était son œuvre. Trente-deux ans de présence à San Francisco. Trente-deux ans de travail, de sourires et de gentillesse inlassables, des centaines de jeunes femmes formées, guidées, cajolées, félicitées, à l'occasion sermonnées et punies. Chez elle, le sentiment maternel dominait. Elle l'avait dit un jour à Briand qui, au fil des décennies et des escales à Frisco, était devenu un tendre ami :

« Tu crois que c'est pour l'argent, Eugène? Avec ce que j'ai dans mon coffre, je pourrais acheter tous les hôtels de Market Street, le Baldwin en tête, et même les cable-cars pour y monter. Ça ne serait pas difficile. Je m'installerais dans un fauteuil rempli de coussins sur la terrasse de l'Oriental Hotel et je regarderais le port, toute la journée, les bateaux, les entrées et les sorties, les remorqueurs et les vapeurs qui sillonnent la baie. Je ne m'en lasserais pas... Seulement, qu'est-ce qu'elles deviendraient, mes filles? Qui leur prendrait leur rendez-vous, qui les conseillerait dans leurs tenues? Qui chasserait les indésirables, les malfaisants? Et pendant les crises de cafard, alors, y aurait plus personne pour les consoler, leur donner le goût de vivre. C'est pour ça que je fais tourner la baraque. Et pourtant, tu sais, c'est un sacré boulot...

— Ce n'est pas un boulot, Maggy. C'est un apostolat.

— Facile de te moquer, Eugène... Moi, j'ai connu la solitude dans leur métier, les moments où on veut se jeter par la fenêtre et où la taulière n'a rien de mieux à faire qu'à compter tes jetons et à entasser ses billets... A l'Urubu, la maison de Montevideo où

204

il m'avait envoyée me défendre, ce pourri de Tolédo, à peine descendue du bateau, c'était tous les
mois qu'il y avait une fille qui s'ouvrait les veines ou
qui se jetait dans le port. Sans compter les tordus
qui t'envoyaient de l'acide au visage ou un coup de
couteau dans le ventre, parce qu'on laissait entrer
n'importe qui...

« Chez moi, il faut de la tenue. Des clients, tous
les ans, j'en ai des milliers, je peux dire. J'ai toujours
l'impression que ce sont des amis. Chics, distingués,
réservés... Les hôtesses qui sont là pour les détendre un peu, je les couve comme si c'étaient mes
propres filles. Je sais que tu vas rire, Eugène, mais
c'est pourtant la vérité, la Cage aux lions, c'est pas
une " maison ". C'est une pension de famille... »

C'était comme ça qu'elle voyait le monde, Maggy.
Elle l'avait remodelé à son image... Au bout de dix
ans, à Russian Hill, la gentille maison familiale qui
les abritait était devenue trop petite. On avait dû
déménager et s'installer plus haut, dans un hôtel
particulier appuyé à la colline, dans le quartier
d'Octogon House. Maggy avait alors, peu à peu, été
victime de son succès et de son bon cœur. Sa
maison était devenue célèbre sur tous les océans.
Les clients s'étaient mis à affluer du monde entier.
Le nombre des pensionnaires s'était accru. La Cage
aux lions était devenue une véritable entreprise.

Jefferson, le portier de la Cage aux lions, ne fit aucune difficulté pour laisser entrer Quéïnec. C'était
un Noir d'un mètre quatre-vingt-dix qui pesait
bien ses cent dix kilos. Adepte de la boxe anglaise
et soucieux de respecter les règles nouvellement
édictées par le marquis de Queensbury, il ne se
battait jamais en dehors d'un ring. C'était pour lui
un précepte intangible, un principe moral. C'est

donc sans violence qu'il se chargeait de la tranquillité de l'établissement. Les clients étaient au courant de son caractère pacifique, mais personne ne songeait à en profiter... au cas où Jefferson se laisserait aller à un accroc dans sa philosophie. Et puis il prenait ses précautions, Jefferson. Il regardait attentivement par le judas. Une tenue correcte et un minimum de sobriété : c'était les deux critères de sélection. Moyennant quoi, la Cage aux lions était un endroit serein, calme, le havre à marin le plus paisible de tout le Pacifique.

Maggy tenait à recevoir elle-même les nouveaux arrivants, les têtes nouvelles. Installée dans le grand salon lambrissé, dans une accumulation de tentures cramoisies, de canapés de velours frangés et d'abat-jour tamisés, entourée de pensionnaires chamarrées et fardées, elle aimait faire les honneurs de sa maison, faire l'éloge de ses « petites », prendre des informations, lier connaissance. Jean-Marie eut droit, lui aussi, au rituel :

« Un Breton. Encore un Breton! s'esclaffa-t-elle. L'univers est peuplé de Bretons... »

Elle avait dépassé la soixantaine, avait pris de l'embonpoint, quelques rides aussi, mais avait gardé un regard rieur, des yeux gris-vert, malicieux et bons. Elle présenta son état-major : Mlle Caroline, petite blonde aux yeux bleus, San-Franciscaine cent pour cent; Linda, de Phoenix, de passage uniquement; Mme Greta, plus âgée, comme une sœur, n'est-ce pas? d'origine allemande, et la dernière arrivée, la petite favorite, forcément, Consuelo, tout le soleil de Morelos, la chaleur du Mexique, une beauté rarissime... C'est vrai qu'elle était belle, Consuelo : de longs cheveux noirs, un teint mat et des yeux verts, troublants, qui se confondaient avec les turquoises qu'elle portait en boucles d'oreilles.

« Vous êtes bien séduisant, jeune homme, fit

Maggy avec sincérité, en regardant Jean-Marie. Vous allez perturber tout notre petit monde... A part votre nom, Jean-Marie Quéïnec, que peut-on savoir de vous? »

Jean-Marie s'attendait si peu à ce genre d'interrogatoire qu'il mit plusieurs secondes avant de répondre.

« ... Je suis lieutenant sur un quatre-mâts. On s'est amarré à Meigg's Wharf. On va rester quelque temps, je pense...

— Comment s'appelle-t-il, ce bateau, lieutenant?

— Le *Saint-Pol*. Nous venons de Sydney, mais nous avons eu quelques problèmes, pendant la traversée...

— Briand est ici? s'emporta-t-elle d'un seul coup. C'est bien Briand, Eugène Briand, qui commande le *Saint-Pol*? »

Puis, sans même attendre la confirmation de Jean-Marie :

« Trente ans qu'on se connaît et il met trois jours pour venir me voir! Je l'ai connu plus empressé, Eugène... Au fond, c'est peut-être ça, le début de la vieillesse, ajouta-t-elle, pensive. Soyez quand même le bienvenu, lieutenant. »

Consuelo avait la peau bronzée et une longue cicatrice qui remontait le long de sa hanche. Jean-Marie ne lui posa pas de questions. Il aima la tiédeur humide de ses lèvres et le renflement chaud entre ses cuisses. Elle ne dit pas un mot. Seulement un petit cri plaintif quand il se répandit en elle.

CHAPITRE X

Au Pup, c'était l'odeur d'embrocation qui dominait, bien plus que les cris ou la fumée des cigares, si épaisse qu'elle finissait par comprimer les poumons et piquer les yeux. C'était la promenade hebdomadaire de Maggy. Tous les vendredis, en fin d'après-midi, son landau était attelé et amené devant la Cage aux lions par Porfirio, le compagnon, l'ami de toujours, le vieil Uruguayen au regard noir et aux cheveux blanchis.

Il était fidèle, Porfirio. Il avait connu Maggy à l'Urubu où il était portier, et s'était pris d'affection pour elle. Les soirs de cafard, il venait lui parler, lui disait qu'il ne fallait pas s'en faire, que tout ça ne durerait pas, que, si elle voulait, ils pourraient partir ensemble, il en avait, lui, des sous, qu'il mettait de côté, mois après mois. Elle le regardait avec des larmes dans les yeux, puis se jetait dans ses bras en sanglotant. Il n'avait jamais été vraiment amoureux, Porfirio. C'était plutôt une affection sincère, une tendresse de grand frère. Il voulait partir, emmener Maggy. Pas uniquement pour elle. Pour lui aussi. Surtout, il ne voulait plus de l'Urubu, de la grossièreté de la patronne, de la détresse des filles, des clients qu'il fallait propulser à coups de pied dans les côtes sur le trottoir quand ils étaient trop soûls ou qu'ils ne pouvaient plus payer. Il lui manquait une raison de changer de vie. Un espoir...

Un soir, Maggy avait dit « oui ». Elle voulait bien partir. Alors, ils avaient compté leurs économies et s'étaient dit qu'ils pourraient aller très loin. Mais pas vers l'Europe. Ils sentaient qu'un monde nouveau était en train de naître, à l'opposé de l'Europe, une terre immense que l'on découvrait jour après jour. Tous les marins qui faisaient escale à Montevideo en parlaient. Frisco, ils disaient. Los Angeles, aussi : le ciel bleu toute l'année, le soleil chaud, les vergers en fleurs, les vignes autour, sur les collines de San Gabriel, et l'or qui ruisselait dans l'eau claire du Montezuma ou du Sacramento. Un pays où l'on ferait fortune. En attendant, il avait fallu acquitter la taxe réclamée par Josépha, la grosse tenancière de l'Urubu. « C'est pas bien ce que tu fais, avait-elle dit à Maggy, faussement attristée par son départ. Une fille comme toi, ça court pas les embarcadères à l'arrivée des bateaux. J'arriverai jamais à te remplacer. Et tes clients, t'y as pensé à tes clients? Ils iront voir ailleurs si tu y es... A l'Escurial ou au Pancho Fiero. Je me fais pas d'illusions. La faillite, voilà ce qui m'attend. La misère... » Le désespoir était feint, bien sûr, mais en filigrane la menace était réelle. C'était une grosse perte, un manque à gagner; il fallait la dédommager. Ils avaient payé.

Gaston Tolédo, aussi, avait fait comprendre que le départ de Maggy lui était gravement préjudiciable – une ruine pure et simple! – qu'il avait consenti des sacrifices, que sans lui elle serait encore sous la coupe de ce cinglé d'Ar Braz, dans le crachin de la rue de Siam, en instance de mariage avec un vétéran de l'arsenal. Porfirio avait émis des réserves sur la nécessité de donner de l'argent au protecteur de Maggy.

« Une ordure finie, voilà ce que c'est, Tolédo, s'était-il emporté. Je vais l'étrangler de mes propres mains. Ça nous coûtera moins cher.

– T'as raison, avait répondu calmement Maggy. Ça nous coûtera rien. Au contraire, ça va nous rapporter... de la taule! Grâce à Tolédo, je suis allée en maison. Grâce à toi, j'irai en prison. Vous êtes complémentaires, tous les deux, des vrais duettistes... »

Ils avaient remis mille francs français à Tolédo et s'étaient embarqués pour San Francisco. Un an et demi plus tard, au début de 1872, ils arrivaient à destination. La route avait été longue et difficile. Débarquement à Tampico, au Mexique, dans une moiteur lourde, striée de moustiques... Un Français, jeune homme blond au teint rosé, rencontré providentiellement sur le port, les avait hébergés pendant trois mois. C'était un Lorrain, un déserteur involontaire des troupes de Napoléon III qui avait pris goût au pays, avait épousé une petite Mexicaine tendre et gaie, noire comme une corneille et douce comme un lapin, et s'était installé dans une petite estancia fraîche au-dessus du port. Il avait trouvé un travail de commis chez un importateur de produits européens et commençait à connaître le plaisir de vivre. « Je me suis engagé dans cette chiennerie d'armée pour quitter la ferme, s'était-il confié à Maggy, un soir. Quand on m'a demandé de partir au corps expéditionnaire, j'ai dit oui. J'étais en garnison à Montélimar : je n'étais déjà plus chez moi. La patrie, c'est la richesse des pauvres : une idée qu'on leur met dans la tête, aux pauvres, pour mieux les exploiter, pour qu'ils restent sur place, qu'on les ait sous la main... J'ai plus de patrie? La belle affaire! J'ai la douceur de l'existence, la chaleur d'une femme qui m'aime. Et en prime : la dignité. Je n'avais même pas idée de ce que ça pouvait être, la dignité... Alors, tu penses, je suis pas près de jeter tout ça à la poubelle et de rentrer en France. Faut qu'ils se fassent une raison, les douaniers de Bordeaux ou du Havre : c'est pas encore demain qu'ils iront fouiller dans mes valises! »

Maggy avait souri : être loin, c'est vrai, c'était être libre. Mais c'était aussi être seule. Et c'était aussi des bouffées de nostalgie, les rochers déchiquetés de l'aber Ildut, l'île d'Ouessant au loin, les géomonniers sur la plage, les images de son enfance qui revenaient parfois en elle comme des vagues de détresse.

Ils avaient traversé le Mexique, bringuebalés de diligences en carrioles, s'étaient enfoncés dans les territoires indiens et le Nouveau-Mexique et avaient fini un matin de janvier 1872 sur le port de San Francisco.

Il pleuvait depuis deux jours et les rues de la ville basse étaient engluées dans des torrents de boue. Les choses n'avaient pas tardé à s'arranger. Porfirio avait trouvé du travail sur les docks et Maggy avait sonné à la porte du Parisian Mansion, dans Commercial Street, une « maison de conversations » où ses yeux verts et son authentique origine française avaient fait merveille. Très vite, ils avaient pu acheter une petite maison à Russian Hill. Porfirio avait fait les gros travaux, retapé l'escalier, renforcé la toiture, passé du crépi sur la façade et des peintures pastel sur les murs intérieurs. Maggy s'était chargée de la décoration de l'endroit. Leur rêve était réalisé. La Cage aux lions était née.

Porfirio était plus âgé que Maggy. Dix ans, passé un certain point, ça peut être plus qu'une différence : un fossé, un autre monde. Il s'était, au fil des ans, éloigné des activités de l'établissement. Il avait engagé un portier, Jefferson, beaucoup plus jeune et autrement dissuasif, et embauché un serveur. Il faisait encore quelques petites réparations, des bricolages... A soixante-quinze ans, il ne s'intéressait plus, en réalité, qu'aux deux juments qu'il avait achetées et passait son temps à les étriller, les panser, les cajoler, leur parler même, et les conduire aussi, d'une main ferme et affectueuse, tous les vendredis soirs, quand Maggy allait au Pup.

En plus de l'odeur, de la fumée et des cris, le Pup se caractérisait par une clientèle éclectique. Toutes les couches de la société de San Francisco y venaient, de dix-sept à vingt heures; les dockers irlandais, les hommes de loi, les chercheurs d'or chanceux – et malchanceux – les affairistes, les riches, les pauvres et même Mayor Schmitz, le maire, qui hantait régulièrement l'endroit. Des serveurs passaient entre les groupes, en spencer noir et tablier blanc, rapides et souples, virtuoses du plateau encombré d'immenses pintes de bière, dans l'indifférence des clients qui ne regardaient qu'un endroit : le ring.

Car le Pup était devenu, en cette année 1904, le haut lieu mondial de la boxe. En vérité, la passion pugilistique n'avait fait que se développer depuis une quinzaine d'années. En 1897, une modification essentielle au règlement des combats avait donné à la discipline codifiée par le marquis de Queensbury sa forme définitive. La durée des rencontres avait été limitée : finis, les matches fleuves, les parties interminables, les jeux de massacre en 50, 80 ou 100 reprises. « T'es le plus gros, t'es le plus fort » était devenu la devise dans les années 1870. La primauté à la résistance et à l'endurance. Le règne des enclumes indémolissables était désormais fini.

En ce début de siècle, le fractionnement des combats en quinze rounds maximum et la séparation en catégories de poids avaient apporté au « noble art » puissance, élégance et précision. Un bain de jeunesse salutaire; le public s'était mis à affluer, non seulement aux combats, mais aussi aux entraînements. Joe Mackenzie, le patron du Pup, qui depuis quinze ans avait accepté que les rencontres aient lieu dans l'arrière-salle de son bistrot, n'en revenait pas. C'était une surprise de taille, un événement aussi heureux qu'inattendu qui lui arrivait. Il n'avait jamais vraiment compris ce qui se passait dans son établissement. Des bagarres de rue plus ou moins codifiées, voilà ce qu'il voyait, des affrontements entre chasseurs de phoque... La rixe, devenue une institution, il n'y avait jamais de véritable échauffourée au Pup, pas de mise à sac par des marins en bordée, pas de tabourets qui volent, à peine quelques verres brisés de temps en temps et de rares coups de poing entre supporters échauffés. Pour Joe Mackenzie, c'était déjà un détail non négligeable. Sans compter les tonneaux de bière qu'il débitait tous les soirs et les paris sur lesquels il prenait son pourcentage.

Et puis la bagarre était devenue boxe, et avec les nouveaux règlements étaient arrivés de nouveaux clients. Le monde du port avait dû se pousser pour faire une petite place au monde des collines aisées. La boxe était devenue un sport chic et le Pup un endroit à la mode.

James J. Jeffries était l'idole du lieu. En ce mois d'août 1904, il en était à son deuxième titre de champion du monde toutes catégories et il préparait sereinement son troisième *challenge*, prévu pour le mois de novembre, contre le New-Yorkais Jack Monroe. Jeffries, bien que « tirant chez les lourds », était d'un poids modeste – 75 kilos sur la balance que Mackenzie avait solennellement installée dans son arrière-salle – mais il était doté d'une taille impressionnante et surtout d'une allonge exceptionnelle, des véritables bras de singe qui lui permettaient de tenir ses adversaires à distance. Deux ans auparavant, Bob Fitzimmons en avait fait la douloureuse expérience en embrassant le tapis au milieu du combat, et l'incomparable James Corbett, Gentleman Jim, pourtant plus lourd de huit kilos, avait connu le même sort en 1903 en encaissant, au huitième round, un terrible uppercut qui lui avait fait voir des papillons multicolores pendant plusieurs minutes. C'était pourtant, sorti de l'arrière-salle du Pup, un être doux, inoffensif, toujours serviable, allergique à la moindre altercation : un cœur d'agneau dans une carcasse d'orang-outang.

Tous les jours à partir de dix-sept heures, on se pressait dans le bistrot de Mackenzie. On venait de tous les quartiers, et même des quatre coins de la baie, pour assister à l'entraînement de James Jeffries – J.J.J. Le vendredi connaissait grande affluence. C'était le jour des sparring-partners et on se bousculait avec jubilation pour voir le grand Jimmy démolir les colosses qu'on lui amenait pour qu'il se fasse un peu les poings.

Maggy venait au Pup, le vendredi, pour être vue. Elle faisait désormais partie des figures de la ville, le Tout-San Francisco de la finance, du jeu et des plaisirs. Elle amenait volontiers avec elle ses nouvelles pensionnaires afin que nul n'ignore que le personnel de la Cage aux lions était sans cesse renouvelé. Elle agrandissait ainsi son réseau de relations. Elle saluait poliment les consœurs qui venaient pour les mêmes raisons, Jessy Hayman, Dolly Adams et surtout Tessie Hall, la concurrente la plus jeune, mais la plus dangereuse – déloyale même – qui, excipant de son mariage avec un fils de famille français, Franck Daunou, s'était crue autorisée à baptiser sa maison de Portsmouth Square La Comtesse et à laisser sous-entendre qu'elle-même avait un arrière-grand-père vaguement hobereau dans le Bordelais. Maggy en avait ricané, bien sûr : « Au lieu de s'inventer un aïeul à la cour de France, elle ferait mieux de retrouver son père à Barbary Coast. » Tout de même le danger, si elle n'y faisait pas attention, pouvait devenir réel... Elle passait entre les groupes, Maggy, toujours souriante, jouant du murmure de ses jupons, de son éventail, de son ombrelle et de l'éclat de ses yeux verts. Ce qu'elle ne voyait pas, elle le devinait. Ce qu'on cachait, elle le découvrait, devenant la personne la mieux renseignée de tout San Francisco.

Et puis il y avait Jefferson. Lui aussi était un habitué du Pup. Il n'y venait pas en consommateur ou en spectateur; il y venait en pratiquant. Dans les milieux de la boxe, il commençait à avoir un petit nom. James Jeffries l'avait pris en sympathie et il aimait croiser les gants avec lui. Tous les vendredis, il lui faisait enjamber les cordes du ring et ils faisaient ensemble deux ou trois rounds d'entraînement. Jeffries faisait attention à ne jamais l'envoyer au tapis, à ne pas porter de coups trop rudes. Sans être champion du monde, il se défendait vaillamment, Jefferson, et il quittait le ring sous les applaudissements d'un public connaisseur. Maggy n'était pas peu fière de son portier. Une petite gloire, certes, mais qui rejaillissait sur la Cage tout entière.

Au bout d'une semaine à San Francisco, Jean-Marie Quéïnec commençait à s'y sentir bien. Cette curieuse quiétude, cette euphorie qui envahissait les voyageurs, qui les faisait rester, qui les prenait au piège. *Yerba Buena* : les Mexicains qui, cent ans auparavant, étaient venus s'installer sur les collines surplombant la baie n'avaient pas hésité. L'herbe était bonne pour les troupeaux : un signe qui ne trompe jamais. Le soir, souvent, il quittait le *Saint-Pol* vers six heures, gravissait les escaliers de bois de Telegraph Hill et regardait le rougeoiement du soleil qui se noyait dans le Pacifique. Il y voyait un appel. La promesse trouble d'un avenir.

Boullic avait été enterré un lundi matin. On l'avait sorti de la morgue de l'hôpital Saint-Patrick dans un cercueil de sapin, porté par les marins du *Saint-Pol*. Le corbillard avait traversé la ville à allure soutenue pour éviter d'entraver la circulation. Seul l'équipage avait suivi la petite calèche dodelinante; une vingtaine d'hommes silencieux. A Saint-François-d'Assise, une messe basse avait été expédiée en italien, le célébrant ayant interverti l'ordre de ses trépassés du jour. Les matelots ne s'en étaient pas offusqués. Boullic, il avait eu sa messe, c'était l'essentiel, un peu d'encens et le « *In Paradisum* »... L'italien, c'était un clin d'œil, une blague, pour que Boullic il parte quand même avec le sourire.

En descendant du cimetière de Yerba Buena, Briand avait pris Jean-Marie à part :

« Fernando est intraitable. Il a la rage au ventre. Aux dernières nouvelles, le *Saint-Pol* n'est bon qu'à devenir un entrepôt...

— Je me demande bien pourquoi la compagnie a choisi Fernando pour agent. C'est le contraire d'un marin, il n'a jamais mis les pieds sur un bateau. A peine sait-il qu'on avance avec des voiles, fit Jean-Marie d'un ton découragé.

— Il est au courant, au contraire. Hier, il m'a même fait un cours. Très en forme, Fernando, sûr de lui : " Peut-être que, dans cinquante ans, il y aura un musée de la voile à San Francisco ", m'a-t-il dit. Il sera intéressé, c'est sûr. Mais pouvons-nous attendre jusque-là ?

— Il a fait dans l'ironie ?

– Ses nouvelles relations qui lui donnent de l'assurance. Bref, on pourra mettre quatre, cinq ou six mâts sur nos bateaux, dix si ça nous chante, on ne pourra rien contre une seule cheminée. L'avenir est au tournebroche. C'est ce qu'il m'a dit, en substance. »

Briand hocha la tête lentement.

« Il a des idées derrière la tête, Fernando. Et pas très belles. Pas très catholiques... Je me demande si tout ça n'est pas lié à Hawaii... Il participe à une vaste entreprise... Nous ne tarderons pas à en savoir davantage... »

Puis, comme sortant de ses méditations :

« Il n'empêche qu'il ne raconte pas que des sottises. " Il faut vendre le *Saint-Pol* pendant qu'il est encore temps... Il n'est même pas sûr qu'il ne soit pas trop tard ", m'a-t-il répété... Dans le fond, je ne peux pas lui donner tort. »

Le deux hommes descendirent Market Street tandis que les marins du *Saint-Pol* s'engageaient à gauche dans Montgomery Street et se perdaient dans les rues populeuses.

« Vous voulez dire que le combat est d'ores et déjà perdu? » fit Jean-Marie en se tournant vers le commandant Briand.

Puis, comme se parlant à lui-même :

« C'est une idée qui tend à se répandre. J'en connais certains à qui ça fait plaisir. Tous les gabiers de poulaine qui ne veulent plus grimper aux cocotiers, qui ne veulent plus enverguer aux empointures, ils vont être contents. Pourront rester sur le pont à taper dans le château-cambuse en regardant la fumée noircir le ciel. En attendant que la marmite les volatilise plus haut que les contre-cacatois...

– Cela arrivera de moins en moins souvent, interrompit Briand. Et puis, tout bien pesé, les mar-

chands d'escarbilles font déjà moins de morts que
nos grands voiliers.

– C'est ce que prétend ma mère, confirma Jean-
Marie. A mon passage à Saint-Briac, elle m'a fait
jurer que c'était mon dernier embarquement à la
voile. " Tu finiras par glisser d'un marchepied de
vergue et tu tomberas de quarante mètres sur le
pont, comme les autres, comme ton ami Penvidic
qu'est mort le cou brisé. "

– Pourtant, vous êtes désormais voué à la passerelle, Jean-Marie, fit Briand avec un sourire.

– Elle n'ignore pas que je suis à un grade où l'on
doit encore étaler les gros coups durs, répondit
Jean-Marie d'un air légèrement amusé. Je lui ai
promis! Que faire d'autre? Je sais que je ne quitte-
rai jamais la voile. C'est inscrit au fond de moi.
Indéracinable. A moins que ce ne soit la voile qui
me quitte. Mais pourquoi? Depuis quinze ans, les
compagnies d'armement de voiliers sont prospères.
L'armement Laïetz, de Hambourg, vient de sortir un
cinq-mâts de huit mille tonneaux, le *Prussen*. Et
Bordes va lancer *France-II*, un cinq-mâts de cent
trente-neuf mètres et de six mille cinq cents mètres
carrés de voilure. C'est la preuve que certains y
croient encore, à la voile, qu'on a le temps de courir
encore quelques jolis bords sur tous les océans
avant d'aller pourrir sur la rivière de Nantes.

– Ne vous fiez pas trop à la bonne santé des
affaires de Bordes, Jean-Marie. Elles sont halées par
des vents favorables, des courants portants. Le
nitrate du Chili qui monte et le prix des voiliers qui
descend. Les deux réunis assurent la réussite de
Bordes : tant mieux pour eux. Quand leur fortune
sera achevée, les grands voiliers seront morts.

– Je comprends mal votre pessimisme, commandant, fit Jean-Marie sincèrement étonné.

– Je sais... Il n'y a pas de semaine que vous ne

régatiez avec un vapeur. Vous voyez de la fumée au loin, vous le doublez en lui faisant des signes faussement amicaux et vous continuez votre route en vous disant que jamais ces machines poussives ne rivaliseront avec un quatre-mâts élancé, aux voiles bien étarquées et appuyé sur un bon noroît. Il y a toujours un matelot pour parler de " maudite chafuste " ou de " baille à escarbilles ", le captain ordonne " la double " et tout le monde est content... Personne ne pense que c'est peut-être lui, le chafustard, " la baignoire à cheminée ", qui sera le premier à quai. Ils n'avancent pas vite, peut-être, mais ils avancent tout droit.

– Vous oubliez qu'ils ne sont guère rentables, commandant, intervint Jean-Marie. Le charbon dont ils ont besoin leur tient lieu de cargaison.

– Pour l'instant, pour l'instant..., prophétisa Briand en haussant les épaules. Les Anglais, qui, tout de même, s'y connaissent un peu dans les affaires de la mer, investissent à tour de bras dans la vapeur. Ils se débarrassent de leurs voiliers. Ils les vendent à des prix ridicules. Ils les bradent. Tant mieux pour Bordes... Mais vous ne me ferez pas croire que c'est un très bon signe. »

Porfirio restait toujours à la porte du Pup. Pour rien au monde on ne l'y aurait fait entrer. C'était un être foncièrement doux, qui ne supportait pas les cafés bruyants, les assemblées vociférantes, les éclats, les cris, et surtout pas les bagarres. Il l'avait expliqué à Maggy quand elle avait voulu l'emmener aux entraînements du vendredi soir : « Des coups de poing, j'en ai suffisamment donné dans ma vie. Je connais. J'en ai aussi reçu quelques-uns. Pas trop... Donnés ou reçus, c'était pas pour le plaisir. A l'Urubu, c'était souvent que je regrettais d'avoir blessé un type, même s'il avait voulu me tuer. Et au début, à la Cage aux lions, quand il fallait éloigner les brebis galeuses, c'était pas de gaieté de cœur que je démolissais les brutes de Sullivan à coups de gourdin pour qu'ils aillent shangaïer ailleurs... Maintenant, c'est plus des boucheries sanglantes entre trappeurs éméchés, c'est de la " boxe anglaise ", paraît-il... On se bat plus comme des loups, on " pratique le noble art ". Si c'est tout ce que t'as d' " artistique " à me proposer, je préfère rester avec Queen Jane et Lolita. Ce sont deux juments pacifiques, elles, tout à fait comme moi : pas violentes. C'est pour ça qu'on s'entend bien. On peut rester des heures ensemble. On s'ennuie jamais. On se fait la conversation. »

Alors, il restait des heures à la porte du Pup à parler avec Queen Jane et Lolita, à échanger des propos anodins, exclusivement relatifs au domaine hippologique, avec les voituriers et les cochers qui attendaient à l'entrée du bistrot-salle de boxe de California Street.

Il reconnut le commandant Briand qui s'apprêtait à entrer dans le bar en compagnie de Jean-Marie.

« Eugène Briand, fit-il, les deux poings sur les hanches, mimant à la fois l'étonnement et le courroux. Enfin j'arrive à vous voir... Depuis deux semaines que vous êtes à San Francisco!

— Dix jours, corrigea Briand.

— C'est pareil. Vous n'êtes pas venu voir vos vieux amis! »

Il embrassa Briand et tendit une main chaleureuse à Jean-Marie.

« Avec moi, c'est pas grave, vous savez. Mais c'est Maggy; elle a toujours eu un gros béguin pour vous, commandant. Quand elle a vu que vous ne veniez pas, elle m'a dit : " Je suis sûre qu'il a une autre femme... " »

Briand et Jean-Marie se regardèrent, ébahis.

« Elle veut dire une autre femme à San Francisco. Elle est jalouse à sa manière. Elle ne supporte pas quelqu'un d'autre sur son territoire. Elle est comme les chats sauvages de mon pays. Toujours à se hérisser pour un oui, pour un non. Ça fait rien, c'est une chic fille. Un cœur d'or. Faudrait pas la faire souffrir, commandant... »

Il était tout à coup sévère, Porfirio. Maggy vivait et lui la protégeait. C'était ainsi. Il veillait sur elle comme sur son enfant.

Briand et Jean-Marie n'eurent pas trop de mal à trouver Maggy. Elle déambulait, magnifique, tenant Consuelo par le bras, passant entre les spectateurs qui exultaient au spectacle de Jeffries jouant au chat et à la souris avec un gros docker au visage déjà tuméfié, le torse ruisselant, les jambes droites et raides dans un caleçon long gris, qui tentait avec obstination de placer un coup de poing.

Elle effaça sa surprise dans un sourire et accepta le baisemain du commandant Briand.

« Jean-Marie – un garçon charmant – m'a rassuré sur ta santé, Eugène..., fit-elle dans le brouhaha. D'ailleurs, tu es resplendissant... D'année en année, de passage en passage plutôt, tu affines ta séduction. »

Ils croisèrent une jeune femme superbe, la trentaine, des cheveux roux soyeux, des yeux gris-vert lumineux, la poitrine et la taille comprimées dans une robe de velours fraise écrasée. Les deux femmes se saluèrent d'un sourire carnassier, puis Maggy passa son bras sous celui de Briand et se pencha vers lui :

« Tessie Hall... La nouvelle attraction des soirées du port, paraît-il. Au fait, tu la connais peut-être? C'est sans doute pour elle que tu nous fais des infidélités. La Comtesse est un endroit très joyeux, à ce qu'on dit... Peut-être un peu vulgaire. Après tout, ça peut ajouter du piment au plaisir. Si tu aimes ça, les filles qui glissent les billets de dix dollars dans leurs jarretelles ou qui s'assoient les fesses à l'air sur les genoux des clients, faut pas te priver... Pas étonnant qu'on ne te voie plus à la Cage aux lions.

– C'est la première fois que je vois cette fille, protesta Briand, surpris. Tu sais, j'ai été très occupé depuis mon arrivée. Des problèmes graves... La journée entière à courir dans tous les coins, à régler des quantités de détails : l'état du *Saint-Pol* n'est pas très reluisant. Alors, tous les soirs j'étais fatigué. Je me disais : j'irai demain. La Comtesse, conclut-il en haussant les épaules, je sais même pas où c'est !

– A Portsmouth Square », siffla Maggy, butée dans sa colère.

Après quelques pas et quelques « Bonjour » accordés autour d'elle, elle se serra contre Briand et lui parla doucement :

« M'en veux pas... Je suis jalouse. C'est normal, dans le fond, depuis le temps qu'on se connaît. Et puis je me suis fait du mauvais sang. Fais pas l'étonné. Tout le monde a été au courant du cyclone. Le captain Flaherty, il y a un mois, m'a fait un cours toute une soirée, une leçon de météo et de navigation dans les cyclones. Tu peux y aller, je connais tout. Il ne m'a rien épargné : les hurricanes, les typhons, les twisters et même les willy-willies... Maintenant, si jamais j'en ai un sur le dos, bâbord amures je m'installe. C'est le conseil du captain Flaherty, l'enfance de l'art, paraît-il.

– Je croyais que tu étais allergique aux récits de navigation, fit Briand étonné. Un jour, tu m'as dit : " Les histoires de tosse-la-houle me donnent le mal de mer. " »

Maggy prit un air découragé :

« Tu es vraiment trop bête... Flaherty était à couple avec le *Saint-Pol* à Sydney. Il est parti trois jours avant toi. Je pensais avoir de tes nouvelles, mais j'ai été déçue, surtout qu'au bout de deux heures il a conclu : " De toute façon, avec un twister il n'y a rien à faire. Prier Dieu, c'est tout... Et c'est pas souvent qu'on a des résultats. " Ton lieutenant m'a décrit vos déboires par le menu, continua-t-elle en jetant un coup d'œil vers Jean-Marie qui, en arrêt devant le ring, avait poussé un cri de stupeur quand Jeffries avait décoché un crochet foudroyant au visage de son adversaire et l'avait envoyé, vacillant, au tapis. C'est pas la peine de me parler de l'état du *Saint-Pol*, je suis au courant dans le détail. Au fond, ça augmente le plaisir d'être à Meigg's Wharf, ça décuple le charme de Frisco... Peut-être un peu, aussi, celui de Maggy?

— Tu perces tous les secrets, convint Briand.

— Et quelle sensation quand, en plus, on a sous les yeux les images mêmes du naufrage qu'on a évité... »

Briand jeta sur Maggy un regard un peu perplexe au moment où l'homme qui, devant eux, se frayait un passage dans la foule se retourna soudainement.

« Maggy! Je savais vous trouver ici. D'ailleurs, viendrais-je pour autre chose? Sans vous voir et dans tout ce vacarme, je reconnais votre voix. Ne suis-je pas admirable?

— Monsieur Kelly, vous êtes un être exceptionnel », consentit Maggy tandis que l'homme s'inclinait légèrement pour lui baiser la main.

C'était un personnage élégant, les yeux noirs, le visage lisse, la cinquantaine svelte et sportive, habillé d'une veste grise à petits carreaux noirs, d'une large cravate verte sortie d'un gilet noir et d'un pantalon de golf serré aux genoux qui lui donnait une allure à la fois dynamique et nettement farfelue. En saluant Maggy, il avait retiré avec une civilité un peu outrée une large casquette de toile beige.

« Permettez, commandant Briand, que je vous présente Stuart Kelly », fit Maggy en désignant le gentleman du bout de son éventail replié.

L'homme sourit discrètement à Briand et lui tendit une main ferme et directe.

« ... Monsieur Kelly est amateur de toutes les nouveautés sportives. Les sports mécaniques... C'est bien cela, Ted?

— Parfaitement, Maggy. »

Puis, s'adressant à Briand :

« A la vérité, il y a dix ans, je m'intéressais aux aéroplanes. Fascinant, grisant! Mais un peu onéreux. Et puis beaucoup de déconvenues; quelques accidents qui rafraîchissent sensiblement les enthousiasmes... Désormais, je me consacre à l'automobile. " Les voitures sans chevaux ", se plaît à dire ma mère. Un grand avenir, vous savez, l'automobile. Dans quinze ans, vingt ans, tout le monde aura la sienne. La folie du siècle, vous verrez. Et il y aura des courses : le tour de Californie, le tour des Etats-Unis, le tour du monde, pourquoi pas?... Vous comprenez, c'est un sport complet, total, un art qui allie la précision, le coup d'œil, le sang-froid. Et l'oreille pour bien écouter le moteur, le cliquetis des pistons. Le plus important, c'est l'oreille.

— C'est à cause de l'avenir des " voitures sans chevaux " que vous vous habillez en chasseur de *grouse* illuminé? demanda Maggy en contemplant l'accoutrement du bouillant Ted Kelly.

— Mon boulot, chère amie, mon boulot, chuchota Kelly sur le ton de la confession. Je suis arrivé à concilier ma passion et mes obligations professionnelles. J'ai besoin de me sentir bien pour conduire ma Studebaker. Etre à l'aise dans mes mouvements : le *primum* du bon conducteur. Seulement, vous comprenez, au journal mes fonctions, mes responsabilités m'obligent à un minimum de tenue, d'élégance... Je pense avoir trouvé la solution idéale.

– Un mariage un peu surprenant mais très réussi », remarqua Maggy.

Elle se tourna vers Briand :

« M. Kelly, bien qu'il s'en défende, est une des personnalités les plus en vue de San Francisco. L'*Examiner*, le quotidien qu'il dirige, est la conscience de notre ville. Les croisades qu'il mène dans l'intérêt collectif sont célèbres. Il y a quelques années, l'*Examiner* s'est préoccupé du sort des Hawaiiens. Sans lui, qu'aurions-nous su des troubles dans cette île paradisiaque, de cette royauté moyenâgeuse et inhumaine qui y régnait, de la main perfide de l'Espagne ? Depuis, Hawaii fait partie de l'Union...

– Pas encore complètement, remarqua Kelly d'un ton un peu nerveux.

– Ne jouons pas sur les mots. L'intégration d'Hawaii aux Etats-Unis est désormais acquise. Et c'est en grande partie votre œuvre, cher ami. Votre journal est d'une efficacité remarquable... C'est un peu ce qui m'inquiète, en ce moment...

– J'avoue ma surprise », fit Kelly le regard tendu.

Maggy le fixa en plissant les yeux :

« Je ne vous cache pas que cette campagne contre l'immoralité, le vice, la " décadence " à San Francisco, que vous avez lancée récemment, ne m'inspire rien de bon... Il n'y a pas de semaine que vous ne fassiez vos titres sur la " pourriture qui envahit notre ville ", le " nettoyage salutaire ", le

« retour à l'esprit des *wasps*[1] », les « valeurs de la famille qu'il faut retrouver »... Je ne classe pas la Cage aux lions parmi les établissements de débauche, évidemment. D'ailleurs vous-même, qui nous faites régulièrement l'honneur d'y être notre invité, pourriez en témoigner... »

Jean-Marie et Briand observèrent le teint de Kelly légèrement pâlir sous la perfidie. Maggy savoura les délices d'une menace bien comprise et poursuivit :

« Les San-Franciscains sont des esprits parfois simples. Je crains que vos rédacteurs ne pèchent par manque de discernement. Savent-ils vraiment faire la part des choses? Séparer l'ivraie du grain? Distinguer un établissement comme le mien – fait d'une vieille tradition de plaisirs délicats, de relations d'amitié et, j'ose le dire, de culture – d'un vulgaire bobinard? »

Elle adoucit un peu le ton et la menace se fit tranchante :

« ... Un homme de goût, monsieur Kelly, ne saurait laisser la Cage aux lions être la proie de la vindicte populaire.

— Chère Maggy, fit Kelly avec le sourire, comment avez-vous pu vous méprendre à ce point? La Cage aux lions fait partie des richesses de San Francisco, de son patrimoine culturel.

— Vous en faites trop, Kelly.

— Notre campagne vise à débarrasser le centre-ville de certains étrangers qui pervertissent les mœurs, fit-il, se voulant convaincant... Cinquante morts à Chinatown l'an dernier. Ça ne peut plus durer. Sans compter ceux qu'on n'a pas retrouvés. Les tripots qui prolifèrent. L'opium qui circule. Des

---

1. White Anglo-Saxon Protestant : les premiers Américains, blancs, d'origine anglo-saxonne et de religion protestante.

Chinoises de quatorze ans vendues aux enchères... »

Il s'interrompit brusquement et mit sa casquette :

« Le grand Jeffries va bientôt avoir fini son entraînement. Il nous accorde une interview exclusive, deux pages dans l'*Examiner* d'après-demain. Messieurs! »

Puis, posant sa main sur le bras de Maggy :

« Vous avez encore des centaines et des centaines de belles soirées à nous offrir... »

Puis, jetant un coup d'œil vers Consuelo :

« ... Et de belles pensionnaires à chaperonner. »

Avant de s'éloigner, il ajouta d'une voix douce :

« Je demeure votre obligé. »

Quand il eut disparu dans la foule, Briand reprit le bras de Maggy.

« Les bruns aux yeux noirs... Je reconnais bien là tes vieilles faiblesses.

— C'est vrai qu'il a du charme. Il me rappelle un peu Porfirio, quand on était à l'Urubu. Et il est bien élevé. C'est important... »

Elle caressa doucement, du bout de son éventail, la barbe lisse de Briand.

« ... Les yeux noirs, ou bleus, c'est pas ça qui compte. La distinction, l'élégance, la classe : voilà l'essentiel, ce qui séduit les femmes. Un être fin, attentionné... Kelly, tout de même, il est trop voyou. D'aspect, il est superbe, élégant, mais au fond de lui il est capable du pire. Il est comme les loups : il pourrit de l'intérieur. »

Ils déambulèrent ainsi tous les quatre, quelque temps. Briand se faisait présenter la moitié de la ville et Jean-Marie, quelques pas en arrière, essayait de distraire Consuelo. Il lui parlait de ses voyages, de son métier. Depuis son arrivée, il s'était rendu trois fois à la Cage aux lions. Chaque fois, il avait demandé à la voir, sous le regard amusé de Maggy, il lui avait parlé, avait cherché à la faire rire... Mais elle avait gardé le fond des yeux ailleurs. A la fin, il osait à peine lui faire l'amour. Elle était restée à Morelos, Consuelo. Fallait qu'il s'y fasse. Elle n'en partirait jamais.

Le groupe allait s'en retourner – la réunion de boxe étant terminée et l'essentiel du public, en tout cas celui qui intéressait Maggy, avait quitté l'endroit – quand le regard de Jean-Marie fut attiré par trois hommes au fond de la salle, en conversation furtive. De dos, un homme d'allure jeune, mince, blond, une veste de cheval et des bottes souples de cavalier, semblait écouter attentivement ses deux interlocuteurs en frappant la paume de sa main gauche de petits coups de cravache nerveux. Un des hommes en face de lui retint son attention : des cheveux broussailleux, un visage heurté, un nez écrasé et, surtout, une silhouette lourde et musclée, une dégaine d'ours puissant. Le soupçon devint certitude, c'était un des tueurs du Flamingo. Jean-Marie le reconnaissait formellement. Il le fixait mais l'intensité de son regard était telle que l'homme s'en aperçut, leva les yeux sur lui à son tour et fit à son interlocuteur un hochement de tête dans sa direction. Le jeune homme blond sembla hésiter puis se retourna : Jean-Marie, dans l'arrière-salle du Pup, faisait face à Thomas Lexington.

Dans le landau qui remontait vers Russian Hill où un dîner avait été prévu en l'honneur de Briand, Maggy perçut chez Jean-Marie, d'ordinaire si paisible, une sorte d'énervement.

« Je crois que vous avez bien fait d'accepter l'invitation de Lexington pour cette soirée, demain, à Clifton House, Jean-Marie. Colemane n'est pas inintéressant, d'après ce qu'on raconte.

— Doit-on comprendre que tu ne connais pas Colemane ? demanda Briand. C'est une grave faiblesse...

— J'en conviens, mais Colemane est un animal solitaire. Il y a encore quinze ans, avant la mort de sa femme, il sortait de temps en temps, il l'accompagnait aux réceptions ou au théâtre, quand il ne pouvait pas faire autrement. C'était une femme de goût, Frances Colemane. Elle avait été élevée dans les livres, dans la poésie. Son père était un drôle de type. Violoniste de concert dans son pays, l'Autriche, il était venu faire fortune à Frisco. Et il avait réussi... Franck Kohler, il s'appelait. Il était devenu marchand de vin dans la foulée de Jean-Louis Desvignes, le Français qui a planté les cépages autour de Los Angeles dans les années 1850... C'est lui le premier qui a lancé les cable-cars dans Market Street, avec Michael Stein. Les deux filles étaient devenues amies : Frances Kohler et Gertrude Stein. Gertrude, on ne sait pas ce qu'elle est devenue. Elle est repartie vers l'Europe, je crois... Bref, Frances n'était pas faite pour Colemane. C'est de ça qu'elle est morte. La vie, jour après jour, avec un type fruste et taciturne qui méprise ce que tu aimes, les livres, le théâtre, la musique, ça devient vite intenable, le pire des enfers. Colemane lui avait même enlevé sa fille Samantha, des fois qu'elle lui fasse lire des choses nuisibles, qu'elle lui donne des idées d'indépendance, de liberté. Frances, à la longue, s'est repliée sur elle-même. Elle a perdu le goût de la vie... C'est pas le cancer qui l'a tuée. C'est l'humiliation.

— Et c'est Lexington qui lance les invitations pour les soirées chez Colemane ? demanda Jean-Marie intrigué.

— Lexington est chez lui, à Clifton House. C'est le fils que Colemane n'a pas eu. Son enfant spirituel. Il lui ressemble plus que nature... S'il avait vraiment eu un garçon, Colemane, il aurait peut-être été déçu. Le Ciel aurait pu lui envoyer un musicien ou un peintre, qui sait? même un poète... Avec Lexington, aucun risque de ce côté-là. C'est le successeur idéal, le dauphin... Un exécutant d'une grande précision, un pur produit de la voyoucratie locale, le meilleur connaisseur des bas-fonds de San Francisco. Inestimable!

— Il m'a fait une bonne impression quand je l'ai recueilli, fit Briand, qui ajouta dans un sourire : Il m'a paru très bien élevé.

— Il est très bien élevé », confirma Maggy.

Puis, comme les chevaux arrivaient devant Russian Hill, elle conclut, pensive :

« C'est une histoire bien curieuse que celle de Thomas Lexington. Je ne sais pas encore quand elle finira. Mais je sais comment : très mal. »

Après le repas, Jean-Marie sortit prendre l'air et regarder le ciel constellé. Porfirio, qui était resté peu de temps à table, était en train de refermer le petit hangar attenant qui lui servait de remise pour son cabriolet et d'écurie pour ses juments. Les deux hommes firent quelques pas ensemble.

« Tous les soirs, je viens voir Queen Jane et Lolita, leur souhaiter une bonne nuit, expliqua-t-il doucement à Jean-Marie. Ensemble on fait le bilan de la journée. Je fais la leçon à Lolita. Queen Jane, elle, a bientôt dix ans. C'est déjà une dame. Mais Lolita, c'est encore une gamine. Fougueuse, indisciplinée, galopant à tort et à travers... Enfin, je lui ai encore dit pour la centième fois : si tu n'es pas sage, tu ne deviendras jamais une grande fille... »

Jean-Marie approuva :

« Peut-être profitera-t-elle de la nuit pour faire son examen de conscience... »

Porfirio regarda Jean-Marie et fit « non » de la tête en s'éloignant vers la petite maison qu'il habitait seul, en haut de la rue : fallait pas trop compter là-dessus.

CHAPITRE XI

Briand marchait de long en large sur la dunette du *Saint-Pol*. Il avait convoqué les matelots ce mardi 4 juillet 1904 à dix heures, sur le quatre-mâts, pour une notification importante. A côté de lui, Jean-Marie, les mains dans le dos, regardait, nonchalant, le spectacle de la baie, dans le matin clair, les vapeurs à aube qui se croisaient en se saluant de jets de vapeurs stridents. C'était un jour resplendissant et léger, l'été californien qui achevait de naître, un ciel d'un bleu profond, un soleil intense que la brise de Californie effaçait d'un frôlement délicat. Un piège redoutable, une douceur sournoise : Jean-Marie ne s'en était pas méfié et, malgré son teint buriné, il s'était réveillé, dans sa chambre de l'hôtel Baldwin, le feu aux joues.

La veille, Julia était passée de bonne heure à l'hôtel porter un message pour le commandant Briand de la part de son père et avait trouvé Jean-Marie attablé devant son petit déjeuner. Après avoir accepté une tasse de thé, elle lui expliqua qu'elle comptait passer la journée à Frisco. Elle irait rendre visite à Jessica Lee dans Columbus Street, sa vieille complice d'enfance qui s'était mariée depuis bientôt un an. Elle ferait ensuite le tour des magasins de Market Street, avant de reprendre le *Martinez* pour regagner Ashby Ranch.

« Jessica Lee habite dans Columbus Street? demanda Jean-Marie étonné.

– Vous avez bonne mémoire », fit Julia, le teint légèrement rose. Elle planta dans le regard de Jean-Marie deux yeux noirs, intenses et vifs... « C'est vrai que nous avons passé notre enfance à Nob Hill. Nabab Hill, prétendaient mes condisciples, à Saint-François. Je ne peux pas nier que c'était un quartier aisé. Son père était avocat et devait sa fortune aux langues étrangères, l'allemand et l'italien, qu'il parlait couramment. Pour un avocat à San Francisco, il y a trente ans, c'était un gage de réussite...

– Je suppose que sa fille a appris le chinois! » s'exclama Jean-Marie qui se sentait euphorique.

Julia fit « non » en souriant :

« Chinatown, c'est plus qu'une ville dans la ville. C'est un monde à part, avec ses rites, ses lois et ses tribunaux. Et sans doute ses avocats... Jessica m'a accompagnée à l'école d'architecture. Pour forcer les portes de l'université, on n'était pas trop de deux. Il y a un an, nous avons abandonné. Ensemble. Je me suis rendu compte que mon père, sans me le demander, avait besoin de moi et j'ai décidé de l'aider à Merritt Shipyard. Jessica, elle, a rencontré un Italien, très brun, très sombre... Très beau. Elle l'a suivi. Depuis, elle tient un petit restaurant dans Columbus Street. J'irai la voir dans l'après-midi, après le service du déjeuner. Dès qu'elle a fini de faire ses comptes, elle se met à la vaisselle. Ça l'occupe jusqu'au repas du soir. Je lui donne un coup de main et on papote ensemble. Elle est toujours souriante, Jessica, toujours de bonne humeur.

– L'amour fait faire bien des choses, ironisa Jean-Marie.

– C'est beaucoup plus que ça, fit Julia. Elle m'a expliqué, un jour, qu'elle avait le sentiment de construire quelque chose. Dans cette ville, rien n'est acquis. Tout est possible. On y vient parce qu'on fuit la misère et ce n'est pas rare qu'on y trouve la fortune. Croire au miracle, à San Francisco, c'est la meilleure façon d'être raisonnable... Vivre de l'argent de son père, pour Jessica, ce serait vivre dans un autre siècle. Le monde se bâtit et elle ne veut pas que ce soit sans elle. »

Pourtant Julia, ce jour-là, n'avait pas rendu visite à Jessica. Jean-Marie lui avait demandé de rester avec elle. Elle avait cédé, sensible – avait-elle prétendu – à ses devoirs envers un visiteur, et désireuse de mieux lui faire connaître sa ville. Alors, ils avaient déjeuné ensemble dans le superbe restaurant de Cliff House niché sur la falaise déchiquetée qui se jetait dans le Pacifique dans les roulements d'écume. Au dessert, ils avaient levé leur verre de vin blanc en l'honneur du *Saint-Pol*. Julia s'était enhardie :

« Surtout..., il vous permet de rester avec nous, Jean-Marie. C'est important!

– C'est vrai, grâce à lui, je vais devenir un vrai San-Franciscain. Six mois dans cette ville : des vacances inespérées...

– Six mois? avait-elle dit en lui lançant un regard brûlant. Je demanderai à Fachetti de ne pas trop se presser dans les travaux.

– Vous feriez ça? fit Jean-Marie, un sourire aux lèvres.

– Parfaitement. Et, si ça ne suffit pas, j'irai moi-même, la nuit, saboter le travail des ouvriers. Je sais comment faire. Ce n'est pas très compliqué. Et, en plus, personne ne pensera que c'est moi... »

Jean-Marie éclata de rire. Troublé par l'audace de la jeune fille, il sentait pour elle un élan irrépressible, un sentiment nouveau, une sensation inconnue : pour la première fois on lui faisait la cour, ouvertement, délibérément. Il était là, aussi, le nouveau monde du bout des Etats-Unis, cette façon de bien savoir ce qu'on voulait et de courir sa chance. Il glissa ses doigts entre les couverts et saisit la main de Julia, chaude et palpitante.

Elle ajouta, en fixant Jean-Marie droit dans les yeux :

« Peut-être même que je mettrai le feu... Vous serez mon prisonnier. Vous ne pourrez plus jamais repartir. »

L'après-midi, ils avaient marché sur la plage. Jean-Marie s'était mis nu-pieds et avait relevé son pantalon. Julia avait enlevé ses bottines blanches. Ils s'étaient promenés le long de Cliff House, dans le grondement du Pacifique, mouillés de temps à autre par des langues d'écume froide qui s'aventuraient sur le sable. Ils avaient fini par s'asseoir, face au soleil brûlant, dans la respiration fraîche du large. Jean-Marie avait rejeté son canotier en arrière et Julia n'avait cessé de faire tourner son ombrelle. Elle avait raconté ses souvenirs d'enfance, lui ses souvenirs d'escale. Les plus anodins, évidemment... Vers le soir, au moment où les premiers becs Auer se mêlaient à l'embrasement du crépuscule, ils avaient rejoint le *Martinez* alors qu'on retirait déjà la passerelle. Il l'avait aidée à embarquer et elle lui avait simplement adressé un regard chaud et un sourire. Un geste discret, aussi, quand le bateau s'était éloigné, dans le remous de ses aubes et le martèlement de ses machines.

Le commandant Briand salua Luiz Fernando quand il monta sur le *Saint-Pol* et fit de la main un geste rapide, comme pour le tranquilliser sur les conséquences de son retard. Les matelots s'étaient rassemblés sur le pont, sous la dunette, sans précipitation, pour entendre la « notification » du captain.

« Notre voyage s'arrête ici, fit Briand. Je ne vous apprends rien. M. Fernando et moi-même n'étions pas d'accord sur l'attitude que nous devions adopter vis-à-vis du *Saint-Pol*. Il était pour le désarmement. Non sans argument, du reste, ajouta-t-il pour calmer la réprobation qu'il percevait chez les matelots. Je pensais, pour ma part, qu'on pouvait lui donner encore une chance, lui faire tirer encore quelques jolies bordées... J'ai donc sollicité la position exacte de la compagnie. La réponse m'est parvenue il y a trois jours », fit-il en sortant une lettre de sa poche et en la tenant entre le pouce et l'index. Il prit son temps, comme pour faire ressortir l'importance de la réponse : « " ... Le *Saint-Pol* sera regréé aux chantiers Thorndike, à Merritt Shipyard. Le lieutenant Quéïnec restera à San Francisco pour surveiller l'exécution des travaux. " »

D'un coup, les marins poussèrent un immense cri de joie. Leur bateau, ils y étaient attachés. Ils avaient lutté ensemble, ils avaient souffert ensemble. Le *Saint-Pol*, c'était un peu eux-mêmes.

Briand continua :

« Thorndike m'a fait savoir que le remorquage serait possible dès demain. Aujourd'hui, 4 juillet, c'est la fête nationale aux Etats-Unis, comme vous avez pu le remarquer... »

Ils étaient au courant, les matelots. Flora Mac Vee, leur logeuse, préparait l'événement depuis une semaine. Elle avait confectionné des banderoles multicolores qu'elle accrocherait à la maison d'en face. C'était la nouveauté par rapport à l'année précédente où elle s'était contentée de piquer quelques cocardes aux fenêtres. Autre événement de taille : elle ouvrait gracieusement son bar à partir de midi, et pendant une heure aux habitués. Une sacrée nouvelle. Bizien, Kerzoncuff, Pouliquen et même Kervella, le mousse, tout attachés qu'ils étaient au *Saint-Pol*, n'étaient pas décidés à y rester au-delà de midi moins le quart. Le bar ouvert, c'était sa façon, à Flora Mac Vee, de montrer sa reconnaissance envers son nouveau pays. C'était une bonne Américaine et personne n'en douterait. C'était aussi une bonne commerçante. Elle amorçait la pompe, en somme. Une technique infaillible. Au bout d'une heure de consommation gratuite, tous les habitués seraient lancés à vive allure vers la beuverie générale. Rien ne les arrêterait. Tard dans la nuit, quand les derniers rescapés grogneraient faiblement sous les tables, elle compterait ses dollars, Flora Mac Vee. Le patriotisme avait du bon.

Briand, aussi, avait fait pavoiser le *Saint-Pol* : quelques rangées de signaux et de pavillons hissés sur les mâts incertains. Ce n'était pas grand-chose, avait-il fait observer à Fernando. Tout de même, une manière de célébrer l'événement. Il avait fait dresser une table au milieu de la dunette où il avait disposé, pêle-mêle, des bouteilles de whisky et de rhum, miraculeusement échappées à la tornade, en guise de « vin d'honneur ». Fernando avait levé son verre de bonne grâce : « A la démocratie américaine... et au *Saint-Pol*! » Il était bon perdant. Briand lui en fit la remarque, tandis que tout l'équipage se tournait vers le quai où les militaires du camp du Presidio défilaient dans la liesse générale.

« Le choix de la compagnie de garder le *Saint-Pol* ne recueillait pas vos suffrages. J'apprécie votre fair-play! »

Jean-Marie se mêla à la conversation des deux hommes :

« Peut-être pensez-vous, monsieur Fernando, que

cette décision ne change rien au cours des choses. L'évolution est inévitable, pensez-vous, la "machine" est en marche, si je puis dire... »

Fernando ne releva pas l'agressivité qui affleurait dans les propos de Quéïnec.

« L'important, lieutenant, fit-il en se lissant discrètement la moustache, est que chacun puisse vivre de son métier, gagner sa vie; les mécaniciens des steamers et les gabiers de la voile. La mer est grande, il y a de la place pour tout le monde.

— En fait de gagner votre vie, remarqua Briand, vos affaires sont florissantes. Je vous en félicite, bien sûr. Il y a dix ans, je m'en souviens très bien, vous étiez un modeste commerçant qui ouvrait une petite boutique dans Well's Fargo. Aujourd'hui, vous affrétez pour tous les ports du Pacifique... On raconte que Colemane vous confie l'essentiel de ses transactions... Une belle réussite, conclut-il en faisant une moue admirative.

— Le travail, commandant. La seule recette, répondit Fernando avec un sourire clair. Se lever de bonne heure pour être le premier sur les wharfs. Pas de miracle et pas de mystère. »

Il jouait du cynisme en virtuose, Fernando. Il y avait dans son sourire et dans son air détaché bien plus qu'un aveu : une mise en garde.

Colemane avait choisi le jour de la fête de l'Indépendance, pour donner sa garden-party annuelle. C'était une manière astucieuse – et provocatrice – de montrer sa puissance : nombreuses étaient les invitations ce soir-là et il fallait choisir entre les réceptions privées, les membres du Yacht-Club de San Francisco-Sausalito, qui recevaient derrière les baies vitrées de leur résidence, ou les personnalités de la Pacific Railway qui allumaient des torches dans les jardins de Pleasant Valley, au sud de Market Street, autour de buffets croulants sous les sandwiches au saumon et les pichets de punch à la cannelle... Jusqu'aux membres de l'Eglise mormone qui dressaient quelques tréteaux austères dans la sombre beauté des chants religieux... Les corps constitués, non plus, n'étaient pas en reste. Les cocktails fleurissaient çà et là, à l'université Stanford, au Presidio – où l'armée fêtait l'événement derrière une immense bannière étoilée, tandis qu'en haut de Market Street, à Mission Dolores, le vice-sénateur de Californie et le délégué de la Maison Blanche recevaient les personnalités et les chefs de légation sous des tentes à franges dorées.

Clifton House, ce soir-là, était pourtant l'endroit le plus fréquenté. Les jardins de la superbe résidence de Nob Hill étaient hérissés d'une dizaine de buffets chancelants de victuailles, tenus par des serveurs mal à l'aise dans des livrées « grand siècle ». C'était une foule nombreuse et contrastée qui se pressait. Les hommes d'affaires cossus et leurs épouses, frissons de perles et d'organdi, et le petit peuple de San Francisco, Italiens moustachus au costume sombre, accompagnés de leurs femmes dignes et raides, dockers du port endimanchés, tous les patrons des remorqueurs, les ouvriers du chemin de fer, les petits commerçants de Columbus ou Montgomery et les grands hôteliers de Market Street. Tout le monde était invité et chacun se croyait choisi : le génie d'Ezechiel Colemane.

Dans l'après-midi, Briand avait dit un mot à Jean-Marie au sujet de cette invitation, qu'il avait refusée : « Colemane compte son obédience, ses fidèles. Il fait l'inspection des troupes... Pourquoi je ne vais pas à Clifton House ? C'est à cause du bourbon. Il a un drôle de goût... Il sent la complicité. »

Jean-Marie avait fait valoir que, pour sa part, sa présence dans les jardins de Colemane ne tenait pas lieu d'engagement. D'ailleurs, il n'était que de passage à San Francisco. C'était la curiosité qui le poussait. Il disait la vérité. Enfin, presque... C'était bien plus qu'une curiosité. C'était une attirance irrépressible, le besoin de revoir enfin Samantha qui l'entraînait en réalité dans cette soirée chaude du 4 juillet devant la villa de Clifton House, sur les hauteurs illuminées de San Francisco.

A l'entrée de la garden-party, deux jeunes hommes, le visage lisse et les cheveux plaqués en arrière, élégamment vêtus de costumes noirs, de gilets et de cravates étranglées dans des cols empesés, contrôlaient les cartons d'invitation d'un regard indifférent. Leur consigne était évidente : laisser entrer quiconque se présentait, pour peu qu'il fût correctement vêtu et à peu près à jeun. Jean-Marie suivit la foule des invités et déambula quelque temps dans le jardin, ébloui par la lumière des torches et le rythme d'un petit orchestre de guitares et de violons râpeux, juché sur une estrade. Il se dirigea ainsi vers la superbe villa blanche qui se languissait au fond du parc, passant entre les buffets où se bousculaient les invités et les petits groupes qui discutaient plaisamment, un verre à la main. Il sentit les pulsations de son sang battre sous ses tempes, son cœur se comprimer dans sa poitrine. Tout son être était éperdu à l'idée de connaître Samantha.

Thomas Lexington se dirigea vers lui. Il avait vu depuis quelques instants Jean-Marie qui marchait sans but dans la réception et s'était discrètement détaché d'un groupe d'invités pour venir à sa rencontre. Il était d'une élégance stricte et discrète, un

240

costume sombre et un gilet, à peine rehaussés d'une chaîne en or qui maintenait une montre glissée dans une poche et d'un diamant griffé sur une cravate en soie. Les lumières vaguement orangées accentuaient l'aspect anguleux et dur de sa physionomie. Il n'y eut aucune chaleur dans son salut : une poignée de main froide et cassante, un vague sourire et un geste d'invitation à l'accompagner vers un buffet pour prendre un rafraîchissement. Le profil bas de la civilité.

Tout de même, il était trop soucieux des usages, Thomas Lexington, pour rester silencieux. Il engagea donc une conversation banale, une corvée qu'il assumait de mauvaise grâce. Le regard de Jean-Marie fut attiré, quelques pas plus loin, par un homme puissant, la soixantaine solide, le corps musculeux dans une ample vareuse grise, une lavallière étroite et un chapeau texan. Sullivan. William Sullivan. Le premier shangaïeur du Pacifique en conversation paisible, à deux mètres de lui, avec un couple respectable, et qui faisait tourner une cerise au bout d'un petit bâton dans un verre de cocktail. Lexington remarqua l'intérêt de Jean-Marie.

« Vous le connaissez ?

— Je vous demande pardon ? dit Jean-Marie en se tournant vers Lexington.

— Sullivan... Il dirige une compagnie de navigation. Une vieille personnalité du port. Il arme à la pêche à la baleine. A la chasse aux phoques, aussi. Un incroyable captain... Je lui dois tout... Toute ma formation de marin. Permettez-moi de vous le présenter.

— Est-ce bien utile ? demanda Jean-Marie qui n'appréciait pas l'insolence amusée de la proposition.

— Tout à fait. C'est un personnage important,

William Sullivan », fit-il en entraînant Jean-Marie vers l'homme à tête de brute.

Puis, alors qu'il s'apprêtait à interrompre la conversation de Sullivan, il ajouta, en demi-teinte :

« Et surtout si on est appelé à séjourner plusieurs mois à San Francisco. »

Il sentit la surprise de Jean-Marie devant sa dernière phrase et enchaîna :

« William Sullivan... Je vous présente le lieutenant Quéïnec. Un remarquable meneur d'hommes. Amateur de boxe, aussi... Et pugiliste fort présentable, à ses heures. Mon sauveteur », ajouta-t-il comme à regret.

Sullivan tourna vers Jean-Marie un visage lourd et poussa un grognement en guise de salutation. Il tendit une main morne et reprit sa conversation avec ses deux interlocuteurs : les présentations étaient terminées.

Lexington entraîna son invité dans la grande allée illuminée qui menait à la résidence.

« Un être d'apparence un peu fruste, certes, fit-il avec douceur, mais c'est son métier qui veut ça. La fréquentation des chasseurs de phoque, leurs manières rudes qui ont fini par déteindre, évidemment... Il vaut mieux que sa réputation... »

Jean-Marie mima l'incompréhension.

« Ne faites pas l'étonné, lieutenant Quéïnec, sourit Lexington. Vous seriez bien le seul marin au monde, en tout cas habitué des ports du Pacifique, à ne pas connaître William Sullivan... Shangai Bill, ça ne vous dit rien ? Le monstre qui rôde autour des wharfs, qui soûle les marins dans Barbary Coast, qui les embarque de force pour la chasse à la baleine... Les gaillards d'avant de tous les voiliers des sept océans regorgent de récits terrifiés sur Sullivan.

– Les carrés des officiers aussi, remarqua Jean-Marie.

– C'est que tous les marins, des gabiers aux captains, sont des imaginatifs. Les marins sont gens de tradition et de légende...

– Vous voulez dire que jamais un marin ne s'est trouvé embarqué de force sur un voilier pour aller piquer la baleine ou écorcher les phoques, ou..., que sais-je? étarquer des huniers dans la mer de Chine?

– Tout est arrivé, bien sûr. Et tout arrivera encore, fit Lexington, soudain prolixe. Dans les années 1870, Sullivan avait trente ans. Il était devenu l'ami de Shangai Kelly, une bête furieuse, je vous le concède. Il fallait trouver des équipages pour les bateaux. La Californie, à l'époque, était une terre nouvelle. A peine civilisée. Des Indiens, des Mexicains, des chercheurs d'or, c'était la population. Joli ramassis de voyous et d'alcooliques... Et puis les colons sont venus s'installer. Des Irlandais d'abord, des milliers qui déferlaient par chariots, par caravanes entières. Ils ne cherchaient plus l'or. Ils cherchaient le bonheur. Dans ce pays, la nature est bonne fille. Le soleil, c'est tout le temps, et la pluie quand on en a besoin. Le bonheur, ils l'ont trouvé... Ils ont élevé des troupeaux et planté des vergers. Le paradis... " Chacun peut travailler dans la maison du Seigneur ", comme disent les pasteurs. Peu à peu San Francisco grandissait et, du travail, il y en avait pour tout le monde. Même les métiers les plus bizarres rapportaient de l'argent. On n'a plus idée, maintenant », soupira-t-il.

Il avala une gorgée de son cocktail et poursuivit :

« Je me souviens, quand j'étais enfant, il y avait un type au coin de Columbus et de Montgomery, un vieux barbu avec un chapeau claque délabré et une redingote en loques, qui faisait le rémouleur. Il avait installé deux chiens dans sa petite carriole, qui faisaient tourner la roue à aiguiser. Il attirait les clients par la curiosité. Quand il avait commencé son métier, vers 1850, il n'était pas vraiment original. Ce qu'il pouvait nous raconter! Des cracheurs de feu, des prédicateurs illuminés, des vendeurs d'essence de palme d'Orient contre la dysenterie, plein San Francisco, il y en avait... C'était pas rare, au coin d'une rue, de tomber sur un ours brun en train de casser la croûte, placide, assis sur une caisse avec son maître, entre deux représentations...

« Seulement, des marins, il n'y en avait pas... Il y avait les bateaux, les cargaisons de peaux, de fruits, de blé, mais personne pour virer au cabestan ou border un grand foc. Shangai Kelly, il prenait les matelots où ils étaient : sur les voiliers européens. Au fond, c'est lui qui a assuré le négoce de la Californie. Shangai Kelly, c'est un bienfaiteur!

— Ma compagnie cherche un nom pour son prochain bateau... Vous me donnez une idée, fit Jean-Marie, l'air pénétré.

— J'exagère un peu, se reprit Lexington. Tout cela est bien loin. Maintenant, bien sûr, des marins disparaissent. Mais Bill Sullivan n'y est pour rien. C'est le charme de la Californie qui opère, le vent frais sur la baie de San Francisco, la douceur de vivre, la fortune si proche...

— Des shangaïés volontaires, en somme... », ironisa Jean-Marie.

Lexington le fixa, froidement.

« C'est plus fréquent que vous ne le pensez. La région, de Portland au Nouveau-Mexique, est remplie d'anciens gabiers qui ont manqué leur embarquement. Ils sont devenus commerçants, fermiers, dockers même, chercheurs d'or aussi... Ne leur parlez pas de Sullivan : ils ne savent pas qui c'est... »

Puis, pesant ses mots, après un moment de silence, il ajouta :

« Certains commandants étrangers, spécialement français, sont, par contre, tout à fait au courant...

– Qu'est-ce que vous voulez dire ? »

Les deux hommes gravissaient les escaliers du perron de la villa blanche dans une illumination de flambeaux et d'ampoules électriques. Jean-Marie n'eut pas le temps d'obtenir une réponse : il se trouvait dans une salle de réception brillante, bruissante de conversations discrètes et du tintement délicat de coupes de champagne. A peine eut-il salué Ezechiel Colemane, serré dans une redingote noire et étranglé par une cravate grise qui faisait encore ressortir sa rondeur et son teint rougeaud, que l'événement qu'il attendait, qu'il espérait et qu'il redoutait se produisit : Samantha Colemane était devant lui. La vie décidément avait plus d'imagination que ses rêves. Il la reconnaissait sans la retrouver vraiment. Elle s'était affirmée. Il le réalisa d'un coup, vaguement déçu. C'était la même, mais plus loin, plus avant. Sa propre sœur aînée en somme.

Tout de même, elle était vraiment belle. Elle avait hérité de la lignée Colemane et de Black Ball Johnny le côté gallois, à la fois fier et lointain, le regard vert et un peu nostalgique, une chevelure rousse volumineuse et un peu rebelle. Elle irradiait à la fois la puissance et la douceur. Une lionne qui se serait assoupie, par inadvertance, dans le profond d'un lit de soie et de dentelle.

Elle tendit à Jean-Marie une main gantée de blanc, éclairée d'une turquoise à l'annulaire. Il y avait dans ce geste toute l'assurance discrète qu'apporte une enfance aisée, les promenades dans les allées de Clifton House à subir les remontrances d'une nurse britannique, les dizaines de serviteurs et les centaines de soirées passées dans une chambre fleurie, seule... La solitude et le dédain font souvent bon ménage.

« J'ai entendu parler de vous, monsieur Quéïnec, fit-elle d'un ton détaché, tandis que Lexington, faisant valoir la présence d'invités dont il devait impérativement s'occuper, s'éloignait dans le jardin. Vous ne me connaissez pas. Eh bien, moi, j'ai l'avantage d'avoir déjà pensé à vous. »

Elle prit l'air entendu et moqueur d'une petite fille savourant le paradoxe d'une devinette. Bien sûr, elle n'en attendait pas de réponse. Elle prolongea le plaisir de l'inattendu par celui du silence qui pique, de l'embarras qui cloue. « Puisqu'il se prête au jeu, pensa-t-elle, faisons-le marcher pour de bon. » Et Jean-Marie, lentement, lui emboîta le pas sans qu'il s'en aperçoive. Samantha s'imagina un instant araignée tissant sa toile, entourant sa proie de mille douceurs. Ce tendre ligotage, ce délicieux agacement portait un nom qu'elle ne chercha pas à trouver. Jean-Marie continuait de la suivre, pétrissant, les mains croisées dans le dos, une casquette de marine imaginaire. Attentif aux battements rapides de son cœur, il crut s'envoler. Pour la première fois de sa vie, il prononçait des paroles légères comme une nuée de plumes.

« Peut-on penser, dit-il, à quelqu'un que l'on n'a jamais rencontré?

— Quand c'est le sauveteur du lieutenant Lexington, certainement! répondit-elle.

— Mademoiselle, je vais certainement vous décevoir, mais...

— Pas encore... Vous ne me décevrez pas encore, lieutenant Quéïnec. »

Elle sourit et découvrit des dents magnifiques qui finirent d'illuminer son visage.

« Pour moi, poursuivit-elle, vous êtes et resterez

le jeune marin français qui a sauvé le lieutenant Lexington... Et vous habitez, en France, un joli petit port de pêche. »

Elle prononça distinctement « joli petit port de pêche » en français et se mit à rire en laissant aller sa tête vers l'épaule de Jean-Marie. « Petit port de pêche », répéta-t-elle, d'un air appliqué cette fois, en serrant les lèvres.

« Deuxième déception : je n'habite pas non plus un " joli petit port de pêche ".

– Laissez les jeunes filles californiennes à leurs fautes de français et à leur incurable romantisme. La France est un immense joli petit port de pêche et on ne discute pas la vérité d'un tableau de M. Ernest Dollet.

– L'Amérique, répondit Jean-Marie, est indiscutablement une grande ville sablant du champagne Peter Findeuville. »

Elle éclata de rire :

« Vous voyez bien que les peintres et le champagne Peter Findeuville ne mentent jamais! »

Elle regarda autour d'elle, puis vers les grands peupliers qui frémissaient dans le vent du soir, enfin baissa les yeux sur sa robe. Elle releva la tête, fixa Jean-Marie avec un sourire et lui confia qu'avec deux ou trois doigts de champagne supplémentaires « le tableau américain » serait presque parfait.

Ils se dirigèrent vers le vaste buffet nappé de taffetas, d'un même pas apaisé, d'une même respiration, comme après une grande promenade ou un long baiser. Ils se taisaient. Les silences sont parfois bien plus forts que les étreintes. Jean-Marie le rompit maladroitement le premier. Samantha, elle, semblait ailleurs. Ou plutôt près, bien plus près.

« Vous avez appris le français? demanda Jean-Marie.

– J'ai tenté, soupira-t-elle. C'est une langue qui

sent le parfum. Elle a l'élégance des articles de Paris... J'ai tenté et je n'étais pas la seule. Julia et moi, nous étions amies. Le tableau d'Ernest Dollet nous a inspirées... C'était il y a longtemps, dix ans, je crois... Avant qu'elle n'aille habiter de l'autre côté de la baie. Avant que son père n'entre en guerre contre le mien. Vous n'ignorez pas que nos deux familles sont en... conflit ? Ce n'était pas une raison pour cesser de venir me voir. Je ne lui en veux plus. Je l'ai gommée de mon existence. Effacée à jamais », ajouta-t-elle, cassante.

Elle se reprit et retrouva son sourire.

« Je ne vais pas vous ennuyer avec ces vieilles histoires... Le mont Tamalpais est la nouvelle folie de San Francisco, dit-elle en posant son éventail sur le bras de Jean-Marie. Une promenade vraiment charmante, de l'autre côté de la Golden Gate, au nord de Sausalito. Une vue superbe sur l'Océan... »

Ils s'étaient approchés du « buffet d'honneur » au milieu duquel trônait, levant une coupe de champagne, Ezechiel Colemane. Elle prit délicatement la main de Jean-Marie et s'approcha de son père au moment où retentit un « Attention, s'il vous plaît ! » qui stoppa net tous les invités. Un éclair partit dans la nuit, une petite fumée : chacun reprit sa conversation avec le plus parfait naturel.

Samantha indiqua discrètement une petite boîte juchée sur des tréteaux et un foulard noir qui pendait derrière.

« Le photographe de l'*Examiner* qui immortalise la soirée... » Elle plongea dans le regard de Jean-Marie l'éclat de ses yeux verts. « Mes invités m'attendent, fit-elle l'air contrit.

– Je comprends leur impatience », confirma Jean-Marie.

Elle sourit :

« Nous avons projeté, avec quelques amis, une grande première, dimanche après-midi : l'ascension du mont Tamalpais. Les joies de l'escalade... »

Elle posa délicatement sa main sur le bras de Jean-Marie.

« Venez vous joindre à nous... Dimanche, vers dix heures. »

Il inclina la tête en guise d'acquiescement. Elle ajouta, en s'éloignant vers les lumières du jardin :

« Votre présence me sera très agréable, lieutenant. Très agréable... »

En contemplant sa gracieuse silhouette se fondre parmi les invités, Jean-Marie se prit à sourire. Il n'avait plus rien à faire ici.

Derrière les grilles en fer forgé de Clifton House, le long du mur recouvert de lierre, les deux portiers élégants avaient aligné les convives ivres morts. Ils étaient là une vingtaine qui avaient voulu combler trop vite une vie de privations, de fringales, de désirs étouffés, et qui s'étaient laissé surprendre par les vapeurs de l'alcool, dans un ronflement paisible. Certains tenaient encore une bouteille de whisky affectueusement serrée contre leur flanc. Jean-Marie Quéïnec monta dans un fiacre et redescendit dans la chaleur du port.

Le *San Leandro*, le petit remorqueur de la société Thorndike, vint se mettre à couple avec le *Saint-Pol*, comme prévu, en fin de matinée. Le soleil s'était installé pour la journée, avec une belle assurance, et San Francisco se réveillait, fripée par une journée de fête. Le *Martinez* revenait de son premier voyage à Oakland. La ville revenait à elle peu à peu.

William Thorndike retrouva Briand sur la dunette du *Saint-Pol*. Il avait tenu à venir lui-même. C'était un événement important, une commande inattendue pour ses chantiers. Un sursis. Fachetti aussi avait tenu à se déplacer. Il surveillait les opérations à bord du remorqueur. Jean-Marie, sur le gaillard d'avant du *Saint-Pol*, vérifiait que les matelots amarraient correctement les aussières. Bientôt, le petit remorqueur puissant, tremblant de toutes ses taules, dans les bouffées de fumée noire, arracha le long voilier meurtri des pylônes du wharf. Rapidement, ils prirent la mer. Les pontons de Frisco s'éloignaient. C'était une curieuse sensation pour l'équipage de sentir l'étrave du quatre-mâts doucement soulevée par la houe courte qui s'était formée dans la baie. La brise fraîche soufflait à nouveau sur le pont. Tout recommençait.

« Ce diable de *San Leandro* a failli ne pas se réveiller ce matin, fit Thorndike qui percevait chez Briand une tristesse diffuse, une absence.

— Il a trop fêté l'Indépendance, fit le captain en se forçant à la bonne humeur.

— C'est un drôle d'animal, capricieux, mauvaise tête... Vaillant et costaud mais grincheux. Son passé, je crois, qui lui monte à la tête. Sans compter ses origines britanniques... Toujours prêt à faire un coup tordu. »

Pour Briand, c'étaient les derniers milles près de la timonerie du *Saint-Pol*, son dernier commandement. Il s'était fait à cette idée, bien sûr, mais la tristesse rôdait... Et puis, la fin, il ne l'avait pas imaginée comme ça. Il s'était vu descendre encore la rivière de Nantes, une dernière fois, la Loire sablonneuse, le passage entre les vignobles et les chantiers navals, avant de s'amarrer doucement près des tramways nerveux du quai de la Fosse.

Thorndike sentait qu'il fallait parler pour éloigner la lassitude, le désespoir, comme les trappeurs font des feux, la nuit, pour éloigner les loups.

« ... Au fond, ce *San Leandro*, il se prend pour un

grand coureur, un bourlingueur d'océans. Il a quelques raisons. Il y a dix ans, Bordes avait besoin d'un remorqueur pour ses nitratiers de Valparaiso. Ils ne trouvaient rien sur place. Et à San Francisco, bien sûr, fallait pas compter sur Colemane pour céder un vapeur... Alors, ils se sont décidés. Ils ont acheté un petit remorqueur de soixante-dix tonnes à North Shields, en Angleterre, et en route pour le Chili. Evidemment, ils ne pouvaient envisager de traverser l'Atlantique à la vapeur : impossible d'embarquer suffisamment de bois et de charbon pour nourrir une chaudière. Ils avaient donc installé un gréement de goélette à huniers... Ils sont arrivés, vaille que vaille, jusqu'aux Malouines. Seulement, impossible de passer le Horn : le *San Leandro* était trop petit, trop mal gréé. Et, de plus, il ventait la peau du diable. Alors le captain Forgeard, un de vos compatriotes, décide d'emprunter le détroit de Magellan. Et il fait donner la vapeur, tellement la tempête se déchaînait... Il a eu vite fait d'utiliser tout son charbon, Forgeard. Il a tout envoyé dans la chaudière : les lattes de l'entrepont, les meubles, la table à cartes et le lit du captain. Tout y est passé. Quand ils sont arrivés en vue de Dungeness, à l'embouchure du détroit, les derniers morceaux de leur petit mât de goélette et les restes de leur vergue finissaient de se consumer... Ils sont quand même arrivés au Chili : à peine entrés dans le Magellan, les matelots sont descendus à terre et ont coupé du bois dans les forêts. Et comme ça jusqu'à Punta Arenas... Depuis, le *San Leandro* est d'humeur difficile : il se prend pour un personnage mythologique. »

Briand sourit en hochant la tête : les vapeurs, aussi, pouvaient bien avoir leur caractère... Son visage se tendit tout à coup. Quelque chose se passait à l'avant du bateau. Son flair se réveillait.

Quéïnec, qui était en conversation avec Bizien et Le Pensec, se dirigea d'un pas rapide vers la dunette, grimpa l'escalier de tribord et se présenta dans une attitude un peu raide devant Briand.

« Captain, fit-il d'un ton net, je me dois de vous informer qu'un passager clandestin est monté à bord... »

CHAPITRE XII

« FRANCISCO DA SILVA, commandant... C'est mon nom. »

Briand et Jean-Marie l'avaient installé dans la cabine du commandant en second, la petite chambre que Voisin avait quittée un matin de janvier, en arrivant à Sydney. C'était un homme jeune, le cheveu noir et court, maigre, habillé pauvrement d'un chandail noir reprisé et d'un pantalon de gros drap bleu. Il regardait par terre fixement, comme fasciné par ses chaussures de toile déchirées qu'il avait ficelées autour de ses pieds.

« Vous étiez sur le *Gosvernor Ames*, fit Jean-Marie qui l'avait reconnu immédiatement, à peine découvert dans le poste avant, vaguement dissimulé derrière un entassement de coffres et de planches de roulis.

– Oui, monsieur, fit-il d'une voix douce.

– Pourquoi êtes-vous monté à bord du *Saint-Pol*? »

L'homme continua à fixer les planches de la cabine, buté, muré dans un silence craintif.

« ... Qui vous a aidé à monter à bord? » insista Jean-Marie, sans grande conviction.

L'homme fit « non » de la tête.

« Personne, commandant. Personne. »

Briand fit discrètement un signe à Jean-Marie en direction de la porte et les deux hommes sortirent de la cabine.

« Laissez ouvert, fit-il en grimpant les marches de l'écoutille. Il est monté volontairement. Il y a peu de chances qu'il veuille repartir. »

Le *San Leandro* continuait à tirer vaillamment le *Saint-Pol*, dans le ronflement puissant de sa chaudière, et masquait le ciel d'une colonne de fumée noire. Briand reprit sa place près de l'homme de barre, à côté de Thorndike. Le remorquage du *Saint-Pol* était une opération trop délicate pour qu'il pût abandonner longtemps son poste de commandement. Jean-Marie Quéinec rejoignit le gaillard d'avant d'un pas nerveux. Il fit signe à Kervella, le mousse, qui s'était assis sur le guindeau et regardait fixement la côte d'Oakland qui commençait à se dessiner nettement dans des vapeurs chaudes, et lui demanda de veiller à ce que les aussières ne ripent pas autour des bittes, puis il rassembla les matelots autour de lui. Il parla d'une voix posée, nette et forte :

« Tout le monde peut monter sur un bateau... Surtout sur le *Saint-Pol*, et surtout un jour de fête nationale. Le Pensec, à lui tout seul, ne peut pas surveiller quatre-vingt-dix mètres de pont. Seulement, trouver un citoyen dans le poste d'équipage à peine dissimulé par des planches et des coffres entassés à la diable, ce n'est pas habituel. Dans l'affaire, tout le monde a été surpris, n'est-ce pas ? Surtout vous, je crois, de me voir descendre dans le poste... Je n'avais rien à y faire, pensiez-vous. Je n'avais aucune raison... Sauf d'aller vérifier l'état des barrots de pont...

– C'est vrai, commandant, fit Bizien d'un ton calme. Le Portugais, on l'a tous fait monter à bord. C'est interdit par le code maritime, d'accord. Mais récupérer un naufragé, sauver la vie d'un homme, c'est interdit par quoi?

– Je ne vous comprends pas, Bizien, fit Jean-Marie en plissant les yeux, intrigué.

– On aurait dû vous en parler avant, commandant, fit Bizien embarrassé, et au captain aussi... Seulement, on n'a pas osé...

– Qu'est-ce que vous voulez dire? questionna Jean-Marie, perplexe. Depuis quand est-il à bord?

– Plus d'une semaine, commandant. Mais le début de l'histoire remonte à plus longtemps, un mois et demi, quand on a recueilli la chaloupe du *Gosvernor.*

– Au point où on en est, autant que vous me racontiez tout, depuis le début. »

Bizien resta pensif un instant, comme pour être sûr de ne rien oublier :

« ... Les rescapés du *Gosvernor,* ils étaient pas très causants... Au début, on a cru qu'ils parlaient pas le français. Ça nous étonnait tout de même. Surtout les Portugais... C'est rare qu'ils connaissent pas quelques mots. Ils ont à peu près tous fait Terre-Neuve. Dans les bars de Saint-Pierre, ils finissent par baragouiner un peu le français... Ceux-là étaient muets comme les daurades. Evidemment, ils pouvaient rien nous dire sur le naufrage du *Gosvernor* : comprenaient même pas les questions... Et puis Lexington passait discrètement, de temps en temps, vérifier s'ils se perdaient pas en confidences...

« Da Silva, dès le début, on a vu qu'il était pas comme les autres. Moins abattu. Plus courageux, peut-être. Il parlait furtivement aux autres matelots. Il essayait de les convaincre. Et les autres faisaient « non » de la tête. Résignés. Da Silva, plus le temps passait et plus il devenait nerveux... Et avec ça, Lexington qui le surveillait toujours du coin de l'œil. Alors, il s'est décidé. Un après-midi, vers cinq heures, il a profité de ce que Boullic se reposait tout seul, assis sur le grand cabestan, pour aller lui parler. C'était normal, Boullic il était bosco. Sur tous les bateaux du monde, c'est l'homme de confiance du matelot. Cerbère, garde-chiourme souvent. Mais aussi le grand frère, l'ami qui comprend tout. On a pas su ce qu'ils se sont dit. Boullic a hoché la tête plusieurs fois, comme s'il n'en revenait pas de ce qu'il entendait. A un moment, il s'est carrément retourné pour regarder Lexington qui discutait sur la dunette avec le captain. Il a offert de son tabac au Portugais et il a fait un geste d'apaisement avec la main, du genre " T'en fais pas... Tout ira bien... "

« Les deux hommes se sont séparés et on en est resté là. Seulement, Boullic a eu sa crise de... nerfs, fit Bizien en prenant son temps. Pour Da Silva, c'était revenir au point de départ. Il se retrouvait de nouveau tout seul, face à Lexington qui tournait autour de lui comme un grand albatros. Quand il a vu le guidon de Colemane sur le *Banks of Sacramento*, le remorqueur qui nous a pris au large des Farallones, il a compris qu'il s'en sortirait jamais. Et c'était pas la tête du captain Goodham qu'allait lui redonner de l'espoir... Tout de même, il a pas eu froid aux yeux. En arrivant à Meigg's Wharf, il a amarré une élingue à une jambette de pavois, du côté opposé au ponton, et il s'est laissé glisser dans l'eau. Il a fait le tour du bateau et il est resté, comme ça, accroché à un pilotis, appuyé au flanc du *Saint-Pol*... Toute la nuit, il est resté. Nous, on voyait bien que Lexington le cherchait. Et pas seulement Lexington. Sur le wharf, Sullivan s'était mis en colère. Il avait réquisitionné une dizaine de ses hommes, des voyous pas imaginables, commandant, des tueurs qui regardaient dans tous les coins, qui nous fixaient en se caressant les phalanges. Même

Grant était venu, son associé, plus jeune, plus grand, plus féroce. C'est dire. Les matelots du *Gosvernor* sont montés dans les ambulances. On a eu le cœur serré... Lexington est parti dans le cabriolet de Colemane. Sullivan a fait signe à ses monstres de se disperser : le Portugais, de toute façon, il pourrait pas aller loin. Ce qu'il pensait...

« La suite, c'est Da Silva qui nous l'a racontée. Au petit matin, transi de froid et de fatigue, à moitié mort, il a rejoint les docks en passant de pilotis en pilotis. Il a dormi quelques heures dans la paille d'une écurie, dans Beach Street. Les clochards, c'est pas ça qui manque à Frisco... "*Hobos*", qu'ils disent. Il est passé inaperçu. Il a même été, comme les autres, mine de rien, se taper sa ration de haricots rouges et de bœuf bouilli dans une marmite de l'Armée du Salut. Il gardait quand même un œil sur le *Saint-Pol*. Il savait que Boullic finirait par descendre, qu'il resterait pas indéfiniment dans la fosse aux lions. Il a pas eu trop à attendre. Ils ont marché dans Columbus et Montgomery Street, pour pas se faire repérer dans les tavernes du port. Ils se sont arrêtés dans un bistrot discret, à Monky Block, pour manger une tarte aux pommes chaude avec une pinte de bière. Ils ont parlé. Boullic lui a dit qu'il avait un peu d'argent, deux ans d'économies, en fait, qu'il rembourserait le shangaïeur, qu'il paierait sa dîme, le "*blood money*", comme ils disent. Le "prix du sang".

« Ils sont redescendus vers Davis Street, pour que Boullic puisse prendre une chambre chez Flora Mac Vee. Da Silva, il était pas d'accord avec Boullic, qu'il paie le *blood money*. "C'est pas une question d'argent, qu'il lui a dit... Je sais trop de choses..."

– Qu'est-ce qu'il savait ? demanda Jean-Marie en éveil.

– ... Sur Lexington, sur Colemane, sur Hawaii...

D'où venait, en fait, le *Gosvernor Ames*, fit Bizien, l'air pensif. Seulement Boullic, il voulait rien entendre. " Tête d'artichaut! "... C'était vrai, fit-il avec une sorte de découragement. Le soir même il est allé au Flamingo pour négocier avec Sullivan... Da Silva l'attendait dehors, dissimulé dans les recoins du théâtre chinois.

– Pourquoi au Flamingo? réagit instantanément Quéïnec.

– C'est devenu le quartier général des shangaïeurs de Frisco. Leur tanière, là où les rabatteurs viennent aux ordres. Les captains passent leurs commandes. C'est là que s'organise tout le trafic, le marché des marins. Boullic, on sait pas s'il a vu Sullivan. Y'a peu de chances : Sullivan, il reste chez lui, dans son petit appartement au-dessus du Bear's Lead, il regarde le wharf de Fort-Montgomery toute la journée. L'activité du port... On sait simplement que Boullic est ressorti au bout d'une heure et qu'il avait pas fait dix mètres dans Jackson Street que cinq costauds lui sont tombés dessus. Il a même pas pu se défendre : il a pris un énorme coup de gourdin derrière la tête. De quoi assommer un ours. Il a vacillé et il est tombé. Ensuite, ils l'ont relevé à trois et les deux autres l'ont démoli avec des poings américains. C'est comme ça qu'il est mort, Boullic, commandant... »

Le *San Leandro* lança un hurlement strident qui vint se mêler aux bouffées de la chaudière. Ils approchaient des contreforts boisés d'Alameda et allaient s'engager dans le petit bras de mer qui les mènerait au lac Merritt. Jean-Marie fit signe aux matelots de retourner à leur poste de manœuvre d'un geste brusque : la tristesse allait s'insinuer, s'installer. Il fallait la repousser pendant qu'il était temps.

Les chantiers navals William Thorndike ressemblaient à tous les chantiers de construction de voiliers du monde. C'était, en apparence, un désordre effréné, des entassements de planches et de poutres, des clippers démâtés qui reposaient dans des bassins vides, des ouvriers en galoches, pantalon de gros drap et chemise aux manches retroussées, qui s'affairaient dans des cloutages sans fin, accroupis sur les ponts ou juchés sur des échafaudages, agrippés aux coques. Une atmosphère rude et bon enfant. Laborieuse et tranquille...

Tout au fond du chantier, derrière l'immense carcasse du *Julia*, William Thorndike avait installé ses bureaux. C'était une vaste cabane en rondins, percée de larges fenêtres à guillotine. A l'intérieur régnait un désordre studieux, enchevêtrement de tables à dessin, de bureaux encombrés de plans, d'épures, d'écorchés de coques profilées... Thorndike s'était réservé une pièce pour son usage personnel, un bureau ensoleillé, croulant sous les longs rouleaux des plans, les fatras de papier quadrillé d'où émergeaient, çà et là, des maquettes de clippers. C'est là qu'il recevait les visiteurs, devenus si rares, les quelques armateurs de la région qui s'intéressaient encore à lui, les capitaines d'armement étrangers qui faisaient réparer leurs bateaux.

A l'autre bout de la pièce, Julia travaillait sur une petite table. Elle y répondait au courrier, vérifiait les factures, contrôlait les livres de comptes. C'était, en somme, son poste d'observation, sa hune de vigie : elle avait ainsi droit de regard sur l'avenir de Merritt Shipyard.

Quand il entra précédé de Thorndike et de Briand, Jean-Marie sentit que Julia était tendue, quelque chose qui la contrariait. Son visage était refermé sur lui-même. Elle lui lança un regard noir et dur et lui tendit rapidement une main nerveuse. Il nota qu'elle souriait à Briand, une civilité affectée pour qu'il comprît bien que sa mauvaise humeur lui était exclusivement adressée. Il s'assit sur un rocking-chair branlant, déconcerté, perplexe. Thorndike s'installa derrière son bureau, face à Briand. Un sourire enjoué passait dans son visage.

« Opération réussie, fit-il. Jusqu'ici... Demain, on profitera de la marée haute pour installer le *Saint-Pol* dans le bassin à flots... »

Il regarda Julia.

« Nous allons encore faire honneur au captain Carrington... L'événement est d'importance. »

Elle acquiesça, replia prestement le journal qu'elle tenait devant elle et se dirigea sans un mot vers une petite armoire dans un coin de la pièce, en sortit des verres de cristal et une bouteille de porto qu'elle revint poser, toujours silencieuse, sur le bureau de son père.

Une lueur étonnée passa dans le regard de Thorndike. Il connaissait sa fille drôle, vive, active, coléreuse à l'occasion... Jamais butée dans un silence de reproches, murée en elle-même. Il chassa l'étonnement et revint à ses invités.

« Dans six mois, le *Saint-Pol* sera un jeune homme, affirma-t-il en servant le porto. Il prendra la mer comme au premier jour. Il repartira vent arrière vers la vieille Europe. »

Une ombre un peu triste passa dans ses yeux :

« Et vous-même, Eugène, fit-il en regardant Briand, quand allez-vous nous quitter ?

— Bientôt, répondit Briand en prenant son verre de porto. Dans une semaine. J'ai trouvé des embarquements pour tous mes matelots. En plus, un coup de chance : un transport de bois de Liverpool qui s'est fait shangaïer les deux tiers de son équipage à

Portland. Le captain était désemparé... Il était prêt à demander l'aide de Sullivan... »

Thorndike acquiesça :

« Que faire d'autre? C'est le seul qui puisse fournir des marins. Il les vole sur les autres bateaux et ainsi de suite. C'est sans fin... La vraie mine d'or, à Frisco, c'est Sullivan qui l'a trouvée...

– C'est vrai qu'on finit par être content de ses services, admit Briand en haussant les épaules. Sans compter ceux qui vont le trouver à peine débarqués... Le commandant Lepetit, je m'en souviens très bien, avait fini par être un ami de Shangai Bill, parfaitement! une relation intime... Un jour, en accostant à San Francisco pour son quatrième séjour, il lui vient une idée lumineuse : " Ce n'est pas la peine que les rabatteurs de Sullivan me kidnappent mes castors, qu'il se dit, je vais lui proposer quelque chose... " »

Jean-Marie regarda Briand étonné, comme s'il découvrait un monde où le bien et le mal n'étaient pas vraiment séparés, où les captains pactisaient, à l'occasion, avec les shangaïeurs...

« A l'époque, il y a une quinzaine d'années, Sullivan venait de s'associer avec Grant. Un tandem tout ce qu'il y a d'infernal. A eux deux, ils contrôlaient tout, pas seulement les long-courriers qui relâchaient sur les wharfs, mais le moindre caboteur, le moindre remorqueur qui croisait dans la baie... On disait, à l'époque, que Sullivan était républicain et Grant démocrate. Ils s'étaient partagé les protections... Depuis, ils ont trouvé une communauté de pensée autour de Colemane. Bref, Lepetit va un soir au Parenti pour trouver Sullivan : " C'est la quatrième fois que je viens à Frisco, qu'il lui fait. Chaque fois vous m'avez volé des matelots. Si vous devez encore m'en kidnapper quelques-uns, autant que vous preniez ceux que je vous indiquerai, ce

261

sera plus simple. » Sullivan l'a regardé avec des yeux ronds, racontait Lepetit, sidéré qu'on puisse considérer ses activités avec autant de bienveillance... Ils ont fini par s'entendre : Lepetit augmentait le *blood money* et Sullivan shangaïait les marins désignés par Lepetit. Tout le monde était content. Surtout Lepetit, qui n'a plus jamais eu de forte tête ni de socialiste à bord.

– Il a fait école, remarqua Thorndike. Le captain Carrington, fit-il en désignant la bouteille de porto, qui ne s'embarrasse pas de formalités et n'hésite pas, à l'occasion, à faire monter les hommes de Sullivan sur le *Little Lily*... Il se méfie de son intempérance, un mauvais tour qui lui est arrivé un soir qu'il était allé voir Sullivan. Il avait un " *black ball* " à bord, un énorme Irlandais qu'il avait engagé à Brisbane d'Australie, suite à une dysenterie qui lui avait enlevé deux gabiers. Il n'était pas en mer depuis trois jours que l'Irlandais commence à groumer, à jouer les " avocats de poste "... Tout y passait : le roof des matelots qui était d'une saleté repoussante, les manœuvres trop fréquentes, les haubans en mauvais état, les marchepieds de vergue qui s'effilochaient, que bientôt ils allaient se casser la gueule, etc. Carrington ne prêtait pas attention aux rumeurs sur le *Little Lily*. Il avait trop à faire avec ses foudres à porto... Et puis il avait Aldwich, son bosco, un bossman gallois, costaud comme un pilier de mine et rude comme les rocs de Falmouth. L'ordre était assuré, pensait-il...

« Un jour, alors qu'il remontait de la cale pour la trentième fois de la journée, le mousse lui apporte un bout de papier graisseux : une pétition! Carrington n'en revenait pas. Il ne savait même pas que ça existait. L'Irlandais avait rédigé le texte lui-même, " au nom de l'équipage ", une protestation contre la nourriture " immonde et immangeable ". Il a poussé une colère furieuse, des hurlements à s'arracher les yeux... mais pour la forme. Il avait son idée, Carrington...

« A peine amarré à Meigg's Wharf, il a filé droit voir Sullivan. Il a expliqué qu'il avait un malabar à bord, un Irlandais qui ferait un shangaïé tout ce qu'il y a de présentable pour la chasse à la baleine. Seulement, il avait glissé sur un bouchon, Carrington, et les descriptions qu'il a faites du costaud devaient manquer de netteté...

« Le jour du départ, il s'est aperçu que l'Irlandais était à poste, tranquille, aussi nonchalant que d'habitude. Par contre, impossible de mettre la main sur Aldwich. Les hommes de Sullivan s'étaient trompés et lui avaient shangaïé son bosco... Carrington a cru que le monde s'écroulait. Heureusement, Aldwich avait été embarqué sur un schooner qui allait à Hawaii et qui avait dû faire demi-tour à cause des incidents sur les îles. Il l'a récupéré le jour même. Depuis, Carrington prend ses précautions. Quand il a un problème avec une forte tête, il fait monter les shangaïeurs, la nuit, sur le *Little Lily*. Il leur désigne l'indésirable et le tour est joué. Pas de mauvaise surprise : on n'est jamais trop prudent... »

Julia regardait son père avec tendresse. Elle retrouvait son sourire... Il avait toute sa vie observé les pratiques des marins, les manies des captains. Il s'en était tenu à l'écart. Il se contentait, désormais, de les restituer avec humour et bienveillance : sa forme de générosité.

Depuis quelque temps, elle l'observait avec davantage d'attention, l'inquiétude se mêlait à la tendresse... Le docteur Butler était venu à Ashby Ranch. C'était un ami de toujours, un vieux médecin qui terminait sa vie en posant sur le monde un regard indulgent. Il avait passé la soirée dans la

263

villa blanche, sur la colline de Piémont. Il en avait profité pour ausculter Thorndike, discrètement, avant de passer à table, dans le bureau du premier étage. Le lendemain matin, après le petit déjeuner, il avait pris Julia à part : « William a besoin de vous, lui avait-il dit. Il s'est trop dépensé. Il est usé. Dans son thorax, j'ai cru entendre les machines d'un vieux steamer fatigué. Il faut surveiller son cœur, Julia, l'angine de poitrine qui rôde. »

Sur le coup, des larmes étaient montées au bord des yeux. Des images qui lui étaient venues : Thorndike, quand il était passé à Mission Dolores... Son premier souvenir. Les religieuses qui la laissaient seule, à l'extérieur des baraques en bois, et l'homme grand, immense, qui s'était penché sur elle, des yeux noirs, si grands, si doux... Et puis elle s'était ressaisie. elle n'était pas du genre à rester passive, inerte. Elle avait contre-attaqué. Elle avait décuplé ses activités aux chantiers, au point que Thorndike avait fini par se fâcher. Elle s'était mise, à son tour, à le protéger du monde.

Fachetti, le contremaître de Merritt Shipyard, entra à son tour dans le grand bureau réchauffé de soleil. C'était un homme âgé d'une cinquantaine d'années, grand et maigre, vêtu comme les ouvriers d'un costume épais, discret et sombre, dont l'épaisse moustache noire renforçait encore l'aspect austère. Il fit un signe à Thorndike, comme pour le rassurer.

« Ainsi donc, tout est en ordre. La mise en carène pourra bien avoir lieu demain », fit Thorndike.

Il se tourna vers Briand, revenant à ce qu'il disait avant l'arrivée de Fachetti :

« Votre problème, ce n'est pas les marins qui disparaissent. C'est plutôt le contraire. Ce Portugais qui vous est tombé du ciel, que comptez-vous en faire ?

– Je ne sais pas. Je devrais le remettre à la police, mais (Briand eut un sourire narquois)... je ne suis pas convaincu que cette mesure soit judicieuse.

– Elle pourrait lui être fatale, intervint Jean-Marie. D'après ce qu'il m'a raconté, le shérif Abraham Townsend, lui-même, se mêlait aux hommes de Sullivan qui passaient San Francisco au peigne fin. Il ne se donnait même pas la peine d'enlever son étoile.

– Il a accepté de vous parler? fit Briand, surpris.

– Je suis allé le voir quand le mouillage a été terminé, reprit Jean-Marie. J'ai obtenu qu'il me raconte toute l'histoire...

– Contre la promesse d'un embarquement pour l'Europe? » demanda Briand l'air entendu.

Jean-Marie sourit :

« C'est un marché qui m'a paru des plus honnêtes. Après avoir entendu l'aventure du *Gosvernor Ames*, j'ai eu l'impression que je n'avais pas perdu au change. Savez-vous, affirma-t-il avec passion, que le *Gosvernor Ames* n'a jamais été victime d'un cyclone?

– Je m'en doutais un peu », fit Briand en plissant les yeux.

Thorndike regardait Jean-Marie avec intensité. Julia gardait les yeux baissés.

« Leur route les ramenait bien de Chine. Un voyage d'ailleurs tout à fait paisible. Ils ont fait relâche à Fu-cho... Embarquement de thé et d'épices... Escale à Bornéo, au retour. Quelques caisses de tissus à fond de cale et cap au nord-ouest sur Frisco. Les hommes d'équipage ne se plaignaient pas vraiment de leur sort. Ils avaient été shangaïés : après tout, c'était les risques du métier. Seulement, ils allaient revenir à Frisco et, pour certains, avant même que leur bateau ne soit reparti. C'était une sorte de promenade qu'ils faisaient, un peu forcée, peut-être, mais sans plus. Et puis sur un schooner, n'est-ce pas? fit-il en regardant Thorndike, les manœuvres sont simples, rapides et sans douleur. Pas vraiment de la navigation. Presque du yachting... Da Silva, tout de même, était intrigué. Après l'escale de Bornéo, il restait un grand espace vide dans les soutes du *Gosvernor*. Ne pas rentabiliser totalement un *down-easter* lui paraissait étrange. D'autant qu'après Bornéo ils avaient installé dans l'entrepont des pitons pour fixer des hamacs. Une quarantaine...

« Le comportement de Lexington, aussi était étrange. Il avait le grade de lieutenant mais n'en remplissait pas l'office. C'était le cuisinier lui-même qui s'occupait des vivres et le bosco qui dirigeait complètement la manœuvre. Il se promenait sur le pont toute la journée, soucieux, venait dire deux mots au captain Widwark et au second Stollberg, près de la timonerie, et repartait sur le gaillard d'avant. Quelquefois, à midi il s'installait sur la dunette avec un sextant et il relevait la position... Sa seule activité nautique.

« Pendant la semaine qu'a duré l'escale à Fu-cho, Lexington a disparu... Il est remonté sur le *Gosvernor* le matin même du départ, dans une tenue irréprochable, le teint pâle, les joues creuses... Un porteur chinois est monté derrière lui déposer une caisse dans le gaillard d'arrière et est reparti par la coupée. »

Thorndike mima l'indulgence :

« Aller en Chine, revenir à Frisco et ne pas ramener un tant soit peu d'opium, serait une faute de goût...

– Pas le genre de Lexington, réagit Jean-Marie... C'est après Bornéo que les événements se sont précipités... D'abord, ils ont fait route très au sud.

Les matelots du *Gosvernor* n'ont pas tardé à s'en rendre compte, ils ont un peu l'habitude. Et puis ils ont croisé des voiliers français qui allaient chercher du nickel en Nouvelle-Calédonie. C'était la preuve : la navigation choisie pour aller à Frisco n'était pas habituelle. Après trente-sept jours de mer, ils se sont mis au mouillage, un soir, dans l'anse d'une île boisée. L'endroit était calme, abrité. Des pêcheurs sont venus le lendemain en pirogue, tourner autour du schooner avec un regard méfiant. C'était des indigènes à la peau cuivrée et aux muscles longs. Le captain Widwark leur a fait des signes de la main et ils sont repartis rassurés...

« Au nord-est, l'île se prolongeait en une immense plage déserte bordée de palmiers et de cocotiers. Tout autour, le large était piqué d'une multitude de petits îlots tandis que derrière eux, plein sud, se dessinait à l'horizon la masse légèrement voilée d'une île beaucoup plus importante. Le captain Widwark et le second Stollberg s'étaient fait installer des fauteuils sur la dunette et discutaient paisiblement, abrités du soleil par un prélart tendu au-dessus de la timonerie...

« Lexington, lui, paraissait de plus en plus nerveux. Il fouillait l'île à la lorgnette depuis le gaillard d'avant, se mettait à traverser d'un coup le pont du *Gosvernor* d'un pas rapide et montait sur la plage arrière pour scruter l'Océan sans même jeter un regard sur les officiers, lesquels, de leur côté, ne lui accordaient guère qu'une indifférence polie.

« Au bout de deux jours, les matelots étaient de plus en plus intrigués... Et Lexington de plus en plus fébrile. Au soir du deuxième jour, alors que le soleil rougeoyait dans l'ouest et que les indigènes sortaient pour la pêche du crépuscule, il a fait un signe à Widwark, un geste en direction du large. Dix minutes après, deux pirogues sont venues s'amarrer au flanc du *Gosvernor*. Da Silva m'a raconté son étonnement : une trentaine d'hommes sont montés à bord. C'étaient des Blancs, Américains et Mexicains, le visage dur noyé dans la barbe, les yeux creux, armés de carabines qu'ils portaient en bandoulière, ceinturés de cartouches et, à leur hanche, battait une longue machette. Les vêtements déchirés et de fines estafilades le long des bras et sur le visage témoignaient des forêts épaisses dans lesquelles ils s'étaient frayé des chemins... Ils sont descendus sans dire un mot par l'écoutille du carré des matelots et se sont affalés, à bout de fatigue, dans les hamacs de l'entrepont.

– L'endroit me dit quelque chose, fit Briand.

– Il doit s'agir des îles Hawaii, dit Thorndike, plongé dans un ensemble de déductions. La partie méridionale de l'archipel... La grande île qui apparaissait à l'horizon, plein nord, c'était sans doute Oahu... »

Jean-Marie reprit.

« C'est le lendemain que le drame est arrivé... Les hommes embarqués dans l'île se sont réveillés dans le courant de la matinée. Silencieux, inquiétants... Ils se sont assis sur le pont, leur carabine sur les genoux. Lexington et leur chef discutaient en marchant de long en large sur le gaillard d'avant. C'était un homme d'une quarantaine d'années, énorme, le teint rouge, la barbe blonde et le cheveu qui commençait à se faire rare. La conversation tournait au vinaigre... Difficile de savoir ce qu'ils se sont dit. L'homme ne voulait pas revenir à Frisco. Il voulait être débarqué, avec ses hommes, au Nouveau-Mexique... C'est ce que Da Silva a compris. Et puis il voulait être payé tout de suite, et davantage, compte tenu d'événements survenus à l'endroit d'où ils venaient... Lexington ne voulait rien entendre. A un moment, ils se sont séparés. Lexington est descendu dans sa cabine... Quand il est remonté sur le pont, le barbu et ses hommes s'étaient emparés de la dunette. Ils pointaient leurs carabines dans le dos du captain Widwark et de Stollberg et tenaient en respect les matelots du *Gosvernor*. Le barbu a hurlé : " Désolé, monsieur Lexington. Nous allons au Nouveau-Mexique! " Lexington a fait semblant de s'incliner et est allé s'asseoir tranquillement sur le grand cabestan.

« Vers le soir, après que les matelots eurent été contraints de reprendre un bord dans le sud, Widwark a obtenu d'allumer les fanaux. Lexington s'est approché du fanal de tribord, l'air de rien, et a allumé discrètement la mèche d'un bâton de dynamite qu'il tenait sous sa chemise. Au dernier moment, il l'a jeté sur la dunette. Tout a sauté. Les corps ont été projetés en l'air, à commencer par ceux de Widwark et de Stollberg. Sous le choc, le mât d'artimon s'est brisé sur le pont et a entraîné les autres mâts... C'est ce qui a provoqué la mort de quatre matelots et les blessés... Lexington a fait mettre un canot à la mer et a fait embarquer les survivants : le navire était perdu, démâté, la timonerie détruite. Peu après le *Gosvernor* brûlait dans la nuit : Lexington avait pris soin, avant de partir, d'allumer quelques torches à fond de cale.

– La dynamite, fit Briand d'un ton impassible, ne manque pas de qualité pour démâter un clipper. Tout aussi efficace qu'un cyclone... et plus rapide.

– Ils ont eu droit aussi au cyclone, par la suite. En arrivant à Frisco, ils ont embarqué les matelots tout de suite sur un autre clipper. Les témoins étaient éloignés, tout rentrait dans l'ordre. Restait Da Silva sur lequel ils ne parvenaient pas à mettre la main. Une menace permanente... Et Boullic! »

Jean-Marie eut un geste de découragement :

« ... Il aurait dû se douter qu'il prenait des

risques. Une vie, pour eux, c'est pas grand-chose... »

Un instant, il parut absent, le regard lointain. Il conclut :

« Ou alors, il le savait très bien... »

George avait remis sa livrée de piqueur de renard rouge, son pantalon de chasse crème et ses bottes de cavalier. Sarah trouvait cet accoutrement ridicule. Elle prenait Jean-Marie à témoin devant la porte de sa cuisine, les poings posés sur la taille.

« Dites-lui, monsieur Jean-Marie, qu'il a l'air d'un quaker fou! Il finira par vendre des bibles dans Columbus Street, c'est sûr. Et il en vendra même beaucoup. On lui en achètera pour qu'il continue à être l'attraction de toute la ville, pour faire rigoler les enfants... »

George ne disait rien. Il n'entendait même pas. Il était loin. Il caressait Victoria, une petite belette toute grise qui sortait son museau pointu d'un petit sac qu'il tenait sur les genoux. Elle s'y connaissait pour la chasse, Victoria, elle terrorisait tous les terriers des environs. George ne tarissait pas d'éloges à son sujet. Affectueuse aussi, mais un sacré caractère. Plusieurs fois, il s'était fait mordre en lui donnant à manger. Il fallait lui couper des petits morceaux de viande et de salade et lui donner du bout des doigts, pas trop vite pour éviter qu'elle ne s'étouffe et suffisamment, tout de même, « pour pas que la soupe refroidisse... » Une technique bien plus délicate qu'il n'y semblait, faite de bien des subtilités.

Pendant le repas, Thorndike était revenu, à sa façon, sur les événements des îles Hawaii, le naufrage du *Gosvernor Ames*, le marin portugais qui n'avait eu la vie sauve que parce que Le Pensec l'avait vu rôder près de la coupée et l'avait caché dans le poste d'équipage. L'affaire était importante; bien plus que Briand et Quéïnec ne le soupçonnaient... Pour l'heure, il préférait la traiter avec légèreté et détachement.

« Décidément, cette histoire est remplie d'étrangetés, fit-il en servant le vin péruvien que Jean-Marie redoutait et que lui, curieusement, semblait apprécier. Quand les commandants de tous les navires se font voler des matelots, il vous en tombe un d'on ne sait où... Et j'apprends maintenant qu'un schooner s'est rendu spécialement à Hawaii pour récupérer des hommes, ce qui n'est pas conforme à la tradition. Même ma fille est étonnée de mes propos, fit-il en considérant le regard soudain intrigué de Julia. Evidemment les mœurs rudes de San Francisco nous éloignent des pratiques délicates du temps passé... Sache donc, chère fille, fit-il d'un ton docte, que pendant près de trois siècles les îles d'Océanie, spécialement Midway et Hawaii, ont recueilli bien des marins solitaires.

– Une solitude un peu forcée, objecta Jean-Marie.

– Certes. En fait, on y débarquait les marins indociles. Ces îles sont luxuriantes et il arrivait que certains puissent survivre. Jusqu'à leur mort, évidemment. Au long des siècles, ils sont sans doute des milliers à avoir connu ce genre de supplice. Le plus célèbre est Alexandre Selkirk, bien entendu, Robinson Crusoé... C'était une spécialité typiquement britannique.

– N'est-ce pas, d'une certaine façon, ce qu'ils ont fait avec Napoléon? » remarqua Jean-Marie.

Thorndike le regarda, amusé :

« C'est vrai. L'abandon est une punition bien cruelle... »

Après le repas, Julia et Jean-Marie se retrouvèrent seuls dans le salon. Thorndike avait entraîné Briand dans le bureau du premier étage pour discuter du *Saint-Pol* et des difficultés techniques qu'ils allaient rencontrer. Le stratagème n'avait pas échappé à Jean-Marie. En temps normal, il aurait béni Thorndike pour son initiative. Mais il était troublé, perplexe. Depuis le matin, Julia avait été réticente à son égard, butée, silencieuse. Et lui-même avait l'esprit ailleurs, l'image de Samantha qui lui était revenue en vagues imprévisibles.

Elle se décida à lui adresser la parole, d'un ton sec.

« Vous avez passé une soirée un peu triste... Evidemment, à côté des splendeurs de Clifton House...

— Vous m'espionnez? fit-il, interloqué.

— Je ne me donne pas ce mal. Vous aviez votre photo en première page de l'*Examiner* de ce matin, fit-elle, ironique. L'air un peu hébété mais tout à fait charmant, entre Colemane et Samantha. Vous faites une ascension fulgurante dans le « monde » de San Francisco...

— Qu'en a pensé votre père? fit Jean-Marie encore sous le coup de la surprise, car il n'avait rien su de cette photo.

— Je ne lui ai pas montré le journal », dit Julia.

Elle s'arrêta et regarda soudain Jean-Marie avec douceur.

« ... Il aurait pensé comme moi, ressenti la même chose, de la peine. Et il se serait dit aussi que le lieutenant Quéïnec ferait bien d'être un peu plus prudent. »

CHAPITRE XIII

TED KELLY tournait rageusement la manivelle de la Studebaker qu'il avait garée devant la grille de Clifton House. Une automobile exceptionnelle, une merveille de technique, de précision et de puissance; des mécanismes délicats que John Studebaker, lui-même, avait réglés dans son atelier du bas de Market Street. Seulement, on était dimanche 10 juillet, il était onze heures du matin et, depuis une demi-heure, le moteur à explosion du superbe cabriolet demeurait silencieux. Il avait fini par tomber la veste, une veste cintrée, taillée dans une épaisse étoffe vert chiné, qu'il portait sur un pantalon de golf d'un vert légèrement plus soutenu. Ton sur ton : la base de l'élégance, selon Stuart Kelly... L'élégance, depuis quelques minutes, passait au second plan : la Studebaker refusait bel et bien de partir. Il se décida à défaire les larges courroies de cuir qui maintenaient le capot, retroussa ses manches et se mit à fouiller dans le moteur, à bricoler les pistons graisseux. Samantha sourit ironiquement.

« Ne jouez pas au savant, Ted, persifla-t-elle. Ne faites pas l'entendu. Vous n'y connaissez rien, c'est évident. »

Elle avait tort, Samantha. Comme tous les pionniers du sport automobile, Ted Kelly était un passionné de mécanique, un amoureux que l'enchaînement des cylindres, des culbuteurs et des soupapes ne laissait d'émerveiller. La vitesse, les 50 miles/heure qu'il avait déjà atteints ne venaient que s'ajouter au miracle sans cesse répété du moteur à explosion. Il connaissait bien les entrailles de sa Studebaker : la voiture finit par démarrer.

Jean-Marie s'installa à l'arrière, à côté de Samantha. Ted Kelly embraya doucement et la voiture descendit des hauteurs de Nob Hill vers la nappe de brume qui noyait le port. La Studebaker de Kelly, c'était un peu l'attraction dans les rues encombrées de San Francisco. Les automobiles étaient rares et personne n'y était vraiment habitué, surtout pas les chevaux des fiacres qui se cabraient au passage de l'engin pétaradant. Ils quittèrent la ville au moment où le brouillard commençait à se déchirer sous les assauts du soleil, laissant apparaître, çà et là, des taches de ciel bleu.

Jean-Marie veillait à ne rien laisser percer du ravissement qui l'avait envahi depuis qu'il était installé dans la voiture, cette sensation de vitesse, le paysage qui défilait à toute allure. Samantha, elle, n'y prêtait pas attention. Dans l'enchaînement des virages en épingle qui menait au sommet du mont Tamalpais, il resta indifférent, affectant un air détaché, une absence qu'il trouvait du meilleur effet. Samantha s'en aperçut et lui sourit avec douceur. Elle le trouvait un peu gauche, un peu fruste même, mais touchant dans son désir de lui plaire. C'était déjà là la preuve qu'il succombait à son charme... Elle-même ne cessait d'être troublée. Dix fois pendant le voyage, elle s'était tournée vers lui, discrètement. Dix fois, elle l'avait regardé, profitant d'un virage, des zones d'ombre dans les passages boisés qui menaient au sommet. Elle avait parfois saisi son regard, ses yeux d'un bleu si pâle, cette mélancolie chaude qui la touchait au plus profond d'elle-même.

Elle décida de séduire Jean-Marie, quitte à rendre jaloux Thomas Lexington.

En contrebas du sommet, sur une prairie légèrement en pente, s'était organisé le pique-nique. Des nappes blanches avaient été étendues sur l'herbe, des paniers d'osier d'où émergeaient des sandwiches et des bouteilles de vin avaient été déposés. Lorsque déboucha la Studebaker, ce fut un cri de joie unanime, une ovation : la bonne société sanfranciscaine, luxueuse et frivole, saluait l'arrivée de deux de ses membres les plus éminents.

Un jeune homme brun, petit et jovial, le visage rond égayé d'une fine moustache noire, habillé d'un costume beige, vint ouvrir la porte de Samantha en retirant son canotier avec cérémonie. Magdalena, l'amie et la confidente de Samantha, arriva derrière lui. C'était une femme jeune, grande et mince, aux cheveux blonds tirés en chignon, aux yeux bleus, très vifs, si malicieux et bons qu'on en oubliait son nez trop long et sa mâchoire trop forte. Elle embrassa Samantha, se tourna vers Jean-Marie.

« J'aurais été déçue que vous ne veniez pas, lieutenant... Mais moins que Samantha, bien sûr. »

Elle ne prêta pas attention au haussement d'épaules excédé de son amie et s'approcha de Ted Kelly avec un large sourire.

« Votre automobile s'est encore fait désirer... J'en étais sûre. »

Ted Kelly lui passa doucement le bras autour de la taille.

« Savez-vous, Stuart, que Fred est un garçon exquis, fit-elle en désignant du regard le jeune homme brun et rond qui marchait à présent au côté de Samantha... Un peu étrange tout de même.

Devinez qui il a invité à notre fête?... Tessie Hall! Ce matin, il nous a fait faire un détour par Portsmouth Square et, comme je protestais contre cette attitude inélégante, il a prétendu que vous aviez sollicité la présence de la belle Tessie. Evidemment, je l'ai traité de menteur... J'ai eu raison, n'est-ce pas?

– Fred est un garçon délicieux », dit Kelly en saluant discrètement les pique-niqueurs qui commençaient à se répartir les victuailles et à déboucher les bouteilles de vin.

Ils arrivèrent à l'endroit qui leur était réservé où les attendait, légère dans une robe de dentelle serrée à la taille, la superbe Tessie Hall.

« ... Il est allé au-delà de mes désirs », conclut-il.

Le déjeuner sur l'herbe fut animé et joyeux. Après avoir fait des compliments à Tessie Hall sur sa beauté – « bien en accord avec les splendeurs du lieu, la vue incomparable sur le Pacifique... » – Ted Kelly amena la conversation sur Paris, lieu de référence des modes et des élégances de San Francisco, patrie spirituelle de Tessie Hall.

« Vous n'avez pas envie de retrouver la trace de vos ancêtres, retourner aux racines de votre lignée? » fit Ted Kelly, avec un sourire amusé.

Tessie Hall reposa délicatement son verre de rosé sur la nappe.

« Vous confondez, monsieur Kelly, fit-elle en découvrant des dents blanches entre des lèvres charnues et rouges. C'est mon mari, Franck Daunou, qui est français. Il se trouve d'ailleurs à Bordeaux, en ce moment. Pour ma part, je connais exactement la ville de mes origines : San Francisco. Le berceau de ma famille, comme vous dites. Je trouve qu'il ne manque pas de grandeur. »

Elle était fine et rusée, Tessie Hall, elle ne se laissait pas piéger par la première perfidie venue.

« On ne réussit dans le métier du plaisir qu'en faisant preuve de discernement et de souplesse d'esprit », disait Maggy. Surtout si on voulait être un bon *manager*. Un atout qui ne manquait pas, non plus, dans le jeu de la belle Tessie.

Magdalena jugea opportun de se tourner vers Jean-Marie.

« Vous allez rester plusieurs mois parmi nous, m'a-t-on dit... Paris va vous manquer! »

Jean-Marie perçut l'intensité du regard de Samantha vers lui. Elle aussi était sensible à l'évocation de Paris, le luxe, les élégantes à Longchamp, les lumières du Café de la Paix, toutes les photographies, les reproductions, les aquarelles qu'on pouvait trouver dans Market Street. Jean-Marie se trouvait investi des splendeurs de la capitale. Il ne put s'empêcher de se tourner vers Samantha et en un éclair il comprit : les yeux verts avaient perdu leur aspect hautain et fier. Ils s'étaient remplis d'un voile triste, pathétique même, comme si Samantha s'était mise soudainement à le supplier, à l'implorer. L'incroyable s'était produit : elle était amoureuse de lui.

Il sentit que tout son corps se relâchait, palpitant d'une joie absolue. Magdalena le dévisageait. Il se reprit.

« Je connais bien des capitales, fit-il lentement. Londres n'est pas sans qualité : violente et nostalgique. Le remorquage dans la Tamise, tout ce qu'il y a de délicat... Et des brumes aussi, soudaines, épaisses : la baie de San Francisco les mauvais jours. Sydney, en Australie : difficile de ne pas trouver merveilleuse cette ville quand on vient d'essuyer quarante jours d'océan Indien, les déferlantes sans relâche et la Tasmanie pour couronner le tout... Lisbonne aussi, et Montevideo et Lima... »

Il s'arrêta et eut un geste de regret :

« Mais ce que je connais de Paris n'a rien à vous

envier : des photos, des dessins, des récits. Des articles de journaux, parfois...

– Vous êtes gravement en faute, lieutenant, fit Magdalena, l'air faussement courroucé.

– J'en conviens. Je ne voyage que pour mon métier. Les rares fois où je reviens chez moi, j'y reste. Paris n'est pas loin, mais je ne vois pas bien ce que je pourrais y faire. Des grandes villes, il y en a partout. C'est toujours un peu pareil. Je préfère rester avec ma mère. Chaque minute compte et à chaque passage je me dis que c'est peut-être la dernière fois que je la vois. Je veux éviter d'avoir des regrets quand je suis en mer. Et des remords, peut-être, aussi, plus tard... »

Le reste du repas passa dans les comparaisons des qualités que l'on attribuait aux diverses capitales. Chacun inventait, racontait des on-dit, des témoignages de voyageurs. Fred se lança dans une description effrénée des nuits de Mexico, la chaleur des petites Indiennes : « Affectueuses et délurées, conclut-il, la marque des grandes civilisations... » Magdalena fit mine de se fâcher :

« Tu pourrais peut-être voir autre chose dans les civilisations que le stupre... »

Elle prit Samantha à témoin :

« Imbattable, celui-là, pour détecter la moindre débauche... Un fox-terrier du vice!

– L'essentiel, ma chère, je me tiens à l'essentiel... »

Les effets conjugués de l'été californien et du sangabriel – cuvée spéciale du meilleur rosé de Los Angeles – commençaient à se faire ressentir. Bientôt, Ted Kelly proposa à Tessie Hall une promenade dans la fraîcheur de la forêt. Fred se rapprocha de Magdalena. Jean-Marie offrit à Samantha de faire quelques pas pour dissiper les vapeurs de l'alcool et mieux s'enivrer de l'éternité du Pacifique offert à leurs yeux.

Elle accepta d'un mouvement de tête qui se voulait détaché, l'air de dire : « Pourquoi pas, après tout, c'est une bonne idée?... », se releva et rectifia délicatement sa robe. Ils marchèrent ainsi vers un promontoire en planches, entouré d'une rambarde de bois, situé quelques mètres plus bas. La majorité des pique-niqueurs somnolaient dans une sieste paisible. Les femmes parlaient entre elles. Quelques enfants assis au volant des voitures étaient lancés dans une course imaginaire et mouvementée.

Ils arrivèrent sur le belvédère aux planches disjointes. Ils étaient seuls... La réputation du mont Tamalpais n'était pas usurpée. Le plus beau coup d'œil de la région, indiscutablement, un spectacle unique qui surpassait le panorama de Telegraph Hill, la vue sur la chaleur bleue de l'Océan mais aussi sur la baie de San Pablo au nord et les toits de San Francisco au sud, accrochés à la colline, en contrebas du Golden Gate Park. Jean-Marie se décida à dire quelque chose. Il se sentait maladroit, son cœur battait si fort, sa gorge se nouait.

« San Francisco n'est pas une capitale, fit-il. C'est pourtant une ville merveilleuse, à tous égards... »

Il avait honte de la banalité du propos. Mais Samantha eut la bonté de ne pas remarquer la platitude de sa phrase. Elle était trop heureuse qu'il se décidât à rompre le silence.

« Les politiciens nous ont rattachés aux Etats-Unis, fit-elle empressée. San Francisco ne sera plus jamais capitale.

— De la Californie? se risqua Jean-Marie.

— Los Angeles nous a pris le titre. Volé, devrais-je dire. Peu importe. Au fond, nous sommes indépendants. Nous n'avons pas encore de tradition. Nous sommes libres. »

Ils marchèrent vers les allées ombragées du bois qui dévalait la colline. Jean-Marie s'était approché de Samantha. Il la frôlait. Son bras, sous sa chemise, venait par instant caresser l'épaule de Samantha. Elle ne se dérobait pas. Elle consentait.

En arrivant dans la fraîcheur du sous-bois, elle prit un air sérieux, un peu triste, comme si la lumière soudain filtrée par les feuillages la rendait pensive. Elle le regarda doucement.

« J'ai trouvé très beau ce que vous avez dit sur votre mère... Que chaque minute était précieuse. Que vous redoutiez le moment où il serait trop tard... Pour moi, il est déjà trop tard. Il n'y a pas de jour où je ne pense à elle... Quinze ans déjà. Toujours les mêmes images qui reviennent... Quelquefois, pendant sa maladie, elle descendait dans le parc de Clifton House et s'installait sur un banc, à l'ombre. Elle avait des cheveux tout gris, tirés en chignon, des yeux noirs, immenses, profonds, cernés de bleu. Sa maigreur m'effrayait. Son sourire douloureux... Très vite, la nurse me ramenait dans ma chambre. Elle trouvait des leçons que je devais apprendre, des dessins que je devais finir... Elle inventait n'importe quoi... C'étaient les ordres de mon père, elle me l'a avoué plus tard : me laisser le moins possible avec ma mère. Ce n'était pas un spectacle, j'allais faire des cauchemars. A la fin, elle ne descendait même plus s'asseoir sur le banc. Elle restait dans sa chambre avec une infirmière. La douleur était venue. Des gémissements. Des cris qu'on entendait jusqu'au fond du jardin. Des supplications. Et puis, un jour, plus rien... C'est comme ça que j'ai compris qu'elle était morte. Depuis... »

Elle regarda fixement Jean-Marie :

« C'est vrai ce que vous avez dit... Je crois que j'ai du remords. »

Ils restèrent silencieux et continuèrent à marcher,

lentement, dans les frondaisons. Au bout de quelques mètres, leur attention fut attirée par un bruit
de branches brisées dans un buisson, en dehors de
l'allée. Ils s'approchèrent avec précaution. Au bruit
des branches, se mêla bientôt le bruissement d'une
robe et des gémissements à peine perceptibles. Et
puis la stupéfaction qui les saisit devant le spectacle
qu'ils entr'aperçurent : Ted Kelly, allongé sur le dos,
rejetait avec volupté la fumée d'un cigare tandis
que, penchée à hauteur de la taille, la chevelure
rousse et défaite de Tessie Hall allait et venait en
mouvements réguliers.

Ils se reculèrent instantanément, sous la surprise,
et disparurent, avec un rire nerveux, dans l'allée où
le soleil s'infiltrait entre les branches. La gêne qu'ils
avaient éprouvée s'était évanouie, laissant seulement un peu de rose aux joues de Samantha. Peu à
peu, ils arrivèrent dans une petite clairière, à l'écart.
Ils s'assirent par terre, sur l'herbe, et le silence
s'installa, pesant, rempli de sous-entendus. Une
atmosphère lourde rôdait autour d'eux. Ils étaient
graves maintenant... Ils se regardèrent. Samantha
avait des yeux verts immenses, éperdus, le feu aux
joues et les lèvres entrouvertes. Jean-Marie se rapprocha, lui posa la main sur le visage et inclina sa
bouche lentement vers celle de Samantha. Elle était
comme il l'avait perçue la première fois, dix ans
plus tôt. Une lionne fougueuse et douce. Il l'inclina
avec précaution sur l'herbe et sa main descendit le
long de son cou, caressa sa poitrine, puis alla se
perdre plus bas encore... Elle eut un léger mouvement de recul, mais dégagea un bras et avec agilité
et assurance elle lui défit ses boutons. Glissant ses
doigts dans l'ouverture du caleçon long, elle sentit
le sexe puissant et fort qui durcissait dans sa
main...

Maggy regrettait beaucoup le départ de Consuelo.

« Une petite merveille, dit-elle à Briand, qui était venu passer à la Cage aux lions sa dernière soirée à San Francisco. Une beauté. Un tanagra... Et puis discrète, bien élevée... La familiarité, Eugène : le pire fléau dans notre métier. Elle savait tenir ses distances. Les clients, autrement, ils sont pas longs à tout mélanger : le soulagement et le bonheur, l'étreinte et l'amour, l'extase et le pince-fesse... Consuelo, c'était une hétaïre, une courtisane de la Belle Epoque. Une poétesse, dans son genre. " Je retourne chez moi ", qu'elle m'a dit. Chez soi, ça n'existe pas, j'ai pensé... Mais je ne lui ai rien dit. Ses " distances ", au fond, c'était la nostalgie.

— Tu n'as jamais eu envie de retourner à Brest, toi ? demanda Briand.

— Mon dernier coup de cafard, il doit remonter à une dizaine d'années. Un matin où tu étais reparti... J'avais regardé ton trois-mâts le plus longtemps possible en haut de Telegraph Hill, jusqu'à ce qu'il disparaisse à l'horizon. J'ai eu envie d'être avec toi, n'importe où... à Saint-Malo ou à Nantes. »

Elle se ressaisit :

« Mais, à Brest, je ne vois pas bien ce que je pourrais y faire... Cajoler le mataf ? Très peu, merci. Descendre la rue de Siam ? J'ai Market Street, crois-moi, c'est aussi bien... Et Porfirio, tu l'imagines sur le cours d'Ajot, dans la grisaille... Sans compter le crachin et Lolita qu'aurait vite fait d'avoir ses nerfs. »

Elle regarda Briand droit dans les yeux.

« Les gens d'ici sont tous des pauvres bougres d'exilés qui ne retourneront jamais chez eux. Ils construisent leur vie jour après jour. Cette ville, ils l'ont faite. C'est pour ça que je m'y sens bien. Le mal du pays est un luxe pour les riches. Les Américains n'y pensent pas : c'est pas dans leurs moyens. »

Jean-Marie Quéïnec entra à son tour dans le salon de réception de Maggy, dans l'odeur des parfums orientaux qui se consumaient entre les poufs et les tentures. Depuis l'excursion du mont Tamalpais, il se sentait un homme différent, sûr de lui, traversé par des bouffées de gaieté, d'excitation, aussi. Il avait revu Samantha, un après-midi, dans la propriété de Nob Hill. Son père était absent, sa femme de chambre était descendue en ville faire des courses dans Montgomery Street. Elle l'avait entraîné dans sa chambre, avait tiré les rideaux, puis lui avait demandé de s'asseoir dans un fauteuil. Elle s'était déshabillée, lentement, en le regardant dans les yeux. Nue, elle s'était allongée sur le lit, le désir au fond de ses yeux verts, les seins lourds, la peau douce. Il s'était dénudé à son tour, avait posé sur elle son corps ferme aux muscles bien dessinés et, tandis qu'elle s'abandonnait à ses yeux clairs, il avait serré d'un geste de la main la chaîne en or qu'elle avait gardée autour du cou en signe de dépendance.

En un regard, Maggy remarqua le changement chez Jean-Marie. Une nervosité imperceptible, une démarche plus vive, une tenue beaucoup plus soignée, des cheveux blonds légèrement gominés et une veste croisée bleu marine agrémentée d'une pochette et d'une écharpe de soie bleu pâle : il arrivait en conquérant, le lieutenant Quéïnec... Il était amoureux, pas difficile à voir. Et ce n'était pas compliqué, non plus, de comprendre la suite. Elle avait vu, elle aussi, la photo dans l'*Examiner*. Il lui était venu des regrets sur les conseils qu'elle avait donnés à Jean-Marie d'aller à Clifton House. Elle n'en avait pas parlé à Briand. D'ailleurs, elle ne lui en dirait rien. Pas un mot. Et à Jean-Marie? Elle le mettrait en garde. Elle lui expliquerait qu'il faut se garder de fréquenter les voyous, qu'on n'en sort jamais intact, qu'ils finissent par déteindre. Une règle absolue, comme une loi scientifique. Ils vous font tomber dans leur jeu. Avec des confidences et des secrets, ils tiennent n'importe qui. En plus, il était amoureux de Samantha Colemane. C'était l'évidence. Avant que le *Saint-Pol* ne reprenne la mer, il deviendrait un habitué de Clifton House. A moins que Thomas Lexington ne s'en mêle. On le disait fiancé à Samantha... Pas le genre à se laisser éconduire, Lexington, il défendrait ses intérêts. Samantha faisait partie de l'itinéraire obligé pour s'assurer de la succession de Colemane : il balaie-rait tous les obstacles. Aucun doute là-dessus. Et par tous les moyens.

« Vous ne paraissez pas au désespoir de rester à San Francisco, Jean-Marie, fit Maggy ironique.

— Monsieur Quéïnec a trop le sens du devoir pour se laisser aller à la mélancolie, renchérit Briand, caustique.

— J'avoue que je commence à aimer San Francisco. Cette ville est pleine d'imprévus, de force de vie, confirma Jean-Marie avec un large sourire.

— C'est vrai qu'on a vite fait de lier connaissance, reprit Maggy. Le charme de ce pays, les barrières sociales moins rigides. Le contact plus simple. Et la réussite financière accessible à tous. On peut mon-ter très haut. Et très vite. Mais gare aux chutes. Elles sont fréquentes... »

Porfirio entra dans le salon. Il avait passé un vague habit de cocher avec des bottes de chasse et portait un curieux chapeau de feutre vert dont l'aspect comique contrastait avec un regard noir et tendrement triste. Il salua Briand et Jean-Marie en s'excusant de sa tenue, indigne du boudoir de Maggy. Il venait prendre des valises de Consuelo. Le départ imminent. Un vapeur qui appareillait à minuit du wharf des ferries, en bas de Market Street. Les chaudières étaient déjà sous pression. Queen Jane et Lolita aussi. Surtout Lolita, évidemment, qu'il avait été obligé de sermonner. Elle avait compris depuis le début de la soirée qu'elle était de sortie, qu'elle s'offrirait une petite virée sur le port. Il enleva son chapeau et s'assit sur un canapé de velours, dans un geste de fatigue.

« Tout le monde s'en va, fit-il avec un haussement d'épaule découragé... Dans deux heures, Consuelo sera au large des îles Farallones. Fini San Francisco et la Cage aux lions... Une journée à San Diego et puis ce sera le Mexique... »

Il regarda Maggy :

« C'était une bonne petite. Elle ne savait pas lutter contre le désespoir. Elle n'était pas armée. La tristesse, il faut lui tordre le cou, je lui disais... Tout à l'heure, je lui ai demandé si c'était nous qu'elle fuyait. Elle m'a dit « non ». Alors, si c'est toi que tu veux oublier, c'est pas la peine que tu partes, je lui ai répondu. Les frontières, ça ne sert à rien. Tu pourras faire des milliers de kilomètres, tu seras toujours au même point. Tu t'attendras toi-même à l'arrivée. A ce moment-là, tu pourras revenir. Si tu veux... »

Maggy eut un geste furtif pour s'essuyer les yeux.

« Peut-être qu'elle reviendra... »

Une vague de mélancolie la submergeait. Elle ne changerait pas, Maggy. Ces filles, c'était ses enfants. Surtout Consuelo, si jeune, si fragile. Perdue dans la vie... Qu'est-ce qu'elle allait devenir, maintenant?

Porfirio avec délicatesse abrégea les adieux.

« S'attarder, ça fait du mal à tout le monde », dit-il simplement.

Il fit monter Consuelo dans le cabriolet et

demanda à Jean-Marie de venir avec eux. Il fallait installer Consuelo dans sa cabine pendant qu'il resterait à veiller sur ses juments. Consuelo et Maggy échangèrent un dernier regard. Maggy dit simplement :

« Prends bien soin de toi. »

Un claquement de fouet et ce fut tout. Queen Jane et Lolita tirèrent le cabriolet d'une allure enlevée dans les rues en pente de San Francisco, dans les lumières chaudes de Market Street, vers le wharf où un gros vapeur illuminé avalait ses premiers passagers et commençait à pousser ses chaudières dans des respirations poussives.

Briand partit le lendemain. Le *Dunvor*, un quatre-mâts norvégien, le prenait comme passager et le déposerait en Europe selon les ordres, à Liverpool ou à Hambourg. Les marins du *Saint-Pol* avaient été embarqués sur l'*Iron Bird*, un quatre-mâts barque anglais dont l'équipage avait été victime d'un shangaïage massif. Le captain Saint-John qui le comman-dait avait rencontré Briand par hasard à l'hôtel Baldwin : un coup de chance pour tous les deux. Seulement, l'*Iron Bird* était amarré à Portland, c'est-à-dire à près de mille kilomètres au nord. Il avait fallu le faire venir à Frisco, avec un équipage très réduit et, surtout, directement sous voiles, les remorqueurs de Portland s'étant tous révélés curieusement indisponibles. Un véritable exploit. La rivière California, qu'il avait fallu descendre sur une centaine de kilomètres, était à peine assez large pour tirer des bords. La difficulté était venue des barrages à saumons qu'il avait fallu contourner, petites digues de bois obliques plantées dans la rivière qui dirigeaient le poisson vers les pêcheries, ces sortes de moulins à eau dont les pales rejetaient automatiquement les saumons sur la berge. Une méthode simple, astucieuse et efficace... Seulement, la navigation sous voiles, dans ces conditions, avait tenu du prodige. Le captain Saint-John, petit homme sec et nerveux, n'était pas peu fier du résultat; même si, avoua-t-il discrètement à Briand, il avait parfois malmené les installations.

Les matelots du *Saint-Pol* avaient embarqué sur l'*Iron Bird* avec une joie discrète. Ils étaient heureux de partir, de prendre la mer, de rentrer chez eux. Se mêlait aussi l'amertume... Les premiers contacts avec les marins anglais avaient été tendus. Les traditions de rivalité étaient bien installées. Les hommes s'étaient jaugés, jugés, toisés. On avait frôlé la bagarre générale à plusieurs reprises suite à des réflexions que les deux clans avaient mal interprétées. Le vieux Pouliquen avait détendu l'atmosphère et apaisé tout le monde. Il s'était mis torse nu et avait raconté la mésaventure qui lui était arrivée la veille, à Chinatown :

« On peut pas revenir de Frisco sans être tatoué, je me suis dit. Alors, j'ai eu une adresse, dans Jackson Street, derrière une fumerie. J'y suis allé. Le tatoueur était un Chinois, tout jaune, tout vieux, avec une barbiche blanche, une petite calotte et une grande natte... Il était très poli, comme tous les Chinois; il est resté cinq minutes plié en deux pour me dire bonjour et me souhaiter la bienvenue... Il parlait pas un mot de français. Je m'en suis aperçu par la suite. Ni d'anglais, d'ailleurs. On s'est quand même compris. Tatouage... J'étais venu pour ça... Il m'a dessiné un bateau, sur un bout de papier. J'ai fait : d'accord... Et voilà le résultat! »

Il se retourna. Au milieu du dos, le tatoueur lui avait dessiné une superbe goélette fine et bien voilée. Au-dessous, dans une sorte d'étendard ondulant, il avait gravé en lettres gothiques : *She is a Liverpool packet, oh Lord, let her go*[1]!

Pouliquen prit soin de répéter la phrase à haute voix pour ceux qui ne savaient pas lire et conclut :

« Je vais avoir ça dans le dos jusqu'à la fin de mes jours... Quand je pense à mon grand-père qui a pourchassé pendant trente ans les marchands de boulets de Sa Majesté, il en reviendrait pas! »

Da Silva fut embarqué discrètement quelques heures avant le départ. Il avait été logé dans un hangar de Merritt Shipyard et était arrivé avec Thorndike et Julia dans le *San Leandro*...

A midi, les matelots de l'*Iron Bird* amenèrent les aussières lancées depuis le remorqueur. Une heure plus tard, le quatre-mâts barque laissait la côte de Frisco disparaître dans la brume au nord-est et, toutes voiles dessus, prenait la route de Liverpool.

C'est dans l'après-midi que le *Dunvor* fut remorqué en haute mer. Le commandant Briand sur la dunette, les mains dans le dos, regarda le wharf de Clay Street s'éloigner peu à peu et des silhouettes imperceptiblement s'évanouir. William Thorndike, sa fille Julia et Jean-Marie Quéïnec, petit à petit, se fondaient dans la brume.

Au même moment Maggy et Porfirio finissaient de déjeuner, derrière la baie vitrée du restaurant de Cliff House, dans la clameur du Pacifique. « Ça sert à rien de sangloter sur un ponton, avait dit Porfirio. Ça peut faire que du mal... Des images qui reviennent plus tard... La mémoire, Maggy, c'est ce qui

1. « C'est un navire de Liverpool. Seigneur, veille sur lui... » Célèbre complainte des long-courriers britanniques.

nous fait souffrir. Il faudrait ne jamais se souvenir. De rien... » Elle avait hoché la tête et avait accepté de passer la journée loin du port.

Vers trois heures, à l'heure du café et des meringues, elle distingua au loin, noyée dans la chaleur du large, la forme d'un grand voilier. Porfirio vit ses yeux se mouiller. Il lui prit la main doucement :

« Si tu peux pas oublier, Maggy, il faut espérer... »

Il lui sourit.

« Peut-être qu'il reviendra. Pourquoi pas ? Ça s'est déjà vu. Un dernier tour du monde. Encore une fois. Pour le plaisir... Les marins sont des intoxiqués. Ils ne décrochent jamais. Et Consuelo, peut-être qu'elle viendra sonner, un matin, à la porte de la Cage aux lions, ses valises sur le trottoir. J'en ai vu beaucoup, à l'Urubu, qui partaient deux ans, trois ans et qui un jour se jetaient en sanglotant dans les bras de Josépha... Une sacrée teigne, pourtant. »

Du dehors, parvint le fracas d'un hennissement tendu. Maggy releva la tête.

« Lolita s'impatiente, fit-elle.

— C'est plus que ça, rectifia Porfirio. Lolita, elle a le don de Dieu. C'est une sorte de médium. Elle ressent les sentiments, à distance, les moments de tristesse... Elle pense qu'il vaut mieux qu'on reste pas ici. Qu'il faut qu'on s'en aille... »

Il posa sa serviette sur la table et conclut avec douceur :

« Je crois qu'elle a raison. »

CHAPITRE XIV

Jean-Marie Quëinec s'installa dans un petit appartement que Maggy lui avait trouvé dans Bush Street, derrière Market Street, à la lisière de Nob Hill. C'était une chambre vaste, simple et claire, située au deuxième et dernier étage d'un petit immeuble de pierre, aux escaliers cirés et aux balcons de fer forgé, souvenir lointain de la présence mexicaine. Coincée entre les deux pôles d'opulence de San Francisco, les grands hôtels de Market Street et les villas blanches de Nob Hill, Bush Street était un endroit tranquille, préservé de l'animation de la ville basse.

D'emblée, Jean-Marie se sentit à son aise dans cette pièce ensoleillée, dotée de tout le confort moderne, y compris une petite cuisinière à bois dissimulée derrière un paravent. Un grand lit. Une table. Des chaises. De quoi abriter un célibataire. Porfirio avait promis d'arranger un peu tout ça, d'ajouter une cloison, d'installer des anciennes tentures de la Cage aux lions qu'il avait gardées dans son appentis. Et puis il suffisait de se mettre sur le balcon pour apercevoir en contrebas un coin de la baie de San Francisco, bouffée bleue palpitante de chaleur. Un petit carré d'éternité.

Jean-Marie habitait loin du port, une précaution

essentielle pour Maggy. Elle l'avait éloigné des lumières chaudes des rues populeuses, remplies d'odeurs d'épices et de gingembre, encombrées de vendeurs de saucisses chaudes aux oignons et de violonistes barbus. Il était aux antipodes des tavernes bruyantes installées autour des wharfs, des bouges de Barbary Coast et des fumeries de Chinatown. Sans compter les petites San-Franciscaines aux cheveux blonds et au regard clair, filles d'émigrants sans complexe, vives et coquines. Délurées, même... Elle se méfiait des jeunes filles frivoles, Maggy. Elle croyait à la vertu et à la moralité. A sa façon.

Les jours passaient délicieusement. Tous les matins, il se rendait à Merritt Shipyard pour surveiller l'avance des travaux sur le *Saint-Pol*. Il descendait Bush Street et rejoignait le wharf des ferries. Il profitait de la traversée sur le *Martinez* pour prendre son petit déjeuner avec les ouvriers du chemin de fer, dans le coffee-room, sous la passerelle. Il s'était mis à aimer la nourriture qu'on y servait, les steaks et les haricots pimentés, avec une pinte de bière fraîche. San Francisco, jour après jour, qui lui entrait dans l'estomac... et l'Italie, aussi, qui lui entrait dans les oreilles, à chaque voyage, les discussions chaudes, les exclamations, les jurons. Ça ne les perturbait pas, les ouvriers italiens, d'être exilés au bout du monde, ça ne les empêchait pas de rire de tout leur cœur et de s'envoyer de vigoureuses tapes dans le dos à la moindre occasion.

Le *Saint-Pol* avait été installé dans un bassin de radoub, une cale sèche profonde. Fachetti et Thorndike s'étaient livrés à une inspection détaillée du navire et Jean-Marie les avait suivis, à la fois subjugué et un peu honteux : il ignorait tout de la simple construction d'un voilier et de ses matériaux. Il s'en était servi sans chercher à comprendre. Il en ressentait comme une gêne, comme s'il avait manqué de respect au *Saint-Pol*.

Julia passait plusieurs fois par jour à côté de la cale sèche et adressait à Jean-Marie un geste de la main qui se voulait détaché et strictement amical. Elle avait tout compris. Cette photo dans l'*Examiner*, c'était l'évidence. L'abattement s'était mêlé à la colère. Pourtant, malgré elle, lui venaient des élans de tendresse pour Jean-Marie, l'envie de se blottir contre lui. Des idées qu'elle chassait avec rage. Des soucis, elle en avait suffisamment. Pas le temps de s'encombrer, en plus, avec un chagrin d'amour.... Traînait, quand même, comme un sentiment d'injustice. Après tout le mal que Colemane leur avait fait... D'ailleurs, Samantha avait fait exprès de séduire Jean-Marie. Un acte délibéré, elle en était sûre. La colère, de nouveau, l'envahissait...

Il était allé trouver William Thorndike après la première inspection sur le *Saint-Pol* :

« Je suis nul, c'est évident, avait-il dit simplement. Il faut que j'apprenne... »

Thorndike avait souri.

« Il n'y a pas trente-six solutions. Commencer au plus bas. Le seul point de départ. C'est la meilleure méthode. »

Jean-Marie était alors descendu par la petite échelle au fond de la cale sèche pour gratter la coque du *Saint-Pol*. Il faisait le chemin depuis le début, les fers à doubler et à calfater. Les ouvriers avaient été surpris, Fachetti avait souri et Julia n'avait pu réprimer un sentiment d'admiration mêlé d'affection.

Le soir, il reprenait le *Martinez*. Les Italiens du chemin de fer avaient les traits creusés par une journée de travail. Les conversations étaient rares. Peu à peu, chacun s'endormait sur les banquettes du bar, malgré le tonnerre des machines et la mer qui se creusait dans la fraîcheur du soir.

Au bout d'un mois, quand arrivèrent les premières pluies de septembre, Jean-Marie Quéïnec sentit qu'un changement s'opérait en lui. « Les Italiens du *Martinez* déteignent, se disait-il. Je me sens chez moi à San Francisco. J'ai l'impression que tout m'appartient. La baie, les vagues déferlantes de Cliff House, les rues grouillantes autour du port et même les haricots pimentés du *Martinez*... » Depuis trois mois qu'il vivait autour de la baie, ce sentiment n'avait fait que s'accentuer. De vagues pointes de gaieté, au début. Puis des assauts d'euphorie de plus en plus fréquents : il se sentait bien à San Francisco.

Sa liaison avec Samantha avait amplifié ce curieux sentiment d'éblouissement. La simple aventure tournait à la passion. Il était retourné souvent à Clifton House, les soirs où elle était seule. Elle lui faisait parvenir un message, à son appartement de Bush Street. Ces soirs-là, il oubliait les fatigues de la journée, faisait sa toilette dans la cuvette en porcelaine qu'il posait sur la grande table au milieu de la pièce, se rasait de près avec le long rasoir-couteau qu'il aiguisait sur l'épais ruban de cuir, passait dans ses cheveux ses doigts graisseux de gomina, enfilait une chemise propre et sa veste bleu marine et montait d'une démarche rapide et allègre vers la belle villa blanche de Nob Hill.

Elle ne le voyait jamais en dehors de Clifton House. Il s'en était étonné :

« Tu me racontes les spectacles, Samantha. Tu me dis : Columbia Theatre ou Mission Opera House. Trop aimable! Et la soirée d'hier, dans les jardins du Tivoli : merci de me tenir au courant! »

Il l'avait, pour la première fois, regardée avec dureté :

« Peut-être que je te fais honte ?

– Qu'est-ce que tu vas chercher ! avait-elle rétorqué avec une stupéfaction un peu outrée. Dans six mois, tu seras parti. Et moi, dans tout ça, qu'est-ce que je deviendrai, qu'est-ce qu'on dira en ville, dans les fumoirs des music-halls ? Que je suis une fille à matelots ? Une femme dans chaque port : celle du lieutenant Quéïnec s'appelle Samantha Colemane. Belle réputation. Merci. »

Il avait protesté. Ses sentiments pour elle étaient forts, il le jurait. Peut-être resterait-il à San Francisco ? Elle était restée dans son coin, triste. Il s'était approché. Lui avait demandé pardon d'une voix douce... Elle avait plus d'un tour dans son sac, la fille de Colemane, et connaissait l'art de retourner les situations. Elle savoura l'emprise qu'elle avait sur lui quand il la prit dans ses bras.

Aux chantiers Thorndike, Jean-Marie commençait à se faire admettre. Il faisait sa part de boulot, il était costaud et Fachetti, à l'occasion, le faisait chercher pour les travaux difficiles. Il avait ainsi aidé à l'érection du mât de misaine du *Julia*, un cylindre en acier de plus de trente mètres de long qui était venu en chemin de fer d'une aciérie de Seattle. Il avait fallu une semaine à une trentaine d'ouvriers solides, munis de barre de fer, de treuils, de poulies, de cordes et d'une grue pour ficher le mât dans son emplanture. Il y avait eu des bruits, le moteur à vapeur de la grue, le grincement des chaînes, les coups de gueule de Fachetti, les ahanements cadencés des ouvriers et soudain un hurlement : le mât, arrivé au-dessus du pont du *Julia*, s'était mis à tourner sur lui-même et avait propulsé un ouvrier dans le vide, par-dessus le bastingage. Une chute de douze mètres. En bas, tout le monde s'était précipité. L'homme avait roulé deux fois sur lui-même et s'était arrêté, allongé sur le ventre. Inanimé. Quand Fachetti était arrivé, l'éjecté du *Julia* était déjà debout. C'était un Irlandais d'une vingtaine d'années, Mac Allister. Un rouquin costaud, à la peau rouge et au visage de gamin. Un peu sonné, tout de même. Quand Fachetti lui avait demandé si ça allait, il avait répondu « non », rapport à la bière qu'on ne lui avait pas encore servie. Il se croyait au bar du *Martinez*.

Mac Allister fut le seul, au chantier, qui ne garda aucun souvenir de l'érection du bas mât de misaine du *Julia*. Fachetti ouvrit une bonbonne de Valpolicella qu'un jeune cousin avait apportée de Naples une semaine auparavant et chacun leva son verre à la santé du *Julia*. Fachetti se tourna vers Mac Allister et leva son verre à sa santé, preuve bien vivante que les choses se passeraient bien. Mac Allister acquiesça avec un large sourire et vida son verre, cul sec : les dieux étaient avec eux. C'était bien évident.

Un soir, la brume tomba d'un coup, dense sur le sud de la baie, noyant les chantiers et les contreforts d'Alameda d'un océan de coton humide. C'était un voile épais qui effaçait le monde au-delà de dix mètres et ne laissait parvenir que des bruits étouffés, des ouvriers qui s'interpellaient, des vapeurs qui poussaient leurs sirènes, des scow-shooners[1] qui piquaient nerveusement la cloche de quart. Le *Martinez* ne viendrait pas à l'embarcadère

1. Petits schooners très maniables qui remontaient les rivières de la baie de San Francisco.

d'Oakland et les ouvriers commençaient à se préparer pour la nuit. Ils allumèrent des feux de planches auprès des clippers et entassèrent des couvertures dans les hangars. C'était un événement inattendu, un changement dans l'ordinaire des jours. Une gaieté discrète parcourait le chantier.

William Thorndike proposa à Jean-Marie de passer la nuit à Ashby Ranch. Jean-Marie se laissa convaincre.

« Sans la brume, vous seriez pas venu, monsieur Jean-Marie, s'exclama Sarah. C'est pas bien. Vous oubliez vos amis. Surtout Julia. Elle est nerveuse en ce moment. Comme Victoria, la belette du vieux George qui mord pour un oui pour un non. Il faudrait lui changer les idées. Elle travaille trop. Et ses amies, à Frisco, elle ne les fréquente plus. Même Jessica, une chic fille, qu'elle ne voit plus jamais... Des fois, le matin, quand elle s'assoit pour prendre son petit déjeuner, je vois bien qu'elle a les yeux rouges. Elle pleure la nuit, monsieur Jean-Marie, la tête dans son oreiller. On peut rien entendre. C'est la santé de M. William qui l'inquiète. La façon qu'elle le regarde... Pas dur à comprendre. Et lui aussi, toujours essoufflé. Et puis il y a autre chose... C'est peut-être un garçon qui la fait souffrir. »

Elle se fit douce :

« Peut-être qu'il ne le fait pas exprès. Peut-être qu'il est jeune et qu'il ne connaît pas le prix des choses. Autrement, il verrait bien que, ma petite Julia, c'est pas une fille comme les autres, jamais méchante, rieuse, et pas les deux pieds dans le même sabot, toujours à faire quelque chose. Elle rendra son mari heureux, vous savez, monsieur Jean-Marie, elle lui fera de beaux enfants. »

Elle ne l'envoyait pas dire, Sarah. Elle ne s'embarrassait pas d'allusions, d'ellipses, de tarabiscotages.

Elle voulait le bonheur de Julia et elle l'aurait. Elle annonçait la couleur.

George alluma les lampes à huile vers huit heures, dans la salle à manger. Le brouillard persistait. De loin en loin, dans le calme d'Ashby Ranch, parvenaient le tintement d'une cloche, étouffé par la brume, et les sirènes de vapeurs inquiets. William Thorndike était heureux d'avoir Jean-Marie à sa table. Bien longtemps qu'il n'était pas venu... La dernière fois avec Briand. C'était bien ça? Ils allaient en profiter pour fêter le premier mât du *Julia*. Ils allaient taper encore une fois dans le porto du captain Carrington.

Julia commençait à apaiser sa colère contre Jean-Marie. Lui montrer du ressentiment au sujet de sa liaison avec Samantha manquait d'élégance, s'était-elle dit. L'indifférence, voilà ce qu'il fallait jouer. Le détachement. Beaucoup plus efficace... Et puis cette façon de travailler sur le chantier, d'apprendre le métier de charpentier de marine, avait tant œuvré à le rendre sympathique. C'est elle qui lui adressa la parole à propos de la brume. Le sujet inévitable.

« Un fléau dans cette région, fit-elle d'un ton désolé. Imprévisible. En quelques minutes, on n'y voit plus à dix mètres... Et les pilotes des bateaux qui sont inconscients.

— Ils ne le sont pas du tout, corrigea Thorndike. Dans cette ville, il faut gagner de l'argent. Ne pas assurer une traversée sous prétexte de brume, c'est en perdre. Les patrons préfèrent prendre des risques. Le *Martinez* est le seul ferry à rester à quai quand le temps est mauvais. Il a été éperonné, il y a cinq ans... Depuis le captain est devenu raisonnable.

— Les marins sont désarmés devant cette calamité, je suppose, fit Julia en regardant Jean-Marie.

— Pratiquement, répondit-il, fataliste. Surtout

près des côtes. Au large, on peut faire du bruit avec les cloches de quart, les cornes ou les sirènes. On se fait remarquer, les bateaux alentour peuvent se dérouter. Mais les rochers – les cailloux, comme nous disons, fit-il dans un sourire – ne se déroutent jamais, eux. A Saint-Malo, quand j'étais enfant, certains embarquaient des chiens, pour les campagnes à Terre-Neuve. Ils voient dans le crachin. Ils ont un sixième sens, ils préviennent à temps. J'ai été longtemps à me demander d'où ils venaient. Ils sont très grands, avec de longs poils. On n'en voit pas dans les campagnes, en Bretagne. Uniquement sur les bateaux. C'est Voisin, le second du *Saint-Pol* qui est mort à Sydney, qui m'a donné l'explication. Les chiens terre-neuve, avant d'être marins, ils étaient bergers. Ils gardaient les troupeaux dans les Pyrénées. Les pêcheurs basques qui pourchassaient la baleine les emmenaient à Saint-Pierre-et-Miquelon et au Labrador. Au fil des ans, ils ont fait des petits. Maintenant, tous les équipages en ont un. Ils sont susceptibles sur la garde du bateau. Vaillants aussi : ils n'hésitent pas à se jeter du pont pour aller chercher un homme tombé à la mer... »

La conversation continua ainsi sur les animaux et leur don de divination; les pétrels et les goélands du Finistère qui viennent s'abriter sur les plages en hiver, trois jours avant les tempêtes, alors qu'il fait encore un temps radieux, les troupeaux de marsouins de l'océan Indien qui pirouettent autour des voiliers pour leur annoncer un coup de vent et qui repartent toujours dans le sens opposé à la bourrasque... Jean-Marie brillait de dizaines d'histoires, d'anecdotes vécues au cours de ses voyages, du cormoran apprivoisé de Saint-Briac qui suivait son maître deux pas en arrière, dans les rues du village, quand il était enfant, aux pingouins qu'on entend pleurer la nuit, quand la tempête se calme un peu, au cap Horn...

Le brouillard se dissipa aussi soudainement qu'il était apparu. Après le dîner, Julia et Jean-Marie sortirent sur le perron aux colonnes victoriennes d'Ashby Ranch. Le ciel était à nouveau dégagé et constellé, les milliers de lumières de San Francisco tremblotaient de l'autre côté de la baie.

Julia posa sa main sur le bras de Jean-Marie, comme pour l'interrompre, et s'appliqua le doigt sur les lèvres. Il devait se taire... Une forme noire se détachait au fond du jardin, sur la droite, sous les grands peupliers, une silhouette assise sur un tronc d'arbre. Julia fit signe à Jean-Marie et l'entraîna dans le parc, de l'autre côté. Au bout de quelques minutes, elle s'arrêta et se mit à parler à voix basse. Un sourire clair passait dans son visage. Elle prit le ton de la confidence :

« George a besoin de tranquillité, chuchota-t-elle, de recueillement. Il ne faut pas le déranger, surtout : il donne à manger à Victoria, sa belette. Elle est craintive. Particulièrement pendant les repas... Si quelqu'un s'approche, elle prend peur et elle mord. Ce n'est pas de la méchanceté, prétend-il, c'est de la nervosité. Elle redoute les hommes. Cruels et sans pitié... Je crois qu'elle a raison. »

Elle s'assit sur un banc, au fond du jardin. Jean-Marie vint à côté d'elle. Le vent commençait à souffler, frais, dans les frondaisons.

« Je n'ai pas été correcte avec vous, Jean-Marie, fit-elle. C'est ce que vous pensez... Je suis comme Victoria : craintive et nerveuse. Je montre les dents pour dire que j'ai peur. Mais je ne vous ai pas mordu.

— Vous avez été tellement froide, distante... C'est un peu la même chose...

– C'est vrai que je vous en ai beaucoup voulu. L'impression d'avoir été trahie... »

Elle se reprit :

« Surtout que mon père était trahi... Et puis je me suis trouvée injuste. Il y a des histoires que vous ignorez. Qui, d'ailleurs, ne vous concernent pas. Des vieilles querelles qui traînent. »

Il la regarda avec attention, en alerte.

« Je veux que vous me disiez, fit-il en pesant ses mots. Si je vous ai fait du mal, au moins que je sache pourquoi.

– Trouver des qualités à nos ennemis, c'est nous faire un affront... Tout est là. »

Elle se tourna vers lui.

« Je suis un peu énigmatique, n'est-ce pas ? Peut-être suis-je entière, emportée ? C'est ce que dit Sarah. William Thorndike, mon père, est plus distant, plus détaché... La sagesse vient avec l'âge. Sa formule habituelle... »

Elle eut tout à coup un sourire infiniment triste.

« William Thorndike n'est pas mon père... Pas vraiment mon père... Vous le saviez ? »

Jean-Marie fit « non » de la tête.

« J'ai un peu honte de dire ça. Sarah, un jour, s'est mise en colère, à ce sujet : " Vous êtes pas gentille, mademoiselle Julia. M. William, c'est lui qui veille sur vous depuis que vous êtes toute petite... Il se levait la nuit pour vous regarder dormir. C'est le Bon Dieu qui vous a mis dans la maison de M. William. Vous êtes sa fille. C'est comme ça. C'est le Bon Dieu qui l'a voulu... " Ce qu'elle m'a expliqué, Sarah... Mon père, je ne sais pas qui c'est. Personne ne sait qui c'est. Ma mère non plus... On est toujours venu faire fortune à San Francisco, ça ne date pas d'hier. Il y a vingt ans, un couple est venu chercher de l'or dans le Sacramento. D'après ce que j'ai pu savoir, ils avaient le type espagnol. Ils venaient sans doute du Nouveau-Mexique. Une vieille religieuse de Mission Dolores m'a raconté que pendant plusieurs jours elle avait vu un homme et une femme, jeunes, très pauvres, avec un bébé, qui rôdaient autour des baraques en planches. L'homme parlait gravement à la femme et elle sanglotait, en serrant son enfant contre elle... Un matin, on m'a trouvée sur les marches de la petite chapelle de Mission Dolores. Les religieuses m'ont recueillie. J'avais six mois, paraît-il, j'étais très sage et je ne pleurais jamais! fit-elle en souriant. A l'époque, des enfants abandonnés, il y en avait partout, dans San Francisco. Personne n'était vraiment choqué. Certains ne subsistaient pas, bien sûr, mais la plupart étaient pris dans des familles d'émigrants. Les pauvres sont souvent généreux, vous savez. Les familles de la ville basse, en dessous de Monky Block, ou les Italiens de Telegraph Hill, qui avaient déjà cinq ou six enfants, en prenaient un de plus. C'était naturel. Ils n'avaient pas l'impression d'être plus pauvres. Au contraire... »

A l'autre bout du parc, l'ombre se mit en mouvement. George et Victoria partaient faire la tournée des terriers des environs.

Julia, petit à petit, s'apaisait.

« Le jour où les sœurs m'ont trouvée, c'était la Sainte-Julia... Elles ne se sont pas cassé la tête.

– Elles sont bien tombées, fit Jean-Marie.

– Moi aussi. Je suis restée trois ans à Mission Dolores. Je ne m'en souviens pas vraiment. Plutôt des impressions. Une intuition de solitude... Mon premier souvenir remonte au jour où William Thorndike est venu me chercher. Il me paraissait immense. Comme la maison de Nob Hill, à l'époque... C'est là que j'ai grandi. Avec Sarah et George.

– Vous y êtes restée longtemps? intervint Jean-Marie.

– Jusqu'à l'âge de treize ans. Clifton House était un peu plus haut. Les Colemane étaient nos voisins les plus proches. Ezechiel et mon père sont tous deux originaires de Boston. Ça crée des liens. Pendant des années, les relations ont été bonnes, mais ce n'était pas de l'amitié. Colemane est un être trop à part, trop renfermé pour se lier avec quiconque. Des relations de bon voisinage, disait mon père. Samantha était mon amie. Nos maisons étaient voisines, c'était pratique pour tout le monde... Elle était plus âgée que moi, Samantha : deux ans. Pas grand-chose, mais quand on est enfant, ça paraît considérable. En plus, nous étions d'humeurs différentes, incompatibles même. Je la trouvais cruelle avec ses poupées. Et cassante avec ses nurses... Mais je ne disais rien. Je faisais semblant. Je jouais à l'amitié. »

Elle demeura pensive un instant et poursuivit :

« Dans les affaires, mon père et Colemane s'entendaient bien... Ça vous étonne ?

– Un peu, confirma Jean-Marie.

– Ils étaient complémentaires, reprit Julia. La compagnie de navigation Colemane achetait des clippers construits par Thorndike. Tout allait bien. Chacun restait sur son terrain. La Colemane California Line prospérait. William Thorndike n'y prêtait pas vraiment attention. D'ailleurs, les commandes augmentaient. En plus, ce n'était pas vraiment son genre d'aller surveiller ce qui se passait chez le voisin... Il aurait dû. Colemane, peu à peu, achetait tous les remorqueurs de la baie. Bientôt, il a contrôlé toute l'activité du port... Les bateaux des autres compagnies attendaient des jours au large avant d'être remorqués et, au départ, le blé avait le temps de pourrir dans les cales avant qu'on ne les arrache des wharfs. Les armateurs ont fini par quitter San Francisco. Colemane est resté. Tout seul.

« Mon père savait ce qui se passait. Tout le monde le savait. Les méthodes de Colemane n'étaient pas discrètes. Il m'a expliqué, un jour, qu'il avait été aveuglé par ses propres affaires, ses chantiers, ses schooners qu'il voulait toujours plus rapides. Quand il a vraiment mesuré l'ampleur de la mainmise de Colemane sur la ville, il était trop tard. Et puis la vapeur est arrivée sur les long-courriers. Il y a huit ans, Colemane a acheté son premier *wheel-steamer*, un gros vapeur à roues qui sortait des chantiers de Vallejo, complètement au nord, au fond de la baie de San Pablo. Il a cessé de renouveler ses clippers. Nos chantiers ont commencé à péricliter...

– Vous n'avez pas songé à vous adapter, à construire vous aussi des vapeurs? » fit Jean-Marie.

Julia le regarda avec une réelle surprise.

« Les clippers et les schooners ne seront jamais supplantés, prétend mon père, répondit Julia avec détermination. Il a raison. La vapeur, c'est une mode, une passade... Pour augmenter la vitesse, il faudra augmenter le rythme des pistons, pousser les machines. Les explosions seront de plus en plus nombreuses. On va vers des catastrophes sans nom, des centaines de morts. Vous verrez! »

Elle était passionnée, jetée à corps perdu dans la lutte contre les machines de l'enfer.

« On reviendra aux clippers, silencieux et sûrs. C'est une question de bon sens. Sans compter que la vitesse des voiliers peut encore être augmentée. Le *Julia* pulvérisera tous les records... Bref, plus Colemane achetait des vapeurs, plus les affaires de Merritt Shipyard s'effondraient... et plus Samantha me délaissait. J'allais à Clifton House le samedi, à l'heure du goûter, et elle me faisait dire qu'elle n'était pas là. Le soir de ses seize ans, je suis montée aussi. Il y avait une grande fête dans la propriété, des lumières, un orchestre... Je n'avais pas reçu de carton, mais je pensais que j'étais quand même invitée, que c'était un oubli... J'avais préparé un cadeau, un livre acheté le matin dans une librairie de Market Street... Si je m'en souviens! Mark Twain, *Les Aventures de Tom Sawyer*. Je l'ai toujours... A la grille de Clifton House, un serveur noir en veste blanche est venu me dire que Mlle Samantha était trop occupée pour me recevoir, que je pourrais revenir le lendemain... J'ai pleuré toute la nuit. Depuis j'ai relu trois fois *Les Aventures de Tom Sawyer*. Un très bon roman, vous savez. Mais je n'ai jamais revu Samantha. »

Le vent commençait à fraîchir. Julia ramena le châle qu'elle avait sur les épaules et fit remarquer à Jean-Marie que la nuit avançait. Ils revinrent vers la ville qui émergeait, claire, au fond du jardin, en faisant crisser les graviers de l'allée.

« Par la suite, Colemane et mon père sont entrés en guerre. Surtout à cause d'Hawaii. Mais c'est une longue histoire, qui est loin d'être terminée. Nous avons quitté Nob Hill pour Ashby Ranch. C'est une autre vie... Je m'y sens bien. »

Ils arrivèrent près du perron.

« Samantha est devenue ce qu'elle était au fond d'elle-même : dure et capricieuse », fit Julia.

Puis, au moment d'entrer dans la grande maison, elle s'arrêta et regarda Jean-Marie.

« Quand sa mère est morte, il y a quinze ans, j'étais toute petite. Je suis allée la consoler, dans sa chambre... Elle pleurait sur son lit. Je me suis approchée... Je n'ai pas vraiment compris ce qui s'est passé. Elle s'est retournée comme une furie et m'a insultée en me traitant de " sale Mexicaine ". Elle s'est levée d'un coup et m'a tirée par les cheveux jusqu'à la porte. Elle m'a hurlé dans les oreilles :

« T'es qu'une bâtarde. Tu sauras jamais ce que c'est de perdre sa mère. " »

Le visage de Julia se marqua tout à coup d'une grande tristesse.

« Je crois que je ne lui pardonnerai jamais. »

Jack Monroe était un New-Yorkais de vingt-cinq ans. Un regard d'enfant un peu triste et de la dynamite dans les poings. « La terreur du Bronx », avait titré l'*Examiner*. Dans les pages intérieures, on faisait état de ses brillants états de service, on dressait la liste des infortunés malabars qu'il avait esquintés au cours de sa carrière : une énumération haletante qui donnait l'impression d'un massacre à la chaîne, d'une calamité qui se serait abattue sur l'ensemble des Etats-Unis. Assis, torse nu, sur le banc de la petite pièce attenant à la grande salle du Pup que Mackenzie avait transformée en vestiaire, le dos appuyé contre le mur blanc, James Jeffries demeurait impavide. La peur de l'adversaire, c'est une question d'imagination. Et Jimmy Jeffries n'avait pas d'imagination... Tout ce qu'il savait, c'était qu'il allait livrer son dernier combat, qu'il avait touché une bourse coquette grâce à laquelle il se retirerait à Sausalito, que le reste, les châtaignes, les fractures et même les knock-out n'étaient que des inconvénients mineurs et pas du tout inévitables. D'ailleurs Monroe, malgré ses cent dix kilos, son punch foudroyant et sa réputation d'ange exterminateur, finirait comme les autres. Il en était sûr. Les bras en croix et des clochettes au fond des yeux. Pas de quoi s'inquiéter.

C'était une grande soirée au Pup. Un championnat du monde, un moment exceptionnel, une affluence record : Joe Mackenzie se frottait les mains en voyant les tonneaux de bière qui défilaient à toute allure...

Maggy était arrivée parmi les premiers spectateurs à la taverne boxing-club de California Street. Elle avait amené avec elle le personnel de la Cage aux lions, au grand complet. Aucune défaillance n'avait été tolérée. Jean-Marie avait été convié à l'y rejoindre. Un petit mot qu'elle avait fait glisser sous la porte de son appartement de Bush Street. *Deux mois que nous ne nous sommes vus, Jean-Marie,* lui avait-elle écrit. *Venez me retrouver au Pup pour la soirée du championnat du monde. Jefferson dispute son premier combat en lever de rideau. Vos encouragements ne seront pas de trop...* Il ne s'était pas défilé. Personne, du reste, dans l'entourage de Maggy n'avait osé se désintéresser de l'événement. Porfirio, lui-même, avait accepté de faire profiter Jefferson de son expérience, de lui enseigner quelques petites astuces qui lui avaient été bien utiles du temps où il veillait sur la tranquillité de certains lieux de plaisir. Il avait pris Jefferson seul à seul.

« Si ton adversaire se trouve derrière toi, n'hésite pas : deux bons coups de coude dans les côtes. Très vite... Ensuite, tu te baisses et tu lui prends la jambe à la hauteur de la cheville... Infaillible ! »

Jefferson l'avait regardé avec des yeux écarquillés.

« Mais, patron, avait-il protesté, c'est pas autorisé...

— Ah ! bon, avait fait Porfirio. Alors, tu lui marches sur le pied. Ça n'a l'air de rien, mais ça fait mal. Tu lui écrases les orteils d'un bon coup de talon. Sous la douleur, il sera plié en deux. A ce moment-là, tu lui envoies ton genou dans la mâchoire... J'ai jamais vu personne résister à ce genre de traitement. »

Jefferson avait été complètement sidéré.

« J'ai pas le droit, patron, avait-il balbutié, c'est interdit... »

Du coup, Porfirio s'était fâché :

« Se faire démolir, alors, c'est tout ce qui est permis? Pour ça, t'as pas besoin de moi. Tu y arriveras très bien tout seul. »

Il s'en était bien sorti tout de même, Jefferson. Il tirait contre un jeune Mexicain, Oswaldo Alvarez, le corps noueux et le regard noir. C'était le début de la soirée et les clients commençaient à affluer. Dès le coup de cloche du premier round, il avait esquivé les charges féroces de son adversaire et avait placé quelques jolis directs du gauche. Maggy, sous l'émotion, plantait ses ongles dans les poignets de Jean-Marie. Pendant les trois reprises suivantes, Jefferson fut mis à mal. Le Mexicain était coriace, nerveux malgré sa carcasse de poids lourd et méchant comme un loup. Il fut contraint de se protéger derrière ses avant-bras : le repli stratégique. Derrière Maggy, un spectateur, petit et rougeaud, hurla : « Descends-le, Chicano! descends-le! » Maggy se retourna et le toisa d'un regard terrible. L'homme se calma devant la stature de Jean-Marie... Le soulagement vint peu après, au début du cinquième round. Le Mexicain se lança dans une attaque éperdue et imprudente. Le poing gauche de Jefferson partit en un éclair. Ce fut tout. Oswaldo Alvarez se réveilla dans les vestiaires.

Maggy suivit les autres combats dans une sorte de bonheur indifférent. Elle avait versé des larmes de joie à la victoire de Jefferson. La tension retombait. Jean-Marie aussi avait été heureux du knock-out fulgurant. Pourtant il était morose, préoccupé. Maggy s'en aperçut.

« L'éloignement du pays vous pèserait-il, Jean-Marie? fit-elle d'un ton affectueux. Ce serait tout de même étonnant. On dit votre solitude bien entourée...

– Je ne vous comprends pas, répondit-il avec dureté.

– Ne vous fâchez pas, sourit-elle. On vous a vu avec Samantha Colemane. Une fille superbe, n'est-ce pas ? Et de la meilleure société... »

Jean-Marie se força à la bonne humeur.

« On ne m'a pas vu souvent... Samantha ne veut pas s'afficher avec moi. Elle trouve toutes les raisons... Je lui ai proposé de m'accompagner ce soir, mais elle m'a ri au nez : " Je te laisse à tes divertissements pour dockers... " »

Un énorme tintamarre traversa l'assistance. Des applaudissements, des cris, des hurlements : du fond de la salle, Jack Monroe et James Jeffries, entourés de leurs entraîneurs, fendaient la foule et se dirigeaient vers le ring. Jean-Marie, tout à coup, resta figé. Un groupe de spectateurs avait retenu son attention. Il reconnaissait Fred et Magdalena à quelques mètres, dans les premiers rangs. Il sentit ses jambes fléchir : à côté, Samantha, magnifique, rayonnait de tout son sourire et se serrait doucement contre un jeune homme élégant, blond, les traits secs et un peu dédaigneux... Thomas Lexington.

CHAPITRE XV

Un violent orage venait de s'abattre sur la baie de San Francisco; une de ces pluies soudaines et torrentielles qui noyaient la ville basse dans des torrents de boue, engluaient les ruelles du port et ravinaient les pentes de Telegraph Hill. L'hiver de la Californie. En début d'après-midi, de lourds nuages noirs étaient apparus, plein ouest, à l'horizon, au-dessus du Pacifique. Le vent s'était mis à souffler, faisant vibrer les fils des cable-cars. Le ciel s'était assombri, au point d'étouffer la ville dans une obscurité de crépuscule. De grosses gouttes de pluie s'étaient mises à tomber, de plus en plus denses, pesantes, et des éclairs avaient écartelé les nuages sombres. La foudre s'était abattue sur les hauteurs, un peu au-delà de Nob Hill, au milieu des chênes et des peupliers du Golden Gate Park. A cinq heures, la pluie s'était arrêtée et le soleil réapparut. Le ciel était lavé, les oiseaux de mer, de nouveau, tournoyaient derrière les vapeurs qui traversaient la baie.

Jean-Marie Quéïnec attendait Samantha dans son appartement de Bush Street. Deux semaines s'étaient écoulées depuis la soirée du championnat du monde au Pup... Il avait repoussé le moment où il aurait une explication avec elle. « Ne vous emportez pas, lui avait dit Maggy, en le voyant blêmir dans le vacarme du Pup. Ne gâchez pas la soirée. Jefferson a gagné, c'est un événement heureux pour nous tous. Autant nous en tenir là. » Jean-Marie avait chassé l'impression de vide et de fureur qui s'était faite en lui. Il s'était apaisé, peu à peu.

Samantha arriva à Bush Street en début de soirée. Le ciel avait pris une couleur bleutée et douce. Les lampadaires s'allumaient le long de Market Street et de Columbus. C'était les préliminaires. Le signal de la nuit.

En entrant, elle eut un mouvement de tête circulaire, comme si elle se préparait à une inspection minutieuse. Puis elle regarda Jean-Marie droit dans les yeux et lui sourit. Malgré son ressentiment, sa colère, sa blessure encore ouverte, il ne pouvait s'empêcher de la trouver belle, une attirance plus forte que lui, incontrôlable. Elle découvrit ses dents superbes, d'une blancheur étincelante. Il retrouvait ses premières émotions, les yeux verts à la fois rieurs et fiers, la chevelure rousse un peu sauvage et les frôlements du parfum pimenté. Elle portait une robe de satin vieux rose, serrée à la taille, qui mettait en valeur sa gorge, éclairée d'un collier à double rangée de perles. Il sentait sa colère s'atténuer, sa volonté s'évanouir. Il allait capituler. Elle fit quelques pas dans la pièce, se dirigea vers le balcon, dans la respiration soyeuse de ses jupons.

« Ainsi, voici l'endroit où vous me boudez... »

Jean-Marie marchait derrière elle.

« C'est celui où je dors... »

Il se contracta et s'efforça à un air à la fois détaché et ironique.

« De plus, je ne vous boude pas. Je vous fuis. Je fuis vos tromperies, vos mensonges »

Elle se retourna, agacée.

« Je vous trouve bien insolent, lieutenant Quéï-

310

nec. Bien impertinent. Vous disparaissez de la circulation pendant deux semaines, vous m'envoyez un misérable poulet, fit-elle en sortant une lettre du manchon qu'elle tenait à un bras, cinq lignes comminatoires pour m'enjoindre de venir vous retrouver chez vous, dans Bush Street. Inquiète, j'accours... Contre toutes les règles de la bienséance! Et vous trouvez le moyen de m'insulter. Vous êtes un effronté, lieutenant Quéïnec. »

Il mobilisa son énergie, il sentait sa hargne s'évanouir, fondre en lui. Il se força au ricanement.

« Comment avez-vous trouvé le championnat du monde des poids lourds, ce divertissement pour docker? Une invitation, au dernier moment, de M. Lexington, sans doute... »

Elle s'esclaffa.

« Thomas Lexington!... C'est vrai que je l'ai rencontré là-bas. »

Elle se leva et vint se serrer doucement contre la poitrine de Jean-Marie.

« Seriez-vous jaloux? Sachez que M. Lexington est un passionné de boxe. C'est son absence à un championnat du monde qui aurait pu surprendre. C'est aussi un proche collaborateur de mon père, voyez-vous. Il est officier sur les navires de la Colemane California, fit-elle en plongeant ses yeux verts au fond des siens. Vous devriez le savoir. »

Elle lui appliqua son index à l'ongle carmin sur le bout du nez.

« C'est aussi un de mes amis d'enfance... »

Jean-Marie se sentait faiblir. La défaite était proche. Il s'entendait balbutier :

« Je vous ai trouvés bien intimes. »

Elle lui prit la main et l'amena vers le lit. Elle s'y assit et l'attira contre elle. Quand ils furent allongés, elle passa la main dans ses cheveux blonds et chuchota :

« Les amitiés de jeunesse confèrent une certaine familiarité..., sans plus. »

Elle approcha sa bouche de la sienne et murmura :

« Je crois que je vous en veux beaucoup... »

Il sentit ses lèvres tièdes et mouillées se poser sur les siennes. La chaleur de Samantha et son parfum étaient un tourbillon délicieux. Elle s'offrit, le regard renversé et la poitrine palpitante. Il était vaincu.

William Thorndike faisait les cent pas sur l'embarcadère d'Oakland. Un peu plus haut, George ajustait le mors d'un de ses alezans, en pleine discussion avec les ouvriers du quai. En descendant la passerelle, Jean-Marie comprit qu'il s'était passé un événement important, suffisamment grave pour que Thorndike vînt l'attendre lui-même. Ce n'était pas l'usage, George venait d'habitude seul, avec une longue carriole du chantier, un engin lourd et mal commode qui transportait les longues poutres et les espars, tiré par un puissant cheval de trait, pommelé gris, au boulet recouvert de longs poils.

Les deux hommes se serrèrent la main et montèrent dans le cabriolet. George s'installa sur le siège du cocher et fit claquer sa langue. Les alezans s'élancèrent d'un trot nerveux.

« Je tenais absolument à vous voir, Jean-Marie. Je dois partir tout à l'heure pour Seattle, par le chemin de fer, à la gare de Berkeley et je ne voulais pas vous manquer. »

Jean-Marie sentait son esprit en éveil. Il s'était passé quelque chose de grave.

« Un événement important, monsieur Thorndike? s'inquiéta-t-il.

— On a saboté le beaupré du *Julia*. La sous-barbe

qui aide à maintenir la courbe du capucin a été sciée sur dix pouces[1]. Autant dire qu'au premier fort coup de vent la voilure s'affaissait comme un château de cartes. »

Jean-Marie ne put cacher son étonnement. Thorndike eut un sourire indulgent :

« Fachetti vous donnera des précisions... Il y a un saboteur sur le chantier. Votre... position peut nous permettre d'en savoir plus à son propos. »

Une fois arrivé, Jean-Marie passa dans le hangar pour se changer, enfiler son pantalon de travail et sa veste de charpentier en velours marron. Il était perplexe. En rejoignant son équipe, au fond de la cale sèche du *Saint-Pol*, d'un pas lent, il réalisait l'ampleur de l'adversité qu'avait à affronter Thorndike, la malveillance, les véritables attentats qui étaient organisés. Il comprenait mieux ce qu'avait dit Briand : « Colemane lui fait des malheurs... » Et Julia, qui se battait bec et ongle... Il comprenait mieux. Mais beaucoup de points, toutefois, continuaient de lui échapper. Un ouvrier s'était livré à un acte de sabotage prémédité, calculé... Colemane était peut-être le commanditaire, lui l'ennemi de la famille. C'était bien possible. Pas son premier forfait... Manquait seulement le motif du geste : en quoi le *Julia* était-il un danger pour la Colemane ? L'obscurité était loin d'être levée.

Dans l'après-midi, avant la reprise du travail, Jean-Marie se rapprocha discrètement de Fachetti qui soufflait sur une tasse de thé. Il en proposa à Jean-Marie qui accepta.

« Vous ne buvez pas d'alcool sur le chantier, monsieur Quéïnec. Vous êtes consciencieux et précis dans votre travail... C'est dommage que vous ne fassiez pas carrière dans la construction navale. »

1. Environ 25 cm.

Jean-Marie sourit :

« Sait-on jamais! » fit-il pensivement.

L'idée de rester à San Francisco commençait à faire son chemin, elle lui venait à l'esprit par moments, inattendue, lumineuse. Il ferait fortune lui aussi, pourquoi pas? Il achèterait une villa blanche à Nob Hill, ou sur le rivage du Pacifique, sur les falaises déchiquetées, en face du rocher de Seal Rock... Il resterait en Californie. Il épouserait Samantha.

« William vous a expliqué pour la courbe du capucin? » reprit Fachetti.

Jean-Marie confirma :

« William Thorndike m'en a expliqué les conséquences.

— Imparables. Sur un clipper gréé carré, la catastrophe serait arrivée au premier coup de chien. Une mer un peu creusée, une risée qui fraîchit et c'en était fini. Les mâts d'un voilier sont maintenus par les étais de beaupré. Si le beaupré cède, tout s'effondre. Et la courbe de capucin soutient le beaupré... La catastrophe était assurée.

— Vous avez une idée sur l'auteur du sabotage? demanda Jean-Marie.

— L'auteur, le vrai? ironisa Fachetti. C'est Ezechiel Colemane, évidemment. C'est signé... tout à fait son style. Je veux dire son nouveau style : la ruse, la discrétion.

— Son nouveau style? fit Jean-Marie interloqué. Il a changé?

— Considérablement! Depuis quelque temps, il fait ses coups en douce : la justice fédérale le surveille du coin de l'œil. San Francisco est toujours son fief, bien sûr, mais il se sent moins à l'aise. Il se méfie... En plus, il n'a pu s'opposer à l'élection au poste de juge de Paul Lee, le père de Jessica, l'avocat. Du coup, il se sent moins libre. Il y a dix ans, il prenait moins de gants... La justice, il la rendait lui-même, si on peut dire... Sa justice!

– Il était tout-puissant à San Francisco? demanda Jean-Marie.

– Il l'est toujours, d'une certaine façon... Il se cache davantage. C'est la seule différence. »

Fachetti devint soudain pensif, comme s'il cherchait au fond de lui-même :

« Quand Colemane a cessé de travailler avec William Thorndike, il y a dix ans, quand il a investi dans les steamers, le chantier de Merritt, ici même, précisa-t-il en faisant de la tête un mouvement circulaire, a connu tout de suite de graves difficultés. Le seul armateur de Frisco se désintéressait de la voile... Les commandes étaient en chute libre. William a choisi la fuite en avant. Il a monté sa propre compagnie de navigation, la Pacific Ocean Import. Il armait les voiliers qui sortaient de ses chantiers. C'était astucieux. Surtout que la Pacific Ocean était assurée d'un certain nombre de clients. William Thorndike entretenait depuis vingt ans les meilleurs rapports avec les autorités d'Hawaii, spécialement la reine Liukolonali. On a même dit que..., fit-il, en souriant légèrement. Mais c'est une autre histoire. Bref, le sucre commençait à être une activité florissante dans les îles. Les planteurs se tournaient vers l'Amérique, vers San Francisco. Quand Thorndike leur offrit de transporter leur production, ils dirent oui sans hésiter. Colemane était dans une position de monopole et pratiquait des tarifs exorbitants. On leur offrait une bonne occasion de s'en débarrasser. Et puis Thorndike était un des leurs, un planteur de canne dans l'île de Maui. Des terres que la reine lui avait offertes au début des années 1880, en gage d'amitié. Colemane, on ne peut pas dire qu'il ait tellement apprécié l'initiative. C'était une grosse perte pour lui... Il n'est pas resté les bras croisés. On aurait dû se méfier. C'est un voyou, Colemane. Un animal à sang froid. La Pacific Ocean a duré cinq ans. On s'est battu comme on a pu. Mais on n'était pas à armes égales. On a été balayé. »

Julia passa devant eux d'une démarche rapide. Elle était habillée d'une chemise à carreaux, d'un pantalon d'étoffe épaisse et portait une paire de grosses chaussures qui lui enserraient la cheville. Elle remarqua le regard étonné de Jean-Marie, lui sourit et continua vivement vers les bureaux, au fond du chantier.

« Elle n'est pas au courant, confia Fachetti. William essaie de la garder à l'écart, de la préserver. Il pense qu'elle en a vu suffisamment comme ça. C'est vrai que du temps du commerce avec Hawaii, du temps de la Pacific Ocean, elle a assisté à de drôles de spectacles.

– Colemane a utilisé des moyens déloyaux? » questionna Jean-Marie.

Fachetti le regarda, surpris.

« Déloyaux? Des procédés d'assassin, vous voulez dire! Au début, il a commencé par nous shangaïer les marins... Rien que de banal. Alors on a pris nos précautions. Mais Colemane a continué de resserrer l'étau, à organiser l'étranglement de la Pacific Ocean : il devenait de plus en plus difficile de se faire remorquer en dehors de la baie... Un jour, un de nos clippers revenait d'Hawaii, rempli de canne à sucre jusqu'au pavois. C'était un quatre-mâts carré de plus de soixante-dix mètres de long, très large, un bau de quatorze mètres. On lui avait donné la contenance maximum... Il est resté trois jours au large de Farallon à attendre d'être pris en charge. Le *Morning Cloud*, il s'appelait. Julia s'en souvient. C'est elle qui avait choisi le nom... Il a fini par être remorqué. C'était son premier voyage. On est monté à Telegraph Hill pour le voir passer dans la Golden Gate. On était heureux. On a grimpé les escaliers du Telegraph avec William, Julia courait devant pour être la première à l'apercevoir... Quand il s'est engagé dans la baie, elle trépignait de joie. Ça n'a pas duré. A la hauteur de Fort Mason, le remorqueur a cassé son aussière... Le captain Wilson, sur la dunette du *Morning Cloud*, a fait donner la corne et le second Buckley s'est précipité sur le gaillard d'avant. Le remorqueur était déjà loin, il avait hissé le pavillon d'avarie... Wilson a tout de suite installé une voile d'étai et Buckley a fait envoyer les focs. Il ventait une jolie brise de secteur nord-ouest. Un temps superbe... On a cru qu'il arriverait à Meigg's Wharf. Wilson a fait tenir l'ancre à poste sur le bossoir. En arrivant dans la baie, à peine doublé Fort Mason, les vents sont venus au sud-est. D'un coup... Le courant de marée descendante portait au nord; les focs sont passés à contre : le *Morning Cloud* n'était plus manœuvrant. Il s'est fracassé contre les rochers d'Alcatraz. L'équipage a été recueilli par un ferry, mais le bateau a été perdu. Totalement. Les matelots qui étaient sur le gaillard d'avant ont raconté qu'ils avaient vu un homme du remorqueur couper l'aussière à coups de hache, sur l'ordre du patron. C'était le *Banks of Sacramento* et le patron le captain Goodham... »

Fachetti reprit la bouilloire sur le brasero et servit le reste du thé.

« William ne s'est pas découragé pour autant. Il a entendu parler d'un remorqueur à vendre à Valparaiso. Il y est allé. Il a ramené le *San Leandro*.

– Vous aviez trouvé la solution », fit Jean-Marie.

Fachetti fit de la tête un « non » dépité.

« On l'a cru, mais pas longtemps. Colemane avait contrôlé tout l'affrètement de San Francisco. Fernando était devenu son homme de main. Vous savez comme moi que les grands voiliers ont besoin d'un lest important. Sans leur chargement, ils chavirent... Impossible de retourner à Hawaii. Il a fallu abandonner... C'était il y a cinq ans. »

Fachetti eut un regard qui embrassait l'ensemble du chantier.

« Il va falloir rejoindre votre équipe, fit-il, votre absence pourrait éveiller des soupçons. »

Il fit encore quelques pas avec Jean-Marie.

« Le *Julia* est un défi lancé à Colemane, un véritable danger. Un transport de passagers confortable et rapide pour rallier San Francisco et Honolulu. Plus de problèmes d'affrètement... La Pacific Ocean Transport va repartir. Toutes voiles dessus, comme vous dites. Les hommes d'affaires de tous les Etats-Unis affluent en Californie. Ils brûlent de connaître les douceurs océaniennes... C'est une chance unique pour les chantiers Thorndike. »

Il s'arrêta et fixa Jean-Marie :

« Nous savons désormais que Colemane n'a pas renoncé à nous abattre. Il est prêt à tout. Il utilisera tous les moyens, il a introduit un saboteur sur le chantier. Il faudra le démasquer. Le neutraliser sans qu'il s'en doute. Il faudra faire très attention, monsieur Quéïnec... Colemane ne reculera devant rien. Absolument rien, insista-t-il. Une imprudence et ce serait votre arrêt de mort. »

Porfirio remontait Market Street en tenant Lolita par le mors. Elle marchait à côté de lui, fière et digne. Il lui parlait, pas content. Il lui faisait des reproches, de toute évidence, sa conduite qui laissait encore à désirer... Il était six heures du soir, et c'était la veille de Noël. Le soir montait dans un halo bleu sombre. Au ponton des ferries, au bas de Market Street, un petit orchestre de l'Armée du

Salut résonnait de cuivres autour d'une vaste marmite. Un peu plus haut, devant les lourdes colonnes qui encadraient l'entrée de la banque du Nevada, un groupe de collégiennes de San Patrick, sérieuses et attentives, interprétait les chants de Noël. L'hiver était doux. Les cable-cars remontaient l'avenue élégante, de palier en palier, dans des soubresauts nerveux et des grincements aigus.

Jean-Marie Quéïnec s'apprêtait à passer seul la nuit de Noël. Il n'en faisait pas une affaire. Noël, c'était un jour comme un autre. Il avait pris l'habitude. Sur les bateaux, on ne bambochait pas jusqu'aux aurores, le soir du 24 décembre. Les déferlantes ne se calmaient pas exprès ce jour-là. Au contraire, on aurait dit. En descendant du ferry, il remarqua Porfirio qui remontait l'avenue, un peu plus haut. Il ne passait pas inaperçu. Cette façon qu'il avait de parler à haute voix à sa jument, hautaine, en faisait l'attraction de l'instant, bien plus que l'Armée du Salut ou les collégiennes de San Patrick.

« Vous êtes allé chercher Lolita à l'école, Porfirio ? » lui demanda Jean-Marie, avec le plus grand sérieux, quand il l'eut rattrapé.

Porfirio lui jeta un coup d'œil énervé :

« L'école du vice, oui ! Mademoiselle fait sa distinguée, son élégante. Le diable au corps, elle a ! Elle a tout cassé dans son écurie ce matin, ses liens, le petit sulky que j'y avais rangé, la porte, tout. Il fallait qu'elle aille retrouver les chevaux de fiacre de Columbus Street. Plus fort qu'elle..., aucune tenue..., des vieux canassons paresseux et jouisseurs... »

Il se tourna vers Lolita.

« Tu es une jeune fille..., c'est pas des fréquentations pour toi. »

A la Cage aux lions, dans le calme d'Octogon

House, Maggy embrassa Jean-Marie. D'habitude, elle ne supportait pas que l'on dépassât le baise-main. Eviter la familiarité. Le principe essentiel. Un 24 décembre, c'était différent. C'était un grand jour.

« Si Porfirio ne vous avait pas trouvé dans Market Street, Jean-Marie, fit-elle, affectueuse, vous ne seriez pas venu. Votre timidité vous rend maladroit... »

Le grand salon était décoré de guirlandes, de boules multicolores. De petits bouts de coton avaient été collés autour des miroirs, en guise de neige. Elle refaisait le Noël de son enfance, Maggy, pas pour elle, affirma-t-elle, pour ses pensionnaires. Eviter les coups de cafard : « Tordre le cou à la tristesse... »

Jean-Marie se sentait loin, absent. Maggy ouvrit une bouteille de champagne, « pur Californie, précisa-t-elle, le dernier cépage des frères Sainsevin ». Une rareté. Quelques clients épars trinquaient avec les pensionnaires. Les habitués étaient en famille. La soirée serait paisible.

« Vous n'êtes pas d'un naturel bien bavard, Jean-Marie, observa Maggy, mais nous commençons à nous y faire. Ce soir, pourtant, je vous trouve particulièrement silencieux. Samantha et Lexington, hein! C'est ça? »

Elle vit le visage de Jean-Marie qui, tout à coup, blanchissait. Elle le regarda dans les yeux.

« Autant que vous soyez au courant : on prétend qu'ils ont été fiancés. Officieusement... il y a un an. On les dit en froid. Elle lui reproche son goût pour les demoiselles de la Comtesse, les filles de Tessie Hall. »

Elle ne put s'empêcher de hausser les épaules, excédée.

« Comment peut-on être jalouse de créatures

aussi grotesques... C'est peut-être simplement une question d'amour-propre, continua Maggy. Bref, Lexington lui plaisait au point de vouloir l'épouser. Il a le goût de la violence. Peut-être cela la fascinait-elle. L'image de la nuit. Barbary Coast. Chinatown. Le démon... C'est lui qui s'occupe de détruire Thorndike. Ezechiel n'y met pas les doigts. La mise à mort sera l'œuvre de Lexington. Vous verrez, conclut-elle, presque admirative, dans son genre, c'est une sorte d'artiste... »

Peu après minuit, Jean-Marie Quéïnec quitta la Cage aux lions. Il prit un fiacre et se fit déposer au coin de Columbus et Montgomery. Pendant toute la soirée, pour apaiser la douleur qu'il sentait lui dévorer l'esprit, il but des coupes de champagne. Il finit par du bourbon. En arrivant au carrefour de Monky Block, dans la foule et les lumières de Noël, face à l'immense sapin que l'*Examiner* avait dressé devant l'immeuble illuminé où on donnait une réception, il sentit que l'alcool avait fait son chemin. Il tenait les poings serrés au fond de son caban, prêt à la violence. Il allait même au-devant. Il voulait une explication avec Lexington. Il l'aurait.

La Comtesse n'était pas loin. Il suffisait de remonter Washington Street pendant une centaine de mètres pour trouver l'établissement de plaisirs le plus fréquenté et le plus joyeux de San Francisco. Les moins perspicaces pouvaient se guider au bruit : bien avant d'y arriver, parvenaient les échos de la fête qu'on y donnait, des effluves sonores d'où surnageaient les rythmes d'un orchestre et les rires aigus de jeunes femmes que l'on courtisait sans ménagement. La porte s'ouvrit brutalement. Deux videurs énormes propulsèrent sur la rue un client ivre mort, un petit homme rougeaud et chauve d'une cinquantaine d'années. Jean-Marie se poussa *in extremis* et l'homme alla atterrir dans le caniveau boueux, deux mètres derrière. Un des costauds lui fit un signe de la tête.

« Plus personne n'entre. C'est complet.

– Je veux voir Tessie Hall », insista Jean-Marie, d'une voix nette.

Les deux malabars se regardèrent et se mirent à rigoler.

« Tessie Hall, elle est occupée, ricana le premier. Et puis des Ritals, on en a vu suffisamment. Tu peux partir...

– Je suis français, fit Jean-Marie, haussant le ton. Dites à M. Lexington que je veux le voir.

– Lexington est pas là... », répondit l'homme en plissant les yeux, l'air méchant. Il commença à refermer la porte. « Français ou Italien, c'est pareil. Tu peux te tirer. »

Il était une heure du matin. A une heure trente, Jean-Marie Quéïnec entrait au Flamingo. Une idée folle qui lui était venue, le besoin incontrôlable de vider sa querelle, une jalousie sauvage, absolue. Au Flamingo, après tout, il y serait peut-être, Lexington... Le repère des shangaïeurs, c'était bien un endroit pour lui...

La salle était aussi sombre que d'habitude. Pas d'éclairage particulier pour la nuit de Noël. Pas de gaieté. Une ambiance lourde de menace, des hommes sombres, silencieux, voués aux mauvais coups.

Jean-Marie s'approcha du bar. Le serveur le reconnut et eut un léger mouvement de recul. Autour de lui des consommateurs rudes et pesants échangèrent des regards furtifs. Il commanda un whisky.

« Vous cherchez encore votre ami? fit le barman en poussant le verre sur le comptoir.

– Pas la peine. Il est mort », répondit Jean-Marie.

Il but d'un trait son verre et sentit la chaleur l'envahir. Ses forces lui semblaient se décupler. Il regarda le barman d'un regard froid, droit dans les yeux.

« Il a été assassiné... pas loin d'ici. A dix mètres. Dans la rue. »

Il prit son temps et prononça clairement :

« Des lâches qui se sont mis à plusieurs pour le massacrer. »

Il se sentait pris dans un tourbillon. Le cheminement de la violence. La provocation. Le vertige.

« Des rôdeurs sans doute..., fit le barman d'un ton évasif. Frisco est une ville dangereuse, vous savez. »

Le brouhaha dans la taverne commença à s'estomper. Les conversations s'arrêtaient les unes après les autres.

« Thomas Lexington est ici? reprit Jean-Marie, en faisant signe qu'on lui remplisse à nouveau son verre.

– Connais pas. Vous me prenez pour un bureau de renseignements? Vos amis, on les a jamais vus ici... Compris? Vous, on aurait préféré ne jamais vous servir. Alors, buvez votre verre et fichez le camp... Ça sera mieux pour tout le monde. »

Jean-Marie eut un hochement d'épaules, à la fois découragé et méprisant, puis regarda autour de lui. L'ambiance était lourde. A l'autre bout du bar, un homme le dévisageait en tapant lentement le poing contre le chêne ciré du comptoir. C'était une masse puissante, le cheveu et la barbe noirs, un visage déformé par d'anciennes bagarres, les bras énormes et couverts de tatouages.

Il continua son investigation. Tout à coup, dans l'obscurité, au fond de la salle, un rideau bougea. Un homme en sortit, traversa la salle, d'un pas rapide, vers la sortie. Quand il passa près du bar,

Jean-Marie eut un choc. C'était un homme grand et mince, entre deux âges, le dos légèrement voûté, les traits tirés et creux. Une impression de profonde lassitude se dégageait de sa personne. Jean-Marie le connaissait, il en était sûr. Au moment où l'homme passait la porte du Flamingo, il l'identifia soudain : c'était Froehling. Un ouvrier de Merritt Shipyard. Un charpentier qui travaillait sur le *Julia*. Jean-Marie jeta une pièce de cinquante *cents* sur le bar et marcha d'un pas rapide vers la sortie. L'homme avait fait quelques pas dans la rue en terre, en direction du théâtre chinois. Jean-Marie le rattrapa, lui posa la main sur l'épaule. Froehling se retourna. Il avait le visage blême, des traits creux, le regard empreint d'une sorte de tristesse abattue.

« Vous avez des amis au Flamingo, monsieur Froehling? » fit Jean-Marie agressif.

L'homme bredouilla :

« Non, monsieur Quéïnec... »

Désemparé, il répétait :

« ... J'ai rien fait, monsieur Quéïnec. J'ai rien fait. »

Jean-Marie sentit soudain une présence derrière lui. Il se retourna. Il reconnut les hommes de main qui avaient voulu lui faire la peau la première fois qu'il était venu au Flamingo. Les mêmes... Surtout le tueur au visage de vieux boxeur ravagé, celui qu'il avait revu au Pup, avec Lexington. Ils étaient cinq. Ils formèrent un cercle autour de lui. En un éclair, il réalisa la situation. Il concentra tous ses muscles, en boule, au fond de lui, et se rua vers l'homme qui fermait le passage de la descente vers Columbus Street. Il frappa juste. Un large coup de pied de toutes ses forces dans le bas-ventre et deux terribles swings au visage. L'homme chancela. Jean-Marie, dans le même instant, se sentit attrapé au col de son caban, par une main puissante qui le ramena dans le cercle. Il se retourna à toute vitesse pour faire face. C'était trop tard. L'énorme boxeur lui envoya dans le ventre un lourd crochet qui lui coupa la respiration. Il avait les deux genoux à terre. L'homme prit son temps et lui expédia, à toute volée, un formidable coup de pied qui vint lui ouvrir la pommette droite dans une douleur sèche et fulgurante. Il s'effondra, la joue collée contre la terre encore humide de Jackson Street. Il tenta de mobiliser ses dernières forces. Il vit les hommes autour de lui qui s'écartaient, pour faire de la place. Il reconnut le bas d'un pantalon noir et des chaussures cirées, et enfin la voix de Lexington, qui lui parvint comme de très loin :

« Vous m'indisposez, monsieur Quéïnec... Votre place n'est pas parmi les gens de bonne compagnie. »

Il vit une chaussure qui partait à toute vitesse vers sa tête et sentit une boule de douleur qui remontait dans la mâchoire, se répercutait de loin en loin dans les tympans et s'estompait peu à peu dans un voile de brouillard.

CHAPITRE XVI

Un vent frais, comme un linge mouillé, caressa son visage. Un mouvement ample le berçait. Des claquements souples parvenaient de très loin. Puis il y eut un choc, une gifle humide qui lui arriva de plein fouet et des bruits, un tintamarre de rires, de jurons, de cris, des pas sur un parquet qui résonnaient, venus de très loin... Le jour se leva, peu à peu. Les rayons du soleil forcèrent le rideau de brouillard. Jean-Marie Quéïnec entendit une voix rauque, comme éraillée de trop nombreux hurlements :

« Le gentleman a fini sa sieste... »

Le reste fut mêlé dans des rires démesurés, des grognements butés où affleuraient de vieilles vapeurs d'alcool.

La lumière vint. Le soleil d'une superbe journée. Jean-Marie, les yeux à peine ouverts, comprit la situation. Il était allongé sur le pont d'un navire, à même les planches du gaillard d'avant, la tête tournée vers l'arrière du bateau. Les claquements qu'il avait entendus, venus du fond de son sommeil douloureux, n'étaient rien d'autre que les battements des focs, au-dessus de sa tête. Devant lui, des hommes formaient un cercle. C'étaient des marins lourds et costauds, la plupart barbus, les manches du pull-over de grosse laine roulées sur des avant-bras larges et noueux. Le navire s'enfonçait, rapide, dans les vagues courtes du Pacifique, appuyé par une brise nette et franche dans un après-midi resplendissant. De la dunette parvint tout à coup comme un hurlement, une vocifération puissante.

« Vous allez passer la journée à contempler ce fils de pute? Vous attendez peut-être que je vous expédie au boulot à coups de botte? »

Les hommes s'égaillèrent dans un grognement sourd. Jean-Marie mobilisa ses forces et se redressa sur les coudes. Une douleur lourde lui pesait sur le crâne, en travers du front... Il regarda le navire avec attention. C'était un clipper d'environ quarante mètres de long, un trois-mâts barque, brassé carré, à la voilure large et basse qui prenait le vent grand largue, tendu, un bâtiment costaud, à la coque ventrue, robuste, plus conçu pour la solidité que pour la vitesse. Jean-Marie, tout à coup, réalisa exactement ce qu'était la nature du bateau. Au milieu du pont, entre le mât de misaine et le grand mât, il vit une cheminée, noire et courte. Le clipper trapu, qui courait avec confiance, n'était rien d'autre qu'un baleinier. C'était ça! Il avait été shangaïé sur un baleinier... Il se souvenait brusquement de ce que lui avait expliqué Le Cozic, quand il était mousse. Voilà, c'était maintenant son tour... La cheminée, l'horrible tuyau noir qui montait au milieu du pont, en était la marque indiscutable, la preuve tangible de ce qui l'attendait.

Les baleiniers à la voile, vus du pont d'un autre bateau les croisant au large, auraient pu passer inaperçus, des clippers comme les autres, larges comme des caboteurs un peu alourdis par de pesants chargements. Rien ne les aurait distingués si ce n'était ce signe particulier : cette petite cheminée étroite qui émergeait au milieu du pont, comme abritée par les basses voiles. Jean-Marie avait déjà eu, à deux reprises, l'occasion d'observer ces grands voiliers. La première fois, c'était dans l'Atlantique, au large du Brésil, quelques années auparavant. Le bateau distant d'une dizaine de milles battait pavillon britannique. Jean-Marie s'était risqué à une plaisanterie :

« Il est malin, l'Anglais. Si le vent vient à manquer, il envoie les chaudières. Il gagne à tous les coups... »

Un vieux matelot l'avait repris :

« La cheminée, c'est pas pour les chaudières. C'est pour le " fourneau ". C'est un baleinier. Les Anglais sont les derniers en Europe à piquer la baleine. Avec quelques rares Portugais... Ils continuent à aller très haut dans le Pacifique Nord, aux confins de la Chine et de la Russie, sur les atterrages du Kamtchatka. Ils continuent la tradition... En revenant, ils font une halte à Hawaii. Gare à la casse! Pendant la campagne, ils laissent fondre la graisse des baleines dans le fourneau, les " pots ", qu'ils disent, des grandes marmites installées à même le pont. La cheminée, c'est pour évacuer les fumées. Et les odeurs aussi! »

Quelque temps plus tard, en allant relâcher à New York, il avait croisé un baleinier américain. A peine un petit point à l'horizon, un minuscule trait de fumée noire, entre les voiles à peine dessinées, et pourtant l'odeur. Une odeur infecte. Ecœurante. Les vapeurs du « fourneau » qui lui étaient venues, portées par le vent. Un dégoût qui lui était resté pendant des jours. Une odeur qu'on n'oubliait pas.

Il tenta de se relever et ne parvint qu'à se mettre à genoux. Il sentait ses jambes encore faibles. Incapables de le soutenir, chancelantes. Deux hommes montèrent, d'un pas rapide, sur le gaillard d'avant.

L'un était jeune, une silhouette longue et sportive, le type nordique, des cheveux blonds, des yeux clairs et le visage lisse. L'autre était plus âgé et plus fort. C'était un être qui irradiait la force et la violence. Il était carré et lourd, un visage fermé, des petits yeux noirs et une barbe hirsute. Il s'approcha de Jean-Marie.

« Joyeux Noël, lieutenant Quéïnec! » dit-il dans un rire forcé qui se voulait ironique.

Le jeune homme blond, resté derrière, lui, se mit à ricaner... Jean-Marie, tout à coup, remarqua une particularité chez son interlocuteur. Ses cheveux noirs, graisseux, étaient noués derrière en une sorte de natte. Il reconnut un des consommateurs du Flamingo, celui qui l'avait regardé en frappant lentement le poing sur la table. L'homme reprit :

« Un réveillon inattendu, n'est-ce pas? »

Il se tourna de côté et avisa un seau, rempli d'eau de mer, qui traînait à quelques mètres. Il fit deux pas pour le ramasser et revint faire face à Jean-Marie.

« Permettez que je fasse les présentations, dit-il en découvrant, au milieu de la bouche, une dent cassée. Mon second, Steeve Richardson, et moi-même..., captain Rodrigo. »

A ce moment, il expédia de toutes ses forces le contenu glacé du seau au visage de Jean-Marie. Il ajouta, comme si de rien n'était :

« Pour vous servir! »

Jean-Marie serra les poings. Il ne pouvait répondre à l'humiliation. Son corps était trop faible. Ses forces évanouies, comme engourdies dans la brume. Il entendit le second Richardson qui poussait de nouveau un ricanement aigu, un rire de fausset. Rodrigo continua :

« Vous comptez dormir jusqu'à demain, lieutenant? »

Il s'arrêta et regarda le blond Richardson.

« ... Au fait, lui a-t-on dit qu'il n'était plus lieutenant? »

Le second fit semblant de chercher, hocha la tête et dit :

« Non, captain. Je pouvais pas. Il arrêtait pas de ronfler. C'est pas un marin qu'on a embarqué, c'est une marmotte.

— Je compte sur toi pour m'en faire un canotier, Steve, fit Rodrigo, expéditif. Il a l'air costaud. Va falloir qu'il arrache sur les avirons. Sinon, on lui rafraîchira les esprits...

— Compris, captain, fit Steve souriant.

— Nous sommes partis pour au moins deux ans, jeune homme, continua Rodrigo en regardant Jean-Marie. C'est la durée des campagnes. Trois ans, des fois... On s'arrangera pour que vous n'ayez pas le temps de regretter le Flamingo. »

Il repartit vers l'échelle du gaillard d'avant pour rejoindre le pont du baleinier. En passant près du second, il laissa tomber :

« Faudra pas qu'il s'ennuie, Steve...

— C'est promis, captain. »

Jean-Marie parvint à se relever. Il sentait toujours ses jambes faibles. Il s'appuya contre la lisse. Peu à peu, sa conscience revint, les mouvements du navire, les chocs répétés de l'étrave contre la houle nerveuse lui parvinrent avec davantage de netteté. Le second s'en aperçut.

« Très bien. Vous commencez à ouvrir les yeux... On va pouvoir faire plus ample connaissance. »

Il avait abandonné les ricanements. Il s'exprimait avec un ton à la fois plus posé et plus ferme. Jean-Marie put mieux le regarder. Il vit dans son regard, d'un bleu sombre, une lueur nette et froide, comme un voile de dureté qui lui traversait le visage. Ce n'était pas seulement le second du captain Rodrigo. C'était un homme qui avait sa part de responsabilité sur le bateau. Malgré la jeunesse de ses traits et la vigueur de son corps, c'était un homme d'autorité. Il poursuivit :

« Le second Richardson, comme vous l'a dit le captain, c'est moi. En fait, je suis aussi bossman, bosco, comme vous dites... Et beaucoup plus que ça aussi... Voyez-vous, le *City of Burlingame* n'est pas un clipper comme les autres.

– C'est un baleinier, j'ai vu », interrompit Jean-Marie sèchement.

Richardson le regarda, surpris :

« Je vois que vous êtes sorti de votre léthargie. Tant mieux. »

Il se mit à parler avec passion.

« ... Un art bien subtil et délicat, la pêche à la baleine. Vous verrez. Une bête très dangereuse qui vous écrase sans s'en rendre compte. Et rancunière comme pas deux. S'agit pas de lui envoyer le harpon n'importe où, d'agir inconsidérément. Elle vous le fait payer au centuple; un seul coup de queue et elle vous pulvérise en marmelade, vous et votre " pirogue ". Les bons chasseurs agissent avec prudence et finesse, c'est la règle primordiale. Les imbéciles se servent de leur courage. »

Il haussa les épaules avec mépris.

« Et, voyez-vous, les baleines n'aiment pas la bêtise. C'est un affront qu'on leur fait. Une insulte à leur intelligence, qui est très grande, ne vous méprenez pas. Les baleines aiment les êtres délicats, à l'esprit délié. Les butors courageux les indisposent, leur tapent sur les nerfs... A moi aussi d'ailleurs. Elles les ratatinent en moins de deux. Elles les désarticulent d'un coup de museau. »

La passion de Richardson était arrivée à son paroxysme :

« Pêcher la baleine avec du courage, c'est nager avec une pierre au cou : la mort assurée. »

Il sentit qu'il s'était trop emporté et se reprit :

« Bref, les manœuvres d'abordage et de capture, c'est aussi mon boulot, fit-il d'une voix plus calme. Vous passerez prendre des vêtements chauds au fond du poste avant, dans le placard qui sert de cotyle, de coffre à pull-overs. Vous en aurez besoin. »

Il fit une pause, puis, s'éloignant à son tour vers le milieu du pont, il laissa tomber :

« Pour la chasse à la baleine, je vous ai dit l'essentiel... Le reste, vous l'apprendrez par vous-même. »

Le reste, les dizaines de façons d'approcher l'animal, de le contourner, de le harponner, de le paralyser avant de lui porter l'estocade, Jean-Marie ne l'apprit pas par lui-même. Pas entièrement. C'est Saint-Esprit qui se chargea de son enseignement. Avant même d'avoir entrevu la première baleine dans les mers de plus en plus froides à mesure que le *City of Burlingame* montait dans le Pacifique Nord, Jean-Marie Quéïnec en savait déjà beaucoup sur le comportement du grand mammifère marin, ses habitudes, ses craintes, ses ruades furieuses, ses ruses. Et même ses inclinations affectueuses et parfois même nostalgiques...

Saint-Esprit était un Noir aux cheveux grisonnants. Personne ne connaissait son âge. Même pas lui. D'ailleurs, la longueur de sa vie, il ne la comptait pas en années, mais en campagnes de pêche. Une estimation comme les autres, mais qui manquait de précision. Douze campagnes, des centaines de baleines piquées dans le Pacifique Nord, une multitude de pirogues renversées, et la mort qui était passée tout près si souvent, dans l'eau glacée du Kamtchatka, à combien d'années cela pouvait-il correspondre?

« Beaucoup, disait-il simplement. Comment pourrais-je le savoir? Les campagnes ne durent pas toutes le même temps. Deux ans, trois ans... Et puis, ajoutait-il, la durée ça dépend pas des jours. La première fois que ma baleinière a été retournée par une bête en furie et que je suis resté trois jours dans l'eau glacée avec une jambe brisée, j'ai plus vieilli que si j'avais passé trois campagnes, tranquille, à sculpter des ivoires, à faire des *scrimshaws*[1] au fond de mon hamac. Quand on m'a récupéré, mes cheveux étaient devenus tout blancs. Blanchir d'un coup, ça représente des années, c'est vrai. Mais combien? On peut pas le dire... Un siècle, sans doute. Peut-être plus! »

Il y avait toujours un marin pour s'esclaffer : « Et pourquoi pas un millénaire, des fois, pendant qu' t'y es? » Saint-Esprit ne répondait rien. Il ne se donnait même pas la peine de hausser les épaules. Il repartait tailler un vieux fanon d'ivoire, au fond du roof avant, dans l'obscurité du poste des matelots, la démarche heurtée, souvenir de la jambe qu'il s'était cassée, cent ans plus tôt.

Jean-Marie Quéïnec avait été affecté à la baleinière que commandait Saint-Esprit. C'était un bon « chef de pirogue », Saint-Esprit. Le meilleur du bord, certainement. Calme, pondéré, efficace et astucieux. Le chasseur idéal, selon Richardson. On s'arrangeait pour lui donner les meilleurs « canotiers », les plus costauds, les rameurs les plus solides pour qu'il soit le premier auprès de l'animal, la façon la plus sûre de s'emparer du monstre. Il avait tout de suite détecté chez Jean-Marie le futur bon piqueur de baleines. Un être jeune et solide. Un

---

1. Les ivoires de baleine sculptés.

regard net et droit : la force physique et la clairvoyance. Les qualités d'un harponneur. En plus,
ancien lieutenant sur un voilier français. C'était, par
définition, un homme habitué à la dureté de l'Océan
et sachant aller au maximum de ses forces et au
bout du risque. Sans plus... Saint-Esprit s'était fait
comprendre aisément, et dans un langage que l'on
ne s'attendait pas à trouver dans la bouche d'un
vieux Noir, une gouaille tranquille qu'il avait
apprise, à force de fréquentations, dans les postes
de marins et les bouges de Frisco.

« Il faut savoir fuir quand le danger est trop
grand, avait-il dit. Pas essayer de jouer au plus
malin avec une bête de vingt mètres de long et qui
pèse souvent cent fois plus que ta pirogue. Se
méfier des femelles avec leurs petits. Elémentaire...
Elles défendent les baleineaux de toutes leurs forces... La meilleure façon de s'en sortir, c'est de ne
pas trop se presser. Laisser une autre pirogue
arriver la première et bien garder ses distances. »

Saint-Esprit avait lancé discrètement un clin d'œil
à Jean-Marie.

« On gagne pas à tous les coups, pas vrai? »

Il redevint sombre.

« Des fois, c'est pas suffisant. Quand elle sent le
danger trop proche, même sans être blessée, elle
plonge pendant de longues minutes, une demi-
heure parfois. Elle " sonde ", on dit. On ne la voit
plus. On sait qu'elle n'est pas loin et qu'elle mijote
un mauvais coup. On attend... Il faut bien regarder
les mouvements des vagues pour s'assurer qu'elle
va pas remonter juste sous ta baleinière pour te
retourner et t'écrabouiller d'un coup de queue.
Souvent, quand tu t'en rends compte, c'est trop
tard. T'es projeté en l'air. Tu retombes dans une
tornade de vagues gigantesques, des tourbillons, et

sa queue qui bat dans tous les sens comme un fouet énorme. »

Saint-Esprit devint pensif.

« C'est des moments de fin du monde... Faut pas espérer s'en sortir. A moins d'avoir pris ses précautions. »

Jean-Marie le regarda étonné.

« Que peut-on faire contre un monstre pareil, sinon le tuer ?

– Avant de combattre, il faut lui enlever ses armes. Lui couper les nerfs de la queue, le paralyser. Il faut s'approcher par-derrière, sur le côté, et lui sectionner les tendons d'un coup de pelle à trancher. Il faut avoir l'œil. Pas taper à côté... Ensuite, seulement, on peut envoyer la lance. C'est une formalité. Elle sonde, encore une fois. C'est l'agonie. Elle répand son sang sur la mer. Elle « fleurit ». Elle souffle encore et elle gémit doucement. Elle dit adieu aux autres baleines du troupeau... »

Il hocha la tête.

« ... C'est un drôle d'animal. Pacifique et violent... Et qui sait mourir avec dignité. »

Il pourchassait les baleines, Saint-Esprit, depuis des années. Et, depuis le temps, il avait appris à les connaître. Il les respectait.

En descendant dans le poste des matelots, après être passé au cotyle prendre des vêtements chauds, un pull-over, un pantalon de grosse laine et une vieille paire de bottes, Jean-Marie se trouva en face des autres membres d'équipage. Il se sentait la tête lourde. La pommette enflée. Il avait totalement repris connaissance. Il réalisait la catastrophe qui lui était arrivée. L'ampleur du désastre. Il avait été shangaïé. Il s'était cru à l'abri, il ne s'était pas méfié... Et Lexington. Il entendait encore sa voix. Et le coup qu'il lui avait envoyé! Son visage encore tuméfié... Il sentait la vengeance qui montait en lui. Et Samantha qui l'avait trahi. Ses forces revenaient et avec elles le désir de violence. Il jeta les vêtements qu'il tenait à la main sur une couchette, dans le poste des matelots, lugubre, un petit lit étroit, une paillasse jetée sur une simple planche, coincée entre la coque de sapin goudronnée et un rebord en bois, pour éviter de rouler sur le plancher les jours de tempête. Il se souvint du *Château-Laborde*. Sa campagne à Terre-Neuve... Le baleinier américain, dans le fond, n'était pas plus inconfortable. Et le carré des matelots guère plus répugnant. Comme sur le terre-neuvas du captain Grospierre, il y avait au milieu du poste une grossière table en sapin, recouverte d'une couche gluante de saletés accumulées. Posée dessus, une lampe à huile dégageait une lueur orange et un trait de fumée noire.

Les marins le regardèrent. Ils étaient nombreux dans la chambrée sinistre et Jean-Marie ne pouvait tous les distinguer. La majorité était noyée dans l'obscurité. Il sentait simplement leur respiration. Il devinait les regards fixés sur lui... Autour de la table, éclairée par la lumière de la lampe, quatre marins jouaient aux cartes. Silencieux... Face à lui, un des joueurs leva les yeux. Il avait un regard noir qui se plissait sous la lueur orangée. Son visage était fort, comme sa stature. Jean-Marie remarqua tout de suite, sur une des joues, une longue cicatrice, une entaille profonde que la barbe ne parvenait pas à masquer. L'homme replia les cartes dans sa main.

« Messieurs, fit-il d'une voix éraillée, le gentleman vient dans ses appartements. »

Il y eut autour un murmure lourd et des ricanements forcés. Jean-Marie, sans dire un mot, contourna la petite table et, sans se presser, se dirigea vers l'homme qui se leva d'un coup et rejeta sa chaise derrière lui d'un mouvement rapide de la jambe. Jean-Marie vint lui faire face. Les deux hommes étaient du même gabarit, grands et solides, des gaillards costauds qui se jaugeaient. La voix nette de Saint-Esprit émergea dans l'obscurité :

« Fais pas le con, Burt, dit-il avec calme. T'as envie de faire venir Richardson? La dernière fois qu'il s'est déplacé, tu t'es bien fait dérouiller. »

L'homme regardait Jean-Marie, droit dans les yeux.

« T'as de la chance... », fit-il, en hochant lentement la tête.

Saint-Esprit, imperturbable, continua :

« A mon avis, c'est toi qui as de la chance. Le gentleman, comme tu dis, me semble tout à fait capable de te faire sauter deux ou trois dents... Sois raisonnable, Burt; il t'en reste déjà plus beaucoup! »

Jean-Marie tourna la tête sur le côté. Saint-Esprit, assis sur une couchette à côté de celle qu'il avait choisie, à moitié masqué par l'obscurité, fumait une longue pipe avec délectation. Burt eut un haussement d'épaules méprisant. Il fit un pas en arrière, ramassa sa chaise et s'assit lourdement.

« De toute façon, je suis en pleine partie, fit-il, d'un ton sec. Et il ne mérite pas que je m'interrompe...

– Tu dis des sages paroles, Burt », approuva le Noir d'un ton où perçait l'ironie.

Jean-Marie fit demi-tour et vint s'asseoir sur sa couchette. Saint-Esprit, à côté de lui, sortit un vieux paquet de tabac d'une poche de son pantalon et le lui tendit. Jean-Marie fit non de la tête. Il regarda le visage qui se découpait dans la lumière tremblante du poste des marins. C'est vrai qu'il n'était pas tout jeune, Saint-Esprit. Même en comptant en campagnes, ça lui faisait un joli score. Et le nombre des baleines, aussi... C'était le secret de son autorité. Il avait tellement côtoyé les monstres du Pacifique Nord qu'un peu de leurs forces lui était retombé dessus. Burt, comme les autres, s'inclinait.

« Faudra te lever de bonne heure, demain », fit le vieux baleinier, d'une voix posée, tandis que les conversations reprenaient, sourdes, dans le poste.

Jean-Marie ne répondit rien.

« On prendra notre quart à sept heures. On n'aura pas de manœuvre de voile à faire. On est amuré sur bâbord. On va encore y rester plusieurs jours. Richardson te fera monter dans la vergue de perroquet. C'est normal. Faut bien qu'il montre son autorité, qu'il te fasse plier la tête... Après, on ira à la pirogue. Je t'expliquerai ton boulot. J'avais plus de harponneur : tu feras très bien l'affaire...

— J'y connais rien du tout, fit Jean-Marie étonné.

— T'inquiète pas, dit Saint-Esprit, on sera pas sur les lieux de pêche avant trois semaines. T'auras le temps d'apprendre. »

Il regarda Jean-Marie. Il avait de beaux yeux, profonds et un peu tristes; des traits épatés et des pommettes saillantes. Il continua, d'une voix apaisante :

« T'en fais pas pour Burt... Il n'aime pas les shangaïés. Des incapables, des fumistes et des trouillards. Voilà ce qu'il dit. J'ai renoncé à lui expliquer que les shangaïés, ils préféreraient ne pas être là, qu'ils ont pas été volontaires pour harponner la baleine. Il veut rien entendre...

— De moi-même, je ne me serais pas embarqué, confirma Jean-Marie.

— Les vocations sont rares, faut dire, fit Saint-Esprit en souriant. Il y a quatre chefs de pirogue, quatre harponneurs et vingt canotiers à bord. J'en connais pas un qui soit content de son sort... A part moi, bien sûr. »

Jean-Marie le regarda, intrigué. Saint-Esprit s'en aperçut :

« Sur les baleiniers, tu penses c'est le bagne, n'est-ce pas? A Frisco, le *City of Burlingame* est connu. L'enfer du Pacifique, on l'appelle. Moi, l'enfer, je l'ai connu. Dans une autre vie, quand j'étais enfant. En Caroline du Sud. Le paradis, c'était derrière une longue rangée de peupliers qui marquait la fin de la propriété. C'était ce que je croyais... J'étais naïf. Derrière les peupliers, c'était un autre enfer. Le même. Avec les mêmes gros chiens et les mêmes plantations de coton. Il a fallu la guerre civile pour que tout s'effondre. C'était il y a longtemps... Par moments, il me revient des images. Des granges qui brûlent dans la campagne, des chariots retournés et des soldats morts dans les sous-bois. Certains n'étaient pas plus vieux que moi. Des gosses... J'ai marché pendant des jours, j'ai pris des trains qui allaient vers l'ouest, enfoui dans la paille, entre les pattes des chevaux... J'ai fini sur le port de Frisco. C'était un monde inimaginable, pour moi. Les immigrants du bout de la Terre, ça leur était égal que je sois noir et pouilleux. Ils étaient blancs et misérables. Ils faisaient pas la différence. Et puis il y avait les Chinois qui travaillaient au chemin de fer et qui remontaient, le soir, par centaines, depuis les embarcadères du bout du port vers leurs taudis de Chinatown. Eux aussi finissaient par passer inaperçus... Tout le monde pensait à faire fortune. C'était le souci quotidien : trouver des pépites ou faire fructifier une échoppe, vendre n'importe quoi. Ça laissait pas beaucoup de temps pour aller regarder, sous leur nez, la couleur des gens. J'en revenais pas. »

Il prit un temps.

« Au fond, c'était ça la liberté. Ce qui faisait de San Francisco une ville merveilleuse. Le droit à l'indifférence... Après ce que j'avais vécu, être embarqué sur un baleinier, c'était une véritable chance. Et j'y ai pris goût... Et puis, ici, on est tous égaux. Une baleine, ça s'occupe pas de savoir si t'es blanc, noir ou rouge. Elle t'écrase de la même façon. Elle remet les choses en place... Tu verras, c'est une sensation à part! »

Jean-Marie se laissa aller en arrière sur sa couchette. Cette « sensation à part », il s'en serait bien passé. Il sentait son destin lancé dans l'inconnu. C'était déjà une sensation nouvelle. Et qui lui suffisait largement.

Il fallut attendre près d'un mois pour arriver sur les lieux de pêche. Jour après jour, le froid était venu, un peu plus piquant chaque matin, une pénétration lente et inexorable qui faisait frémir les marins, malgré leurs pull-overs de grosse laine et leurs lourds cabans, et qui se mit à durcir les haubans et les voiles. Les tempêtes de neige commencèrent à s'abattre sur le pont, de plus en plus nerveuses, de plus en plus fréquentes. Les hommes s'installaient, à tour de rôle, dans la hune de vigie pour scruter l'horizon. Le captain Rodrigo sortait plus souvent sur le pont, faisait quelques pas, l'air renfrogné, vérifiait l'état des fourneaux et regagnait sa cabine, le regard buté. Les chefs de pirogue préparaient les embarcations que Steve Richardson inspectait du coin de l'œil. Chacun se préparait au combat.

Jean-Marie Quéïnec finit par accepter son embarquement forcé, son shangaïage. Il voulait faire face à la situation. Par instinct de survie. Par volonté de vengeance aussi. Une motivation dont il ne soupçonnait pas la puissance : la volonté de revenir à San Francisco, une détermination qui décuplait ses forces. Humilier Samantha, tuer Lexington... Un sentiment dont il ne se serait pas cru capable, qui tendait tout son être et finissait par lui alléger la dureté des jours.

Pourtant, certains soirs, dans le poste d'ombre glacé, la lutte devenait inégale. Le désespoir se faufilait près de lui, au creux de sa couchette humide. Le harassement se mêlait à l'humiliation. Il repensait à sa vie brisée, à son destin de shangaïé, à sa mort peut-être proche. Au plus profond de sa détresse, l'image de son père lui revenait alors, comme s'il fût remonté à son origine, à la source de lui-même, ses premiers souvenirs. Il revoyait l'homme maigre et solitaire qui regardait des heures entières les voiliers amarrés sous le pont de Morlaix, le regard bleu, absent et doux. *Neo ket ken aes all da vont betek koad an ankou.* Pas si facile d'aller en enfer...

Au bout d'un mois, Saint-Esprit était devenu son compagnon de bord, son seul ami.

« La haine est un bon atout, pour s'en sortir, lui disait-il. Bien meilleur, comme remontant, que le whisky ou le rhum. Faut pas oublier tout de même la règle essentielle de la pêche : le sang-froid. Tu attendras, accroupi dans l'étrave de la pirogue, que je te donne l'ordre de harponner. Pas d'impatience, de précipitation. Ne rien tenter avant que j'aie neutralisé l'animal. Sinon, on serait pulvérisé... »

Il souriait, d'un air entendu.

« Ça diminuerait tes chances de revoir San Francisco.

– T'inquiète pas, Saint-Esprit, disait Jean-Marie, j'ai tout mon temps. Il en faudrait des troupeaux de baleines, et de bien vicieuses, pour m'empêcher de régler mes comptes. Mourir dans l'eau glacée du

Kamtchatka, c'est pas mon intention. Pas pour la mort, pour le sommeil... »

Saint-Esprit le regardait, étonné.

« Avant de m'endormir, j'aime bien que tout soit réglé, rangé, expliqua Jean-Marie, mes vêtements pliés sur une chaise. Une habitude d'enfance... Sinon, je dors mal, je passe une nuit agitée... Alors, tu penses, si ça doit durer l'éternité! »

Saint-Esprit en convenait : on ne pouvait pas trépasser sans avoir vidé ses querelles. C'était une question de tenue, la moindre des corrections, des élégances. La mort, moins que le reste, ne se passe de savoir-vivre.

C'est un matin à l'aube que le branle-bas général secoua le *City of Burlingame*. Dans la brume gelée du petit matin, le veilleur du haut de la hune de vigie hurla :

« Blôô... »

Steeve Richardson dévala l'escalier du poste des matelots à toute vitesse et se mit à aboyer de toutes ses forces :

« On en a un troupeau de quatre, par trois milles sur tribord! »

Il envoya un large coup de botte dans la paillasse d'un des matelots qui, enroulé dans une couverture, tardait à se lever. Il reprit, dans la foulée, en distribuant çà et là quelques vigoureuses ruades.

« A serrer les voiles, tout le monde, et à envoyer les pirogues... Des baleines, il m'en faut au moins deux! Sinon, j'en connais qui pourraient danser devant le portail... »

Jean-Marie ne put retenir un discret rictus de mépris à la vue du lieutenant. Il se leva d'un coup. Comme tous les matelots, il dormait entièrement habillé. Il passa la vieille capote d'étoffe épaisse qui lui avait servi de deuxième couverture et grimpa rapidement l'écoutille du poste avant. Quand il fut descendu du mât de misaine, après avoir rabanté le grand hunier au milieu, à l'endroit où il était le plus lourd, glacé jusqu'au plus profond de la toile, il courut sur l'arrière pour désarmer sa pirogue. Saint-Esprit était déjà à pied d'œuvre. Bientôt, tous les matelots vinrent soulever les longues embarcations aux coques profilées d'une dizaine de mètres, taillées dans du bois de cèdre, merveilles de souplesse et de grâce, qui s'élanceraient, élégantes, dans une mer plate et froide sous les chocs saccadés de longs avirons. Saint-Esprit agissait avec calme et précision, une lenteur discrètement calculée. Jean-Marie s'approcha de lui.

« Qu'est-ce qu'il voulait dire, Richardson, avec son histoire de " danser devant le portail " ? fit-il, en continuant à desserrer les courroies qui maintenaient les baleinières.

– C'était de l'humour, répondit Saint-Esprit, en indiquant aux marins, d'un geste, la façon de faire descendre la pirogue, lentement, le long de la coque du voilier.

« L'humour de Richardson, c'est facile à reconnaître : ça fait rire que lui. Sa formule, ça veut dire que tu restes dehors, que tu peux plus monter à bord. Une facétie qui a été mise au point par le captain Rodrigo... Un imaginatif, celui-là! Pour son premier commandement, il y a bien longtemps, il avait inventé une punition horrible pour les piroguiers qui tiraient pas assez sur les avirons, les équipages qui flânaient, qui tardaient à piquer le monstre, qui faisaient la baleine buissonnière. Au retour, il les empêchait de monter à bord... Il envoyait les voiles du baleinier et il repartait. Les marins le suppliaient, depuis le canot : c'était insoutenable... Un jour, en relâchant à Hawaii, j'ai rencontré, dans un bar, un matelot anglais qui m'a raconté avoir recueilli une pirogue qui dérivait au sud du Kamtchatka. Dedans, c'était une image de l'enfer. Les baleiniers, avant de passer, avaient été pris de folie. Ils s'étaient massacrés à coups de harpons. Il m'a dit : " Ça peut tous nous arriver. La brume qui nous égare ou une bête piquée qui nous entraîne à des dizaines de milles... " Mais, moi, j'avais compris... Certains détails ne m'avaient pas trompé. Les marins, c'était pas la brume qui les avait tués. Ni une baleine. C'était le captain Rodrigo : il les avait fait " danser devant le portail ". »

Dans la longue baleinière, Jean-Marie se tenait à l'avant, tirant sur son aviron, en route vers les quatre énormes mammifères qui rejetaient dans la brume au loin des souffles de vapeur à intervalles réguliers. Ils dégageaient une impression de quiétude et de force, de puissance et de naïveté... Toutes les embarcations faisaient claquer les longues rames, dans l'eau glacée du Pacifique Nord, par deux cents milles à l'ouest du Kamtchatka. Burt dirigeait sa pirogue à coups de hurlements puissants et d'insultes, debout sur l'arrière, tenant à deux mains l'aviron qui lui servait de gouvernail. Il faisait régner la crainte dans sa baleinière, Burt, il terrorisait son équipage, ses quatre canotiers et son harponneur, il les menaçait à longueur de campagne, et spécialement pendant les opérations de pêche. Il était particulièrement assidu à asticoter un jeune homme frêle, le teint pâle, le cheveu blond et maigre, d'une vingtaine d'années, du nom de Loumis. La vie, qui sur le *City of Burlingame* était en temps habituel une longue épreuve, était devenue pour le jeune garçon un martyre ininterrompu. Loumis avait été shangaïé en même temps que

Jean-Marie Quéïnec, la nuit de Noël. Les rabatteurs de Sullivan n'avaient pas eu à se donner beaucoup de mal pour l'embarquer. Ils ne lui avaient pas payé un coup de rhum frelaté, encore moins une généreuse tournée de « pisco punch », le cocktail assassin mis au point dans l'arrière-salle du Parenti. Ils s'étaient simplement donné la peine de le ramasser dans un ruisseau boueux, dans une petite ruelle du port, non loin du wharf de Clay Street. Malchanceux Loumis! C'était un garçon réservé et sérieux, étudiant en art à Stanford et qui avait fêté joyeusement la soirée de Noël avec ses amis au club de l'université, dans Bush Street... Un peu plus que joyeusement, peut-être. Tout était là. Et puis un manque de résistance à l'alcool dû à une conduite irréprochable pendant toute l'année. Il avait voulu tester des cocktails inédits, par souci de créativité. Le rhum mêlé au lait de coco, et le jus de pamplemousse allié au gin et au champagne, tout s'était ligué contre lui. Le vent frais avait achevé de lui faire perdre ses esprits. Il s'était mis à tituber dans les rues en pente. Il avait cherché à rejoindre Columbus Avenue où son père tenait une boutique de tailleur. Les lumières s'étaient mises à danser autour de lui, les petites pointes jaunes et les lueurs orangées de Noël s'entrechoquaient dans les rires et les bouffées d'accordéon. Il n'avait pas trouvé Columbus. Epuisé, il avait fini par s'asseoir à même la terre dans une rue étroite de la ville basse. Il s'était endormi.

Loumis, au milieu de la pirogue, ramait sous les ordres de Burt. Il soutenait mal le rythme. Pourtant sa pirogue prenait la tête de toute la flottille qui s'activait, en ahanements tendus. « *Spring!* » hurla de nouveau Burt. Et Loumis, une nouvelle fois, les dents serrées et au bord des larmes, concentra les forces de ses muscles maigres sur le bois givré de son aviron, fouetta d'un coup sec la mer plate et livide, une gifle de désespoir vers les quatre monstres au loin qui émergeaient, comme de curieux îlots, dans le brouillard glacé.

CHAPITRE XVII

EN milieu d'après-midi, toutes les pirogues avaient regagné le *City of Burlingame*. La pénombre du Grand Nord commençait à tomber. La chasse avait été rapide et fructueuse. Richardson et Rodrigo étaient satisfaits. Le portail était resté ouvert... Deux baleines avaient été tuées. La moitié du troupeau. Un joli résultat. Le mousse avait allumé le feu sous les fourneaux. On s'apprêtait, depuis une plate-forme suspendue sur un flanc du navire, à commencer le pelage, le découpage de larges bandes de chair grasse, les carapaces des énormes bêtes. Le sang s'était répandu en épaisses volutes sur la mer froide et livide. Les gémissements des animaux assassinés avaient fini par s'évanouir, se dissoudre dans l'Océan. Rodrigo accorderait un baril de rhum à l'équipage : une joyeuse soirée en perspective.

Saint-Esprit était satisfait du travail de son harponneur. Il avait su attendre. Une qualité essentielle. Il avait obéi avec exactitude et lancé le long glaive avec force et précision. Au moment voulu. Le puissant animal s'était enfoncé dans la mer, avait sondé quelques minutes et était remonté en surface, entraînant la pirogue dans des remous nerveux, puis s'était éteint dans des râles plaintifs.

Les conversations roulèrent plus fort que d'habitude dans le poste des matelots. Le rhum réchauffait l'humidité glacée et rendait plus vive la petite lueur orange de la lampe à huile. Jean-Marie Quéïnec assis sur sa petite couchette de paille, sentait l'alcool peu à peu envahir son corps. Il retirait de cette journée un sentiment trouble. Un bonheur qu'il n'aurait pu imaginer, comme une joie sombre : le plaisir de la violence.

Saint-Esprit commentait les événements d'une voix douce, en tirant profondément sur sa longue pipe.

« Tu as visé juste. A la hauteur de la gorge. C'est un coup fatal. »

Il sourit.

« Faut pas croire que tu réussiras chaque fois. Il suffit que la mer soit mauvaise pour que tu manques ton but... Alors, tout peut arriver. L'animal plonge si profondément que ta ligne devient trop courte. Il t'entraîne avec lui. »

Burt occupait sa place habituelle, sous la petite lampe tremblante, au bout de la table graisseuse. Il avait nettement forcé sur le rhum. Il s'était mis à chanter d'une voix rugueuse une complainte salace qui promettait les derniers outrages à une certaine Nelly, de Barbary Coast, tout en jouant aux cartes avec des partenaires aussi éméchés, mais silencieux. Après chaque distribution de jeu, il se servait une nouvelle rasade. Il s'imbibait tranquillement, Burt, et au fil des couplets grasseyants son ton devenait agressif. A un moment, il interrompit sa chanson, reposa ses cartes sur la table et se tourna sur sa gauche, vers la couche noyée d'obscurité où Loumis, enroulé dans une couverture, s'était endormi.

« Il est encore affalé, ce cloporte? »

Burt était content de sa formule. Il la trouvait pleine d'humour... Dans le poste lugubre, quelques rires appuyés émergèrent du brouhaha sourd.

« Viens boire un coup, Loumis... »

Il versa du rhum dans un petit verre qu'il poussa sur la table, dans la direction de la paillasse de Loumis.

« On va fêter ta première baleine... »

Dans l'obscurité de sa couchette, Loumis resta sans réaction.

« Il n'a pas entendu, ce cafard? »

Burt se leva, avec lenteur. Il fit quelques pas, la bouteille à la main, dans le poste lugubre, sa lourde démarche rendue hésitante sous l'effet de l'alcool et le tangage lent du navire.

« A ta santé, Loumis... »

Il leva la bouteille au bout de son bras et se mit à en verser le contenu sur le corps recroquevillé pelotonné dans la couverture. Quelques rires épais vinrent souligner son geste. Loumis se leva d'un coup et sa silhouette maigre vint dans la lumière. Sous le coup de la colère, mêlé d'humiliation et de désespoir, il paraissait encore plus frêle. Son regard creux fixait Burt. Il était prêt à aller au bout de la souffrance. Au bout de son enfer.

Burt éclata d'un rire gigantesque puis s'arrêta tout à coup, devint silencieux et, en un éclair, lui expédia un terrible coup de genou dans le bas-ventre. Loumis poussa un hurlement et retomba dans l'obscurité de sa couchette, le corps traversé de convulsions brèves, dans un gémissement étouffé. En faisant un demi-tour pour regagner sa chaise, dans le silence qui s'était installé dans le poste, Burt ne put remarquer que, dans l'ombre, un homme s'était levé. Jean-Marie, d'un bond, avait jailli de sa couchette. Une force l'avait poussé, malgré lui. Il s'était vu agir, comme extérieur à lui-même. Il avançait, déterminé, dans la petite lumière orangée. Le silence se fit plus lourd. Burt leva les yeux et sans dire un mot avança vers

Jean-Marie. Arrivé à sa hauteur, son poing droit partit à toute vitesse, à la fois lourd et sec, un coup envoyé avec sûreté comme s'il n'avait pas été surpris de la réaction du Français, au contraire, comme s'il avait agi avec préméditation. Jean-Marie, d'un mouvement du corps, esquiva le crochet et au même instant envoya de toutes ses forces un uppercut dans le ventre de son adversaire. Burt poussa un grognement de douleur et, sous le choc, fit un pas en arrière. Il paraissait tout à coup étonné. Le « Frenchie » était plus dangereux qu'il ne l'avait estimé. La douleur, tout à la fois, l'incitait à la prudence et augmentait le désir irrépressible d'en finir, d'aller au bout de sa haine. La volonté de tuer... Soudain, il revint à la charge; un coup de pied fulgurant vint toucher Jean-Marie au milieu de la cuisse et le fit chanceler un instant. Burt en profita pour se jeter sur son adversaire et lui assena un terrible coup de poing, de haut en bas, à la hauteur de la nuque. Dans un réflexe, Jean-Marie parvint à se tourner et le coup, *in extremis*, vint le frapper sur l'arrière de l'épaule, dans une douleur fulgurante qui se répercuta jusqu'en bas de la hanche. Sous le choc, il eut un geste de recul, il fit un pas en arrière, sa jambe vint heurter une chaise qu'un des joueurs de cartes avait quittée dès le début de la bagarre, il perdit l'équilibre et tomba en arrière, sur le bois rugueux du parquet. Burt se rua aussitôt sur lui et Jean-Marie fut, en une seconde, immobilisé par la lourde masse. Il sentit des mains puissantes qui lui serraient la gorge, une force incroyable qui commençait à lui écraser la carotide, des ongles qui lui entraient dans la chair. Il tenta de se dégager. Peu à peu, un voile noir lui passa devant les yeux. Puis, soudain, tout redevint clair. Burt, tout à coup, relâcha son étreinte. Jean-Marie vit le visage du lourd matelot américain comme frappé de stupéfaction. Il se tenait sur les genoux, partait en arrière et il le regardait, hébété. Il tenta de dire un mot, mais rien ne vint. Un mince filet de sang commença à couler à la commissure des lèvres. Puis il eut un hoquet profond et un caillot lui envahit la bouche. Son corps, tout entier, se pencha sur le côté. Il s'affala, les yeux vides, sur le plancher qui tanguait. Derrière lui, droit, les membres tremblants, Loumis regardait fixement un long poignard. La longue lame effilée était souillée d'une longue traînée rouge.

C'était un matin glacé et le captain Rodrigo faisait les cent pas sur le pont du *City of Burlingame*. L'aube s'attardait dans des lueurs roses et givrées, une journée du Grand Nord qui s'évanouirait en début d'après-midi dans une obscurité froide. Le captain Rodrigo était hors de lui. Le mousse était venu le réveiller deux heures auparavant, au beau milieu de la nuit glaciale, pour lui apprendre la nouvelle : Burt avait été assassiné. Burt était un de ses vieux camarades de pêche. Plus de trente ans qu'ils naviguaient sur les mêmes baleiniers. Ils avaient débuté ensemble, dans le métier... Seulement, Burt était un être trop fruste pour qu'on pût lui confier le moindre commandement. Il aurait été bien incapable de tracer une route à peu près correcte... Sans compter l'autorité, dont il aurait eu vite fait d'abuser. Même chez les baleiniers américains, il était connu pour son manque de souplesse dans les rapports humains. Dire s'il était loin d'un esprit nuancé. A la vérité, ce qui courrouçait le plus Rodrigo, ce n'était pas la mort de Burt. Burt n'était pas un être cher, plutôt une sorte de personnage inamovible. On pleure la mort d'un ami. Rarement la fin d'une habitude... En fait, ce qui mettait

Rodrigo dans une colère épouvantable, c'était la situation délicate dans laquelle l'assassinat du chef de pirogue le mettait. Il fallait châtier le coupable, bien sûr... Surtout ce freluquet de Loumis. Et par la même occasion administrer une bonne leçon, la dernière, à ce Français qui jouait les bonnes âmes, ce Quéïnec dont Lexington lui avait demandé de s'occuper tout spécialement. Le « faire danser devant le portail » ? On était trop près du Kamtchatka, dans les lieux de pêche favoris des Anglais. Il serait rapidement recueilli... Leur faire subir « la cale », suspendus par les pieds à la grande vergue et le corps plongé dans l'eau ? Une solution alléchante, mais qui le privait de deux marins et surtout d'un harponneur qui avait fait ses preuves. Il fallait qu'il donne une peine de principe... Steve Richardson qui surveillait les hommes d'équipage, armé d'une carabine et entouré de deux marins costauds, lui avait quelques instants auparavant donné son avis.

« Mettez-les aux fers quelques jours, captain. On devrait rencontrer des troupeaux d'ici peu. Ils pourront être utiles. Sur le chemin du retour, on aura largement le temps de leur régler leur compte. On en a encore pour deux ans. On n'est pas pressé. »

Rodrigo se laissa convaincre. Que faire d'autre ?...

Loumis et Jean-Marie restèrent à peine plus de vingt-quatre heures aux fers, à fond de cale, dans une petite cellule glaciale et sombre où régnait une odeur répugnante. Un troupeau de baleines, comme l'avait prévu Richardson, vint les en déloger... Tout ce temps, Loumis le passa prostré, le regard fixé sur les planches disjointes du faux pont qu'une eau glacée et épaisse de graisse de baleine venait par instants soulever. De temps en temps, tout son corps se dressait en tremblant, avec des sursauts brusques : la fièvre lui venait. La sueur perlait à son front. Il répétait : « J'ai tué un homme. Je suis un assassin... »

Au début, Jean-Marie lui répondait d'un ton sec, brutal même : « T'as tué une ordure. Pas de quoi pleurer... Tu devrais plutôt être fier. » Mais, au fil des cris de désespoir de Loumis, il réalisait l'angoisse du jeune homme. Il se faisait plus doux, plus compréhensif. A la fin, Loumis parvint à s'apaiser.

« T'as tué Burt, d'accord, lui dit Jean-Marie calmement, mais c'était un fauve. Pas vraiment un homme... »

Loumis eut une moue de refus.

« Quand on sait pas ce que c'est que l'amitié, quand on n'a pas de respect pour l'autre, pour sa dignité, on n'est pas vraiment un homme, conclut-il en souriant. En plus, tu m'as sauvé la vie. Cette crapule était tout bonnement en train de m'étrangler. Pour moi, c'est pas négligeable... Sans compter que, dans l'affaire, tu as aussi sauvé ta peau : il aurait fini par t'assassiner, te faire tomber d'une pirogue ou t'écraser un aviron sur le crâne. »

Il finit, convaincant :

« Tu vois, Loumis, tu n'as fait que te défendre. »

Loumis fit « oui » de la tête. Il se laissa aller contre l'épaule de Jean-Marie et se mit à pleurer doucement. Depuis deux mois qu'il avait été shangaïé, depuis qu'il s'était réveillé sur le *City of Burlingame*, il n'avait jamais échangé un mot avec quiconque. Il s'était enfoncé dans la solitude et la détresse, tous les jours davantage, sous les vexations de Burt. Désormais il émergeait du cauchemar. Il renaissait à la vie.

Les mois passèrent. Depuis que Burt était mort et bien mort – Rodrigo l'avait fait jeter par-dessus bord, un poids attaché aux pieds, sans même se donner la peine de lui confectionner un linceul et avec pour toute homélie cet ordre, hurlé à deux matelots : « Balancez-moi cette charogne dans l'Océan ! » – l'existence sur le baleinier devenait moins pénible. Loumis reprenait goût à la vie. Le soir, dans le poste des matelots, il venait s'asseoir près de Jean-Marie. Il parlait d'une voix douce. Il racontait ses jours à San Francisco, les moments quotidiens, son père qui tenait une petite boutique de confection au bout de Columbus Street, à l'orée de North Beach, à l'endroit où les attelages des fiacres et des chariots commençaient à descendre vers la baie d'un trot sautillant et guilleret. Il revendiquait le titre de « San-Franciscain pure race » comme une nationalité enviable et un grand honneur.

De son nom de famille, il s'appelait Stehler. Son père avait vécu son enfance dans un petit appartement coquet au-dessus de l'échoppe de tailleur que tenait son grand-père, dans une ruelle du vieux Hambourg. Il avait été élevé dans le goût du travail bien fait, de la bonne étoffe que l'on sent sous les doigts et du protestantisme luthérien. Heinrich Stehler, le père de Loumis, avait, tout au long de sa jeunesse, rêvé d'une cité idéale, d'une nouvelle Jérusalem, d'un pays où la loi des hommes serait en accord avec la loi de Dieu. L'année 1870 avait achevé de le convaincre. L'Europe, la vieille Europe, était bien mal en point. L'Allemagne venait au monde dans le sang. Enrôlé comme fantassin dans la guerre contre la France, il en avait retiré du dégoût et de l'amertume. Le vieux continent s'enfonçait dans les ténèbres... Mais l'Homme renaissait. Ailleurs. Dans cette Amérique du bout du monde où une nouvelle société venait au jour, de l'autre côté de la Terre, une société où les hommes vivraient de leur travail dans la liberté et la justice, respectueux d'un seul pouvoir : celui de Dieu. Il avait épousé

Martha, une jeune fille blonde et d'apparence effacée, mais qui nourrissait au fond d'elle-même une ardente passion religieuse. Il n'avait pas eu de peine à la convaincre, mais il avait fallu attendre, réunir les fonds nécessaires au voyage. Il s'était embarqué de Hambourg en 1881 et était arrivé à San Francisco en 1885. Quatre ans pour traverser les Etats-Unis !... Ils avaient parcouru, sans le savoir, un continent; de carrioles en chemins de fer, de diligences en dos de mule. Cent fois, il avait voulu s'arrêter, s'installer dans une contrée verdoyante, dans le Michigan ou le Middle West. Cent fois Martha lui avait redonné le courage et la volonté, la force de continuer.

« Il faut aller plus loin. L'Eden est pour bientôt... »

De jour en jour, de souffrance en souffrance avec chaque soir le paradis pour demain, à portée de diligence, ils étaient arrivés dans la lumière de San Francisco. Martha était enceinte. A peine descendue du ferry en provenance de Berkeley, sur le wharf de Market Street, elle avait été prise de douleurs. Le jour même, elle avait donné naissance à un garçon, pas bien solide, un gros morceau de chair tuméfiée, dans la salle commune de Saint-Patrick Infirmery. Elle l'avait regardé, avait doucement caressé les petites mains du bout des doigts et s'était endormie pour toujours. La fièvre puerpérale l'avait emportée. C'était un fléau bien redoutable alors. Martha, trop affaiblie par la malnutrition, n'avait pu lutter contre l'infection. Elle avait pressé une dernière fois la main de son mari assis au chevet du lit et elle était partie, simplement, avec un imperceptible sourire qui voulait dire : « Je te laisse seul et j'en ai bien du regret... Mais j'ai fait ce que j'avais à faire. Je pars l'âme apaisée. Sans inquiétude. »

Loumis hochait la tête.

« Tu comprends, Jean-Marie, disait-il, ma mère a fait le tour du monde pour que je naisse à Frisco. C'est bien le moins que je me considère comme un véritable enfant de la ville. San-Franciscain pure race! J'y ai droit. »

Il souriait, maintenant, de plus en plus volubile :

« Mon père voulait que je porte un prénom américain. Seulement, il n'avait aucune idée là-dessus. En plus, la mort de sa femme l'avait désemparé. Il a demandé à une fille de salle qui passait une serpillière, accroupie sur le carrelage, si elle n'avait pas une suggestion à lui faire. Elle a hésité puis elle a dit : " Loumis... C'était le prénom de mon fiancé. Il s'est tiré avec une traînée. Un pourri comme pas deux, Loumis... A part son prénom, il avait pas grand-chose de beau... " Et c'est ainsi, conclut le jeune homme, que je suis devenu Loumis Stehler, citoyen des Etats-Unis et... san-franciscain pure race. »

Loumis oubliait peu à peu le coup de poignard qu'il avait donné à Burt. Il s'éloignait du *City of Burlingame*. Il reprenait confiance. La campagne ne durerait pas éternellement : il retrouverait San Francisco.

« Pendant les premiers temps à San Francisco, continuait-il, mon père était trop pauvre pour acheter une boutique. Il a espéré quelque temps que la communauté luthérienne lui viendrait en aide, mais il a vite déchanté. On l'ignorait. On lui faisait des promesses qu'on ne tenait pas. Les compatriotes allemands, c'était pareil. " Débrouillez-vous vous-même ", lui faisait-on comprendre. C'était le règne du chacun pour soi. Ma mère avait eu beau répéter que San Francisco c'était l'Eden, ce n'était tout de même pas le paradis... Enfin, il ne s'est pas découragé. Il est devenu tailleur à la sauvette, en plein milieu du trottoir, au coin de Columbus et de Montgomery, en face de l'*Examiner*... »

Devant le regard interloqué de Jean-Marie, Loumis se lança dans de nouvelles explications.

« On a du mal à le croire, maintenant, bien sûr, mais, à l'époque, c'était habituel. Les immigrants, les chercheurs d'or, tous les pauvres diables qui venaient faire fortune à Frisco n'avaient pas les moyens d'entrer chez les couturiers chics de Market Street ou de Well's Fargo. Ils étaient contents de trouver dans la rue un brave bougre habile de ses doigts, un artiste qui leur retape leurs vêtements déchirés, leurs vieilles hardes. En une demi-heure et trois dollars, il les reprisait, les rafistolait complètement et les remettait à neuf. C'était une aubaine. Les clochards repartaient, sapés comme des milords... Trois dollars : c'était pas cher pour retrouver sa dignité. Les affaires ont très vite bien marché. Un an après, mon père s'est acheté une petite boutique dans Columbus, un peu au-dessus de l'église Saint-François-d'Assise. Il faisait des costumes sur mesure, des habits qui exigeaient deux ou trois essayages... De la haute couture. Il s'est taillé une petite réputation. Son nom a grimpé les collines de Nob Hill. Il a augmenté les prix. Peu à peu, on a cessé de vivre dans la pauvreté. Il a acheté une maison sur la même avenue, un peu plus haut que son magasin, une belle villa à un étage, tout en bois d'Oregon... C'est là que j'ai vécu. »

Loumis, plongé dans ses souvenirs, eut un sourire nostalgique. Puis sa voix s'éleva de nouveau, claire, presque joyeuse.

« C'est une maison agréable, meublée de petites commodes bien astiquées, de lourdes tables, de chaises et de fauteuils en bois. C'est un peu austère..., je veux dire très protestant. Pour mon père, c'est par la rigueur qu'on accède à Dieu, qu'on vit

« dans la Joie »... Je lui ai tellement répété que je préférerais un peu moins de Joie et un peu plus de gaieté qu'il a fini par décorer un peu les lieux. Il a acheté des napperons au crochet, puis des rideaux en macramé, des lampes aussi, des petits vases de porcelaine finement décorés qui dégagent, le soir, une chaude lumière rousse. Il s'est intéressé à la peinture pour égayer un peu la maison. J'y ai pris goût, moi aussi... Je me souviens qu'il s'était pris de passion pour les peintres de l'école californienne. Des artistes uniques, prétendait-il, des techniciens délicats. Il a commencé par acheter un tableau de William Keith. Le plus grand à ses yeux, un virtuose de l'ombre et de la lumière, des éclairages pastel. *Vue de l'université de Berkeley*... C'était le titre du tableau, une très belle gouache. Je suis resté des jours entiers à la contempler. J'étais fasciné par le clair-obscur, le halo diaphane qui nappait le rivage. Depuis, il a acquis d'autres toiles. Toujours des peintres de San Francisco. Les meilleurs, d'après lui. C'est devenu un vrai collectionneur. Un peu avant Noël 1904, avant que mon destin ne soit... détourné, fit-il en souriant, il m'a offert une aquarelle de Thomas Moran, une œuvre incomparable. Il m'a dit : " Tu vois, Moran était un élève de Turner... L'élève a dépassé le maître... " L'air de dire : il en ira de même dans tous les domaines. A San Francisco, on dépassera tout le monde. On sera les premiers partout. »

Il eut un sourire, comme pour s'excuser :

« Mon père a des convictions inébranlables. C'est lié à son éducation. Il a la foi des protestants. »

Jean-Marie aimait cette façon qu'avait Loumis de reprendre corps avec lui-même. Il retrouvait l'espoir de revoir son père. Il se laissait aller à parler peinture, un sujet de conversation si peu fréquent sur les baleiniers qu'il apportait dans le poste des matelots, rude et froid, une atmosphère étrange et quelque peu irréelle. Au fil des jours, et au fur et à mesure que la confiance s'installait entre les deux hommes, la compréhension devenait amitié. Jean-Marie finit par ne plus rien ignorer de l'enfance de Loumis. Il imaginait l'ambiance des ruelles autour de l'église Saint-François-d'Assise, les gamins qui chapardaient aux étalages.

« Mon regret, c'était de ne pas pouvoir aller au catéchisme, le mercredi soir, dans la petite salle derrière l'église, racontait Loumis. Je brûlais d'envie d'aller les retrouver, les petits catholiques. Je les entendais rire de loin, parfois même au travers des murs de l'église, quand je descendais vers le port... Un jour, j'ai demandé à mon père la permission d'aller avec eux. Il m'a regardé ébahi : Je voulais fréquenter des " papistes "? Quelle drôle d'idée! Il n'était pas vraiment en colère, plutôt surpris. Il avait mal entendu! Je n'ai pas insisté. Pendant plusieurs mois, je me suis contenté de les observer de loin, de les envier. Ils me faisaient l'impression d'une joyeuse bande facétieuse, où garçons et filles étaient mêlés.

— Il y avait Julia Thorndike, ne put s'empêcher d'intervenir Jean-Marie.

— Tu la connais? » fit Loumis, étonné.

Il sembla se plonger en lui-même, avec satisfaction, puis reprit :

« A la fin, après plus d'un an, je n'ai pas pu résister. Je suis devenu copain avec un des garçons et j'ai fini par être accepté. Je me mêlais au groupe à la sortie. »

Il regarda de nouveau Jean-Marie avec des yeux doux. Loumis sortait de son cauchemar et redevenait lui-même; un être délicat, qui souriait au monde. Il avait compris en un éclair qu'il y avait plus qu'une vague relation entre Julia et Jean-Marie.

Une étroite amitié. Il en souriait sans arrière-pensée comme s'il en était heureux pour son ami.

« Julia Thorndike était une jolie petite fille, toute brune, avec des cheveux courts et des yeux noirs, très vifs. Elle respirait la joie de vivre, Julia. Elle était facétieuse, toujours souriante... Sauf quand on lui parlait de bateaux! Ses yeux noirs, d'un coup, lançaient des couteaux. Les voiliers de William Thorndike, son père, étaient de véritables merveilles, les plus beaux. Une vérité qui ne souffrait aucune discussion. Quant à la vapeur, c'était tout bonnement une monstruosité. Mieux valait ne pas lui en parler... On comprenait que c'était surtout son père qu'elle défendait. C'était un acte d'amour. On n'insistait pas. »

Loumis fit une pause.

« ... Je l'ai retrouvée quelques années plus tard, à l'université. Elle étudiait l'architecture. Elle n'avait pas changé... Toujours les yeux noirs, et les éclairs, soudain, qui passaient dans son regard. Elle m'a reconnu. " Toujours le même, Loumis, qu'elle m'a dit. Toujours aussi gringalet. " Elle était contente de me revoir. Saint-François, c'était de bons souvenirs...

— Il y avait aussi Lexington, dans votre petit « gang », fit Jean-Marie, l'air entendu.

— T'es drôlement renseigné! se mit à rire Loumis. Lexington était un peu à part. C'était le mouton noir du troupeau. Il montrait les dents et il serrait les poings dès qu'on lui adressait la parole. Ça enlève vite les envies de lier connaissance. Alors, on ne savait rien de lui, sauf qu'il habitait, avec des Italiens, Telegraph Hill et qu'il était toujours prêt à envoyer un mauvais coup, en traître de préférence... Méchant comme une teigne!

— Il ne s'est pas arrangé..., fit Jean-Marie d'un ton bref.

– Effectivement, confirma Loumis. Quand il a été dans l'entourage de Colemane, quand il a commencé à être un personnage important de Frisco – surtout du port – les langues se sont déliées. On a fini par en savoir davantage sur lui. J'ai pu reconstituer sa vie... »

Loumis prit un temps. Il sentait que Jean-Marie était à la fois irrité et curieux, une sensation lourde, comme si la violence et la haine s'étaient mises soudain à ramper autour d'eux. Il reprit :

« Lexington, son nom, ça ne lui vient pas de son père. C'était le surnom d'un immigrant qui l'a trouvé dans la paille d'une écurie à Barbary Coast. Un vieux chercheur d'or anglais qui passait dans le coin a entendu un bébé qui pleurait. Il avait gagné quelques sous, il avait trouvé un filon... Il a considéré que cet enfant lui était envoyé par le Ciel. Il fallait qu'il s'en occupe, c'était un ordre de Dieu, pour le remercier de ses largesses. Le nom de ce vieux chercheur d'or, personne ne l'a jamais su. Il parlait toujours de l'Angleterre, dans les bouges de Barbary, de son village d'origine : " Lexington "! C'était devenu son surnom. Quand il est mort, trois ans plus tard, c'est devenu le nom de son fils adoptif. Thomas Lexington... Les tenanciers du tripot se sont occupés du marmot, à leur façon... On lui donnait à manger quand on y pensait. On lui jetait une écuelle, comme à un chien... Il a fini par être recueilli par un couple d'Italiens qui s'étaient installés dans le quartier... Bientôt, ils sont allés vivre à Telegraph Hill. Avec Lexington, ça leur faisait quatre enfants, mais ils ne faisaient pas la différence. Ils n'étaient pas regardants sur leur peine : les petits avaient à manger et étaient habillés. Tous pareil. Et, en plus, ils les envoyaient à l'école, dans des baraques en planches en bas du Telegraph. Seulement, Lexington, il avait le regret de Barbary Coast, sa prime jeunesse, ses premiers souvenirs. Il avait la nostalgie de l'horreur... Il a commencé par faire des fugues de deux jours. Les gargotiers du coin le reconnaissaient. C'était un peu la mascotte. Il retournait avec les Italiens, sur la colline du Telegraph et profitait du bien-être. Il avait droit à l'école et au catéchisme... Mais c'était un loup en lisière de la forêt. Un beau soir, il avait à peine quatorze ans, il a franchi définitivement Columbus Avenue. Il s'est engagé dans les ruelles de Barbary Coast. On ne l'a plus revu sur le Telegraph.

– Il n'a jamais cherché à revoir ses parents ? » fit Jean-Marie.

Loumis haussa les épaules.

« C'est pas son genre... Quelque temps plus tard, Sullivan a remarqué ses dispositions. Lexington était un garçon jeune, sans doute, mais imaginatif. L'étoffe d'une véritable ordure... Il shangaïait en finesse. Il repérait des costauds autour des wharfs, à peine descendus de voiliers européens, et il allait les trouver, l'air furtif : " Tu veux pas baiser ma petite sœur ? " qu'il chuchotait, et il leur mettait la photo d'une gamine bien replète sous les yeux. Les privations ont raison de la prudence : les matelots tombaient dans le piège... Ce fut le début de la carrière de Lexington. Par la suite, Sullivan en a fait un captain... Il y a trois ans, il a fini par rencontrer Colemane. Il a appris à s'habiller élégamment, à fréquenter les salons, à soigner son langage. Il a même séduit Samantha... Mais c'est resté un voyou. Il est devenu l'homme de confiance de Colemane. Ce sera sans doute son successeur. Mon père a raison... A San Francisco, l'élève dépasse toujours le maître ! »

Les mois s'écoulèrent sur le *City of Burlingame*. L'arrivée de l'année 1906 fut fêtée à grand renfort de rhum. Pendant la nuit de la Saint-Sylvestre, Rodrigo et Richardson descendirent dans le poste avant pour trinquer avec les matelots. Ils leur témoignaient un peu d'estime pour s'assurer du rendement futur : une corvée nécessaire. Les deux hommes s'apprêtaient à remonter par l'échelle abrupte du carré sombre et froid, quand Jean-Marie, en un éclair, perçut le regard qu'ils jetaient en direction de Loumis assis sur sa couchette. Il y avait plus qu'une menace : l'annonce tranquille qu'ils vengeraient, le moment venu, la mort de Burt, qu'ils régleraient leurs comptes. Saint-Esprit perçut également le coup d'œil qu'échangeaient Rodrigo et Richardson. Quand les deux hommes eurent quitté le poste, il s'approcha de Jean-Marie...

« Ils sont rancuniers », fit-il simplement.

Jean-Marie mima l'étonnement.

« Rodrigo et Richardson n'ont pas beaucoup apprécié la mort de Burt, précisa Saint-Esprit d'un ton calme. Pas pour le crime. Pour la discipline... Leur réputation est en jeu. »

Il fit une pause et tira sur sa longue pipe.

« La chasse a été bonne. La campagne sera plus courte que d'habitude. Rodrigo ne va pas tarder à remettre le cap sur Frisco. En plus, en cette période de l'année, les troupeaux passent plutôt dans l'est. Ça tombe bien. »

Il regarda Jean-Marie, l'air grave.

« Dès qu'on aura pelé la dernière baleine, vous pourrez vous considérer comme des hommes morts, Loumis et toi... »

Jean-Marie hochait la tête. Il comprenait. Il approuvait.

« ... Richardson a déjà dû préparer votre punition, continua Saint-Esprit. Il doit y penser le soir, avant de s'endormir. C'est un malade. Il prend plaisir à torturer... Il ne sait pas encore le jour exact. Mais, à mon avis, il prévoit l'événement pour le milieu d'avril. C'est le moment où les baleines descendent le plus au sud. Elles sont guillerettes à cause du début du printemps, inconscientes; elles partent en balade. Il faudra tenter le tout pour le tout. Je vous préparerai une pirogue et vous partirez, tous les deux... Avec de bons coups d'avirons, les alizés qui portent et le courant de Californie, vous vous en sortirez... »

Il réfléchit et haussa les épaules :

« Avec beaucoup de chance, aussi... »

Comme l'avait prévu Saint-Esprit, le *City of Burlingame* ne tarda pas à faire route à l'est. L'hiver 1906 était l'un des plus rudes que les baleiniers eussent eu à subir, depuis très longtemps, dans le Pacifique Nord. Au mois de février, par deux fois, la vigie hurla « Blôô-Blôô... » et les hommes, calfeutrés dans le poste sombre, serrés autour d'un petit poêle qui consumait de la graisse de baleine dans une fumée répugnante, durent remonter sur le pont, raidis de froid malgré leur lourde capote, leur bonnet enfoncé sur la tête et leur écharpe de laine enroulée autour du visage. Il fallut mettre les baleinières à la mer et souquer vers les monstres dans une brume givrée, harponner malgré l'engourdissement et s'accrocher dans la pirogue quand l'animal avait sondé, dans des remous glacés. Chaque fois, les soutes du large vaisseau étaient un peu plus chargées de graisse fondue, rapprochant davantage la fin de la campagne. Loumis, malgré le froid, le martyre permanent, les doigts qui éclataient sous le gel et les pieds dans les bottes, enveloppés de charpie, sanguinolents de gerçures, irradiait de joie de semaine en semaine. Début mars, alors que les deux hommes étaient de quart sur le pont, dans une violente tempête de neige et que le *City of Burlingame* naviguait sous voilure réduite pour étaler la houle qui s'était creusée, Jean-Marie lui en fit la remarque.

« C'est le froid qui te rend heureux, Loumis?

– C'est le froid qui va bientôt finir, dit le jeune homme en souriant. Tout le monde en parle à bord. La campagne touche à sa fin. Dans trois mois, sans doute avant, on sera de retour à Frisco. »

Il rayonnait. Ses traits s'étaient encore creusés sous la fatigue et l'amaigrissement, ses cheveux blonds devenus trop longs sortaient de son bonnet et tombaient sur ses épaules. Il aurait paru fragile et désemparé, si son regard bleu n'avait été traversé d'un éclat intense. La luminosité de l'espoir.

« Je monterai et je descendrai Columbus Avenue deux fois de suite, pour commencer... »

Il jubilait intérieurement.

« Ensuite, je dégusterai une côtelette de porc aux haricots. C'est le plat familial. Une recette hambourgeoise, paraît-il. En fait, une invention de mon père... »

Il parut préoccupé tout à coup :

« Mon père a dû se faire du souci, depuis le temps. Je suis inquiet pour lui...

– Tu ferais mieux d'être inquiet pour toi! » fit Jean-Marie d'un ton sec.

Loumis le regarda, surpris.

« Tous les deux, on est toujours en compte avec Rodrigo et Richardson... »

Loumis, devenu sombre, semblait ne pas comprendre ce que disait Jean-Marie.

« Tu as peut-être oublié la mort de Burt? Pas eux! Ils vont nous la faire payer.

– Tu crois qu'ils pourraient..., demanda Loumis d'une voix où perçait une immense inquiétude.

– Nous liquider? C'est la moindre des choses »,
affirma Jean-Marie.

Il vit l'affolement dans les yeux de Loumis et
reprit, avec un sourire apaisant :

« On ne va pas leur laisser cette joie. Rodrigo fait
" danser les marins devant le portail ", paraît-il...
On va le devancer. D'ici à un mois, on va filer à
l'anglaise. Saint-Esprit nous donnera un coup de
main et nous indiquera le moment de partir. Une
baleinière, c'est confortable. On s'y installera pour
trois semaines. Peut-être moins... Il faudra embarquer de l'eau et de quoi pêcher. On ne sera pas plus
mal qu'ici. Et on sera vivant! »

Loumis sembla déterminé à tenter l'aventure. La
campagne avait été trop dure pour finir sous les
tortures de Richardson. Finir en pirogue, c'était un
dénouement imprévu mais qui ne manquait pas
d'intérêt. Il trouverait les forces nécessaires. Il s'en
sortirait.

Pendant la dernière semaine du mois de mars, les
premières percées d'un soleil étincelant vinrent
réchauffer le *City of Burlingame*. Le baleinier revenait avec le printemps et la chaleur. Les hommes
remontaient du poste comme de leurs ténèbres et
se mettaient à chanter sur le pont. Ils s'interpellaient, s'envoyaient des bourrades dans les côtes.
On reparlait de Frisco et de Barbary Coast. Sur la
plage arrière, près de la timonerie, Richardson et
Rodrigo demeuraient silencieux. Ils surveillaient la
voilure, d'un mouvement de tête distrait observaient Loumis et Jean-Marie et s'échangeaient des
coups d'œil entendus.

Vers le milieu de la semaine, un soir, alors que les
matelots s'étaient endormis, paisibles, dans le poste,
Saint-Esprit vint secouer discrètement Jean-Marie.
Il chuchota :

« Il faut plus tarder. Demain, pendant la nuit, je

serai de quart. La brise est installée et hale à l'est. On rencontrera les dernières baleines bientôt. Il faut partir avant. Je vous sortirai un bidon d'eau douce de la cambuse. Je m'arrangerai pour que la soute à voiles reste ouverte et vous gréerez un hunier sur le canot...

— Rodrigo comprendra que tu m'as aidé, s'inquiéta Jean-Marie.

— Que veux-tu qu'il me fasse? fit le vieux Noir. M'assassiner? J'ai vécu libre. C'était inespéré. Je suis déjà gagnant. Sans compter qu'il faudrait trouver un autre chef de pirogue. »

Il conclut sûr de lui :

« T'en fais pas : ils ne se donneront pas cette peine. »

Dans l'après-midi, Jean-Marie informa Loumis.

« C'est pour ce soir, dit-il. Tu me suivras, vers minuit, quand je monterai sur le pont. Faudra pas faire de bruit... Dans un mois, tu retrouveras ton père! »

Il fit un pas en arrière pour mieux considérer Loumis des pieds à la tête.

« Côté vestimentaire, t'es pas brillant. Il va avoir du boulot, ton père, pour faire de toi un dandy. Ça lui rappellera le temps où il rafistolait les loqueteux de la ruée vers l'or. Tu vas lui faire retrouver sa jeunesse. »

Loumis sourit : les paroles de Jean-Marie avaient le pouvoir de le rapprocher de San Francisco. Il touchait au but.

Le lendemain, le jour se leva, frais et clair sur une baleinière élancée qui filait, vent arrière, appuyée par les alizés d'ouest. A l'intérieur, Jean-Marie tenait fermement l'aviron du chef de pirogue en guise de gouvernail et surveillait les claquements du hunier qu'il avait fixé sur un aviron, dressé en guise de grand mât, à l'avant du canot. Au milieu, lui faisant face, Loumis, ses longs cheveux blonds retombant sur le col d'un lourd manteau, scrutait l'horizon. Leur départ, leur « évasion » se déroulait au mieux. Dans la nuit, comme prévu, Saint-Esprit les avait aidés à descendre la longue barque, contre le flanc du baleinier. Ils s'étaient embarqués à leur tour, agrippés à un filin, et s'étaient laissés dériver sans bruit. Au bout d'une heure, quand les lumières du *City of Burlingame* s'étaient évanouies dans le nord, ils avaient installé leur gréement de fortune. Depuis, ils couraient un bord dans le sud-est, d'après l'estimation de Jean-Marie, comme il avait expliqué à Loumis :

« Le vent est à l'ouest. En serrant bien la toile, on descendra dans le sud-est. Pas compliqué... »

Loumis avait eu un mouvement d'énervement :

« C'est ton boulot, Jean-Marie. Je n'ai pas besoin d'explication. D'ailleurs, j'y comprends rien.

– T'as raison, avait admis l'officier français. L'important, c'est que Rodrigo et Richardson ne nous retrouvent pas. Ils font route au nord, pour ne pas manquer les derniers troupeaux. »

Il avait jeté à Loumis un clin d'œil d'encouragement.

« Il n'y a plus qu'à attendre que le temps passe. Encore quelques jours et nous serons à San Francisco... »

Le temps s'écoula. Beaucoup plus que quelques jours : plus de deux semaines. Le vent était resté au même secteur mais avait molli, au point de laisser par moments la voile de la petite embarcation s'effondrer, inerte. Les deux hommes, malgré leurs forces qui s'étaient amenuisées par le manque de nourriture, avaient mouillé les avirons et s'étaient mis à ramer.

« On y arrivera, encourageait Jean-Marie.

– Oui, on y arrivera! » répétait Loumis, en tirant de toutes ses forces sur la longue rame.

Au soir du vingt-deuxième jour, le bidon d'eau douce fut vide. Pour la première fois, les deux hommes sentirent le désespoir qui les gagnait. Ils avaient l'estomac vide, les muscles durs, le corps brûlé par le soleil des premiers jours d'avril. « Nous sommes en dérive, se disait Jean-Marie en sentant le sommeil et l'épuisement qui le gagnaient... Comme le père Jules et tous les autres, sur les bancs de Terre-Neuve. Ne jamais désespérer. Jamais... Le secret de la survie... Jamais désespérer... »

Le lendemain matin, Jean-Marie Quéïnec fut réveillé dès les premiers feux de l'aurore par une brise solide qui lui rafraîchissait le visage. En ouvrant les yeux, il vit en un instant que la voile de la pirogue battait vivement, des claquements secs qui se répercutaient dans toute la charpente. Il comprit tout de suite ce qui se passait : ce n'était pas les alizés d'ouest qui finissaient par se réveiller. C'était le vent de terre... Loumis à son réveil eut un sourire exténué. Il aida péniblement Jean-Marie à border le hunier : la fin du voyage était proche. L'espoir leur redonnait un peu de vigueur.

Bientôt, les deux hommes partirent d'un rire nerveux : la côte californienne apparaissait au loin. Longtemps dissimulée dans la brume fine du matin, elle semblait tout à coup imposante, un trait large et solide dont la rondeur pourpre du soleil levant soulignait la majesté mauve. Jean-Marie et Loumis continuaient à rire de bon cœur.

« Tout de même... Tout de même, bredouillait Jean-Marie.

– On l'a pas volé! » s'exclama Loumis.

Bientôt, un oiseau vint tourner autour d'eux.

C'était une petite boule de plumes sombres, piquée d'un long bec pointu, piaillante et nerveuse, qui repartit à toute vitesse, sans plus de formalité.

« Si on te déplaît, faut le dire », fit Loumis sur un ton de reproche amusé.

Tout à coup, son rire se figea. Il fit un signe vers l'horizon et laissa échapper :

« Jean-Marie! Regarde ce qui nous arrive! »

Quéïnec se retourna : derrière eux, une vague immense, crêtée d'écume, se dessinait sur l'Océan, un mur d'eau qui avançait à toute allure.

« Accroche-toi! » eut le temps de crier Jean-Marie, en se jetant au fond de la pirogue...

Ils prirent le choc de plein fouet et c'est comme s'ils avaient été propulsés d'un coup vers le ciel par une force immense. Puis, agrippés au fond du bateau, ils eurent l'impression que la mer tout entière leur tombait dessus, les plongeant dans un gouffre sans fin. Cela ne dura que quelques secondes.

La lame déferlante avait soulevé le canot puis, en s'abattant, avait arraché le mât de fortune et la voile. Il fallut gagner le rivage à l'aviron.

« J'ai jamais vu un phénomène pareil... », répétait Jean-Marie, trempé jusqu'aux os, encore sous le choc.

Le soleil était à son zénith quand ils vinrent s'échouer sur une petite crique de sable fin. De chaque côté, les falaises les dominaient. Ils firent quelques pas sur le rivage, vacillants, et s'écroulèrent ensemble, l'un contre l'autre, à bout de fatigue, sur une plage de la côte ouest, à quelques mètres de l'Océan qui grondait en roulements d'écume, dans le soleil de la Californie.

CHAPITRE XVIII

Loumis, assis à une table, occupé à avaler un plat de haricots devant un bol de café : ce fut la première vision de Jean-Marie quand il revint à lui. Il se sentait encore engourdi de sommeil, les muscles durs et la tête lourde.

« Ton ami se réveille..., fit une voix d'homme âgé, éraillée et chaleureuse.

– ... L'odeur de cuisine. Rien de meilleur pour reprendre ses esprits. »

Jean-Marie regarda autour de lui. Il était allongé sur une longue banquette recouverte d'une fourrure grossière de couleur sombre, le corps enroulé dans une couverture épaisse. C'était une pièce simple, aux murs de bois, vaste et confortable : une sorte de demeure de trappeur nanti, de chasseur qui aurait eu le souci de son bien-être. L'odeur de café chaud mêlée au fumet des haricots ajoutait à la tiédeur profonde du lieu. Loumis, avec un large sourire, souleva son bol de café en guise de salut. Un homme, âgé d'une soixantaine d'années, d'une corpulence solide, le visage carré entouré de cheveux gris et d'une barbe noire où couraient de minces filets d'argent, vint s'asseoir derrière la table pour faire face à Jean-Marie. Il faisait plisser des petits yeux marron, à la fois doux et rieurs.

« Je vais répéter une deuxième fois. Mon nom est Bottleneck et je suis le propriétaire de ce ranch. Vous êtes à trente miles au nord de San Francisco...

– Nous sommes quel jour? demanda Jean-Marie, en repoussant la couverture.

– Nous sommes le 19 avril, jeudi 19 avril. »

Il prit un temps.

« ... 1906, bien entendu!

– Bien entendu », fit Jean-Marie.

Il se leva. Ses jambes étaient encore faibles. Elles le portèrent difficilement jusqu'à la longue table. Bottleneck prit, à côté de lui, une assiette creuse en émail et la passa devant Jean-Marie.

« Vous pouvez vous servir », dit-il en désignant le plat de haricots au milieu de la table.

Tandis que Jean-Marie plongeait une longue louche dans le récipient, le vieil homme reprit, d'un ton tranquille :

« Votre ami, Loumis, a essayé de me parler du baleinier... »

Il sourit.

« Je ne veux rien savoir. C'est votre affaire. L'important, c'est que vous soyez vivants... J'ai l'impression que vous avez une sacrée chance. »

Loumis confirma :

« Je ne dirai pas le contraire...

– Peut-être plus que vous ne le pensez, reprit le vieil homme.

« L'endroit où vous êtes arrivés est absolument désert. Personne n'y va jamais. Moi, par exemple, la dernière fois que je m'y suis rendu, c'était il y a dix ans, c'est vous dire. En plus, le coin est très dangereux. Pour remonter la falaise, il y a un chemin magnifique qui vous tend les bras. Vous auriez fait comme les autres... Et, au bout de cent mètres, vous vous seriez écrasés sur les rochers. Certains passages sont recouverts de mousse et s'effondrent sous les pieds. Des pièges imparables...

– Merci d'être passé par là, fit Loumis d'un ton discrètement ironique.

– C'est pas vraiment moi qu'il faut remercier. C'est Reginald.

– Reginald?

– Mon voisin! Un chic type qui vit seul dans un ranch, à quelques miles d'ici, en allant vers Petaluma. C'est un solitaire. Il ne supporte personne à part un vieux mulet qui lui tire sa carriole et un troupeau de dindons qu'il engraisse, quand il y pense, quand il n'a pas trop taquiné le bourbon. Moi aussi, il m'aime bien. De temps en temps, il passe me dire bonjour. Bref, hier à l'aube il est venu cogner à ma porte. Le soleil se levait à peine. D'habitude, je suis debout à cette heure-là, mais la veille il y a eu le départ de Rodney, mon fils, pour l'armée... »

Il eut un geste à la fois découragé et indulgent.

« Quelle idiotie! Il avait reçu sa feuille de route : Prière de vous présenter à midi le mercredi 18 avril 1906 à la caserne de Fort Mason, San Francisco. Il est parti le mardi dans l'après-midi et, moi, le soir, je me suis retrouvé tout seul. J'ai mis longtemps avant de trouver le sommeil. C'est Reginald qui m'a réveillé. Il tambourinait contre la porte. Je lui ai dit en ouvrant : " Qu'est-ce qui te prend, Reg? T'as pas entendu le grondement? " qu'il m'a fait, les yeux exorbités. Je me suis énervé : " Arrête de picoler, Reg. Tu commences par entendre des grondements. Tu finiras par voir des araignées... " Lui aussi s'est mis en colère : " J'ai rien bu, Bottleneck. Il y a eu un grondement sourd, il y a à peine une demi-heure... Même que ça a terrorisé mes dindons. Tu vas pas me dire qu'ils picolent, mes dindons! " J'ai bien vu qu'il était à jeun. Sacrément retourné, mais à jeun. Il m'a dit : " C'est peut-être une montagne qui s'est écroulée... Ou alors une falaise qui est tombée à la mer. " J'ai haussé les épaules. J'ai dit : " D'accord, on va aller voir. " On est parti dans sa charrette et on a fait le tour des environs. On n'a rien trouvé, sauf quelques roches éboulées, par endroits... Et vous, dans la crique où on ne va jamais.

– C'était quand exactement? fit Jean-Marie intrigué par ce qu'il venait d'entendre.

– Je vous l'ai dit. Hier, à l'aurore. »

Bottleneck sembla irrité. Il répéta en détachant les mots :

« Le mercredi 18 avril, au lever du soleil. »

Loumis à son tour devint pensif. Il reposa sa fourchette dans son assiette. Une curieuse intuition lui traversait l'esprit. Il regarda Jean-Marie fixement et demanda d'un ton inquiet :

« C'est pas à ce moment-là qu'est arrivée la lame de fond?... »

Quéïnec confirma de la tête et resta plongé dans ses déductions. Bottleneck intervint, en servant de nouveau du café :

« Ce serait donc l'explication. Une énorme vague qui se serait écrasée contre les rochers. »

Jean-Marie fit de la tête un « non » dubitatif. Il sembla revenir à lui, comme chassant de son esprit un mystère dont il n'aurait pas la solution, ou peut-être une solution, une possibilité qu'il ne cherchait pas à approfondir. Il regarda Bottleneck.

« Quand pourrons-nous aller à San Francisco?

– Vous êtes à peine réveillés que vous voulez partir! objecta Bottleneck en souriant. La nuit va bientôt tomber... Si vous voulez, demain j'attellerai mon chariot et je vous emmènerai jusqu'à Petaluma. Vous trouverez bien une diligence pour vous descendre à Frisco. »

Il eut une lumière de ravissement dans le regard.

« Ou une automobile. Il y en a quelques-unes, depuis peu, qui font le trajet. »

Il n'était pas peu fier, Bottleneck. La côte ouest était à la pointe du progrès. C'était un monde qui avançait à toute allure. Comme les automobiles, les « voitures sans chevaux ». Tout à coup, du dehors, parvint le bruit d'une agitation. Le vieux Bottleneck eut l'air soudain préoccupé. Un hennissement nerveux perça les murs en bois, puis trois coups secs furent frappés contre la porte.

« Papa! »

Bottleneck se tourna vers Jean-Marie, sidéré, à la recherche d'une explication.

« Papa... », reprit une voix jeune.

Le vieil homme se leva rapidement et ouvrit la porte. Et il s'exclama, stupéfait :

« Rodney!... Ça alors! »

Un jeune homme se tenait devant la porte. C'était un garçon d'environ vingt ans, bien charpenté, aux cheveux roux et aux yeux verts, le visage rond et plein. Un garçon qui rayonnait de santé. Pourtant, ce qui frappait, c'était son teint blême et son regard éperdu, comme s'il eût ressenti le contrecoup d'un choc violent, une vision insoutenable.

« Rod..., que se passe-t-il? fit Bottleneck, plongé dans l'inquiétude.

– Papa... »

Le jeune homme se jeta dans ses bras. Tout son corps se mit à hoqueter de sanglots. Le vieil homme lui passa dans les cheveux une grosse main, pleine de douceur. Il répéta :

« Que se passe-t-il, Rodney?

– C'est San Francisco », dit le jeune homme au milieu des larmes.

Il s'arrêta tout à coup, ravala sa salive et se retira de l'étreinte de son père. Il dit d'un ton grave :

« C'est San Francisco... San Francisco brûle! »

Pendant plusieurs secondes, la grande pièce commune du ranch de Bottleneck demeura figée, comme glacée de stupéfaction. Loumis et Jean-Marie se regardaient, sidérés, les yeux écarquillés, la fourchette à la main, immobiles. Bottleneck comprit, le premier, qu'il fallait rompre le silence.

« Viens t'asseoir, Rod », dit-il simplement.

Il vit la surprise de son fils, devant les deux hommes attablés. Il eut un sourire.

« ... Des voyageurs, qui passaient dans le coin. »

Rodney fit un signe de la tête. Bottleneck le fit asseoir sur un des bancs, près de Loumis, et lui servit un bol de café. Il s'assit à son tour.

« Remets-toi, Rodney, prends ton temps... Raconte-nous ce qui est arrivé... »

Le jeune homme gardait les yeux fixes, comme s'il était encore traversé de terreur, une frayeur qui lui aurait glacé le sang au point de le faire encore trembler sous sa longue veste noire. Il reposa son bol de café et se mit à parler, d'une voix sourde, comme pour lui-même.

« Mardi soir, en partant d'ici, j'ai pris une diligence à Petaluma. Le soir, je suis arrivé à Mill Valley, au nord de Sausalito. »

Il regarda son père.

« C'était ce que j'avais prévu. Le lendemain, je devais prendre une autre carriole pour arriver avant midi à Frisco, à la caserne de Fort Mason. J'ai passé la nuit dans une auberge. J'étais fatigué. Je me suis endormi très vite... Il faisait encore sombre quand j'ai été réveillé en sursaut : le lit s'est mis à trembler, et les murs aussi, et le plancher s'est mis à craquer, et le broc en porcelaine sur la commode ne tenait plus en place. C'est lui qui est tombé par

terre en premier... Après les lampes ont suivi. Et
puis un miroir, sur un mur... C'était interminable...
Un rugissement profond est monté des entrailles de
la terre. J'étais terrifié. Dans la chambre d'à côté,
une femme s'est mise à hurler...

– Un tremblement de terre! s'écria Bottleneck.
Ce vieux fou de Reg n'avait pas rêvé.

– On s'est tous retrouvés dehors, continua Rodney, revivant au fur et à mesure les instants dramatiques qu'il venait de vivre. J'étais le seul à avoir
enfilé un pantalon. Tous les pensionnaires de l'auberge étaient en chemise de nuit. Et même le
patron... La secousse s'était arrêtée, mais personne
ne disait rien. L'hôtelier a fini par dire : " Il n'y a
rien de cassé. C'était un petit tremblement de
terre! " Personne n'a rien répondu. Petit tremblement de terre : vite dit! Et rien de cassé! Ici,
peut-être, à Mill Valley, mais ailleurs, à Frisco?
Dans la diligence, personne n'a ouvert la bouche.
On redoutait le pire. A onze heures, on est arrivé à
Sausalito. Il y avait des dégâts dans la ville. Les rues
étaient fissurées, les maisons lézardées, des corni-
ches s'étaient écrasées et des balcons descellés...
Mais on a été surpris. On s'attendait à trouver une
animation intense, des sauveteurs, la panique...
Rien! Sauf une odeur, intenable, une odeur de brûlé
qui nous montait à la tête, qui nous faisait tousser
d'écœurement... On est descendu de voiture et on a
marché dans la ville, jusqu'au belvédère. Il commençait à faire chaud, une journée rayonnante.
C'est là qu'on a compris. Sur le belvédère, il y avait
un attroupement. Des centaines et des centaines de
personnes, amassées, silencieuses, des habitants de
Sausalito et des environs : tout le monde regardait
San Francisco, dans la chaleur, au loin.

– Les dégâts sont importants? » demanda Loumis, blême.

Le jeune homme le regarda d'un air grave. Ses mains tremblaient légèrement. Il baissa les yeux.

« Tout ce que j'ai vu, pendant des heures, c'est une énorme colonne de fumée noire au loin, des tourbillons opaques qui ont fini par assombrir toute la baie, avec par moments d'immenses percées rouges qui jaillissaient, ici et là... San Francisco était en flammes.

– Toute la ville a brûlé? »

Rodney eut un regard d'une infinie tristesse.

« Je le crois... En fin de matinée, je suis descendu vers la ville. J'avais mon ordre de présentation à Fort Mason... Mais je n'ai pas pu traverser la Golden Gate. Des militaires, des jeunes types en uniformes verts bloquaient le passage vers l'embarcadère. Ils étaient nerveux. " Je viens donner un coup de main, je leur ai dit... Aider à éteindre l'incendie..." J'ai sorti ma feuille de route... " Je fais partie de la maison! – Tire-toi ou on te flingue ", ils m'ont répondu... J'ai pas insisté. " Tout le monde sort, personne n'entre : c'est la consigne... " Pas étonnant que ça brûle encore!

– Deux jours après! fit Bottleneck, effaré.

– Je suis reparti ce matin, aux premières lueurs, poursuivit Rodney. Le feu reprenait de plus belle. Il remontait la colline. North Beach, un peu au-dessus de la Golden Gate, commençait à s'embraser... »

Il paraissait plongé à nouveau dans des visions de cauchemar.

« ... Les habitants ont fui, des milliers de familles, à bord des ferries pris d'assaut, dans des paniques inimaginables. On les a aidés à débarquer, sur le ponton en bas de Sausalito. C'était des scènes épouvantables, des mères qui ne retrouvaient plus leur enfant, qui guettaient chaque arrivée de vapeurs, folles d'espoir et avec des hurlements quand le bateau repartait. La nuit dernière, j'ai découvert un pauvre bougre prostré, assis à même la route. Je lui ai dit : " Restez pas là... Vous allez finir par vous faire écraser. Les voitures roulent à tombeau ouvert et les chariots des militaires renversent tout sur leur passage. " Il ne m'a rien répondu. Je lui ai tendu la main... Il a fini par venir avec moi. On a fait quelques pas ensemble et il s'est retourné. " Faut que je regarde ma boutique ", qu'il m'a dit, et il m'a montré vaguement un endroit sur la gauche, du côté du port, un peu au-dessus des petites lumières des ferries accostés contre les wharfs, en contrebas de l'immense brasier qui montait dans la nuit. Je lui ai demandé où il habitait, et il m'a répondu : " A Sansonne Street, au-dessus de Monky Block, au coin de Broadway Street. " Il s'est mis à me parler, d'une voix douce. Il revenait à lui. Il m'a expliqué dans le détail : " J'ai tout perdu. Ma femme et ma fille étaient parties passer quelques jours chez ma belle-mère, à San José. Elles sont en vie, c'est l'essentiel... On tenait un magasin de bourrelier dans la ville basse. Mercredi 18 avril, à l'aube, il y a eu le tremblement de terre. Je suis sorti dans les rues, comme tout le monde... On s'est dit : on en est quitte pour une belle frousse. Les maisons du quartier, près du port, étaient en bois. Elles n'avaient pas souffert de la secousse. On était rassuré... Ça n'a pas duré longtemps. Très vite, on a vu une colonne de fumée qui montait depuis le sud de la ville, du côté de Market Street et de l'embarcadère. En quelques minutes, la colonne est devenue un immense bouillonnement noir et les flammes sont apparues... " »

Rodney prit un temps.

« Le pauvre homme m'a raconté le cauchemar... Quand il est arrivé, il a compris l'étendue du désastre. Dans le quartier, la panique soufflait. L'incendie gagnait à toute allure. Les habitants sortaient des maisons en hurlant, les poutres en flammes s'effondraient derrière eux... Les malheureux pompiers étaient débordés. Il m'a raconté avoir entendu un sergent qui disait à un de ses hommes : " On n'a plus d'eau. Allez me rétablir les canalisations... " Le jeune pompier, le visage souillé de suie, a dit simplement en soulevant son grand casque : " Pas la peine, chef... Elles ont été crevées dans le tremblement. Et les tuyaux de gaz aussi. " Le sergent a répondu : " Alors, on est foutu... " Et le jeune homme a fait « oui » de la tête. Le bourrelier de Sansonne Street s'est dit qu'il allait retourner chez lui, sauver ce qu'il pouvait. Mais les flammes avançaient plus vite que lui. Il s'est mis à courir. Il a eu le temps de prendre ses économies, de sortir quelques outils de travail et des bibelots de valeur. Il a mis le tout dans un sac, sur son dos, et il a cherché à rejoindre les hauteurs. Il pensait que le feu ne gagnerait pas Nob Hill, qu'il ne dépasserait pas Columbus Avenue. En arrivant au coin de l'église Saint-François-d'Assise, il a compris que la catastrophe serait immense. Barbary Coast et Chinatown étaient déjà en flammes. Sur l'avenue, les hôtesses des bouges, le teint blafard et les cheveux ébouriffés, se mêlaient aux Chinois, terrorisés, avec leurs longues robes de soie, leurs calottes et leurs nattes. Vers midi, la chaleur du jour s'est ajoutée aux vapeurs de l'incendie. L'atmosphère était devenue intenable. Il a essayé de se frayer un chemin vers North Beach, pour sortir du piège... Rien à faire. C'est là qu'il a vu l'incroyable. Le bout de l'enfer... Au début, il n'y a pas vraiment prêté attention. Les ivrognes, à Frisco, on en trouve partout, qui titubent dans les rues, qui s'assoient sous les portes cochères ou qui s'effondrent dans les caniveaux. C'est habituel... En début d'après-midi, il a trouvé qu'ils commençaient à être plus visibles que d'habitude. De minute en minute, c'est devenu une invasion, le déferlement de tous les poivrots de la ville. Ils sortaient de partout, ivrognes d'apocalypse, pouilleux pour cataclysmes. Les bas-fonds venaient à la surface, des hordes entières débouchaient de Montgomery Street, des bouteilles de bourbon et de rhum à la main, des flasques de whisky dans les poches des vestons. Dès qu'ils apercevaient l'enseigne des tavernes ils poussaient des hurlements de joie et ils allaient, en titubant, mettre à sac les caves du bistrot. A chaque nouveau foyer d'incendie, dès qu'un immeuble s'écroulait dans les flammes, ils lançaient des " youpee " et des " bravos "! C'était des images de fin du mon-de... D'ailleurs, ils ne manquaient pas, les prédica-teurs, plus illuminés les uns que les autres, dressés sur des tabourets de bar, au coin des rues, qui tiraient leurs conclusions : " Ce sont les flammes de l'enfer ", prophétisaient-ils avec des accents bibli-ques. " Le feu du jugement dernier. – T'as raison, qu'ils répondaient, les clodos de plus en plus émé-chés. On va se prendre la dernière, une sévère à la mesure de l'événement, la cuite de l'éternité, comme tu dis... " Et ils s'envoyaient, au goulot, d'interminables rasades de scotch. »

Rodney, dans le silence tendu de la maison de son père, leva les yeux vers Jean-Marie, en face de lui.

« J'aurais jamais imaginé ça, fit-il. Jamais!

– Et le feu a remonté Columbus? intervint Lou-mis, d'une voix altérée, la transpiration perlant sur le front.

– C'est mon impression, fit Rodney, avec un geste désolé... La nuit dernière, le ciel tout entier était devenu une immense illumination rouge. Les flam-mes montaient dans le ciel, c'était toute la monta-gne de San Francisco qui paraissait en flammes.

Columbus a dû brûler, fit-il d'une voix triste, et même bien au-delà.

– Et on a une idée du nombre de morts? demanda Bottleneck d'une voix sourde.

– Difficile à dire, fit Rodney. Dans le camp de Sausalito où on a regroupé les sinistrés, on entend les rumeurs les plus exagérées. On dit plusieurs milliers. »

Il vit la main droite de Loumis qui, tout à coup, se crispait sur sa fourchette. Il reprit, d'une voix plus rapide :

« Le vieux bourrelier qui m'a raconté les événements pense qu'il y en a beaucoup moins... Cinq cents, pas plus. Des familles, piégées dans les petites maisons, dans les rues étroites du port. Et puis l'armée, paraît-il, qui a fait des victimes...

– L'armée? questionna Jean-Marie.

– Il a fallu faire intervenir la troupe pour lutter contre les pillards ivrognes. Non seulement ils vidaient les caves, mais ils rançonnaient les habitants qui cherchaient à fuir l'incendie. Le bourrelier lui-même s'est fait coincer sous une porte cochère, entre deux foyers, par une bande d'énergumènes fin soûls. Un couteau sur la gorge et il a tout perdu. Ses économies, ses outils... tout! Sans compter son atelier, qui n'est plus qu'un tas de ruines... »

Loumis, tout le reste de la soirée, resta silencieux, le regard buté, plongé dans une inquiétude sans fin. Plusieurs fois, le vieux Bottleneck lui demanda de faire un effort, de manger un peu. Il lui offrit de la tarte aux pommes. Puis il renonça, en lançant un regard désolé à Jean-Marie. Rodney continua à répondre aux questions de son père, sur la hauteur des flammes, des dégâts propres au tremblement de terre, l'aide aux familles en détresse... Il répondait, en ajoutant chaque fois qu'au fond il n'avait pas vu grand-chose, une torche gigantesque, au loin, c'est tout, et qui montait dans la nuit en rougeoiements pourpres.

Le soir était tombé quand il se leva du banc. Il s'excusa de sa fatigue et Bottleneck lui fit, en souriant, signe de ne pas s'en faire. En regagnant le lit recouvert de fourrure où Jean-Marie avait dormi, il posa sa main sur l'épaule de Loumis.

« Tu habitais Columbus? lui dit-il d'un ton simple.

– Oui, répondit Loumis. Mon père avait une maison, au-dessus de Saint-François... Une maison en bois...

– Je ne peux pas te dire qu'elle tient encore debout, fit-il, avec douceur. Ce ne serait pas honnête. Dans un an, je passerai te voir. Je suis sûr que tu l'auras reconstruite, et plus belle qu'avant, et en pierre de taille. San Francisco va renaître. Une fois de plus... Tu y vivras bien, tu verras. Avec ton père.

– S'il est vivant! »

Rodney eut un mouvement d'impuissance. Il marcha vers le lit et répéta, machinalement :

« S'il est vivant... »

Bottleneck, le lendemain matin, tint à amener lui-même ses deux visiteurs sur la route de San Francisco, jusqu'à l'entrée de l'embarcadère, puisqu'on ne pouvait pas aller plus loin.

« Il faut savoir se rendre service, dans les moments difficiles, avait-il expliqué, pour justifier son geste. Nous sommes tous américains, n'est-ce pas? » ajouta-t-il avec un sourire à l'intention de Jean-Marie, qu'il prenait, à cause de son accent, pour un fils d'Italien.

Au fond de lui, Bottleneck était ravagé par une folle curiosité. San Francisco était en flammes, un incendie gigantesque, peut-être le plus grand de tous les temps. Il n'allait pas laisser passer l'événement. Des souvenirs exceptionnels, dans sa vie, il n'en avait pas eu en abondance. Il avait passé son existence dans une maison isolée, à trente miles de Frisco, à s'occuper de ses arbres fruitiers et de son maïs, et de Rodney, quand sa femme était morte. Un événement historique se passait dans le coin : il aurait sa part du spectacle. En partant de bonne heure, bien installé sur le banc de sa carriole entre Loumis et Jean-Marie, il avait eu une idée :

« On va amener Reginald, avait-il dit. Y'a pas de raison. Il le mérite. »

Alors, ils avaient fait un détour... Mais, cette fois, c'était Reg qui dormait, au fond de sa cabane délabrée et malgré le vacarme des dindons effrayés, il ne s'était pas réveillé. Ils avaient fait le voyage sans lui.

L'odeur de brûlé les saisit au milieu de l'après-midi, bien avant d'arriver à Sausalito. Jean-Marie ne put s'empêcher de tressaillir. C'était le premier contact avec l'incendie, le drame, la désolation. En un regard, il vit Loumis, le dos voûté et les yeux vides, assis de l'autre côté sur le siège en bois de la carriole, qui s'enfonçait un peu plus dans l'angoisse. Le vieux Bottleneck proposa de faire un détour par le mont Tamalpais. Jean-Marie approuva :

« C'est une bonne idée, dit-il. C'est un panorama unique. En un coup d'œil, on comprendra ce qui se passe. »

L'idée de faire une halte sur le Tamalpais, en un éclair, fit revenir à sa mémoire ses après-midi avec Samantha, leur premier baiser, leurs premières étreintes. Il sentit de nouveau monter en lui une tension brutale, une bouffée de violence. L'incendie passait bien après. Il ne se souciait plus de la détresse de Loumis, ni de Maggy et Porfirio qui avaient peut-être disparu dans les flammes, ni de Thorndike et Julia que le séisme avait peut-être fini de ruiner. Il retrouvait brusquement cette vieille compagnie qui lui avait apporté la volonté de vivre sur le *City of Burlingame*, la haine, qui lui avait redonné la force. La volonté de tuer.

Loumis descendit avec peine de la carriole. La fatigue et la peur lui cognaient aux tempes. La clairière, au sommet du mont Tamalpais n'avait pas son aspect habituel, mais il n'y fit pas attention. Il ne vit pas les centaines d'hommes et de femmes silencieux, les enfants endormis par terre, enroulés dans des couvertures, ni les braises qui couvaient sous les marmites installées sur des trépieds, ni le grand drapeau de la Croix-Rouge qui avait été étalé par terre. Il fit quelques pas et s'arrêta, figé devant le spectacle, au loin. Jean-Marie et Bottleneck furent bientôt auprès de lui. Le jour commençait à descendre doucement dans une fin d'après-midi encore lourde des premières chaleurs du printemps. Le Pacifique scintillait dans une brume bleutée. Dans le sud, par-delà le Golden Gate, une épaisse colonne de fumée noire noyait la colline de San Francisco, s'élevait dans le ciel et s'étalait dans un nuage sombre que le vent de la mer poussait, avec lenteur, vers le sud-est de la baie. L'incendie n'avait rien perdu de sa violence. Par instants, des traînées rouges se faufilaient dans les épais bouillons de fumée noire, afin que nul n'ignore que les foyers étaient toujours actifs, virulents, que le feu n'avait pas fini de ravager le grand port du Pacifique. Le vieux Bottleneck eut la première réaction :

« Mince d'affaire, fit-il. L'incendie a commencé mercredi 18 avril au matin, nous sommes le vendredi 20, au soir, et ça continue... »

Jean-Marie intervint à son tour.

« Votre fils avait raison, c'est toute la ville qui va y passer... »

Loumis fit « oui » de la tête, au bout du découragement.

Derrière eux, une voix se fit entendre. Le ton était ferme et assuré.

« Ce sera bientôt fini... Le feu jette ses dernières forces. »

Les trois hommes se retournèrent. Devant eux, un garçon d'une trentaine d'années les regardait. C'était un personnage à l'élégance voyante, vêtu d'un costume crème et coiffé d'un chapeau à larges bords, au visage régulier barré d'une fine moustache. Il souriait, sûr de lui.

« J'ai eu quelques informations, il y a une heure à peine, par mon frère, le capitaine Beham, attaché à l'état-major du général Funston, commandant la place de San Francisco...

— Que vous a-t-il dit ? questionna Loumis, soudain en éveil.

— Il n'a pu s'étendre trop. Il venait prendre des nouvelles de sa famille. »

Le jeune homme perçut l'attente agacée de Loumis. Il poursuivit rapidement :

« Actuellement, le feu a été stoppé au bout de Columbus Avenue, au nord, un peu derrière North Beach... Une équipe du génie a fait sauter tout le quartier à la dynamite. Le feu n'avancera plus. »

Il ajouta avec une fierté appuyée :

« Les usines Ghirardelli, les usines à gaz et la centrale électrique sont sauvées !

— Tout le reste est perdu ? fit Loumis, irrité par le ton satisfait du jeune homme. Vous présenterez mes félicitations à votre frère. Beau boulot, vraiment ! »

Le jeune homme pâlit sous la violence du ton. Il balbutia :

« Tout n'est pas perdu. Les wharfs ont été préservés, c'est important... Les maisons de Telegraph Hill sont intactes et le sud de Market Street n'a pas été touché. »

Le jeune homme fit demi-tour. En partant, il lança, hautain :

« Si les San-Franciscains avaient voulu aider les pompiers, au lieu de se rouler dans l'ivrognerie, on n'en serait pas là... »

Jean-Marie vit une lueur sombre traverser le regard de Loumis. Il lui passa le bras autour des épaules.

« Ne perds pas ton sang-froid, Loumis, dit-il. Il est chatouilleux sur l'honneur de son frère... Faut pas insister. » Il sourit. « Dans le fond, il a raison. L'incendie est à bout de forces. Il jette ses derniers feux. »

Il fallut tout de même attendre le lendemain, les premières heures de la matinée, pour que les flammes viennent vraiment à s'épuiser et pour que l'épais voile sombre qui montait sur la ville se transforme en fines traînées blanches. La rumeur se répandit parmi les réfugiés du mont Tamalpais que l'accès à San Francisco était de nouveau autorisé. En un instant, le camp fut traversé d'un frisson d'espoir. On allait pouvoir retourner chez soi, même si la maison était carbonisée, les murs effondrés. Un tas de ruines, tout de même, ça permet de combler un vide. De se sentir quelque part.

Bottleneck reprit le chemin du nord. Toute la nuit, il avait veillé, fasciné par les dernières lueurs du brasier. Quand il vit les deux jeunes hommes sur le point de descendre vers l'embarcadère, il alla rechercher son cheval qui broutait dans un pré en contrebas. Il leur dit, en finissant de l'atteler :

« Faudra donner de vos nouvelles au vieux Bottleneck... Evidemment, ce sera pas la peine de venir me voir dans mon trou. C'est trop loin. Mais, si vous passez du côté de Fort Mason, vous pourrez dire bonjour à Rodney. Il n'est pas près de s'en sortir, cet idiot. Il s'imagine qu'il va voyager, qu'il va aller à Hawaii... »

Il haussa les épaules.

« Il va balayer la cour de la caserne, oui... Rodney m'écrira. Il me dira ce que vous deviendrez. On parlera de vous avec Reginald. D'une certaine façon, c'est un peu lui qui vous a sauvé la vie. »

Il fit mine d'être ennuyé.

« Je n'ai pas fini de l'entendre, Reginald. Il va me prendre de haut, il va me dire que j'ai pas de leçon à lui donner sur sa manière de vivre, son goût pour le bourbon, son intempérance... Je l'imagine très bien : " Toi, tu es sobre, qu'il va m'expliquer, mais t'es pas capable d'entendre un tremblement de terre. T'y as aucun avantage... " Il n'a pas fini de trouver des explications sur votre présence sur la plage. L'alcool, ça stimule l'imagination. Ça dissout l'invraisemblable... Il retiendra la solution la plus folle... Après tout, il sera peut-être pas loin de la vérité ! »

Bottleneck remonta dans sa carriole et fit claquer son fouet. Quelques instants avant, comme Loumis s'était de nouveau retourné pour regarder les fumeroles qui montaient au loin, sur Frisco, il avait pris Jean-Marie à part.

« Tenez, voilà dix dollars », lui avait-il dit.

Comme Jean-Marie refusait, il était devenu sévère.

« Vous n'avez pas un sou, ce n'est pas prudent. Loumis m'a l'air fragile. Il me fait penser à Rodney : les nerfs qui craquent... Faudra prendre soin de lui.

— Ne vous inquiétez pas, monsieur Bottleneck, avait fait Jean-Marie, sûr de lui. Loumis est à peu près aussi fragile que les rochers de vos criques du nord. Une vague peut le recouvrir, pas l'emporter... »

Bottleneck fit un dernier signe de la main. Sa carriole repartit sur la route en terre, se frayant un passage dans la foule qui allait grossissant, les sinistrés, les centaines de familles silencieuses et dignes qui reprenaient le chemin de San Francisco.

CHAPITRE XIX

« Tu t'appelles Loumis Stehler? »

Le soldat, en faction devant les fils de fer barbelés placés devant l'embarcadère de Sausalito, paraissait surpris. C'était un jeune garçon, aux yeux noirs, les traits tirés et le visage gris d'une barbe de trois jours, dans un uniforme vert de drap épais, aux gestes entravés par les lanières de cuir des cartouchières et le grand fusil qu'il portait à l'épaule. Il répéta :

« Loumis Stehler! C'est pas toi qui habites dans Columbus? demanda-t-il d'une voix à la fois gouailleuse et fatiguée. Qui habitais dans Columbus? » se reprit-il.

Loumis fit « oui ».

« Tout a brûlé, par là-bas? »

Le jeune soldat souleva la visière de sa casquette molle et informe, se gratta machinalement le cuir chevelu.

« Il reste plus que des ruines », affirma-t-il.

Il regarda de nouveau Loumis par en dessous.

« T'as drôlement changé, dit-il. T'as maigri et t'es devenu costaud, à la fois. T'es parti en voyage, on dirait, en croisière... »

Un soldat plus âgé s'approcha. C'était un sous-officier, le teint rouge et le ceinturon soutenant une bedaine bien installée.

« Que se passe-t-il? demanda-t-il d'un ton brusque.

– Ces messieurs n'ont pas de papiers...

– Interdiction d'entrer sans papiers! aboya-t-il.

– J'en connais un, sergent, fit le soldat. Loumis Stehler. Le fils du tailleur du haut de Columbus...

– C'est bon, fit le sous-officier, à contrecœur. Et l'autre? ajouta-t-il en regardant Jean-Marie.

– C'est mon ami, intervint rapidement Loumis. Il vit avec moi, chez mon père. »

Le sergent rougeaud fit « oui » de la tête et repartit.

« Venez par ici », fit le jeune soldat, d'un ton empressé, en jetant un clin d'œil rapide à Loumis.

Il déplaça la rangée de barbelés et les fit passer. Tout au long de la barrière qui bloquait l'entrée de l'embarcadère, des attroupements s'étaient formés. Des familles entières se voyaient refuser le passage; des pères poussaient des cris de colère, les mères suppliaient :

« Nos papiers, on n'a pas eu le temps de les prendre, sergent! Les flammes dévastaient notre maison. On serait mort en allant les chercher... »

Le sergent au teint rouge continuait à faire les cent pas derrière les barrières, impassible, haussant les épaules de temps en temps, quand les supplications venaient à l'excéder.

« Tu te souviens pas de moi? fit le jeune soldat en regardant Loumis. Il y a quelques années, je livrais des rouleaux de tissu chez ton père. Fred, je m'appelle... »

Le jeune homme réalisa que Loumis ne se souvenait pas de lui. Il eut un moment d'imperceptible accablement, comme si la déception avait ajouté à la fatigue. Il ajouta, comme avec regret :

« On se parlait, quelquefois, à l'époque.

– Fred, bien sûr! » fit Loumis, comme se souvenant tout à coup. Il lança un regard intense vers le jeune militaire. « Tu as des nouvelles de mon père?

– Ça fait un an que je suis dans l'armée, répondit Fred, d'un ton navré. La dernière fois que je l'ai vu, c'était deux mois avant que j'entre à Fort Mason, en février 1905... Il était attristé par ton départ. Je m'en souviens... Il était désemparé. J'ai eu l'impression qu'il avait vieilli d'un coup. Il m'a même demandé si je savais où tu étais! »

Loumis hocha la tête.

« Fred, tu fais une conférence? » hurla le sergent.

Le soldat s'excusa d'un geste.

« Salut, Loumis! »

Il fit quelques mètres et se retourna :

« ... Bonjour à ton père!

– Je lui dirai, fit Loumis, comme pour lui-même... Je lui dirai. »

Une fois débarqués s'étendait l'odeur froide de la désolation. Les jardins du Presidio, les grands espaces verdoyants qui surplombaient l'entrée de la baie étaient envahis de familles en détresse, des militaires dressaient des tentes, des infirmières s'affairaient, passant de groupe en groupe. Les San-Franciscains reprenaient possession de leur domaine en une longue colonne silencieuse. Au-dessus du Presidio, les usines Ghirardelli et la centrale électrique paradaient, fières et solides... Mais c'était un leurre, comme un décor de cinéma, un trompe-l'œil. Derrière, la ville entière n'était plus qu'un vaste champ de ruines, des monceaux de cendres hérissés de poutres calcinées, des façades de pierre de taille à moitié effondrées et noircies de fumée. Ne subsistaient de la grande cité de l'Ouest que les percées des rues, encombrées de débris de toute sorte, qui ne rappelaient plus l'animation passée. Loumis et Jean-Marie remontaient Columbus d'une allure lente, comme si l'immense tristesse était venue alourdir leur démarche. Ils ne reconnaissaient rien de San Francisco, sinon la géométrie des artères, l'angle des rues. Ils retrouvaient la ville comme s'ils eussent lu un plan. Une impression de cauchemar éveillé.

Arrivés sur les hauteurs de Columbus à l'endroit où la grande avenue commençait à redescendre vers Market Street, au loin, Loumis s'arrêta et posa sa main sur le bras de Jean-Marie.

« C'est là », fit-il d'une voix blanche.

D'un pas lent, il traversa la grande artère, puis s'arrêta. Quand Jean-Marie l'eut rejoint, il dit de nouveau :

« C'est là... Je reconnais. »

Il avança d'une enjambée, machinalement, vers un monticule de cendres d'où montait encore un léger filet de fumée blanche. D'un geste, il désigna une petite armoire que les flammes n'avaient pas complètement dévorée :

« L'harmonium que mon père avait acheté... »

Jean-Marie regarda le jeune homme, le teint pâle, qui contemplait, fasciné, au bout de la détresse, les restes carbonisés de sa maison. Il dit :

« J'ai des amis, au-dessus de Russian Hill, du côté d'Octogon House. On va aller chez eux. Ce n'est pas utile de rester ici, ça ne sert à rien. »

Loumis hocha la tête. Il répéta :

« Non, ça ne sert à rien. »

Tout à coup, il se mit à fouiller du regard les décombres autour de lui. Il avisa une grande boîte en carton, au milieu des gravats sur la rue, en déchira un large bout, puis s'agenouilla et ramassa dans les cendres un mince bâton de bois carbonisé. En quelques secondes, d'une main assurée, il dessina un portrait. Jean-Marie s'approcha et demeura stupéfait. En quatre traits de son crayon charbonneux, Loumis avait fait son autoportrait, sa caricature de profil, accentuant son nez pointu, sa bouche mince et ses cheveux longs. Jean-Marie émit un sifflement admiratif.

« T'as un sacré coup de patte, Loumis... »

Le jeune homme eut un sourire à la fois fier et ravi.

« J'ai pas trop perdu la main... »

Il demanda à Jean-Marie :

« Ils habitent où, exactement, tes amis ? »

Puis il écrivit sous l'esquisse, en lettres gothiques : *Je suis à la Cage aux lions... Octogon House.*

Les hauteurs de Russian Hill étaient paisibles et calmes. L'incendie avait épargné le quartier résidentiel du haut de la ville. Les maisons blanches avaient conservé leur aspect tranquille et cossu, leurs façades percées de balcons fleuris, leur élégance discrète. En quelques dizaines de mètres, ils avaient retrouvé le San Francisco d'antan, d'avant leur shangaïage, d'avant le *City of Burlingame*. C'était la beauté souriante du San Francisco qu'ils avaient connu et aimé, une certaine façon de répondre au soleil par un éclat de joie, un bonheur d'être dans le vent frais de la mer et la splendeur d'un matin d'avril.

Ils prolongèrent leur chemin vers Octogon House, un peu au-dessus, dans l'ouest de la ville. Au fur et à mesure qu'ils avançaient dans les rues étroites et fraîches, ils s'enfonçaient vers un havre de paix, une oasis de confort et de verdure, une ville à part, loin des ruines de la ville basse, de la détresse des réfugiés du camp du Presidio, une cité où les habitants dormaient, engourdis dans leur quiétude, derrière leurs volets clos.

Ils arrivèrent devant la Cage aux lions. La grande maison, aux murs recouverts de crépi blanc, était intacte. Jean-Marie frappa d'un coup sec contre l'épaisse porte de bois verni et les coups se répercutèrent à l'intérieur, comme en écho. Il frappa de nouveau, mais sans réponse. Jean-Marie regarda Loumis, à la fois inquiet et irrité. Il se mit à frapper de toutes ses forces contre le chêne épais. De l'intérieur, parvint le frisson d'une agitation, puis des pas dans l'escalier et des portes qu'on ouvrait. Jean-Marie vit un regard noir par le judas qu'on venait d'ouvrir.

« Monsieur Jean-Marie! »

Une exclamation spontanée, comme une explosion. Jean-Marie comprit tout à coup :

« Jefferson! »

Une bouffée de gaieté l'envahit, l'envie de crier de joie, la sensation qu'enfin ils touchaient au but, que le cauchemar était terminé, les souffrances, le *City of Burlingame*, Rodrigo, Richardson, la dérive sur la baleinière, l'incendie, les ruines, la désolation...

« On vient voir les pensionnaires! » ajouta-t-il d'un ton sérieux.

Jefferson se mit à pousser les verrous dans les claquements secs. Il partit d'un énorme rire :

« Vous arrivez trop tôt... On n'a pas encore ouvert le salon! »

Il ouvrit la porte. Jean-Marie ne put s'empêcher de sourire. L'énorme masse musculeuse de Jefferson obstruait complètement le passage. Le portier-boxeur était habillé d'un tricot blanc sans manche, qui faisait ressortir ses pectoraux, d'un caleçon gris et d'une paire de chaussons douillettement fourrés. Son visage barré d'un sourire clair et lumineux, rayon de soleil dans un ciel sombre, portait sur la pommette droite la marque d'un coup violent, les chairs tuméfiées bleuissaient autour de lui tandis que l'arcade sourcilière portait encore le souvenir d'une large écorchure. Jean-Marie s'approcha de Jefferson qui, tout à coup, le prit dans ses bras.

« Monsieur Jean-Marie, répéta-t-il. On a bien cru que vous ne reviendriez jamais... »

Jean-Marie se défit de l'étreinte rude du grand Noir. Jefferson se tourna vers Loumis qui était resté sur le pas de la porte et lui tendit la main.

« Il s'appelle Loumis, fit Jean-Marie. C'est mon ami. »

Il vit le visage du jeune homme qui se fermait tout à coup sous la poignée de main du boxeur. Il ajouta rapidement :

« Pas la peine de lui écraser les phalanges... C'est un artiste ! »

Jefferson s'excusa avec un grand sourire.

« Restez pas dehors, fit-il, entrez. Venez vous installer dans le grand salon. »

Les trois hommes firent quelques pas dans l'obscurité du couloir puis pénétrèrent dans la vaste salle de réception de la Cage aux lions. Jefferson ouvrit rapidement une fenêtre et poussa les volets. Le soleil entra dans la pièce, éclairant d'un coup le canapé de velours frangé, les poufs, les conversations et, recouvert d'un drap blanc, un piano droit, poussé contre un mur. Jean-Marie se laissa tomber dans un fauteuil.

« Maggy n'est pas là ? demanda-t-il, surpris.

— Elle dort, monsieur Jean-Marie... Depuis mercredi matin, depuis les premières secousses du tremblement, elle n'a pas fermé l'œil. Il y a une heure, on s'est dit que le danger était écarté... On est allé se coucher.

— Faut pas la réveiller, fit Jean-Marie. D'ailleurs,

nous aussi, nous sommes fatigués. On va s'installer ici. On va dormir. »

Jefferson eut un sourire satisfait.

« Alors, moi, je vais me recoucher... On se verra ce soir. »

Jean-Marie fit « oui » de la tête. Comme Jefferson s'apprêtait à quitter le salon, il lui demanda, en désignant du doigt son œil tuméfié :

« Dis, Jefferson..., c'est James Jeffries qui t'a fait ce superbe coquart? »

Jefferson éclata de rire.

« Jeffries, ça fait longtemps qu'il me touche plus, monsieur Jean-Marie... J'ai pris de la rapidité et de la souplesse. Lui, il a pris du poids. Il tape dans le vide. Ou alors dans les gants... »

Il prit tout à coup un air pensif.

« Jeffries a eu son temps. Chacun son tour. Non, c'est Lolita. Dès la veille de la secousse, elle a commencé à être nerveuse. Encore plus que d'habitude. Elle a poussé des hennissements toute la nuit et elle a envoyé des coups de sabot dans son box. Monsieur Porfirio a essayé de la raisonner. Rien à faire... Au matin, quand on a cru que le monde s'écroulait, quand on a vu les flammes qui montaient depuis les ruelles du port, Mme Maggy a décidé d'envoyer les pensionnaires à Cliff House, sur le bord de la mer. Il a fallu atteler le landau... C'est là que Lolita nous a donné du fil à retordre. Un vrai démon... J'ai pris un coup de tête et voilà le résultat! »

Il dit d'un ton de moraliste :

« Vous voyez : dix ans que je fais de la boxe et autant le videur à la Cage. Eh bien, le coup le plus rude, la véritable châtaigne, c'est cette garce de Lolita qui me l'a envoyé! J'ai dit à Maggy : c'est pas la peine de s'inquiéter. Les gros pépins viennent toujours d'où on ne les attend pas... »

Loumis approuva d'un geste de la tête et laissa échapper un discret sourire : Jefferson parlait en philosophe. Les grosses tuiles venaient toujours par surprise. C'était l'évidence. Il en savait quelque chose. La malchance et l'imprévu faisaient souvent bon ménage.

En fin d'après-midi, des coups secs retentirent de nouveau dans les deux étages de la grande maison d'Octogon, frappés contre l'épaisse porte d'entrée. Jean-Marie sortit de son sommeil lorsque Jefferson fit de nouveau claquer les lourds verrous. Il entendit des voix de femmes, des gloussements haut perchés, puis la voix de Porfirio.

« Rien de cassé, Jefferson? »

Derrière Porfirio, la petite troupe des pensionnaires de l'établissement s'engouffra par la porte grande ouverte, dans un bruissement de soie et de dentelle, un caquetage de colombes retrouvant le pigeonnier. Jean-Marie se redressa sur le canapé où il s'était endormi, et resta assis un instant, les muscles encore douloureux. Porfirio, tout à coup, entra dans le grand salon. Il demeura figé, muet comme sidéré de ce qu'il voyait. Puis il se décida à avancer dans la pièce, les yeux écarquillés :

« Bonjour, Porfirio », fit Jean-Marie.

Porfirio resta ébahi.

« Ça alors! » répétait-il.

Il retira machinalement le huit-reflets qu'il avait gardé sur la tête. Derrière la silhouette de Porfirio, le regard de Jean-Marie fut attiré par une forme s'encadrant dans la porte du salon. Il se déplaça insensiblement. Maggy le regardait d'un œil vert, éclatant, une robe de chambre de soie rose passée sur sa chemise de nuit. D'une main, elle tenait une bouteille de champagne...

Les congratulations durèrent de longues minutes. Maggy se laissa aller à embrasser Jean-Marie et accorda un baisemain à Loumis. Porfirio parla du tremblement de terre et de l'incendie, de la chance qu'ils avaient d'être épargnés, et de Lolita aussi, qui ne serait jamais adulte mais qui avait une bonne âme, qui avait tiré le landau avec vaillance, faisant le voyage à Cliff House plusieurs fois pour amener toutes ces dames, et d'ailleurs il fallait qu'il y retourne...

Quand il fut ressorti, l'ambiance s'apaisa tout à coup. Maggy fit le tour de la pièce pour ouvrir tous les volets. La clarté rougeoyante du soir entra dans le salon écrasé de velours et de tentures... Quand ils eurent reposé leur verre de champagne, après avoir trinqué aux retrouvailles, Maggy regarda Jean-Marie avec attention.

« Vous avez l'air en bonne santé, lieutenant Quéïnec, constata-t-elle. Le teint hâlé vous va bien. Très bien... Je vous trouve très beau garçon, pour un revenant... Vous faites un fantôme très présentable.

– Vous m'avez cru mort? fit Jean-Marie, mimant l'étonnement.

– Le salon de la Cage est le point de ralliement de toutes les rumeurs de San Francisco, je vous l'ai déjà dit : les informations y montent du port, avec la brume, le soir. Même Ted Kelly, dans son bureau de verre de rédacteur en chef, au milieu de la salle de rédaction de l'*Examiner*, est moins bien renseigné que moi... Surtout, depuis que l'immeuble de l'*Examiner* n'est plus qu'un tas de ruines! conclut-elle en riant.

– Et qu'avez-vous appris?

– J'ai appris que vous aviez été shangaïé, jeune homme, répondit Maggy. L'information n'a d'ailleurs pas été longue à me parvenir. En moins d'une semaine, j'étais au courant... Il y avait bien longtemps qu'on n'avait pas shangaïé un officier. On ne parlait que de vous... Vous avez eu votre petite célébrité! De surcroît, vous faire shangaïer la nuit de Noël! Vous avez mis les rieurs de votre côté, lieutenant Quéïnec. »

Jean-Marie, tout à coup, devint sombre, le visage fermé. Non seulement il avait connu l'enfer du shangaïage, les souffrances à bord du baleinier, mais il avait été la risée des équipages des grands voiliers. Sur tous les océans, on parlerait de lui et on éclaterait de rire : Quéïnec le shangaïé! De nouveau, il éprouva une terrible bouffée de violence monter en lui. Le visage de Lexington lui revenait à l'esprit. Il le tuerait.

« J'ai fini par tout savoir, bien sûr... le nom du baleinier, le *City of Burlingame*, le nom du capitaine...

– Rodrigo, fit Jean-Marie, bourru.

– Rodrigo, confirma Maggy. Un vieil ami de Sullivan, le saviez-vous? De même que son second, Richardson, est un ami de Lexington... On se fait des amis, n'est-ce pas, selon sa génération. »

Jean-Marie avait blêmi en entendant le nom de Lexington.

« A propos, enchaîna Maggy, pendant que j'y pense... Une jeune femme, quelques semaines après votre disparition, est venue ici même prendre de vos nouvelles. Elle paraissait inquiète. »

L'idée que ce fût Samantha vint heurter de plein fouet l'esprit de Jean-Marie. Il sentit son cœur qui cognait dans sa poitrine. Une joie immense, incontrôlable, vint le submerger. Maggy vit le regard de son interlocuteur soudain aux aguets, traversé d'une lumière chaude. Elle sourit.

« Une jeune fille brune, avec de beaux yeux noirs... »

C'était Julia. Jean-Marie sentait en lui la douleur de la déception. Il avait pensé en un éclair que

400

Samantha avait cherché à le revoir, qu'elle l'aimait, ç'en était la preuve, et que pour cette raison Lexington l'avait fait shangaïer, pour l'éloigner... Il avait été naïf. Il s'était trompé. Il resta abattu, silencieux. Maggy vit le changement dans le visage de Quéïnec. Elle le regarda avec douceur et prit un ton affectueux.

« Vous avez pensé que c'était Samantha? Vous vous êtes fait des idées... »

Elle se leva et vint remplir de nouveau les verres de Jean-Marie et de Loumis.

« Je vous avais prévenu, Jean-Marie : Samantha est une enfant gâtée... »

Elle vint s'asseoir dans un fauteuil profond, près de Jean-Marie. Elle sembla hésiter un instant, puis elle se lança, comme si elle eût pris une décision importante, celle d'annoncer une nouvelle grave.

« Je vais vous faire de la peine, dit-elle doucement. Autant que vous le sachiez tout de suite... »

Jean-Marie la regardait fixement et retenait son souffle.

« Samantha Colemane s'est mariée », murmura Maggy.

Le jeune homme était devenu livide et l'émotion faisait ressortir la pâleur bleue de son regard.

« ... Elle a épousé Thomas Lexington. »

Tout son corps parut se recroqueviller, refermé sur le choc, la douleur, l'écroulement qu'il percevait au fond de lui-même. Machinalement, il demanda :

« C'était quand? »

Maggy parut surprise de la question. Quelle importance? semblait-elle dire. Elle chercha un instant dans sa mémoire.

« Il y a environ six mois... Un jour historique pour notre ville, dit-elle d'un ton ironique pour mieux faire ressortir la dérision de l'événement. Une réception exceptionnelle, du jamais vu à San Francisco, deux mille invités dans les jardins de Clifton House, des centaines de litres de bourbon, des citernes de punch et une myriade de torches qui, le soir, illuminaient la pelouse... Un embrasement gigantesque! »

Elle sembla réfléchir à ce qu'elle venait de dire.

« ... Depuis on a eu mieux. Bref, quatre pages entières dans l'*Examiner*, articles et photos... »

Jean-Marie paraissait loin, tout à coup, muré en lui-même. Maggy le regardait, découragée. Elle avait essayé de raconter l'événement par la drôlerie pour en atténuer la cruauté... Elle avait échoué. Elle s'apprêtait à changer de tactique, à expliquer qu'il était vivant, que c'était l'essentiel, que le reste n'était qu'enfantillage, quand Jefferson entra dans la pièce.

« Madame Maggy, vint-il lui chuchoter à l'oreille, il y a un monsieur qui prétend qu'on l'attend. »

Maggy tourna la tête. L'homme avait suivi Jefferson et se tenait à l'entrée du salon, dans l'encadrement de la porte. C'était un personnage petit et chétif, un être à l'allure droite et raide malgré la fatigue de l'âge, le regard noir légèrement humide, aux traits creusés et aux cheveux gris. Dans chaque bras, il tenait de larges paquets volumineux et plats, soigneusement enveloppés dans un gros papier kaki.

Maggy se tourna complètement vers lui pour mieux le regarder. Elle lui sourit.

« A qui avons-nous l'honneur, monsieur? »

L'homme tout à coup écarquilla les yeux. Et prononça d'une voix tremblante :

« Loumis! »

Le jeune homme était déjà debout et se précipita contre le vieil homme, le serrant contre lui, en répétant :

« Papa, je savais bien... Papa. »

L'homme fit « oui » de la tête. Loumis se retourna vers Jean-Marie.

« Heinrich Stehler... Mon père! »

Le vieil homme paraissait étouffé par le bonheur, mais parvint à dire d'une voix douce :

« Dis donc, Loumis... Elle s'est bien passée, cette soirée de Noël, la fête de l'université?

— Pas trop mal..., fit le jeune homme dans un sourire.

— J'ai l'impression que tu n'es pas rentré directement!

— J'ai fait un petit détour », confirma Loumis.

Il regarda les paquets que son père tenait dans chaque bras.

« Dis, papa, tu as changé de métier? T'es devenu déménageur? »

Heinrich Stehler se mit à rire et déposa les paquets sur le sol.

« La ville brûlait... », dit-il en prenant son temps.

Il se mit à déchirer le papier d'emballage.

« ... Au lieu d'abandonner notre maison, je suis parti avec elle. »

Loumis reconnut, tout à coup, l'éclairage pastel d'un tableau de William Keith : la *Vue de l'université de Berkeley*.

« Peu importe les murs sur lesquels on les accrochera..., poursuivait son père. Notre maison, c'était des tableaux, les paysages que tu regardais pendant des heures... Tu vois : j'ai sauvé l'essentiel. J'ai emporté nos rêves. »

Le coffee-room du *Martinez* fourmillait de militaires de tous âges et de tous grades, en majorité mal rasés et défaits, l'uniforme fripé, les bras ceints d'un brassard blanc frappé d'une croix rouge. Ils s'étaient installés dans les fauteuils de cuir profonds ou allongés à même le parquet ciré de la grande salle. Au bar, les conversations étaient sourdes, submergées par le grondement des machines et les coups de fouet secs des roues à aube. Dans le matin clair, Jean-Marie ne reconnaissait pas le lourd ferry qui s'essoufflait vers l'embarcadère d'Oakland. Il ne retrouvait pas les odeurs familières, les bouffées de haricots rouges à la sauce pimentée, les vapeurs d'oignons frits et les nuages légers de tartes aux pommes de terre qui montaient des cuisines, derrière le bar d'acajou verni et de cuivres astiqués. En une semaine, depuis que l'incendie avait détruit San Francisco dans sa quasi-totalité, épargnant les wharfs, Telegraph Hill, le quartier des usines au-dessus de North Beach, Russian Hill et le sud de Market Street, le champ de ruines s'était transformé en champ de bataille. Les militaires avaient afflué par milliers, des bateaux et des paquebots, des trains entiers s'étaient déversés sur la ville sinistrée. Ils avaient échangé leurs fusils contre des pelles et s'étaient mis, avec méthode et discipline, à déblayer les rues, à raser les entassements de cendres, de parpaings, de poutres calcinées. Ils s'étaient mis au travail, comme les autres, les centaines de sauveteurs de la Croix-Rouge qui étaient venus du monde entier, les infirmières en voile blanc qui vaccinaient, des journées entières, d'interminables files de réfugiés qui attendaient silencieux, le regard lointain et la manche retroussée. Maggy, dans la tourmente, avait retrouvé son énergie du temps passé, la vitalité que l'âge et l'aisance financière avaient fini par émousser. Elle avait décidé d'accueillir dans les velours de son établissement les familles de sans-abri. Les pensionnaires avaient été regroupées au salon du rez-de-chaussée, dans une promiscuité piaillante et ponctuée d'éclats de rire, comme dans le dortoir d'un pensionnat inhabituel, tandis que des couples et leurs enfants étaient venus s'installer dans les chambres des étages. Ils avaient été quelque peu éberlués, les San-Franciscains puritains et méritants, en pénétrant dans les alcôves de Maggy. Les lits profonds de soie cramoisie, les lourdes tentures à franges dorées, les poufs de satin, les miroirs curieusement disposés sur les murs les avaient laissés interdits. Le vice était une abomination, bien sûr, mais confortable. Ils avaient accepté leur destin avec philosophie. Seule une femme entre deux âges, vêtue d'une robe noire et austère, les cheveux gris et le teint bileux, avait un instant pris la mouche. Du salon, on avait perçu ses éclats de voix : « Immonde hypocrite, criait-elle à son mari. Fais pas l'étonné : tu sais très bien ce que c'est! T'es déjà venu... T'es qu'un vieux saligaud. Un gros pourri! » Maggy était montée, ferme et résolue, de peur qu'elle ne casse quelque chose. Tout était rentré dans l'ordre... San Francisco était ainsi devenu un endroit étrange où, à Market Street, des milliers de malheureux prenaient leurs repas dans de gigantesques soupes populaires dont les tables, interminables, étaient dressées sur les ruines mêmes des restaurants luxueux et où les familles de protestants rigoureux s'endormaient au grand complet dans les lits des prostituées, où enfin des soldats harassés avaient remplacé les Italiens joyeux, dans le vacarme du *Martinez*.

A midi, au plus haut du soleil de la fin avril, Sarah préparait le dîner, debout derrière une longue table, au milieu de l'allée de graviers d'Ashby Ranch. Elle était vêtue d'une robe printanière, légère et fleurie, dont les manches courtes découvraient des avant-bras noirs et potelés, et un tablier blanc, noué dans le dos. Assis près d'elle, le vieux George semblait abattu. Malgré la chaleur, il avait remonté le col d'une lourde veste de velours. Il regardait par terre fixement. Jean-Marie, tout à coup, sentit l'inquiétude l'envahir. Son regard se posa sur la belle maison blanche, en arrière-plan. Il comprit que le séisme, sur la colline de Piémont, de l'autre côté de la baie, avait été durement ressenti. Une partie du portique à colonnades qui marquait l'entrée de la demeure s'était effondrée et les pierres éboulées jonchaient encore le sol. Une large fissure traversait un des murs, depuis la toiture. Sarah releva la tête avec une exclamation :

« Monsieur Jean-Marie! »

Elle s'essuya machinalement les mains dans son tablier.

George leva les yeux à son tour. Il avait un sourire douloureux et une flamme triste dans le regard.

« Bonjour, monsieur, dit-il simplement.

– C'est M. Jean-Marie, vieil idiot! »

Le vieux George tenta dans un effort de parfaire son sourire, mais rien ne vint. Il répéta :

« Oui, monsieur Jean-Marie... »

Il jeta vers le jeune homme un regard doux et désespéré qui semblait dire : « Je vous reconnais bien, monsieur Jean-Marie, et c'est un bon souvenir... Mais c'est loin. C'est d'avant... » Jean-Marie ressentit au plus profond de lui la tristesse du vieux Noir. Il affecta un ton enjoué pour dire :

« Mon vieux George... Toujours vaillant, toujours à terroriser les terriers? »

George eut un geste las. Il dit :

« Non..., plus de terrier. »

Et son visage parut se creuser davantage.

Sarah intervint d'un air décidé :

« Venez, monsieur Jean-Marie... Julia est dans la villa. »

Elle entraîna le jeune homme d'un pas ferme vers la belle maison blanche, lumineuse dans le soleil, gaie et enjouée malgré ses blessures. Elle s'arrêta tout à coup et se tourna vers le vieux George.

« Tu vas pas rester assis, grand nigaud... Attelle les alezans et va chercher M. William au chantier... »

Malgré la rapidité des paroles, il y avait dans le ton de Sarah une affection discrète, la marque d'une tendresse simple et absolue. Elle reprit sa démarche vive et regarda Jean-Marie.

« Julia est dans la maison... Le tremblement de terre a fait beaucoup de dégâts. Il faut tout remettre en état. »

Elle prit un air convaincant.

« Elle s'est mise au travail sans rechigner, et même avec le sourire... C'est une bonne petite, jamais regardante sur sa peine. »

« Elle n'a pas changé, Sarah, se dit Jean-Marie. Elle ne cache pas ses intentions... » L'image de George, plongé dans son chagrin, lui revint tout à coup. Il regarda la vieille Noire.

« Quand j'ai vu George aussi malheureux, dit-il, j'ai pensé : il est arrivé quelque chose à Julia ou à M. William... »

Sarah s'arrêta. Elle eut un sourire doux et un regard triste.

« C'est à cause de Victoria, dit-elle. Sa belette... Elle est morte...

— Dans le séisme ? fit Jean-Marie.

— Oh! non, répondit Sarah. Bien avant, au mois d'août. Il y a huit mois maintenant... George, avec Victoria, il était comme avec un enfant. Toujours attentif, inquiet pour un oui pour un non... Il me mettait en rogne : " T'es un vieux fou, je lui disais, tu finiras par sentir aussi mauvais qu'elle... " Je me mettais en colère. »

Elle était à la fois tendre et désespérée.

« Ça fait rien... Quand elle est morte, j'ai été bien malheureuse. Je m'y étais attachée, moi aussi, sans m'en rendre compte. Elle était craintive et drôle à la fois. Elle avait son petit caractère. Elle avait ses têtes... Et puis la peine du vieux George m'est entrée dans le cœur, aussi. George, c'est mon mari et mon compagnon de toujours. Je l'avais jamais vu pleurer... »

Elle eut un geste bref pour essuyer ses yeux du revers de sa grosse main noire et potelée. Elle se mit à sourire et tout son visage parut s'illuminer.

« J'ai dit au vieux George : " T'en fais pas. Victoria, elle est au paradis. L'Eternel n'est pas regardant sur les odeurs. C'est mon avis... A son âge, on est devenu indulgent. On s'est habitué à tout. " »

Jean-Marie et Sarah repartirent d'un pas rapide vers le portique éboulé d'Ashby Ranch. Peu à peu, venus de l'intérieur de la villa, les coups mats d'un marteau se mêlèrent aux bruissements de leurs pas sur le gravier de l'allée.

CHAPITRE XX

Un pantalon de velours noir et une chemise marron de toile épaisse; Jean-Marie retrouva Julia dans la tenue où il l'avait vue pour la dernière fois, quinze mois auparavant, en décembre 1905, la veille même de son shangaïage. En entendant du bruit dans le couloir de la villa, Julia était descendue de l'escabeau où elle s'était perchée pour poser de la toile de jute sur un des murs du salon. Le tremblement de terre avait porté des coups très rudes à la belle demeure claire, noyée dans la fraîcheur boisée qui surplombait la baie. Outre le portique, largement endommagé, il avait fallu constater que l'escalier qui montait dans les étages s'était descellé, que la hotte de la cuisine s'était effondrée, obligeant Sarah à préparer le repas dans le jardin, et que de nombreuses lézardes étaient apparues, qui zébraient les murs en écorchures nerveuses.

Julia, depuis une semaine, passait ses journées, marteau et clous en main, à dissimuler les blessures les plus profondes avant que les ouvriers ne viennent réparer durablement l'édifice. Elle regarda Jean-Marie Quéïnec avec un sourire où passait une immense surprise. Elle resta inerte, les yeux écarquillés dans un éclair de stupéfaction, le marteau pendant le long du bras et les lèvres pincées sur des clous de tapissier. Le rose, en un regard, lui monta aux joues.

« Jean-Marie Quéïnec, dit-elle, deux fois de suite.

– C'est une bonne surprise, n'est-ce pas, mademoiselle Julia? » fit Sarah comme pour confirmer la réalité de la chose.

Elle insista :

« Vous ne rêvez pas... C'est bien lui! »

Jean-Marie sentit une douceur chaude, une profonde sérénité l'envahir tout entier; la sensation d'un bonheur simple et tranquille, la joie de revoir Julia, aux yeux si chaleureux. Il retrouvait la curieuse force qui émanait de la jeune fille, le feu qui brûlait en elle, vif et bon. Il y trouvait un profond apaisement, un moment de quiétude et de paix.

Sarah fit valoir avec un empressement appuyé qu'elle devait préparer le déjeuner et ressortit d'un pas que rehaussait un imperceptible sautillement.

« Vous n'avez pas changé, Julia... », dit Jean-Marie.

Elle avança vers lui, comme si une force l'eût poussée malgré elle, le regard fixe d'un noir profond, les joues roses et les lèvres découvrant largement des dents magnifiques, dans un sourire étincelant.

« Vous non plus, monsieur Quéïnec... »

Et Jean-Marie sentit dans ce « monsieur Quéïnec » une tendresse à peine dissimulée, une façon de tourner la formule de déférence en une douce dérision. Une périphrase amoureuse. Elle indiqua, d'un mouvement de la tête, la pièce autour d'eux.

« Vous arrivez en même temps que la fin du monde...

– Simple coïncidence », répondit Jean-Marie.

Et Julia fit semblant de croire qu'elle n'en était pas sûre...

410

« Le jardin n'a pas été trop touché », fit-elle.

Ils marchèrent quelques pas jusqu'à la tonnelle, sous les hauts peupliers, et s'assirent sur des chaises en fer peintes en blanc, dans l'ombre fraîche, derrière la petite table de jardin en bois clair.

« Depuis quand êtes-vous de retour à San Francisco? se décida à demander Julia.

– Depuis une semaine, la fin de l'incendie.

– Tout a brûlé, n'est-ce pas? fit-elle devenant grave, puis sans attendre la réponse : Pendant trois jours nous avons vu les rougeoiements au loin. C'était un cauchemar épouvantable... La journée, les colonnes de fumée se transformaient en épais nuages noirs qui masquaient le soleil... »

Elle s'arrêta tout à coup et regarda Jean-Marie.

« Racontez-moi... Nous vous avons cru mort. Où étiez-vous donc passé? »

Il ne put cacher un mouvement d'étonnement devant la réaction de Julia.

« Maggy ne vous a pas expliqué? »

En un coup d'œil, il vit un trouble passer sur le visage de la jeune fille, et ses joues s'empourprer davantage. Elle se ressaisit :

« Maggy... C'est vrai. Je lui ai rendu visite un jour que je passais près de la Cage aux lions. »

Jean-Marie ne put retenir un sourire. Elle voulait cacher l'intérêt qu'elle lui portait. C'était un aveu dont il n'avait pas imaginé qu'il le troublerait autant. Il eut tout à coup envie de la serrer contre lui dans une étreinte affectueuse; un élan fraternel d'où le désir était absent.

« Elle m'a raconté, je me souviens, fit-elle comme cherchant dans sa mémoire... Le *City of Burlingame* et les baleiniers du Kamtchatka... Je me souviens. Cette Maggy est une personne très souriante mais qui ne parle pas notre langue avec autant de facilité que vous... Elle fait de nombreuses erreurs de grammaire. Et de jugement aussi... »

Jean-Marie la regardait, étonné.

« Elle m'a dit : " Jean-Marie a été malchanceux! " Je lui ai répondu : " Il a été imprudent! " »

Jean-Marie devint sombre et son regard bleu se troubla d'une ombre dure. Le landau tiré par les alezans du vieux George fit crisser les graviers à l'entrée de la propriété. Jean-Marie Quéïnec laissa tomber, comme pour lui-même :

« J'ai un compte à régler... avec cette imprudence... »

William Thorndike, lui non plus, ne semblait pas avoir changé de tenue depuis le départ de Jean-Marie. Il le retrouvait tel qu'il l'avait toujours connu, tel qu'il lui était apparu ce jour d'avril 1904, lorsque Briand l'avait emmené à Ashby Ranch, lorsqu'il avait posé le pied sur l'embarcadère d'Oakland. Il portait le même pantalon large, la même veste ample et il émanait de lui cette même façon de ne pas être vraiment dans le monde, de le contourner dans une attitude souple et prudente. Il avança vers le lieutenant français, un large sourire aux lèvres et un éclair de bonheur dans les yeux. Il ne cherchait pas à dissimuler son émotion.

« Nous avons été très inquiets, fit-il. Très inquiets... »

Il fit un signe de la tête à Julia, une façon de solliciter un assentiment dont il était sûr, et fit signe aux jeunes gens de revenir vers la tonnelle. Il se mit entre eux deux et les prit doucement par le bras.

« Vous avez été shangaïé... Vous n'ignorez donc plus rien des curiosités de notre région? »

Jean-Marie le sentait fragile, d'une faiblesse à peine perceptible, comme si l'enchaînement des jours avait fini par se faire plus pesant, et les épreuves, et les luttes, aussi, chaque fois plus difficiles à surmonter. Il comprit que William Thorn-dike avait reçu des coups bien rudes pendant son absence, une épreuve qui valait bien en dureté une croisière sur le *City of Burlingame*. Il sentit qu'il ne tarderait pas à lui annoncer de tristes nouvelles.

« Votre retour est un événement merveilleux », poursuivit-il.

Et Jean-Marie crut l'entendre ajouter : « Et qui efface tout le reste... »

Il leva son visage vers le jeune homme. Ses yeux noirs s'étaient encore assombris, ses traits s'étaient creusés et son cou paraissait maigre et dérisoire dans un col de chemise devenu trop large. Il laissa venir un grand sourire sur ses lèvres et ses yeux eurent un pétillement soudain.

« C'est le moment ou jamais! On va taper dans le porto du captain Carrington...

— Très bonne idée », approuva Julia.

Et elle laissa les deux hommes pour faire demi-tour vers la villa. Ils s'installèrent sur des chaises en fer dans l'ombre de la tonnelle où le vent de la baie faisait par instant frissonner les feuilles.

« Vos réserves de porto semblent inépuisables, fit Jean-Marie, quand les deux hommes se furent assis.

— Pas du tout, rétorqua Thorndike. Il y a six mois, mes caves étaient à sec. Je suis allé à Hawaii pour régler quelques affaires... »

Il affecta un air contrarié, comme pour souligner la gravité des événements.

« ... Et la chance a voulu que le *Little Lily* vienne relâcher à Honolulu... Il était dans un sale état, le captain Carrington... Les épiciers de Londres, sur Portobello Road, qui comptaient sur lui pour s'approvisionner en apéritifs portugais, vont déchanter : il fêtait son dernier tour du monde!

— Il a touché ses invalides? Il part à la retraite?

413

– Carrington a beaucoup bourlingué, mais il est encore trop jeune, répondit Thorndike. C'est le *Little Lily* qui a fait son temps. Il va être remplacé par un « cracheur de fumée »... Carrington a dit qu'il ne commanderait jamais un engin pareil.

– Il est attaché à la voile », dit Jean-Marie d'un ton assuré.

Thorndike eut une moue dubitative.

« Je crois plutôt qu'il déteste le charbon. Il l'a fui quand il était enfant. Il m'a expliqué qu'il était originaire du Yorkshire et qu'il s'était engagé comme mousse pour ne plus voir les puits, les terrils et son père qui revenait blafard, du charbon sous les ongles. Il m'a offert quatre foudres pleins en l'honneur de son dernier passage, et il m'a demandé si j'avais du boulot pour lui... »

Thorndike eut un hochement de tête découragé.

« Je lui ai dit : " La voile, c'est fini pour tout le monde... " Alors il a levé son verre. Il commençait à être bien éméché... : " Au crépuscule des grands voiliers ", a-t-il prononcé. " Et au *Little Lily*... " »

Julia arriva avec une bouteille sans étiquette, remplie d'un liquide sombre, et des verres de cristal. Thorndike versa le porto puis leva son verre. Il eut un regard triste vers sa fille.

« Au *Little Lily*! Et au *Julia*... »

Julia leva son verre à son tour.

« Au *Julia*! » fit-elle d'une voix sourde.

Jean-Marie comprit tout à coup. La voix de Julia, l'abattement caché de Thorndike... Il demanda, inquiet :

« Vous voulez dire que le *Little Lily*... et le *Julia* ? »

Thorndike reposa son verre. Il se tut pour laisser Sarah installer le déjeuner, les salades dans des grands pots de terre, du fromage et du rosé de Los

Angeles d'une belle couleur limpide. Quand elle fut repartie, il se décida.

« J'aurais pu ajouter aussi : Au *Saint-Pol*! Le tremblement de terre a mis fin aux activités des chantiers Thorndike. En une minute, le mercredi 18 avril 1906, une secousse d'une formidable amplitude a eu raison de notre obstination... »

Thorndike utilisait le langage savant pour parler de l'événement, le traiter par ironie. Il ne faisait que souligner davantage sa propre détresse.

« Les travaux sur le *Saint-Pol* étaient achevés depuis une semaine. Fernando se faisait tirer l'oreille pour en prendre possession, mais il avait promis de venir avant la fin du mois... Il ne pouvait pas se défiler. Le *Julia* non plus n'était pas loin d'être terminé. Le lancement aurait même dû avoir lieu aujourd'hui... Sans le sabotage de la sous-barbe du beaupré, il serait en ce moment au mouillage sur le lac Merritt... Je me suis dit : la partie est trop inégale. La chance va à la canaille... J'ai préféré renoncer. Et pourtant nous n'étions pas loin du but. Le *Julia*, un superbe schooner de soixante-dix mètres de long, a glissé sur ses accores le 18 avril 1906 au matin et a été gravement endommagé dans sa chute. Le coût des réparations étant trop élevé, sur le *Julia* et ailleurs, William Thorndike a décidé de mettre la clef sous la porte. »

Il eut un sourire forcé.

« J'ai encore quelques terres à Hawaii... Et quelques amis. Je vais y passer mes dernières années... ou mes derniers mois.

– Papa! s'insurgea Julia.

– Je ne suis pas immortel », dit-il avec une douce quiétude.

Il regarda Jean-Marie :

« Années ou mois, j'espère bien les passer dans le calme et la paix... Les troubles se multiplient dans les îles. Certains individus n'ont pas renoncé à faire main basse sur Hawaii..., comme ils l'ont fait sur San Francisco.

– Colemane? demanda Jean-Marie.

– Colemane, oui. »

Thorndike sembla sourire intérieurement.

« Voyez-vous, il en va de moi avec Colemane comme de Carrington avec le charbon. J'ai beau me faire discret, tapi dans mon coin, me cacher au bout du monde, c'est lui qui vient me retrouver... C'est peut-être parce qu'il est comme le charbon : il a l'avenir de son côté. »

Pendant le repas, la conversation roula sur Hawaii, les îles ensoleillées, des paradis barricadés par des herses rocheuses, accessibles aux seuls initiés, des barrières de corail qui avaient déchiré plus d'un bateau et qui protégeaient les eaux vertes et transparentes des lagons, des rouleaux déferlants du Pacifique.

William Thorndike resta peu de temps à table. Il se leva sans même toucher au fromage ni aux fruits que Sarah était venue apporter sur un long plateau. Il prétexta les émotions des semaines passées et la chaleur qui montait, sournoise, dans les premiers jours du printemps. Il serra la main de Jean-Marie d'une pression affectueuse, posa un baiser sur le front de Julia, puis regagna la villa, par l'allée de graviers scintillante de soleil.

Demeurés seuls, Jean-Marie et Julia furent silencieux quelques longs instants. Julia se décida à rompre le silence.

« Vous le trouvez fatigué, n'est-ce pas? fit-elle, cherchant malgré tout un improbable démenti.

– Il a pris de l'âge... »

Jean-Marie s'était efforcé de prendre un ton rassurant.

« C'est un domaine où les souffrances et les

détresses comptent plus que les jours... », approuva-t-elle.

Jean-Marie sentait le regard chaud qu'elle lui adressait. Il s'y plongea. Il y trouva une douceur sombre, une tendresse où se mêlaient les braises brûlantes du désespoir.

« Le tremblement de terre a été un coup cruel », dit-elle.

Elle parlait d'une voix saccadée. Elle avait gardé sa peine pour elle seule. Il fallait qu'elle se confie, qu'elle vide son chagrin. Elle pouvait parler à Jean-Marie. Elle le savait un ami. Elle avait confiance.

« On était arrivé à surmonter tous les obstacles. Le sabotage du bateau...

– Vous étiez au courant? » fit Jean-Marie.

Elle haussa les épaules.

« Comment ne l'aurais-je pas été? J'entendais tout sur le chantier... Un jour, j'ai vu mon père qui parlait à un charpentier. Un vieil homme voûté, au teint pâle.

– Il s'appelait Froehling? »

Julia eut un moment d'étonnement.

« C'était son nom, effectivement... Mon père lui a dit de quitter le travail, discrètement. Il ne voulait pas prévenir la police; ça n'aurait servi à rien... En plus, certains ouvriers étaient décidés à punir eux-mêmes l'assassin. Surtout Mac Allister, un jeune Irlandais coléreux et costaud. On a tout de même retrouvé son corps, une semaine plus tard, qui flottait à l'embarcadère des ferries, entre les piliers du wharf.

– Vous n'avez jamais su qui l'a tué? » demanda Jean-Marie.

Julia eut une moue entendue.

« On s'en doutait bien un peu, quand même... Mais on n'avait pas de preuve... Pour la mort de

Victoria, ce fut différent. Des preuves, on en a eu ! »

Jean-Marie était interloqué.

« La mort de Victoria ? La belette du vieux George ? »

Julia fit « oui » de la tête.

« Sarah a dû vous raconter... Ça s'est passé l'été dernier, au mois d'août... On avait redoublé de précautions au chantier. Les ouvriers s'étaient organisés en équipes qui montaient la garde à tour de rôle. On reprenait espoir. Le *Julia* avait fière allure. Rien ne nous arrêterait... Au début du mois, William Thorndike a décidé de sauter le pas. Il a introduit les valeurs de sa société de navigation, la Pacific Ocean Transport, à la Bourse de San Francisco. C'était un jour heureux. Tout recommençait... »

Elle eut un sourire.

« ... On a tapé dans le porto du captain Carrington. Je me souviens que mon père a levé son verre en disant : " Qu'est-ce que tu dis de ça, Ezechiel ? C'est une bonne blague ! " Ezechiel Colemane n'a pas dû apprécier. Peu après, un soir, comme tous les soirs vers dix heures, George est parti avec Victoria " terroriser les terriers " alentour. Je m'en souviens encore. George la tenait dans sa musette, en bandoulière... Elle sortait son petit museau pointu, ses yeux vifs et ses grandes moustaches... Je ne l'ai jamais revue. George est rentré dans la nuit. Il a tambouriné contre la porte. Tout le monde est descendu... Il avait les vêtements déchirés et le visage en sang. Sarah a poussé des hurlements. Mon père a fait installer George dans le salon... On a fini par comprendre. Il s'était fait rosser par cinq gaillards qui furetaient dans le coin. C'était une nuit de pleine lune, il les avait bien vus. Il les reconnaîtrait. C'étaient cinq jeunes types, dont l'un paraissait le chef. Il donnait des ordres... Un jeune homme plutôt maigre, au visage anguleux. C'est lui qui a achevé de l'assommer. Quand il a été à terre, hébété, les membres douloureux et le visage ensanglanté, le jeune homme lui a arraché sa musette, en a sorti Victoria et l'a tenue à bout de bras, pincée par la peau du dos. Il a dit : " T'inquiète pas, on va seulement la caresser un peu. " C'est tout ce dont le vieux George s'est rappelé. Après, il a reçu un terrible coup de pied à la tête et il a perdu connaissance. »

Julia s'arrêta, comme pour en arriver à l'essentiel de l'histoire.

« George ne se plaignait pas de la douleur. Il s'en fichait bien... Il répétait seulement : " Pourquoi m'ont-ils pris Victoria? Qu'est-ce qu'ils vont lui faire? " On a essayé de le rassurer : " Ils ne lui feront rien! " En remontant me coucher, j'avais quand même une mauvaise intuition. »

Le lendemain vers midi, George est allé faire un tour dans les bois, en dessous de Alameda où il avait été attaqué. Il est revenu peu après. Dans ses bras, il tenait un petit corps, comme un enfant qu'il aurait bercé. Il est venu près de moi. Il avait les yeux au loin et des larmes qui coulaient le long de ses joues. Il m'a dit : " Mademoiselle Julia..., ils l'ont tuée. Ils ont tué Victoria. " Il a desserré un peu ses bras.

Elle continua, au bord des larmes :

« Victoria n'était plus qu'une petite boule de poil sanguinolente. Ils l'avaient étranglée avec du fil de fer pour les collets et ils lui avaient ouvert le ventre... Sarah a essayé de consoler le vieux George, comme elle a pu. Elle a dit : " Ce sont des petits voyous. Ils ont fait ça pour s'amuser... " William Thorndike et moi, on avait compris. C'était un message. Ça voulait dire : " On est prêt à tout. Tenez-vous-le pour dit. " »

« Depuis, George est abattu. Il n'est plus vraiment là. Il ne parle plus. Plus un mot. Jamais... Une fois seulement, il a dit quelque chose... C'était un dimanche, en fin d'après-midi. Sarah lui avait demandé de venir l'aider à éplucher des légumes, pour l'occuper un peu, le distraire. Ils étaient tous les deux dans la cuisine. Tout à coup, il s'est mis à crier : " C'est lui "! Et il est accouru dans le salon où je jouais du piano. A la main, il tenait le journal que Sarah avait déplié sur la table pour recueillir les épluchures. Je me suis arrêtée de jouer. Il a posé le journal devant moi et il m'a indiqué du doigt le jeune homme sur une photo... Thomas Lexington.

– Racaille! » laissa échapper Jean-Marie.

Julia prit un ton curieux, tout à coup, à la fois mutin et coupant.

« C'était un numéro de l'*Examiner* du début septembre... La photo avait été prise lors de la réception donnée à Clifton House pour le mariage de Samantha Colemane... avec Thomas Lexington. »

Elle vit les traits de Jean-Marie qui se fermaient et son teint qui blêmissait. Il avait la réaction qu'elle redoutait. Elle en eut de la peine.

Dans l'après-midi, ils se promenèrent dans les allées d'Ashby Ranch et dans les frondaisons qui descendaient vers la baie. Elle lui montra San Francisco, dans le lointain, et Jean-Marie ne vit qu'une étrange tache noire. A cinq heures, William Thorndike n'avait pas quitté sa chambre et le jeune homme demanda l'autorisation de prendre congé. Le *Martinez*, compte tenu des événements, avait des horaires fantasques. Elle lui proposa de passer la nuit dans la belle demeure : « Les murs sont un peu fissurés, dit-elle, mais il n'y a aucun risque... » Mais il fit « non » de la tête. Elle comprit qu'elle ne serait jamais seule avec lui..., que Samantha serait toujours entre eux.

Les alezans s'impatientaient dans les brancards du landau. Jean-Marie vit Julia qui se dirigeait vers la villa blanche d'une démarche rapide et droite. Le vieux George ne dit pas un mot. Il fit claquer son fouet d'un geste machinal et conduisit le cabriolet sur la route d'Oakland, perdu dans ses pensées, au fond de son chagrin.

Maggy, assise derrière une table ronde de marqueterie, dans le petit endroit qu'elle s'était préservé, près de l'entrée du salon de la Cage aux lions, devenue campement, alignait des chiffres sur les colonnes d'un cahier d'écolier. Elle faisait ses comptes. Elle gardait les yeux fixés sur les feuilles de papier quadrillé et parlait d'un ton vif et déterminé, où perçait une discrète jubilation.

« Evidemment, il faudrait connaître le prix du ciment... Savoir combien il faut de sacs pour faire des immeubles. Et des grands... Comme à New York, des gratte-ciel, quinze, vingt étages... Surtout aller de l'avant. Et plus de bois. Fini! On a vu le résultat, n'est-ce pas? On a illuminé la baie pendant trois jours. C'est suffisant. »

Jean-Marie approuvait de la tête. Les constructions du San Francisco de jadis, d'avant... en hêtre, en sapin d'Oregon, les belles maisons des ruelles du port, en bois ocre, étaient trop dangereuses. Des brûlots au moindre incident. Il ne fallait pas recommencer l'erreur. Courir de nouveau à la catastrophe... C'était évident. Quant à connaître le prix d'un sac de ciment...

Maggy poursuivait :

« Il faut que je sache de combien exactement je dispose.

– Vous n'en avez aucune idée? » fit Jean-Marie étonné.

Elle releva la tête et posa sur Jean-Marie un regard intense.

« Il y a deux semaines, avant l'incendie, je le savais, bien sûr. Seulement, avant..., j'avais des comptes dans deux banques, dans Market Street : la Crocker, au coin de Montgomery Street, et la banque du Nevada, un peu plus bas...

– Pourquoi deux banques? » demanda Jean-Marie.

Maggy ouvrit des yeux éberlués.

« Ben..., si jamais une d'elles avait fait faillite, c'te bonne blague! Ou si un des directeurs était parti au bout du monde avec une danseuse, sur les plages d'Acapulco, avec mon oseille... »

Elle n'en revenait pas de tant de naïveté, Maggy. Elle ajouta :

« C'est pas des raretés, des événements pareils, dans l'Ouest américain... »

Elle eut de nouveau un mouvement de tête sidéré...

« Bref, poursuivit-elle, elles ont brûlé toutes les deux... J'ai d'abord pensé que mon pognon avait dû partir en fumée, aux premières heures du sinistre. J'en avais fait mon deuil. Et puis, il y a quelques jours, j'ai entendu un de mes nouveaux locataires qui disait à un ami : " A Frisco, le fric est immortel. Tout a brûlé sauf les coffres-forts! " Je me suis dit : " Peut-être que ceux de mes banques aussi ont été épargnés. " J'ai repris espoir. »

Jean-Marie plissa les yeux, concentré sur lui-même.

« C'est vrai! Je me souviens, c'était frappant : dans les rues, au milieu des débris, dans les gravats, émergeant des monticules de cendres : des coffres-forts..., des dizaines de coffres-forts... C'était très curieux. »

Il semblait rêveur.

« ... Comme si les flammes les avaient délaissés. »

Maggy le regardait avec une attention absolue. Depuis ces jours de la mi-avril 1906, depuis le tremblement de terre et l'incendie qui avait anéanti la plus grande ville de la côte pacifique des Etats-Unis, Louisette Le Grand, dite Maggy, n'était plus la même, elle changeait de jour en jour. Elle avait abandonné ses manières de vieille lionne fatiguée et quelque peu languissante, de tenancière aisée, occupée à surveiller de très haut les rendements substantiels de son entreprise, pour celles d'une femme entreprenante et volontaire, une femme d'affaires à l'activité inlassable. Elle avait trouvé une raison de lutter. Elle sentait que ses forces seraient utiles au milieu du désastre. Une catastrophe, pour peu qu'elle ait la délicatesse de vous épargner, redonne le goût de vivre.

Porfirio entra dans le salon, sans faire de bruit, et referma la porte avec précaution. L'endroit était devenu un lieu de vie commun. Chacun devait faire attention, prendre soin d'autrui. Plus que d'habitude. Il salua Jean-Marie d'une poignée de main franche et regretta de ne pas le voir plus souvent.

« Depuis l'incendie, lui dit-il d'une voix basse, mes nouvelles occupations me laissent peu de temps.

– Que faites-vous donc? » demanda Jean-Marie avec surprise.

Porfirio haussa les épaules.

« Je nourris le désespoir, dit-il d'un ton grave.

– Porfirio s'est transformé en cuisinier, dans une soupe populaire à Portsmouth Square, intervint

Maggy avec un sourire ravi... Un remarquable marmiton, paraît-il. »

Porfirio sourit avec indulgence.

« Je ne nourris pas bien, fit-il, mais je nourris beaucoup. »

Il s'excusa d'être à nouveau obligé de s'éclipser, Queen Jane et Lolita l'attendaient, il les délaissait, ces temps-ci... Avant de partir, et comme se souvenant *in extremis*, il sortit de la poche de son veston un journal, plié dans le sens de la longueur. Il le tendit à Maggy.

« La première édition de l'*Examiner* depuis le 18 avril! Les imprimeries étaient installées à Ghirardelli... Elles sont restées intactes. Depuis hier, les rotatives fonctionnent et les crieurs sont de nouveau dans les rues. »

Maggy déplia le journal devant elle. Elle demeura silencieuse et pensive un instant et répondit machinalement aux salutations de Porfirio. Elle lut à voix haute :

« *Le président Theodore Roosevelt pleure sur San Francisco*... (Elle opina.) C'est bien la moindre des choses! »

Jean-Marie se leva et vint regarder le journal par-dessus l'épaule de Maggy... L'*Examiner*, sur toute la première page, était barré de ce titre, en caractères énormes, avec la photo du président des Etats-Unis en dessous. Maggy tourna les pages. C'était une avalanche de photos de ruines, de colonnes de fumée, et la liste des disparus, ceux qui n'avaient pas donné de nouvelles depuis le séisme... Deux pages entières, en caractères minuscules, un entassement d'adresses, de noms; la vie de milliers d'hommes et de femmes réduite dans un minimum effrayant, sous la rubrique : « Que sont-ils devenus? »

Un silence glacé s'installa. Maggy la première

laissa tomber un commentaire pour dissiper le malaise qui régnait dans la pièce :

« Ils ne sont pas tous morts... Certains ne sont pas revenus. C'est tout. Ils sont encore dans les camps de réfugiés, à Sausalito ou ailleurs... »

Elle regarda Jean-Marie.

« ... Et puis les prisonniers, les centaines de types qui étaient dans les geôles de la ville et qui ont profité de l'incendie pour prendre la clef des champs, ils n'ont pas fini d'être portés disparus, d'après moi. »

Elle tourna la page machinalement et Jean-Marie acquiesça. Son regard, tout à coup, se porta sur un titre d'article, au haut d'une page, sur trois colonnes : *M. et Mme Lexington rendent visite aux sinistrés...* En dessous, en caractères plus minces et sur quatre lignes, le journaliste avait résumé l'essentiel. *M. Lexington, directeur général de la Colemane California Incorporated, et sa femme Samantha sont venus apporter le réconfort aux sans-abri de notre ville. Thomas Lexington a réaffirmé sa détermination de venir en aide aux malheureux. Sa femme Samantha, de son côté, a annoncé qu'elle mettrait en place un comité destiné à distribuer des subsides aux milliers de San-Franciscains éprouvés par la catastrophe...* En bas de l'article, sur une photo au grain voilé, Lexington, mince et élégant, se penchait vers un homme à l'épaisse moustache qui semblait l'écouter avec attention et Samantha, dans une robe aux manches bouffantes et serrée à la taille par une large ceinture de tissu, rayonnait d'un sourire éclatant. Maggy perçut le trouble de Jean-Marie.

« L'immeuble de la Colemane, le gigantesque building qu'ils avaient fait construire il y a un an, à Nob Hill, n'a pas été touché... »

Elle conclut d'un ton découragé.

« Les tremblements de terre sont cruels. Et idiots... »

Elle tourna encore la page, arriva à la dernière et referma le journal. Elle paraissait figée, dans ce qu'elle venait de voir, silencieuse devant la douleur qui s'étalait dans les colonnes de l'*Examiner*. Tout à coup, elle sembla revenir à elle et laissa échapper une exclamation.

« Tiens... Ça alors! »

Elle indiqua à Jean-Marie un petit entrefilet, au bas de la dernière page... Elle lut à haute voix, en prenant son temps.

« Mort de William Sullivan... *William Sullivan, une des personnalités les plus marquantes de San Francisco, est décédé hier matin, à l'hôpital installé par la Croix-Rouge américaine au sud de notre ville. Grièvement brûlé pendant l'incendie, il n'a pas survécu à ses blessures. Armateur à la pêche à la baleine depuis près de quarante ans, « Bill » Sullivan avait beaucoup contribué à l'épanouissement économique de notre cité. Outre ses amis, nombreux à San Francisco, c'est l'ensemble de la communauté des gens de mer qui se trouve frappé par sa disparition...* Tout de même, soupira Maggy, ils sont gonflés à l'*Examiner*! »

Elle prit un temps, une idée qui lui venait :

« ... C'est un coup de Ted Kelly, dit-elle. Il a toujours eu le goût des provocations facétieuses... »

Elle redevint grave.

« Après tout, la mort de Shangaï Bill, c'est peut-être la fin des shangaïeurs... Le tremblement de terre aura été moins stupide que je ne le pensais. »

Jean-Marie fit « non » de la tête :

« La relève est assurée, et depuis longtemps... Thomas Lexington a déjà remplacé Sullivan. »

Il eut un sourire. Il dit, pour lui-même :
« Pardon! " O'... Sullivan! " »

Jour après jour, la population du grand port se remit au travail. Dans les campements, sous les centaines de tentes installées au flanc de la colline, au milieu des ruines, la vie s'organisait. Les secours arrivaient du monde entier. Les sauveteurs bénévoles accouraient de tous les Etats-Unis, des bateaux remplis de couvertures, de vêtements et de vivres venaient accoster contre les wharfs. Les habitants s'étaient mis à reconstruire leur ville, avec détermination et enthousiasme. Bientôt, les ruines furent déblayées. Les fiacres et les automobiles circulèrent de nouveau dans les rues, dévalant des hauteurs de Nob Hill jusqu'à l'activité des pontons, sillonnant Columbus sur plusieurs files. Çà et là, les équipes de maçons étaient déjà à l'ouvrage. *San Francisco renaît de ses cendres*, titra un jour l'*Examiner*, et Maggy reconnut dans cette formule la marque de l'esprit cultivé de Ted Kelly.

L'*Examiner* devait apporter une joie nouvelle et supplémentaire à la propriétaire de la Cage aux lions. Début mai, à la page *Ils sont les figures de notre ville*, rubrique quotidienne qui rendait hommage « aux hommes et aux femmes héroïques pendant l'incendie », Maggy resta en arrêt devant un article, développé sur trois colonnes. Sous le titre *Gloire aux employés de banque*, le journaliste racontait comment de simples salariés, travaillant dans trois établissements différents, les banques d'Italie, du Nevada et Crocker, avaient « sauvé une partie des richesses de San Francisco ». Au moment où le feu s'était déclaré, ils avaient descendu dans les coffres du sous-sol, inaccessibles aux flammes, non seulement les liquidités de caisse de la semaine, mais aussi les fichiers des clients et tous les documents comptables. Le maire – Mayor Schmidt – dont la rumeur commençait à circuler dans les camps de réfugiés qu'il barbotait, et de bon cœur, dans les fonds de secours venus du monde entier, avait tenu à féliciter ces employés d'élite. « Votre sang-froid a permis de préserver l'avenir, avait-il dit... Honneur à ceux qui veillent sur l'argent des citoyens de cette ville. » La phrase avait provoqué quelques sourires discrets et l'instant avait été fixé par les photographes du journal. Maggy demeura quelques instants, un sourire béat, le journal sous les yeux, à contempler la dizaine de messieurs stricts, aux larges moustaches austères, le chapeau melon réglementaire, le col empesé et le costume rigoureux, qui entouraient un Mayor Schmidt, jovial et rondouillard. Petit à petit son sourire s'élargit. Elle prit le cahier d'écolier qu'elle laissait en permanence sur la table, l'ouvrit et griffonna quelques chiffres. Elle releva la tête, avec un air satisfait, et avisa Jefferson qui aidait une de « ces dames » à déplacer un lit, dans le salon.

« Vous n'avez pas vu M. Quéïnec? » lui demanda-t-elle d'un ton empressé.

Jefferson fit « non » de la tête. Maggy baissa de nouveau les yeux puis se remettant à écrire sur son cahier, elle dit, sans lever les yeux :

« Vous lui direz que je souhaite le voir... d'urgence! »

Jean-Marie revint en fin d'après-midi à la Cage aux lions. Il avait passé la journée dans Columbus Avenue à aider les Stehler, père et fils, à déblayer les ruines de leur maison. Un travail épuisant : il avait fallu débarrasser l'endroit de tous les débris calcinés, les poutres carbonisées, les gravats de toute sorte; faire place nette pour reconstruire autre chose.

« On va faire une maison gaie, avait affirmé Loumis. La plus souriante de tout San Francisco. Des murs blancs et une grande baie vitrée, sur le nord...

– Tu veux pas t'en faire un atelier d'artiste, des fois? avait demandé son père, l'air sérieux. J'irai dormir sur un lit de camp dans mon arrière-boutique! »

Il ironisait pour la forme. Loumis était là. C'était la seule chose importante. Le reste, il s'en moquait bien. Il dormirait où on voulait.

Maggy avait préparé des coupes et une bouteille de champagne de Los Angeles. « Coteaux San Gabriel. » La cuvée des très grands jours. Elle souriait et ses yeux verts brillaient de plaisir.

« Avez-vous lu l'*Examiner*? » demanda-t-elle, à peine Quéïnec fut-il entré dans le salon.

Jean-Marie balbutia un « oui » étonné.

« Vous n'avez rien remarqué? » enchaîna-t-elle sur le même mode enjoué.

Le jeune homme alla s'asseoir, harassé, dans un fauteuil profond. Il chercha ce que voulait dire Maggy et cette activité mentale sembla ajouter à sa fatigue. Il finit par lâcher, les sourcils froncés :

« Loumis m'a dit... Le *City of Burlingame* a été annoncé à Telegraph Hill...

– Laissez le *City of Burlingame* où il est, fit Maggy d'un ton rapide... et le captain Rodrigo à sa graisse de baleine. »

Elle prit son temps.

« Les coffres de mes deux banques de San Francisco sont sortis indemnes du désastre. Je sais désormais de combien je dispose... exactement. »

Elle attendit un instant pour retarder son effet.

« ... Quatre cent mille dollars! »

Jean-Marie la regarda, abasourdi.

« Dites donc, Maggy, dit-il, sidéré. Les affaires ont bien marché!

– Trente ans de boulot, reprit-elle... Un travail inlassable, une attention de tous les jours : voilà la recette... »

Elle fit un geste de la tête comme pour préciser qu'elle entendait laisser ce sujet de côté et parler de l'essentiel.

« Bref... Nous allons pouvoir participer à la reconstruction de la ville... Quand je suis arrivée, il y a plus de trente ans, j'ai été bien accueillie. On m'a laissée m'installer, vivre en paix, me sentir chez moi. Il y a des choses qu'il ne faut pas oublier... C'est à mon tour de me souvenir. Cette ville a souffert. Nous allons l'aider, à notre façon, à panser ses blessures.

– Nous... allons l'aider? fit-il intrigué.

– Je compte beaucoup sur vous, monsieur Quéïnec, confirma Maggy avec un regard chaleureux. Nous allons créer une société de construction. Maisons, chantiers de toute sorte, travaux publics en tous genres, électricité – tout San Francisco dans l'avenir connaîtra les petites ampoules lumineuses – plomberie, tramways... L'affaire sera importante. Gigantesque même... Les besoins sont immenses! »

Elle devenait méconnaissable, Maggy. La passion reconstructrice s'emparait d'elle. L'énergie qu'elle n'avait pas trouvé à dépenser depuis des années explosait tout à coup. Elle s'arrêta un instant.

« ... Seulement, la taille de l'opération est au-dessus de mes forces, reprit-elle d'une voix plus calme. De mes seules forces. J'ai besoin d'un collaborateur, un homme sûr, dévoué, efficace et actif. »

Jean-Marie l'observait, méfiant.

« Pourquoi ne pas demander à Porfirio? dit-il.

– Porfirio est un être délicieux, répondit-elle. Il me dira « oui », mais il faut que je demande leur avis à Queen Jane et Lolita. Et avec elles, la réponse sera non ! »

Le jeune homme se leva de son fauteuil. Il se mit à marcher dans la partie de la grande pièce qui n'était pas envahie par les lits. Il finit par se retourner vers Maggy.

« Maggy, vous êtes merveilleuse d'avoir pensé à moi... »

Il eut un geste désemparé.

« ... Je ne peux pas accepter. Je ne peux pas. »

Maggy s'assombrit tout à coup. Elle dit d'une voix à peine audible :

« Que voulez-vous dire, Jean-Marie ? »

Il parut hésiter.

« J'ai un métier, expliqua-t-il, un métier que j'aime et qui n'est pas celui-là... »

Elle le regardait, abasourdie. Il continua.

« Depuis que je suis enfant, depuis toujours, je pense à la mer, aux bateaux, à la voile. »

Il parut s'excuser.

« ... C'est ma vie. Je ne peux rien faire d'autre ! »

Maggy attendit quelques instants. Elle reprenait confiance. Elle dit, d'un ton net :

« Vous pouvez faire autre chose. »

Il fit « non » de la tête.

« Il faudra pourtant bien que vous fassiez autre chose... », dit-elle avec lenteur.

Jean-Marie se tourna vers elle, une interrogation inquiète dans le regard.

« Vous semblez oublier que vous avez abandonné votre bâtiment pendant quinze mois. Vous êtes un déserteur...

– J'ai été shangaïé ! protesta-t-il, étonné.

– C'est exactement pareil. Les shangaïés sont des

431

déserteurs, vous ne pouvez l'ignorer. Et la loi se doit de lutter contre les kidnappés volontaires. »

Elle le regarda droit dans les yeux.

« Vous pouvez retourner en France, si le cœur vous en dit... J'ai quelques raisons de croire que vous ne trouverez pas d'embarquement. Votre nom est en rouge à l'inspection maritime... »

Il s'assit, malgré lui, dans le fauteuil qu'il venait de quitter. Il la regardait, éberlué.

« Le *Saint-Pol* n'était pas un navire à la mer... J'étais le seul officier. Personne ne pouvait informer l'inspection maritime...

— Luiz Fernando s'en est chargé..., fit-elle avec douceur, triste d'avoir à annoncer la vérité. Un matelot de passage m'a dit un jour : " Quéïnec a choisi de faire du trafic avec l'Asie. C'est son affaire... J'espère qu'il gagnera des sous avec les Chinois, parce qu'avec les armateurs français c'est terminé. " »

Jean-Marie avait l'impression que tout chancelait autour de lui. A la souffrance de son embarquement forcé sur le *City of Burlingame*, à ces mois passés dans le froid sombre du poste, à harponner des monstres sur les mers glacées, venait s'ajouter l'infamie. Sa carrière était brisée. Il était radié des registres de l'inspection maritime. Radié du « commerce ». Il ne pourrait plus retourner en France, il resterait à San Francisco. Et peu à peu à l'abattement et à la détresse se mêlait un autre sentiment, une volonté sourde et violente, une force incontrôlée qui lui devenait familière : il tuerait Thomas Lexington.

CHAPITRE XXI

LE Comité californien des femmes pour l'aide aux sinistrés tenait ses réunions chaque vendredi après-midi, entre cinq et sept heures, dans l'immense salle à manger aux dalles de marbre et aux statues d'inspiration antique de Clifton House. Samantha Lexington, née Colemane, ayant cédé aux pressions affectueuses de l'ensemble des membres fondateurs, en était devenue présidente. Elle avait décidé que les réunions se passeraient chez elle. Ce qui lui évitait d'avoir à se déplacer... Personne n'y avait trouvé à redire. On ne refusait rien à Samantha Lexington-Colemane.

D'ailleurs, l'endroit était fort agréable, d'un confort à l'élégance peut-être un peu froide, mais intacte. En ces jours de mai 1906, un mois après la dévastation de San Francisco, alors que des milliers d'habitants vivaient encore sous des tentes installées par l'armée, ce point avait son importance, le choix de Clifton House ne se discutait pas.

Le dévouement de Samantha également était sans discussion. L'*Examiner* ne manquait pas une occasion de vanter ses mérites, son désintéressement, sa charité inlassable. Entrefilets et encarts se succédaient, tous plus élogieux et reconnaissants les uns que les autres... Mais Samantha était étrangère à cette agitation. Tout se passait en dehors d'elle, et c'est à peine si elle parcourait, quand on les lui montrait, les articles flatteurs des grands quotidiens de San Francisco...

C'est que la vérité était tout autre. Le Comité californien des femmes pour l'aide aux sinistrés était devenu un objet d'exécration pour Samantha et les réunions du vendredi une corvée qu'elle réduisait à sa plus stricte formalité. Ce n'était pas elle qui avait voulu de cette association bienfaitrice. C'était son mari.

« Tu vas t'occuper de ces paumés... », avait-il dit, retrouvant son ton méprisant.

Elle l'avait regardé et avait laissé tomber, stupéfaite :

« Il n'en est pas question! »

Il avait durci le regard et la voix.

« Tous ces loqueteux seront des électeurs... Il faut que tu apprennes ton rôle de femme de sénateur. Et, pour commencer, de femme de futur candidat. »

Elle avait balbutié, irritée :

« Je ne vois pas ce que je pourrais faire...

— Créer un comité, c'est pas compliqué, une association, une amicale de charité, avait-il expliqué, coupant. On distribue quelques centaines de dollars et le tour est joué... C'est pas sorcier! »

Du dégoût qui lui venait devant tant de niaiserie. Il ne s'en cachait pas.

« Je veux qu'on parle de toi... Et surtout de Mme Lexington. »

Il fallait soulager les malheurs des San-Franciscains ruinés par la catastrophe. Thomas avait exprimé un ordre. Clairement. Samantha avait obéi.

Elle avait obéi ce jour-là, comme elle obéissait

tous les jours, depuis septembre 1905, depuis son mariage avec Lexington. Ce mariage, elle l'avait voulu, depuis des années. Depuis qu'elle avait croisé dans les jardins de Clifton House un jeune homme blond, le visage mince et les yeux bleus traversés d'un éclat dur, elle se souvenait d'avoir souhaité cette union. Au début, comme un désir, une fascination. Ce Thomas était différent des autres garçons. Ses allures, sa façon de s'habiller un peu voyante, un luxe clinquant qui s'exprimait dans des bagues tapageuses et des gilets de soie verte. Tout ce qui, pour une autre femme, aurait été considéré comme une faute de goût avait troublé Samantha. Il avait de l'argent sans être un homme du monde. Elle en avait déduit, inconsciemment et avec justesse, que c'était un voyou, qu'il retirait son argent d'un commerce obscur, d'esclaves ou de femmes, et cette activité, qu'elle devinait au plus profond de sa chair, avait fait naître en elle un désir trouble. Elle avait demandé à son père que le jeune homme vienne plus souvent dans la grande demeure de Nob Hill... Et il était venu. Elle ne s'était pas méfiée de ses curieux émois.

Thomas Lexington avait compris en un instant l'avantage qu'il retirerait de la situation. Samantha représentait le chemin le plus sûr et le plus court pour s'assurer de la succession d'Ezechiel Colemane. La route de la fortune passait par le mariage et ce serait Samantha qui le demanderait. Il manœuvra avec lucidité, soufflant alternativement la passion et le désintérêt, parlant d'avenir au cours d'une promenade dans les allées ombragées du jardin ou disparaissant pendant plusieurs semaines, laissant Samantha se consumer d'imagination. De mois en mois, il augmenta son emprise sur l'esprit de la belle héritière de Nob Hill. Il jouait à volonté de ses joies et de ses peines, devenait sa seule pensée et sa seule préoccupation, disposait d'elle sans aucun partage. Au bout d'un an, comme il l'avait prévu, c'est elle qui demanda le mariage et Ezechiel Colemane s'inclina devant le choix de sa fille. Et puis ce Thomas Lexington n'était pas pour lui déplaire. C'était un collaborateur précis, efficace et inventif. Bill Sullivan se faisait vieux et Lexington le supplantait souvent dans l'art de constituer les équipages. Il méritait d'entrer dans la famille.

Après les fiançailles, cérémonie brillante et intime, Samantha pensa qu'elle connaîtrait l'apaisement, qu'elle avait acheté la sagesse et la conduite de Thomas Lexington. Elle ne fut pas longue à constater son erreur. Le lendemain de ce jour, Thomas Lexington demeura deux semaines sans monter une seule fois dans la belle demeure des hauteurs de San Francisco. Samantha n'ignorait pas qu'il n'avait pas quitté la ville : Ezechiel parlait des activités de son futur gendre pendant les repas, de son ton bourru habituel, mais avec un discret sourire de contentement au coin des lèvres. Chaque jour, elle se faisait belle, étincelante, dans l'espoir qu'il passerait dans l'après-midi et, le soir venu, elle se déshabillait seule dans sa grande chambre de velours et de broderies, enlevait les robes qu'elle avait fait faire dans Market Street et se laissait aller pendant des heures à des crises de larmes où la colère se mêlait au désespoir. Un jour, son amie Magdalena lui parla, avec douceur, en lui passant la main sous le bras dans les frondaisons de Clifton House.

« Tu te mets dans de drôles d'états, Samantha, lui avait-elle dit. Es-tu bien sûre que cela en vaille la peine ?

— Thomas est mon fiancé, tu parais l'oublier, avait-elle riposté, nerveuse. Je m'inquiète de ses absences. C'est bien naturel. »

Magdalena tenait à mettre les choses au point. Si Samantha devait être la risée de San Francisco, au moins qu'elle soit au courant. Elle reprit donc, sans perdre son sang-froid :

« M. Lexington ne mérite pas que tu t'inquiètes pour lui... »

Elle sentit Samantha tressaillir sous les propos.

« ... Depuis quelque temps on le dit très assidu auprès de Tessie Hall... »

Samantha se retourna, blême. Son teint, devenu tout à coup livide, faisait ressortir l'éclat de ses yeux clairs et de sa chevelure rousse. Une lionne blessée. Elle dit, dans un souffle :

« Comment es-tu renseignée ?

— Fred est un habitué de la Comtesse, dans Portsmouth Square », expliqua Magdalena avec calme.

Elle haussa les épaules et dit d'une voix plus basse :

« Il se conduit comme un collégien. Fred y va deux fois par semaine. Chaque fois, il tombe sur Thomas. Ils se saluent poliment : ils se sont rencontrés à tes fiançailles. Dans les premiers temps, Fred était gêné... Mais devant la décontraction de Thomas, il a fini par s'y faire.

— Il est l'amant de Tessie Hall ? demanda Samantha affolée.

— L'amant de Tessie Hall ? »

Magdalena la regarda stupéfaite.

« ... L'amant de tout l'établissement, tu veux dire ! De celles qui veulent bien, précisa-t-elle après un moment. Celles qui supportent les facéties un peu... cinglantes de Thomas Lexington. »

Samantha eut l'impression que tout, autour d'elle, en elle, se déchirait. Le monde, son monde, d'un seul coup basculait. Elle regarda Magdalena, implorante, comme naufragée, en disant :

« Mais que faire, Magdalena, que faire maintenant? Que faire d'autre? »

Elle se mit à sangloter, secouant la tête pour souligner son immense impuissance, sa lassitude à comprendre, à vouloir, à reprendre.

« Tu vas commencer par rompre tes fiançailles », répondit Magdalena d'une voix déterminée.

Samantha était perdue dans son chagrin, repliée dans sa blessure. Magdalena prenait les rênes.

« Personne n'y trouvera à redire... Même pas Ezechiel. M. Lexington est fait pour les ruelles du port, les bouges à matelots et les dames de Portsmouth Square. Pas pour toi... »

Samantha, encore sur l'émotion, demeurait figée et silencieuse.

« L'avenir te réserve de beaux garçons qui feront de bons maris. Ne t'en fais pas. Tu auras vite fait de l'oublier. »

Elle ne l'oublia pas. Le lendemain, le médecin de la famille fut appelé d'urgence à Clifton House : Mlle Samantha était très mal. Elle était prise d'étouffements, les poumons écrasés, le front brûlant... Il diagnostiqua une crise d'asthme et prescrivit des sinapismes à base d'ampoules camphrées tous les matins et un verre de bourbon, à cinq heures, à l'heure du thé.

Thomas Lexington vint la voir quelques jours plus tard. En descendant dans l'immense salle à manger pour le recevoir, emmitouflée dans une robe de chambre de grosse laine, elle sentit que l'oppression dans la poitrine se levait peu à peu... Thomas Lexington s'empressa auprès d'elle, lui demanda des nouvelles de sa santé. Elle le trouva d'une élégance plus stricte qu'à l'accoutumée et ne put s'empêcher d'être attendrie par ses attentions. Il promit de ne plus jamais rester si longtemps sans donner de nouvelles et il lui baisa le front. En remontant dans sa chambre, elle sentit que ses forces revenaient et que le poids sur sa poitrine s'était, cette fois, bel et bien évanoui.

Thomas Lexington ne tint pas ses promesses. Il ne tarda pas à disparaître de nouveau, à fuguer des semaines entières du côté de Portsmouth Square. Samantha connaissait alors des moments de désespoir, décidée à ne plus jamais le revoir, à rompre ses fiançailles, et elle capitulait dès qu'il venait la voir, dès qu'il retrouvait le chemin de Clifton House. Peu à peu, tout de même, elle essaya de contre-attaquer. Elle décida d'utiliser ce qu'elle considérait comme des représailles extrêmes; à chaque disparition de Lexington, elle s'efforçait de prendre un amant. Elle était belle et n'avait aucune difficulté à mettre en pratique ce qu'elle croyait être une vengeance. Les hommes choisis restaient ébahis d'avoir séduit la belle Samantha. Le premier sur la liste avait été un lieutenant français. Elle s'en souvenait très bien. Un beau garçon, aux yeux d'un bleu très pâle, du nom de Jean-Marie Quéïnec. Depuis, elle avait eu l'occasion de renouveler l'expérience avec toujours autant d'insatisfaction. Thomas Lexington demeurait indifférent. Elle avait fini par constater que c'était encore le verre de bourbon qu'elle prenait à cinq heures de l'après-midi, en dehors des crises d'asthme, qui lui donnait le meilleur apaisement.

Ezechiel Colemane ne remarqua pas le manège des deux jeunes gens, la façon étrange qu'ils avaient de vivre leurs fiançailles. Son esprit était occupé ailleurs. Au bout de deux ans, profitant d'un repas pris en compagnie de Thomas et de Samantha, il laissa échapper :

« Deux ans de fiançailles, c'est largement suffisant... Je vous laisse le soin de choisir la date du mariage. Avant le mois d'octobre. 1905, évidemment. »

Lexington fit simplement :

« Oui... Il ne faut plus tarder. »

Et Samantha, folle de joie, se jeta dans ses bras. Elle pensait qu'une fois marié Thomas lui serait pour toujours attaché... Elle réalisa le lendemain du mariage que ses espoirs ne seraient pas récompensés. Son mari, passé les sourires et les empressements du jour nuptial, des lueurs de la gigantesque réception dé Clifton House, redevint distant et silencieux. Son visage se creusa en une moue de mépris, sa bouche se marqua plus profondément d'un rictus de dégoût. Une semaine après, il faisait une nouvelle escapade...

Ezechiel Colemane n'avait pas souhaité sans raison abréger les fiançailles, par simple respect des convenances. Il avait senti, dans son corps, d'une façon diffuse, que le temps était venu de mettre de l'ordre dans ses affaires. Malgré son teint rubicond et quelque peu cramoisi, malgré sa silhouette rondouillarde, il commençait à ressentir les prémices de la maladie, les premiers assauts de douleur, des vagues rapides et fulgurantes, suivies de longues crises d'une fatigue infinie. Il n'en avait parlé à personne. Il avait gardé le silence. Il voulait se retirer du monde, sans bruit, être en communion, tout seul, avec son mal. Pendant les fiançailles, dès le mois de juin 1905, il avait fait venir Lexington dans son immense bureau, dans l'immeuble de la compagnie, et en avait fait son premier collaborateur, l'exécuteur des tâches confidentielles. Il avait dit simplement au jeune homme, après lui avoir offert un cigare et l'avoir rapidement félicité sur la discrète élégance de son costume crème et de ses guêtres blanches : « Je vais mourir. Dans un an, au plus tard, je serai parti. Je vous ai choisi comme successeur. Ma fille Samantha vous est très attachée et vous êtes son fiancé. Vous l'épouserez... Je tiens à ce que mes affaires restent dans la famille. Je vous sais capable de mener la barque avec fermeté. » Alors, très vite, Thomas Lexington avait été associé à toutes les destinées de la Colemane California. Le 20 septembre 1905, le jour de son mariage avec Samantha, il était déjà au sommet et Ted Kelly, qui avait lui-même rédigé l'article sur l'événement en première page de l'*Examiner*, avait pu préciser que l'heureux époux était *une figure importante de la ville, puisque directeur général de la Société Colemane Incorporated.*

Depuis ce jour, le contrôle de Lexington sur les affaires de son beau-père n'avait cessé de progresser, de même que n'avait cessé de gagner du terrain la maladie d'Ezechiel. Le vieux loup solitaire de Nob Hill vivait désormais dans sa grande chambre retirée, exilé au deuxième étage de son palais de Clifton House, se levant de temps en temps pour prendre un repas du bout des lèvres, laisser les domestiques lui refaire son lit et s'asseoir près de la fenêtre pour regarder, en fin de journée, la brume bleutée qui remontait du port par-dessus les peupliers du jardin.

Au soir de ce vendredi de la fin mai 1906, en entrant dans la salle à manger de Clifton House où les dames du Comité l'attendaient au grand complet, Samantha Lexington ne pouvait s'empêcher de ressentir au fond d'elle-même le poids d'une solitude infinie, une détresse qui lui semblait pénétrer jusqu'au plus profond des os. A la fin du déjeuner, l'infirmière qui s'occupait de son père et lui administrait des doses de morphine deux fois par jour était venue la trouver. C'était une jeune fille blonde

441

et sèche, rigoureuse dans sa tenue blanche impeccable. Elle s'exprimait en phrases brèves.

« Votre père veut vous voir, madame... », lâcha-t-elle sans plus de commentaire.

Samantha avait compris que l'état d'Ezechiel avait empiré.

« Très bien », avait-elle dit, elle s'était levée de table et, avant de suivre la jeune fille, s'était servi un demi-verre de bourbon qu'elle avait bu d'un trait.

Revenue dans la grande salle à manger du rez-de-chaussée, devant les dames sévères de la bonne société san-franciscaine qui l'attendaient pour commencer la réunion du Comité, elle se sentait détruite, bouleversée, au bout de la lassitude. Elle avait vu son père qui entrait dans les tourments de l'agonie, qui délirait, les yeux révulsés par la douleur, les mains crispées, accrochées au drap, s'agrippant une dernière fois à la vie. Il ne restait déjà plus rien du gros homme sanguin qui avait pendant trente ans illuminé de ses fêtes la colline de San Francisco, qui avait régné sur la baie et inquiété les marins; rien qu'un être replié dans sa maigreur, le regard immense et le corps tout entier secoué de convulsions brusques.

Loumis reconnut l'homme jeune, devant lui, vêtu d'un costume clair et coiffé d'un panama, qui surveillait le déchargement d'un quatre-mâts, dans la cohue bruyante du wharf de Cle Street. Il ne pouvait pas se tromper : la taille imposante et les épaules solides...

« Jean-Marie! » s'écria-t-il.

Jean-Marie se retourna. Il avait le visage reposé, une figure rendue plus ronde par des cheveux courts et un regard qui avait retrouvé une gaieté discrète. Les deux hommes se serrèrent la main.

« Tu pourrais venir me voir de temps en temps, reprocha gentiment Loumis.

– Il en arrive deux par jour en ce moment, fit Jean-Marie, en indiquant le grand voilier amarré au ponton... Sans compter les Italiens qui débarquent par milliers et qu'il faut recruter à peine descendus du train. J'ai pas beaucoup de temps, Loumis... »

Les deux hommes marchèrent le long du port, dans la foule qui se pressait vers le voilier amarré et les ferries qui déchiraient le brouhaha de jets de vapeur aigus.

« Les affaires vont bien, Jean-Marie?...

– On commence... Pour l'instant, on dépense de l'argent, ou, plutôt, Maggy dépense de l'argent! »

Loumis sourit.

« Vous n'allez pas tarder à toucher le gros lot. On dit, d'ailleurs, dans toute la ville, que la Maggy Public Works, votre société de construction, est en train de rafler tous les marchés... Vous allez reloger tout San Francisco, paraît-il; vous allez bétonner la colline.

– Qui dit ça? fit Jean-Marie l'air sceptique et avec un discret sourire de contentement.

– Les bruits de la ville, répondit Loumis, la rumeur qui court, ici même, sur le port, dans les camps de sinistrés... la *vox populi*. Des ouvriers que mon père avait engagés pour aider à construire notre maison et son magasin nous ont quittés pour aller travailler à la Maggy's... Question de salaire et d'avenir... J'ai été obligé de prendre moi-même la truelle. Je commence à me défendre. Tu vas pouvoir m'embaucher dans peu de temps! »

Les deux hommes se regardèrent. Ils souriaient du plaisir d'être ensemble sur le ponton de Frisco. Le *City of Burlingame* était loin. Ils s'en étaient sortis : l'enfer n'avait pas duré l'éternité... Loumis regarda Jean-Marie avec un air entendu.

« Julia Thorndike, également, connaît " la méritante progression de ta société ", a-t-elle dit. »

Il vit l'étonnement de Jean-Marie Quéïnec, le sourire qui se figeait, comme si la tristesse, les épreuves qu'affrontait Julia venaient assombrir son bonheur.

« J'ai vu Julia Thorndike, hier, au club de l'université Stanford.

« Devant les ruines du club plutôt, dans Bush Street. Le président avait convoqué les professeurs et les élèves par une annonce dans le journal. On s'est tous retrouvés près des décombres, au moins cinq cents, à considérer l'ampleur de la destruction... A quelques mètres de moi, dans la foule, un groupe s'était formé autour du doyen, le vieux Mac Gregor. Je me suis approché. J'ai été attiré par une jeune fille à la silhouette mince et aux cheveux noirs et soyeux qui retombaient sur ses épaules. J'ai reconnu sa voix... " Il faut se cotiser pour reconstruire les bâtiments, disait-elle. Il y a une société de construction sérieuse qui vient de se créer : la Maggy P.W. Il faudrait lui confier les chantiers... " Elle avait l'air très convaincue. Elle a senti quelqu'un qui la regardait et elle s'est retournée. Alors elle m'a reconnu. Elle m'a dit : " Dis donc, Loumis, t'as l'air moins gringalet!... Qu'est-ce qui t'est arrivé? " Je lui ai expliqué, en la raccompagnant au ferry de Market Street. Je ne lui ai rien épargné : mon voyage touristique au Grand Nord, Rodrigo, Burt et Saint-Esprit... et toi aussi. Avant de passer la passerelle du *Martinez*, elle m'a dit : " Je savais que tu avais du talent, Loumis, pas du courage... " Elle avait l'air contente. »

Il jeta à Jean-Marie un regard complice.

« J'ai eu l'impression qu'elle était surtout fière de toi... Elle m'a demandé plusieurs fois des précisions sur ton comportement. Chaque fois elle a écouté mes récits avec ravissement. Elle avait une sorte de joie intérieure qui réchauffait ses yeux noirs... Et puis elle est devenue triste, d'un seul coup... Elle est droite et absolue. Elle vit sans calculer. Elle ne compte rien, ni ses forces ni ses sentiments. Dans le fond, elle est fragile à force de générosité. Il n'y a que les avares qu'on ne peut pas ruiner. »

Jean-Marie comprit que le petit discours que Loumis venait de prononcer d'un ton léger lui était adressé; une invitation discrète et déguisée. Il en ressentit une vive irritation, mais n'en laissa rien paraître. Loumis se méprenait, mais à quoi bon le lui expliquer?... Il n'avait jamais trompé Julia, jamais abusé de sa « générosité », il n'avait escroqué personne. Il en avait aimé une autre. C'est tout. Il avait vécu sa relation avec Samantha comme une fatalité incontournable. Une damnation. Combien eût-il préféré tomber amoureux de Julia, mais il n'avait pas choisi. Il avait subi, comme on accepte un coup du destin, il redoutait le jour où ce destin choisirait de le mettre de nouveau face à Samantha.

Ce jour arriva peu après sa rencontre avec Loumis, dans les derniers jours du mois de mai. Un jeune garçon vint sonner au siège social de la société Maggy Public Works, le petit immeuble que Maggy avait acheté dans Russian Hill, un an auparavant, pour installer son nouvel appartement, pour se retirer peu à peu des affaires. Compte tenu des événements, l'appartement avait été transformé en cabinet d'architecte, le rez-de-chaussée réservé à la salle de dessin et le premier étage consacré aux services administratifs. Jean-Marie y avait son bureau. C'était une petite pièce, claire et confortable, meublée de sièges de cuir et d'une grande table de bois verni où les dossiers commençaient à s'accumuler. Le jeune garçon grimpa l'escalier quatre à quatre et remit le message à Jean-Marie. *Le Comité des femmes pour l'aide aux sinistrés souhaite rencontrer le directeur de la Maggy P.W.*, y était-il précisé d'une écriture nerveuse, *lors de sa réunion de vendredi*. Le papier portait un en-tête d'une élégance dépouillée : Samantha Lexington.

Passé l'immense portail de Clifton House, Jean-Marie Quéïnec, vêtu du costume clair d'étoffe légère et du panama blanc alors à la mode, s'efforçait à une démarche rapide et détachée. A la lecture de la convocation à Clifton House, il avait ressenti une violente contrariété, une douleur, comme si le sort s'était acharné sur lui pour lui faire rencontrer Samantha, le ramener à sa vieille blessure. Et puis très vite, malgré lui, le sentiment de fatalité et de malchance avait laissé place dans son esprit, en un cheminement curieux, à une déduction folle, une idée saugrenue qui pourtant lui était apparue avec une force lumineuse : c'était Samantha elle-même qui avait cherché à le revoir. Elle avait trouvé ce moyen astucieux : la nécessité professionnelle, pour le retrouver tout en ménageant les convenances et sa fierté. Faire porter au hasard la responsabilité de la rencontre. Il avait fini par se convaincre que, si elle avait cherché à le faire venir à Clifton House, c'était parce qu'elle était amoureuse.

Il vit la surprise sur le visage de Samantha dès qu'il entra dans la salle à manger de Clifton House; un étonnement total qui stoppa la jeune femme, la bouche entrouverte, une lueur de stupéfaction dans son regard vert.

« Veuillez vous asseoir », dit-elle, d'une voix blanche et hésitante.

Et Jean-Marie sentit la morsure d'une déception immense qui tout à coup lui ravageait le cœur. Tout son être était anéanti dans un bouleversement absolu. Samantha Lexington n'avait rien manigancé et rien arrangé. Elle n'attendait pas Jean-Marie. Elle avait rendez-vous avec le patron d'une société de construction. Et rien d'autre.

Pendant l'heure que dura la rencontre avec les dames guindées du syndicat, frissonnement de satin et de guipure, les têtes hautes, parées de chapeaux clairs, Jean-Marie ne laissa rien paraître de son trouble. Le Comité, lui fut-il expliqué, cherchait à reconstruire un quartier, celui de Van Ness, tout en haut de Columbus, en redescendant vers la baie. C'était une commande importante, remarqua d'un ton haut perché la voisine de Samantha, une femme mûre et autoritaire au chapeau orné d'épouvantables fleurs en papier. Jean-Marie fit valoir le mérite de sa société... De temps en temps, il jetait un regard vers Samantha, mais chaque fois la jeune femme baissait les yeux.

Elle n'avait pas changé d'un cil... Il retrouvait les yeux verts intenses et la chevelure rousse, généreuse et rebelle. En un éclair, il perçut une lassitude qui émanait d'elle et qu'il ne lui connaissait pas, comme si des drames intérieurs eussent dompté sa superbe. Quand, la réunion terminée, il vint la saluer avec une politesse stricte, il remarqua que son regard s'était voilé d'une belle ombre triste.

Le lendemain, en fin d'après-midi, un des architectes qui travaillait sur un plan, au rez-de-chaussée de l'immeuble de la société Maggy, monta au bureau du premier étage pour prévenir M. Quéïnec qu'une jeune femme cherchait à le voir. Il demanda qu'on la fasse monter et, quand elle fut entrée dans la pièce, il demeura debout derrière sa table, muet de surprise, les yeux bleu pâle parcourus d'une joie intense : Samantha était devant lui. Elle avait retrouvé son regard vif et fier, son allure confiante et son sourire rayonnant. Elle éclairait la pièce dans une robe volantée de tulle et serrée à la taille d'une longue ceinture de satin rose. Jean-Marie lui fit signe de s'asseoir et comme elle s'enfonçait, légère, dans un fauteuil de cuir, il vit les petites bottines blanches qui remontaient en lacets nerveux, dans le murmure soyeux des jupons...

Jean-Marie aurait été incapable de raconter ce qu'ils s'étaient dit, puis murmuré. Parler n'était, pour eux, qu'une autre façon de s'étreindre.

Elle revint le lendemain, en fin d'après-midi, au moment où les premières chaleurs du printemps s'apaisaient dans le brouillard mauve. Puis le sur-lendemain, puis chaque jour de la semaine, et leurs rencontres bientôt prirent la forme d'un rite. Elle s'asseyait dans le même fauteuil et il servait du bourbon dans de petits verres de cristal. Ils trinquaient une nouvelle fois à leurs retrouvailles et il l'entraînait dans la petite chambre qu'il avait installée, dans une pièce derrière son bureau. C'était pour Jean-Marie des instants d'abandon, de douceur et de force, où le martèlement brusque de sa respiration se mêlait aux implorations de Samantha et à ses chuchotements. Lorsque leur souffle s'apaisait, ils fermaient les yeux, serrés l'un contre l'autre, le corps mouillé de sueur, et savouraient de longs instants les retombées tièdes du plaisir. Elle réclamait un nouveau verre de bourbon et, comme il avait oublié la bouteille et les verres sur la table du bureau, il se levait, cachait son sexe et traversait la pièce en lentes et immenses enjambées, accompagnant sa démarche d'ondulations du buste et des épaules. Samantha éclatait de rire. « Tu n'es pas trop mal pour une autruche, disait-elle... Tu finiras dans un zoo. » Il acquiesçait d'un caquètement de volatile et elle repartait de plus belle d'un rire fougueux.

Il ne lui demanda pas d'explications sur son union avec Lexington. Il partageait Samantha avec un homme qu'il détestait, le seul être qu'il haïssait et il lui suffisait de vivre cette situation comme un crève-cœur pour ne pas éprouver le besoin d'attiser sa blessure. Ce fut elle qui aborda le sujet. Il y avait plus d'une semaine qu'elle venait chez Jean-Marie. Le soir était tombé et elle regardait une dernière fois par la fenêtre, avant de regagner Clifton House, les petits feux qui s'allumaient, un à un, dans les camps de sinistrés, en bas de la ville. Elle dit d'une voix triste que le bourbon commençait un peu à alourdir :

« Il faut que j'aille retrouver mon époux, puisque tel est mon destin...

– C'est un destin que tu as choisi, répondit Jean-Marie devenu tout à coup nerveux. Personne ne t'a obligée à épouser Thomas Lexington. »

Elle se retourna vers lui et le fixa, le regard dur.

« C'est toi qui viens me dire ça? Vraiment, c'est trop fort! »

Sa voix avait pris des intonations rauques. Le feu lui était venu aux joues. Jean-Marie la regarda, à la fois irrité et surpris.

« Tu disparais d'un seul coup, reprit-elle, je ne sais où, au bout du monde... »

Elle commençait à perdre le contrôle d'elle-même.

« ... Tu fugues pendant des mois pour aller jouer au joli cœur, dans les îles Hawaii, sans doute, sous les cocotiers; tu me laisses tomber, dans l'inquiétude, sans donner de nouvelles et tu me reproches d'avoir accepté la main de Thomas Lexington? »

Elle n'en revenait pas. Elle restait sidérée de tant d'impudence et, sous la stupéfaction, sa voix se transformait en cris aigus.

« Apprenez, monsieur Quéïnec, que Thomas Lexington a pour lui l'avantage d'être un garçon bien élevé, de ne pas se transformer en courant d'air pour un oui ou pour un non, d'être attentionné et courtois... C'est un gentleman. Et vous n'avez même pas l'idée de ce que cela peut vouloir dire ! »

Jean-Marie à son tour fut hors de lui.

« Thomas Lexington, un gentleman ? Vraiment, c'est trop drôle..., ricana-t-il en saisissant Samantha par le col de sa robe de soie.

« Va le retrouver..., ton gentleman ! »

Il la propulsa de toutes ses forces contre la porte de la chambre. Elle le regarda avec des yeux écarquillés. Elle balbutia :

« Tu vas me tuer... »

Il s'approcha d'elle, la coucha sur le côté d'un geste rapide, ouvrit la porte et la jeta sur le palier.

C'est d'une voix qui se voulait calme malgré l'essoufflement qu'il prononça :

« Tu lui demanderas, à ton gentleman, sous quel cocotier je me suis prélassé pendant quinze mois ! Il est au courant... »

Et il referma la porte à toute volée, dans un fracas qui fit trembler la maison.

Samantha était presque arrivée au rez-de-chaussée, faisant claquer ses petites bottines d'un pas nerveux sur les marches, quand Jean-Marie ouvrit de nouveau la porte de la chambre, fit deux pas sur le palier et jeta dans l'escalier l'ombrelle qu'elle avait oubliée.

« Tu peux en avoir besoin, cria-t-il en s'accrochant à la rampe pour mieux se pencher, si jamais tu veux te promener dans les jardins de Clifton House, en amoureux, avec ton gentleman ! »

Maggy était satisfaite de la tournure que prenaient ses affaires. La Maggy Public Works, sous la direction de Jean-Marie Quéïnec, connaissait un succès grandissant, son renom s'était étendu tout autour de la baie, ses chantiers employaient des centaines de travailleurs : architectes, contremaîtres, chefs d'équipe et ouvriers, la grande majorité italiens, dans des constructions d'immeubles dans les quartiers du port et dans Columbus Avenue, la réfection des rues et l'installation des réseaux électriques; les autorités ayant décidé de profiter du désastre et de la reconstruction pour doter d'électricité toutes les rues en pente de San Francisco.

Dans son salon de la Cage aux lions, Maggy feuilletait la dernière édition de l'*Examiner*. Elle attendait Jean-Marie. Quand il entra, au milieu d'une matinée resplendissante, elle s'esclaffait, pour elle-même, à la lecture du grand journal de San Francisco. Elle entendit son visiteur qui entrait dans la pièce et dit, sans lever les yeux :

« Ecoutez ça, Jean-Marie : *Les autorités civiles...* (elle prit un temps pour souligner ce qu'elle allait dire) *et militaires de San Francisco ont décidé de baptiser une rue « H.C. Tilden », du nom du courageux représentant de la Croix-Rouge victime de l'incendie.* »

Jean-Marie la regarda interloqué.

« Les autorités militaires! répéta Maggy en levant les yeux vers Quéïnec. Ils sont gonflés : Tilden a été descendu comme un lapin par un soldat, au bas de Market Street, alors qu'il portait secours aux blessés, une énorme croix rouge peinte sur sa blouse d'infirmier... »

Elle regarda Jean-Marie avec attention.

« Je vous trouve très élégant, jeune homme, fit-elle admirative... Ce costume clair, ce gilet de soie blanche, ce panama, ces bottines crème : vous allez devenir la personne la plus chic du nouveau San Francisco... Vous allez briser les cœurs et faire pleurer les dames. »

Son regard, soudain, se fit plus aigu.

« J'ai appris que le Comité des femmes pour l'aide aux sinistrés avait décidé de financer certains de nos travaux... »

Elle n'attendit pas la réponse.

« J'ai été surprise d'apprendre que vous acceptiez l'argent de Lexington...

— J'ai accepté l'offre du Comité des femmes, riposta Jean-Marie avec vivacité. Une offre que je ne pouvais pas refuser.

— Vous le pouviez, réagit Maggy..., en ne la sollicitant pas... C'est bien Samantha qui gère cette association? » demanda-t-elle.

Jean-Marie confirma d'un mouvement de tête.

« Je ne la savais pas femme d'affaires, continua Maggy. Elle veut peut-être remplacer le vieux Ezechiel qui est très malade, comme vous le savez..., et Lexington qui passe le plus clair de son temps à Hawaii à essayer de reconstituer l'empire... »

Elle replia son journal.

« Après tout, peu importe... Je n'ai qu'à vous louer de la façon dont vous menez nos affaires. »

Elle eut un geste fataliste.

« Les vôtres vous regardent, même si je crains que vous ne manquiez un peu de clairvoyance, prononça-t-elle en se levant. Mais je voulais vous parler d'autre chose : d'automobile! »

Son ton devint passionné.

« Ted Kelly a raison : l'avenir est aux voitures sans chevaux. Ce siècle sera celui du moteur à explosion. C'est une certitude. J'envisage donc d'acheter une voiture, une grande, confortable et pas trop rapide, pour sortir un peu les pensionnaires, les divertir le dimanche après-midi. Seulement, je n'ai pas de chauffeur et il est exclu de demander à Porfirio, vous vous en doutez. Jefferson va sans doute vous quitter pour aller continuer sa carrière de boxeur à New York. J'ai pensé que, peut-être, vous pourriez... »

Jean-Marie n'écoutait plus Maggy, ses considérations sur le monde nouveau, la révolution du progrès et les voitures sans chevaux. Son esprit était reparti une fois de plus vers Samantha. Pourquoi ne lui avait-elle pas parlé de la maladie de son père? Par pudeur sans doute. Par volonté de ne pas être importune, par élégance... Depuis leur altercation au sujet de Lexington, surtout depuis le jour suivant, depuis qu'elle était revenue le voir à son bureau, en fin d'après-midi, le rire à la fois étincelant et doux, la mine tendrement implorante, il interprétait les faits et gestes de sa maîtresse selon un code très personnel. Il orientait ainsi, systématiquement, l'explication des événements et préservait la pureté de sentiment de Samantha, l'authenticité de l'amour qu'elle lui portait. Elle lui avait demandé pardon :

« J'ai eu une explication avec Thomas, avait-elle dit, d'une voix caressante. Il m'a avoué que c'était lui qui t'avait shangaïé... Il voulait t'éloigner de moi, il était jaloux, tu comprends. »

Elle avait joué le regret sincère, la contrition.

« Et moi qui croyais que tu m'avais abandonnée... Oublions tout... »

Et il avait dit « oui ». Depuis, ils connaissaient des moments de bonheur intense, des rencontres que l'éloignement à Hawaii de Thomas Lexington rendait plus faciles. Le dimanche, ils prenaient un fiacre et se faisaient déposer au beau milieu du Golden Gate Park. Ils se promenaient des heures dans les allées ombragées, dans la foule des San-

Franciscains endimanchés, robes légères, ombrelles et canotiers, qui retrouvaient les distractions d'avant le tremblement de terre avec une joie souriante et une gaieté bon enfant. Par instants, il la prenait par la taille et elle se laissait faire. Nombreux étaient les promeneurs qui connaissaient Samantha, de près ou de loin, et il en déduisait que sa belle compagne ne cherchait plus à cacher ses sentiments, et cette idée ajoutait aux délices du dimanche après-midi. Quand le jour descendait en vagues fraîches, quand les hommes remettaient leur veste et que les femmes repliaient leurs ombrelles, avant de monter dans le cabriolet pour regagner Clifton House, ils s'arrêtaient une dernière fois parmi les badauds, devant le kiosque à musique, pour écouter le concert dominical de l'Armée du Salut. Les accords cuivrés des flonflons soufflaient, soyeux, sur la douceur du soir.

CHAPITRE XXII

SARAH a éclaté en sanglots, une nouvelle fois, lorsqu'on a déposé le cercueil de chêne verni aux
poignées de cuivre dans la longue carriole des
chantiers Thorndike. Julia l'a prise doucement par
les épaules, a sorti un petit mouchoir brodé d'une
manche de sa robe noire et a essuyé les larmes qui
coulaient sur les joues brunes et rebondies. William
Thorndike s'est approché du plateau de la longue
charrette, le teint pâle et les joues creuses, ses
cheveux retombant, souples, sur ses épaules, le dos
voûté dans sa grande veste de charpentier de
marine. Il a observé, l'air absent, Fachetti et Mac
Allister qui fixaient sans un mot d'une main sûre les
courroies autour du cercueil. Il a ajusté d'un geste
machinal sa large lavallière noire piquée d'un
camée et a fait signe à Sarah et à Julia de monter
avec lui dans le profond landau devant lequel,
attelés, les alezans nerveux s'impatientaient. Loumis
s'est installé sur le siège du cocher et Jean-Marie est
venu s'asseoir près de lui. La large carriole, tirée
par le lourd cheval de trait gris pommelé du chantier, conduite par Fachetti, a fait crisser le gravier
de la grande allée d'Ashby Ranch. Loumis a fait
claquer le fouet. Les alezans se sont un peu cabrés.
Le landau s'est mis à avancer lentement derrière la

455

lourde charrette transformée en modeste corbillard, pour suivre le cercueil jusqu'à l'église d'Oakland.

Les employés de l'embarcadère d'Oakland, les lamaneurs chargés de l'accostage des ferries de San Francisco, les humbles travailleurs de toute sorte, les dockers qui déchargeaient les soutes des lourds vapeurs, les porteurs qui aidaient les voyageurs à descendre de la passerelle sur les quais s'étaient tous rassemblés, dans la grande église en planches ocre, Blancs et Noirs, catholiques et protestants mêlés dans une tristesse commune, pour dire un dernier adieu au vieux George qu'on allait mettre en terre en milieu d'après-midi. Les quelques anciens ouvriers de Merritt Shipyard qui vivaient dans les environs avaient tenu à se déplacer, à être présents pour l'office mortuaire, une façon de montrer à William Thorndike qu'ils étaient fidèles et solidaires, qu'il pourrait toujours compter sur eux. Lorsque le cercueil du vieux George, recouvert du drap noir à franges d'argent, fut posé sur les tréteaux, face à l'autel, entre les rangées de cierges; lorsque Sarah, Julia, William Thorndike, Loumis et Jean-Marie furent installés sur les chaises laissées vides au premier rang, les voix de tous les hommes de l'assistance se mêlèrent à l'harmonium en un cantique où la tristesse se confondait avec la colère contenue, la détermination et la menace.

Le vieux Mac Kinley disait l'office. C'était un vieux prêtre catholique d'origine écossaise, les cheveux blancs et clairsemés, les yeux bleus, la peau grêlée d'une ancienne petite vérole et le teint haut en couleur d'un homme qui appréciait les plaisirs de la vie, comme un don du créateur. En quarante ans de sacerdoce à la gloire du Christ, plus spécialement chargé de la paroisse d'Oakland et d'une multitude de petites assemblées de fidèles des environs, il avait fini par connaître tout le monde, chacun dans ses qualités et ses défauts, avec le même amour et la même charité, « comme un berger connaît son troupeau », disait-il volontiers, en découvrant dans un sourire des dents blanches et solides. Dès que la nouvelle de la disparition du vieux George s'était répandue dans le comté et que William Thorndike lui-même s'était rendu, inquiet, dans les propriétés des environs pour demander si personne n'avait aperçu son vieux serviteur, le père Mac Kinley était monté à Ashby Ranch pour réconforter chacun. Sarah pour la première fois s'était laissée aller à pleurer.

« C'est depuis la mort de Victoria, père Mac Kinley, avait-elle dit entre deux sanglots... Le vieux George n'était plus le même. Il ne parlait plus, il ne mangeait plus. Il n'avait même plus envie d'aller boire une bière avec ses copains de l'embarcadère... »

Devant le regard étonné du père Mac Kinley, Julia avait précisé :

« Victoria, c'était sa belette. Un sale caractère et un museau affectueux... Ils sortaient ensemble la nuit, ils chassaient les lapins. En fait, ils s'amusaient à leur faire peur. George, il n'a jamais rien ramené dans sa gibecière... Au mois d'août dernier, il y a huit mois, des voyous ont assassiné Victoria.

– Des garçons des environs? demanda Mac Kinley, attentif.

– Non, avait répondu Julia d'un ton à la fois inquiet et triste, des vrais truands de Frisco, des fauves de Barbary Coast. La bande à Colemane. »

Le vieux prêtre avait réalisé la gravité de la situation. Il s'agissait d'un acte barbare. De violence organisée. Il avait peur pour son troupeau, et d'abord pour la vie du cocher-maître d'hôtel d'Ashby Ranch.

La suite lui donna vite raison. Le corps du vieux George fut retrouvé flottant entre les hautes herbes d'une anse marécageuse du lac Merritt. Deux pêcheurs d'Alameda qui installaient des filets à l'aube, dans les marais qui prolongeaient le lac dans sa partie sud, le ramenèrent à Ashby Ranch. Il était mort depuis peu et ses chairs n'avaient pas encore été ravagées par la putréfaction. William Thorndike se chargea lui-même de sa toilette et Julia alla chercher le père Mac Kinley. Il constata que les poignets du vieux Noir étaient largement entaillés mais il n'en fit pas la remarque. Il dit simplement que George était mort de désespoir et il donna l'extrême-onction.

Dans l'église d'Oakland, après avoir chanté le *Libera me*, le père Mac Kinley parla de nouveau de désespoir, d'accident et de départ dans l'amour de Dieu. Il ajouta pour finir, dans les pleurs étouffés qui, çà et là, montaient de l'assistance :

« Dieu a accueilli le vieux George dans son paradis. Il lui a donné la paix. La paix du Seigneur n'est pas dans la vengeance ni dans la haine. Elle est dans l'amour et le pardon... »

Sarah resta sans réaction. Elle ne pensait ni à la vengeance ni au pardon. Elle pensait que George avait été son compagnon pendant plus de cinquante ans et qu'elle ne le reverrait jamais.

A Ashby Ranch, après que le cercueil du vieux George eut été enseveli au cimetière d'Oakland, quand les proches se furent assis autour de la longue table de la cuisine – Sarah ayant refusé de manger à la table des maîtres – William Thorndike offrit une tournée du porto du captain Carrington et commenta l'homélie du père Mac Kinley.

« Il a raison, dit-il. Venger George, faire payer sa mort à ses assassins, ce serait le tuer une deuxième fois. George n'était pas violent. Il faut respecter son souvenir... »

Le message était clair. Pas d'expédition punitive ni de règlement de comptes. Thorndike, comme Mac Kinley, redoutait une explosion de haine contre Lexington et Colemane. Il avait observé chez ses anciens ouvriers du chantier des attitudes inquiétantes, des regards lourds et, même chez ceux qui étaient chargés de veiller au bon état des installations, comme Fachetti et Mac Allister, des visages durs et fermés. Il craignait, par-dessus tout, le comportement de Jean-Marie Quéïnec. Il imaginait la rancune que le jeune homme devait nourrir contre Lexington depuis son shangaïage... et il avait raison. Il pensait aussi qu'il ne tarderait pas à passer à l'action et que la mort du vieux George mettrait le feu aux poudres... et il avait tort. Le jeune Français avait renoncé à vider l'abcès, à régler son compte au nouveau directeur de la Colemane, malgré les humiliations, les souffrances subies dans le Grand Nord, la haine qu'il avait entretenue, jour après jour, qui avait fini par être une vieille compagne, comme un foyer qu'il aurait réchauffé de l'intérieur.

Samantha lui avait en effet demandé de déposer les armes. Au cours d'une promenade dominicale, dans les allées du Golden Gate Park, elle avait vu, en un éclair, le visage de Jean-Marie devenir dur, alors qu'il évoquait ses quinze mois passés sur un baleinier.

« Le froid n'est pas une bien grande blessure, avait-il conclu, il en existe de bien pires. Ma carrière d'officier ruinée me paraît une plaie plus cruelle. »

Elle avait d'abord tenté une esquive :

« Elle te permet de rester près de moi », avait-elle dit, légère, en se serrant contre lui.

Il n'avait pas semblé remarquer son attitude ni

entendre ses propos. Il s'était enfoncé dans son monde, buté dans sa rage.

« J'ai un souvenir encore plus cuisant, une cicatrice à la pommette qui me fait mal bien souvent... »

Elle avait senti les muscles de Jean-Marie qui se tendaient, ses poings qui se fermaient. Il continuait :

« Je revois une scène que j'ai vécue, un soir de Noël, à la sortie du Flamingo. Des tueurs m'entourent. Je reçois un coup au ventre, je tombe sur la terre mouillée de Jackson Street... Une chaussure cirée part à toute vitesse dans un éclair qui me transperce la pommette... J'entends la voix de Lexington. Depuis, je n'ai cessé de penser au jour où je lui ferai payer sa lâcheté... C'est même ce qui m'a aidé à vivre. Je le tuerai, bientôt.

— Tu ne feras rien de tel, avait répondu Samantha d'une voix douce et ferme. Thomas ne mérite pas que tu finisses ta vie derrière les barreaux. »

Elle lui avait pris la main dans un geste tendre, puis en souriant :

« Et moi, qu'est-ce que je deviendrai? Tu y as pensé? Je ne te reverrai plus. Thomas Lexington nous aura séparés une fois de plus. Il aura de nouveau atteint son but. »

Jean-Marie avait sursauté.

« Tu veux que j'oublie ce qu'il m'a fait, que je lui pardonne? »

Il était sidéré.

« Tu veux peut-être que je le remercie, que je lui dise ma reconnaissance de m'avoir offert un beau voyage, une croisière? »

Elle avait attendu qu'il se calme un peu et avait repris sur le même mode, assuré et doux.

« Pensons à l'avenir. Mon père est malade. C'est

lui qui a souhaité mon mariage avec Thomas. Lorsque... »

Elle s'était arrêtée un instant, le visage grave.

« Lorsque ses douleurs seront apaisées, lorsqu'il sera endormi, je serai libre de mener la vie que je veux. Nous serons ensemble, tous les deux... Ne gâche pas tout. »

La perspective d'épouser Samantha bientôt, dans quelques mois peut-être, avait eu raison de son désir de vengeance. Il avait promis de traiter Lexington par le mépris...

« La politesse froide, voilà la véritable insulte ! » lui avait-elle dit.

Il avait capitulé.

Après le repas d'enterrement du vieux George, Julia accompagna Sarah dans sa chambre au premier étage et William Thorndike resta en compagnie de Loumis et Jean-Marie attablés dans la cuisine où deux grosses lampes à huile dégageaient une lumière apaisante. Il tendit des cigares longs et fins à ses invités qui refusèrent et il les félicita de leur sagesse, tout en allumant le sien.

« Vous ne refuserez pas un dernier verre de porto, dit-il en s'emparant de la bouteille qui était restée au milieu de la table depuis l'apéritif. Vous désobligeriez le captain Carrington. »

Loumis le regarda étonné.

« Le captain Carrington est une des grandes figures d'Hawaii, expliqua Thorndike, et spécialement du port de Hilo... »

Il eut un geste de résignation :

« Bientôt, on ne tapera plus dans le porto du captain Carrington. Il me reste encore quelques foudres à la cave. Ce seront les derniers... On oubliera le goût du porto, comme on oubliera le visage de Carrington. »

Il hocha la tête et eut un sourire doux qui éclaira ses yeux noirs.

« C'est un monde qui s'en va, Carrington... Il s'en va avec Sullivan le shangaïeur, avec Colemane qui agonise, paraît-il, dans les lambris de Clifton House, avec les voiles du *Julia* qui ne s'étendront jamais dans les alizés, avec le vieux San Francisco, les maisons de bois de Sansome Street qui ont péri dans l'incendie, avec la royauté d'Hawaii, aussi, qui a disparu à son tour...

– Vous regrettez le royaume d'Hawaii? demanda Loumis étonné.

– D'une certaine façon, oui, à ma façon, qui n'est pas celle de Colemane. »

Julia redescendit de la chambre de Sarah. Son regard noir et humide palpitait dans les lumières des lampes de la cuisine. Elle ressentit le poids de la tristesse qui s'était installée autour de la grande table.

« Il vaut mieux se coucher, dit-elle en regardant son père avec douceur, et Thorndike approuva d'un hochement de tête. Demain c'est dimanche, reprit-elle en jetant un regard vers Jean-Marie... Vous pourriez rester ici, vous offrir une journée à la campagne, loin de San Francisco. »

C'était une supplique qu'elle lui adressait, discrète et désespérée. Jean-Marie se sentit bouleversé au plus profond de lui-même. Il dit d'une voix blanche :

« C'est une bonne idée, Julia, une très bonne idée. » Il comprit qu'à son propre chagrin pour la mort du vieux George s'était mêlée la détresse infinie de Julia.

Sur le palier du premier étage d'Ashby Ranch, dans la lumière ocre des appliques murales, à son tour, Jean-Marie souhaita une bonne nuit à Julia. Elle lui tendit une main chaude et lui répondit simplement par un mouvement de tête et un regard triste. Il entra dans sa chambre, suivi de William Thorndike qui alluma aussitôt une lampe posée sur la console de toilette. Il ouvrit la porte-fenêtre et demeura sur le balcon. Thorndike le rejoignit. La nuit était douce et frissonnait dans la tiédeur de juin. Jean-Marie désigna d'un geste les minuscules points étincelants qui palpitaient au loin, de l'autre côté de la baie.

« En deux mois, San Francisco est revenu à la vie, dit-il.

– Les gens d'ici ne se découragent jamais, fit Thorndike. Les richesses se font et se défont. On reconstruit les villes comme on refait sa fortune. Repartir de rien est une vieille habitude du lieu, comme une particularité inscrite dans le paysage. »

Il se retourna vers Jean-Marie.

« Moi aussi, je l'ai recommencée. A Hawaii... J'y ai quelques terres. L'endroit est merveilleux. Vous pourriez venir m'aider, me seconder... J'aurais besoin de vous.

– Je ne peux pas, monsieur Thorndike », répondit Jean-Marie avec une pointe de regret.

Il se sentait condamné à vivre à San Francisco. L'idée de laisser Samantha lui paraissait impossible. Il reprit :

« J'ai une entreprise à San Francisco, monsieur Thorndike... Il faut que je m'en occupe. »

William Thorndike hocha la tête.

« Tant pis », fit-il.

Au moment où il s'apprêtait à quitter la pièce, il regarda de nouveau le jeune homme.

« Jean-Marie, si vous restez dans la région, promettez-moi de ne rien tenter contre Lexington. Il faut arrêter ici la violence. En mémoire de George.

– Je vous le promets », murmura Jean-Marie.

Le visage de William Thorndike parut s'apaiser et

Jean-Marie pensa : « Il croit que je fais ça pour lui », puis il se dit qu'il le trompait. Il sentit venir en lui un sentiment de lassitude, une vague de mélancolie sale, comme si, à la tristesse, se fût mêlé du dégoût.

Au déjeuner du dimanche, dans la fraîcheur de la tonnelle, chacun tenta d'éloigner la tristesse dans des conversations de bon aloi, des considérations anodines. Loumis trempa ses lèvres dans le vin péruvien avec une grimace et Julia évoqua les travaux nécessaires à la remise en état de l'immeuble de l'université. On affectait le sourire et la décontraction... Au milieu du repas, Jean-Marie profita d'une lointaine allusion de Thorndike à Hawaii, à sa douceur de vivre, pour poser la question qui lui revenait sans cesse, l'explication des troubles dans les îles, les raisons de la férocité de Lexington.

« Que fait Lexington dans les îles Sandwich en ce moment ? demanda-t-il, comme si la question lui avait échappé.

– Il faut dire Hawaii, corrigea Thorndike. Ted Kelly et l'*Examiner* vous feraient remarquer que l'expression " îles Sandwich " appartient à la propagande britannique... »

Il s'arrêta et devint soucieux, attentif à apporter une réponse précise à Jean-Marie.

« On dit Hawaii, du nom de l'île la plus importante de l'archipel située dans le sud-est. Elle est à l'image des autres îles : de Mauï, à une centaine de milles, au nord-ouest, de Molokaï, encore plus au nord, toute en longueur, d'Oahu, avec Honolulu qui est la capitale de ce qui est désormais l'Etat d'Hawaii depuis le 12 août 1898 et de Kauaï, la plus au nord, la moins peuplée. Je vous fais grâce des îles plus petites et de la profusion d'îlots pour la plupart déserts, des petits bouts de paradis tombés sur terre, à la végétation luxuriante qui escalade, en hévéas et en hibiscus, les flancs des volcans, aux cocotiers qui se penchent sur les plages de sable blanc, envahies, quand tombe le soir, par des milliers de crabes roux et costauds... C'est à Hawaii que Cook s'est installé en 1778. Depuis la confusion s'est faite et le nom de l'île s'est étendu à tout l'archipel.

— Cook a débarqué au paradis? interrompit Jean-Marie avec une légère ironie, en prenant son verre de porto.

— Il a effectivement cru qu'il était passé dans l'autre monde, confirma Thorndike, avec jubilation. Les Polynésiens qui peuplaient l'endroit étaient pacifiques, doux et facétieux, toujours prêts à faire des plaisanteries, à se faire des niches entre eux. Ils se tordaient de rire des heures entières... C'est en tout cas ce que Cook a raconté dans ses mémoires. Ça ne l'a pas empêché de se faire assassiner, à coups de pierres, quelques années plus tard. Mais en arrivant, au printemps de 1778, il pensait avoir trouvé l'endroit de la Félicité et le royaume de Lumière. Les habitants ne connaissaient pas la propriété, ils mettaient tout en commun, l'eau, la terre, le travail et les femmes. Cook et ses matelots sont restés ébahis, émerveillés. Toutes les indigènes pensaient que c'était le retour, prévu dans leurs légendes, du dieu Leno. Alors, bien sûr, l'accueil était exceptionnel. Divin! on peut dire. Maintenant, quand on regarde de plus près ce qu'était la société hawaiienne d'avant Cook, on est plus nuancé sur l'aspect paradisiaque des choses. Il y avait une hiérarchie très stricte, avec des chefs qui aimaient peut-être faire des farces, mais qui ne plaisantaient pas avec leur autorité. Sans compter une multitude de grands prêtres, de sorciers, de guérisseurs de toute sorte, l'ensemble maintenu par une profusion de " Kapu ", des tabous qu'il ne s'agissait pas de transgresser. Les " commoners ", simples citoyens, n'avaient pas le sens de la propriété puisque tout appartenait aux chefs..., surtout la terre! »

Il s'interrompit un instant. Julia était redescendue de la chambre où dormait Sarah et venait s'asseoir près de Jean-Marie, face à Loumis.

« Je suis encore en train de parler d'Hawaii, s'excusa Thorndike. Je vais encore t'ennuyer. »

Elle fit « non » de la tête, une façon de dire : « Tu peux faire ce que tu veux. Tu ne m'ennuieras jamais. »

William Thorndike reprit alors son récit :

« La terre qui appartient aux chefs, cela nous rapproche de Lexington, surtout de Colemane. Bref, Cook et ses matelots n'ont pas tardé à ruiner la société hawaiienne primitive. En quelques décennies, et quelques tonneaux de whisky, l'essentiel du travail de démolition était assuré. Le roi de l'île de Hawaii, Kamehameha, un colosse d'un mètre quatre-vingt-dix et de cent kilos, découvrit les vertus toniques de la boisson écossaise, l'efficacité des armes à feu et il se prit à rêver de conquêtes, de grandeur. Il avait découvert les deux grandes vertus de notre civilisation : la volonté de puissance et l'alcoolisme.

— Vous n'exagérez pas un peu, monsieur Thorndike? fit Loumis.

— Un peu, soit, admit-il. Tout de même, les descendants de Kamehameha ont continué à régner sur l'ensemble des îles jusqu'en 1893 et, depuis leur palais Iolani, à Honolulu, ils ont nourri des projets de domination à l'échelle du Pacifique tout entier. Pour ce qui est de l'alcoolisme, quand je suis arrivé pour la première fois dans les îles, dans les années 1870, il y a plus de trente-cinq ans, la royauté hawaiienne avait à sa tête Sa Majesté Lunalilo, que tout le monde avait surnommé :

Whisky Bill..., de quoi vous donner une petite idée de son intempérance... »

Thorndike devint pensif.

« Je me suis toujours demandé comment il parvenait à être ivre mort à dix heures du matin. Il devait se lever aux aurores! C'est de cette époque que date le développement des îles. Les voiliers de tous les pays aimaient relâcher à Hilo, surtout les baleiniers anglais et américains. L'ambiance y était plaisante, quoiqu'un petit peu... heurtée. C'est cette année-là que j'ai rencontré Carrington. Il avait mis le *Little Lily* au mouillage en rade d'Honolulu et tous les soirs il remontait en pousse-pousse la grande avenue de la ville, Punchbowl Street, dans le vent frais de la nuit. Il faisait une halte au bar de l'Asiatic Hotel avant de s'engager, jusqu'au lendemain, dans les ruelles du Chinatown d'Honolulu. C'est là, au bar de l'Asiatic Hotel, que je l'ai connu. C'est aussi là que j'ai fait la connaissance de Charles Bishop. Il avait le même âge que moi, Charles Bishop. Une trentaine d'années. C'était un garçon grand et mince, des cheveux et des yeux noirs, une moustache fine et habillé avec élégance. J'avais remarqué dès le début la considération dont il jouissait auprès du personnel de l'hôtel. Un jour, j'ai entendu un serveur en veste blanche qui l'appelait « monsieur le ministre »..., de quoi attirer mon attention. Au bout de deux semaines, à force de se voir tous les soirs à la même heure assis sur des tabourets de bar, l'un en face de l'autre, on a fini par lier connaissance. C'était un garçon distingué et intelligent qui s'exprimait avec recherche et humour... Il s'est présenté avec un large sourire. " Charles Bishop..., ministre des Affaires étrangères. " J'ai été surpris... J'ai fait : " Mes respects ", et il a pris un air solennel pour commander deux punchs aux fruits de la passion. Il affectait le

détachement par rapport à ses fonctions ministé-
rielles. Il ne se prenait pas vraiment au sérieux,
mais il aurait pu. Son rôle dans le royaume d'Hawaii était bien plus important qu'il ne le laissait
croire... Il entamait en effet les premières négociations avec le gouvernement américain dans le but
de l'annexion. Il ne savait pas qu'il devrait attendre
vingt-cinq ans pour arriver à ses fins...

– Ce Bishop était anglais d'origine? demanda
Jean-Marie.

– Américain du Massachusetts. Un point que
nous avions en commun. En quarante ans, j'ai eu
l'occasion de constater que des points communs,
nous en avions beaucoup... »

Thorndike se cala plus fermement dans son siège
et poursuivit :

« Il s'était embarqué à vingt ans, à New York, sur
un clipper de la Black Ball Line pour faire fortune
en Oregon. Il avait doublé le cap Horn et, sous le
caprice d'une énorme tempête en remontant le long
de la côte du Pérou, il avait abouti à Hawaii. Une
escale imprévue... La suite également. Il avait trouvé
l'endroit à son goût, doux et chaud, la mer d'une
transparence bleutée derrière les barrières de
corail, les nuits caressantes et les indigènes paisibles. Il avait choisi d'arrêter là le voyage... Le
clipper de la Black Ball Line avait quitté, sans lui,
son mouillage de Hilo.

« Deux mois après, il avait rencontré une jeune
fille splendide, une Polynésienne au teint doré, aux
longs cheveux noirs et au sourire clair. Il l'avait
séduite et l'avait épousée, dans sa communauté, un
village au bord de la mer, dans le sud de l'île de
Hawaii, au cours d'une cérémonie qui avait duré
trois jours... C'était la princesse Bernice, la petite-
fille de Kamehameha, et la nièce du roi Whisky Bill
Lunalilo.

– D'où ses fonctions de ministre des Affaires étrangères..., intervint Loumis.

– Effectivement, confirma Thorndike. D'où également une situation financière de première importance... Quand il est arrivé à Hilo, quand il a épousé la princesse Bernice, en 1850, les rendements de la pêche à la baleine commençaient à s'effondrer (il regarda Jean-Marie), une activité qui finira, un jour, par disparaître complètement... Seulement, la Californie, et spécialement San Francisco, se peuplait à vue d'œil. Les retombées de la première ruée vers l'or... La population devenait gigantesque et, malgré la générosité de la nature, les denrées alimentaires manquaient. On se nourrissait de n'importe quoi. Dans Market Street, Columbus, de pauvres diables allaient jusqu'à vendre des œufs des oiseaux de l'île Farallon..., un marché gigantesque s'offrait donc aux productions d'Hawaii, le riz, les légumes, les fruits... et déjà la canne à sucre.

– On approche de l'essentiel, fit Loumis.

– Bishop avait compris très vite que c'était effectivement l'essentiel. La canne à sucre pousse naturellement à Hawaii, c'est une canne sauvage, d'une qualité exceptionnelle et qui ne nécessite aucun raffinage. Dans les années 1860, aux conséquences de la ruée vers l'or s'ajoutaient celles de la guerre de Sécession. Les plantations sucrières du sud des Etats-Unis étaient dévastées. La production du sucre était nulle. La canne à sucre hawaiienne s'arrachait par conséquent à prix d'or sur le marché californien. C'est là que Bishop, qui avait à peine plus de trente ans, est entré en action.

– Il s'est mis à produire la canne à sucre? demanda Jean-Marie passionné par l'histoire.

– Pas du tout, sourit Thorndike. Depuis le fond des temps, je vous l'ai dit, la terre des îles appartenait aux chefs, c'est-à-dire aux rois et aux princes.

La tradition s'était perpétuée. Dans l'âme hawaiienne aussi, la tradition avait la peau dure, et l'idée de travailler paraissait totalement incongrue. Expliquer à des indigènes qui se nourrissaient largement en pêchant une heure par jour, dans des élans de joie débridés, qu'il faut couper de la canne à sucre, suer sang et eau toute la journée pour un produit qu'ils ne consommeraient pas, demande une bonne dose d'abnégation... Bishop ne s'y est pas risqué. Il a attendu.

— Drôle de façon d'entrer en action, ironisa Jean-Marie.

— Une stratégie pourtant très efficace, releva Thorndike. La couronne avait accordé, depuis plusieurs dizaines d'années, des concessions d'exploitations agricoles à de très rares « Haolès », les Blancs, en langage hawaiien. Elle leur avait même accordé le droit de succession, après des pressions inlassables. Lorsque la valeur du sucre est montée en flèche sur le marché californien, la rumeur s'est répandue, jusqu'en Europe, que la terre d'Hawaii regorgeait d'une canne à sucre qui ne demandait qu'à être récoltée. Au prix de la tonne sur le marché de San Francisco, le calcul était facile à faire : c'était la fortune assurée! Alors ils sont arrivés dans les îles, les aventuriers du bout du monde. Ce n'était pas les mêmes que ceux qui étaient venus quinze ans auparavant à San Francisco. Rien à voir avec les pouilleux, les « hobos » au regard illuminé qui passaient au tamis l'eau des rivières de la baie. C'était des hommes d'affaires, les fondés de pouvoir de sociétés britanniques ou new-yorkaises, allemandes, des gentlemen qui remontaient Punchbowl Street sans se presser, en costumes clairs et panamas, en tirant sur de petits havanes discrets. Ils entraient dans les bars d'Honolulu avec aisance et distinction... Bishop les a attendus, avec sang-froid, au bar de l'Asiatic Hotel. Et ils sont venus le trouver. Comme prévu.

– Pourquoi les hommes d'affaires de la City et de Wall Street cherchaient-ils à rencontrer un garçon de trente ans? objecta Loumis.

– Bishop avait trente ans, mais Bishop avait aussi des terres qui lui venaient de sa femme, la princesse Bernice! Price sera son premier acheteur, sa mise de départ. Désormais, Bishop dictera les prix, fixera la donne, mènera le jeu. Il vend le sucre en morceaux, et des morceaux de plus en plus chers grâce à la pénurie de la guerre de Sécession. Très vite, Hawaii est aux enchères. Les terres vendables sont vendues, bien vendues, à part la moitié de l'île de Maüi que Bishop garde de par la couronne comme bien incessible.

– Pourquoi Bishop luttait-il pour l'annexion d'Hawaii par les Etats-Unis? demanda Jean-Marie, intrigué.

– Dès que les cultures du sud des Etats-Unis sont devenues à nouveau rentables, après les dévastations de la guerre civile, les planteurs se sont inquiétés de la concurrence hawaiienne, spécialement en Californie. Ils ont trouvé des oreilles complaisantes à Washington et le sucre d'Hawaii a été lourdement taxé... Pour les îles, c'était le début du désastre. Bishop a conclu à la nécessité d'un traité de libre échange avec les Etats-Unis. Il a profité d'une rencontre avec le roi Lunalilo, à une heure si matinale que Sa Majesté n'était pas encore occupée à cuver son scotch, et il a obtenu le blanc-seing pour les négociations avec le titre de ministre des Affaires étrangères. Le traité n'a été signé que bien plus tard, en 1876, et l'annexion dont rêvait secrètement Bishop ne s'effectua qu'en 1898. Entretemps Lunalilo, mort d'une cirrhose carabinée, avait été remplacé par son neveu Kalakaua, en 1873.

C'est après le traité de libre-échange de 76 que Colemane est entré en lice. Walter Gibson avait su le convaincre de quitter sa tanière de Clifton House et de s'intéresser un peu aux terres fertiles et ensoleillées du Pacifique Nord. Walter Gibson était un Blanc d'Hawaii, un Haolé. C'était, à la vérité, une fripouille d'une envergure réellement exceptionnelle... Le roi Kalakaua se distinguait peu de son prédécesseur, Lunalilo... Comme lui, c'était une masse informe et obèse de cent trente kilos pour un mètre quatre-vingt-dix et comme lui d'une ignorance totale des affaires économiques. La différence entre les deux monarques tenait dans des réactions différentes à l'alcool. Le whisky, qui avait grignoté le foie de Lunalilo, avait en premier lieu attaqué les circonvolutions cérébrales de son successeur. Chaque homme a sa particularité, n'est-ce pas? Kalakaua était atteint de « folie des grandeurs », de mégalomanie, disent les médecins. Gibson, qui avait eu le talent de devenir son Premier ministre, comprit très vite l'intérêt qu'il aurait à flatter le péché mignon de Kalakaua. Tous les jours il l'entretenait sur la grandeur de Son Altesse; il n'avait de cesse de lui démontrer qu'il était le plus grand monarque de l'univers, bien avant l'empereur du Japon et la reine Victoria. Après son premier demi-litre de scotch, Kalakaua en convenait volontiers... Sous l'influence du Premier ministre, les dépenses royales augmentaient. La dette de l'Etat devenait vertigineuse. C'est à ce moment que Gibson a eu l'idée de faire appel à Colemane... Ils se connaissaient depuis longtemps, semblait-il... En 1875, Gibson a expliqué à Kalakaua qu'il convenait de faire un tour du monde, histoire de rendre une visite de politesse aux autres souverains... Pour vous donner une idée : au Japon, Kalakaua a étonné l'empereur en lui offrant la protection de son armée et, en Angleterre, il a conseillé à la reine Victoria, sidérée, de faire un peu le ménage dans son royaume pour retrouver le pouvoir absolu! C'est d'ailleurs de son passage à Londres qu'il a ramené la cornemuse dont il jouait, des heures entières, dans son palais d'Iolani... Lors de la halte à San Francisco, Kalakaua a rencontré Colemane. Une fête gigantesque a été donnée à Clifton House... Gibson a expliqué à Colemane qu'avec le traité de libre-échange le sucre hawaiien allait redevenir compétitif sur le marché californien. S'il acceptait de prendre en charge les dépenses somptuaires de la couronne, on lui accorderait, pour un prix symbolique, la moitié des terres de l'île de Maui, celle-là même qui avait été préservée par Bishop... Colemane s'empressa d'accepter. Et en quelques années il est devenu le maître d'Hawaii..., jusqu'à l'arrivée au pouvoir des républicains et l'entrée d'Hawaii dans l'Union... Voilà le nœud de l'histoire. »

Thorndike eut un geste fataliste, comme pour tirer les conclusions de l'affaire :

« Depuis, Colemane milite activement pour le retour de la royauté. Il a chargé Lexington d'armer les milices. Il envoie ses tueurs, il veut lancer le peuple indigène contre les républicains et les Yankees... J'ai des raisons de penser qu'il va perdre la partie... Colemane, roi de Maui, c'est une image qui fait aussi partie du monde qui disparaît. »

CHAPITRE XXIII

LOUMIS et Jean-Marie Quéïnec apprirent la nouvelle le lendemain matin, à peine descendus de la passerelle du *Martinez*. Dans la foule qui se pressait vers la ville, ils échangèrent un regard rapide. Au bout du ponton, dans l'animation du port, un attroupement s'était formé qui bourdonnait dans les lumières de la fin de matinée. Un petit crieur de journaux se faisait arracher la dernière édition de l'*Examiner*. Sa voix se fit plus aiguë : « Mort d'Ezechiel Colemane dans sa résidence de Clifton House! » Loumis parvint à fendre la foule et revint avec un exemplaire du journal. Sur toute la première page s'étalait un portrait du solitaire de Nob Hill, entouré, comme un faire-part, d'une large bande noire. Loumis haussa les épaules.

« Pourquoi pas un deuil national? Ted Kelly n'a pas le sens du titre. " Mort du roi des pourris ", ça aurait quand même eu davantage d'allure... »

Jean-Marie resta silencieux.

« Ou alors : " Une ordure en enfer! " C'est pas mal. »

Loumis semblait content de lui...

Jean-Marie, lui, n'avait pas d'avis sur la question. Il pensait que la foule serait nombreuse aux obsèques de Colemane, qu'il aurait droit aux chevaux pomponnés, au grondement des orgues de la cathédrale Sainte-Marie et sans doute à un détachement de l'armée qui rendrait les honneurs, crosse en l'air, en remontant Market Street derrière le corbillard englouti de couronnes, d'un pas lent et digne. La ville entière allait pleurer son roi. Il fallait s'y attendre. Il était sans illusion.

Maggy rejeta la proposition de Loumis de trinquer à la mort de Colemane.

« Lever son verre à la mort d'une ordure, c'est quand même faire honneur à la mort... Une indignité. »

La Cage aux lions avait fini par retrouver son aspect habituel, et Maggy de nouveau recevait dans le salon aux tentures de velours cramoisi et aux poufs frangés. Elle passait ses soirées au milieu des conversations légères et des éclats de rire, du tintement des verres et des bouteilles que l'on déposait sur les petites tables d'acajou rondes et brillantes, avec le piano qui endiguait les vagues de gaieté dans la chaleur de la nuit. Elle y était dans son milieu naturel, comme le poisson dans l'eau. Elle ne s'en passerait jamais.

Consuelo était revenue. Maggy l'avait serrée très fort contre elle quand elle était venue frapper à la porte de la Cage. Elle avait dit : « C'est le retour de l'enfant prodigue », et elle avait essuyé des larmes d'un geste rapide de la main. Depuis, Consuelo siégeait à la droite de Maggy, dans l'état-major murmurant de dentelle que la directrice de l'établissement avait reconstitué autour d'elle. Elle posait sur les choses et les gens le même regard, à la fois doux et absent, une lueur turquoise remplie de la chaleur aride des terres du Mexique. Jean-Marie eut pour elle la forme d'un regret : elle lui rappelait des moments d'insouciance et de liberté, l'époque où Samantha Colemane n'était pas encore devenue Lexington et où elle ne lui avait pas encore dévoré les chairs, de l'intérieur. Une époque où il était encore lui-même.

« Le dernier modèle des ateliers Henri Ford a toutes les qualités. Rapide, discret, confortable. Le vendeur m'a assuré qu'elle atteignait les cinquante miles à l'heure...

– Vous allez conduire vous-même cet engin, Maggy? Vous allez maîtriser les chevaux hurlants des machines de M. Ford? demanda Loumis faussement inquiet.

– Jefferson remplira cet office de cocher d'un nouveau genre... Il a renoncé à la boxe. Il y a sur la côte est un boxeur redoutable, un dénommé Jack Johnson, qui pourrait fort bien lui barrer le chemin du titre mondial. Une sorte de tueur, paraît-il, un puncheur expéditif qui ne met pas plus de trois reprises pour démolir ses adversaires... Dans ces conditions, il m'a été facile de convaincre Jefferson de rester à San Francisco. Il prendra la succession, plus tard, à la Cage... Vous apprendrez à conduire, vous aussi, Loumis, vous verrez. Et vous aussi, Jean-Marie. »

Jean-Marie n'écoutait pas. Il était parti, de nouveau, son esprit avait déjà retrouvé Samantha. « Quand mon père aura apaisé ses souffrances, lui avait-elle dit, quand il se sera endormi..., nous serons ensemble. » La mort de Colemane devait le rapprocher de Samantha; elle était libre de quitter Lexington, elle allait être à lui, à lui seul... Pourtant, il était préoccupé. Il sentait confusément qu'il n'en serait rien. Il attendait l'orage, la foudre qui ne tarderaient pas à lui dévaster l'espoir, à lui ruiner ses illusions.

Assis à la longue table de son bureau de chef d'entreprise, dans l'immeuble de la Maggy's, au lendemain de la mort de Colemane, il fit plusieurs brouillons avant de rédiger, d'une écriture ample, sa lettre de condoléances. Le directeur d'une société de travaux publics exprimait sa tristesse à la présidente du Comité des femmes pour l'aide aux sinistrés, suite à une mort qui l'affligeait. C'était un comportement naturel... et une manière détournée et délicate, pensait-il, de lui faire sentir sa présence près d'elle. Et de lui faire savoir qu'il n'avait pas oublié la suite, certaines paroles prononcées lors d'une promenade dominicale dans les allées ombragées du Golden Gate Park. Il termina par des « hommages attristés » qui devaient témoigner par-delà la formule compassée de la force de son amour et il se dit qu'il trouverait bien, dans la réponse qu'elle lui ferait, une complicité qui transparaîtrait dans une phrase anodine...

Il ne reçut jamais de réponse. Pendant plusieurs jours, il décupla ses activités dans sa société, surveillant tous les chantiers aux quatre coins de la ville, débattant des futurs projets avec des ingénieurs, faisant le point de sa comptabilité et s'apercevant que les bénéfices apparaissaient solides dans les comptes d'exploitation. Il travaillait pour éloigner l'inquiétude et l'attente qui le rongeaient, lui dévoraient l'esprit. Un après-midi, alors qu'il regagnait son bureau de Russian Hill, il fut arrêté dans Market Street par le convoi funèbre d'Ezechiel Colemane qui remontait, grandiose, la grande artère, vers le cimetière de Yerba Buena. De chaque côté de l'avenue, à peine refaite depuis le tremblement de terre, des milliers de San-Franciscains s'étaient massés, qui se bousculaient, silencieux, pour voir passer le cortège. Jean-Marie parvint à monter sur un remblai laissé en place par les ouvriers et il retira son panama au moment où le corbillard passait devant lui. Six chevaux, la tête hérissée d'un toupet et caparaçonnés de noir, tiraient un lourd fourgon écrasé de fleurs, tandis qu'une dizaine d'hommes sérieux et dignes marchaient derrière, une couronne de fleurs dans les bras. Quelques mètres derrière, avant l'immense cortège qui suivait les restes mortels du roi Colemane, une large et haute voiture automobile tremblait de tous ses cylindres dans un bruit de tonnerre. Sur la banquette arrière, la silhouette voilée de noir de Samantha se tenait figée dans une raideur digne, tandis que, près d'elle, Lexington, le visage devenu plus anguleux au fil des années, le regard immobile, entrait intérieurement dans la destinée d'un successeur d'empire.

« ... Et tu n'es même pas resté voir la suite du cortège, le défilé interminable qui a accompagné Colemane, jusqu'à Yerba Buena ? » demanda Loumis.

Sur le rivage de Cliff House, en face des rochers de Seal Rock, la mer se brisait en éclatements d'écume sur la plage noyée d'une luminosité blanche. C'était un dimanche et Jean-Marie Quéïnec n'était pas au bras de Samantha, dans la verdure populeuse du Golden Gate Park. Depuis l'enterrement royal de Colemane, il n'avait pas eu de nouvelles de la belle lionne de Nob Hill. Il ne l'avait même pas aperçue. Déjà plus de deux semaines, maintenant... Chaque jour, il avait espéré une réponse à sa lettre de condoléances, il avait guetté le petit porteur de télégrammes qui apportait les plis spéciaux à la société de travaux publics. Il avait prié en lui-même, imploré que l'un d'eux voulût bien monter les étages, frapper à la porte et lui dire d'un ton gouailleur : « Pli personnel pour vous, m'sieur Quéïnec. » Il se sentait vide et sans joie, tout entier dévoré par la pensée de Samantha. Il vivait désormais en dehors de lui-même, comme son ombre, au bout de sa solitude, seul avec sa passion.

Loumis avait essayé de le secouer, comme pour le réveiller, le faire revenir à lui.

« Rodrigo et Richardson n'ont pas eu ta peau, tu devrais t'en souvenir. Moi, je me souviens que sur le *City of Burlingame* rien ne te faisait peur. " Quéïnec l'invincible ", j'aurais pu t'appeler. Quand je te vois maintenant, je ne te reconnais plus... J'ai essayé de comprendre, mais c'est au-dessus de mes forces... »

Loumis calculait bien ses effets. Il entremêlait la colère et la consternation. Il continuait.

« J'ai dit à Maggy : " Qu'est-il arrivé à Jean-Marie ? J'ai connu un homme bien trempé. Je retrouve un caniche malheureux. " »

Jean-Marie avait haussé les épaules. Mais Loumis était revenu à la charge :

« Maggy m'a répondu : " Il est amoureux. Et de la pire façon qui soit : l'amour passion. Une vacherie bien redoutable qui ruine les meilleures santés et les plus grandes fortunes. Personne n'est vraiment à l'abri. – C'est curieux, je lui ai fait, c'est une maladie ? – Une sorte de microbe qui ramollit le cerveau, m'a-t-elle expliqué. J'ai vu des fous furieux, des tueurs, bref, des personnes d'humeur délicate, atteintes du virus, qui se comportaient comme des brebis dans un pré, et des femmes intelligentes et distinguées devenir à peu près aussi spirituelles que des dindes de Noël... " »

Jean-Marie était resté sans réaction. Loumis avait tenté une dernière attaque, une provocation frontale.

« C'est bien ennuyeux. Je voulais faire le portrait de Jean-Marie. Maintenant c'est trop tard. »

Jean-Marie, cette fois, s'était levé d'un coup. Il

avait saisi Loumis d'un poignet raidi de toute la puissance de ses muscles.

« T'as pas de leçon à me donner », avait-il dit, menaçant.

Loumis l'avait regardé droit dans les yeux.

« J'aime mieux ça, avait-il fait, souriant. La situation n'est pas désespérée. Le microbe a des faiblesses... »

Peu après, Loumis avait obtenu de Jean-Marie qu'il vienne passer le dimanche en sa compagnie, en lisière des grondements bleus du Pacifique, sur le rivage de Cliff House. Il avait une surprise à lui faire, avait-il affirmé. Il avait aussi une idée derrière la tête... Jean-Marie le comprit en montant dans le fiacre que Loumis avait retenu pour la journée : Julia était assise au fond de la banquette. Elle était vêtue d'une robe blanche de dentelle, bouffante sur les épaules et serrée à la taille, qui faisait ressortir une poitrine bien faite et le noir chaud et si vif de ses yeux. Pendant le repas, dans le restaurant agrippé à la falaise escarpée, Loumis se chargea de la conversation :

« ... Certes, le corbillard de Colemane méritait le coup d'œil, un peu chargé à mon goût. Le mariage des couleurs était assez peu réussi. De toute façon, le défunt ne risquait pas de protester : il n'y connaissait rien dans les arts plastiques! »

Julia regardait discrètement Jean-Marie, en face d'elle. Elle le trouvait élégant, d'une élégance qui se raffinait chaque semaine. Il avait retiré sa veste, un blazer léger et crème finement rayé de bleu, posé son canotier sur la chaise restée libre et avait délicatement desserré le nœud de sa cravate de soie rouge qui s'enfonçait, barrée d'une épingle en or, dans un gilet aux boutons nacrés. Le bonheur de Loumis le détendait peu à peu et Julia en ressentait du plaisir.

« L'essentiel dans ces obsèques grandioses, reprit Loumis, était dans la " foule innombrable et attristée ", comme l'a écrit l'*Examiner*, qui battait le macadam, dans Market Street... Mayor Schmidt semblait abattu. Lexington saura-t-il organiser les élections avec autant de doigté que son prédécesseur? Rien n'est moins sûr... »

Il avisa un serveur en veste blanche qui passait près d'eux et lui fit signe de remplir leurs verres.

« Rodrigo et Richardson contrôlaient mieux leurs émotions, continua-t-il. Leur métier les amène à des attitudes de rudesse qui cachent une grande sensibilité...

– Le *City of Burlingame* est donc effectivement à Frisco? demanda Jean-Marie, soudain attentif.

– A Vallejo, rectifia Loumis. Il y a quelques jours, j'ai rencontré Saint-Esprit par hasard dans Columbus. Pas tout à fait par hasard en réalité. Il me cherchait. On a été boire une bière dans un café en plein air. Le baleinier va bientôt repartir. Sa dernière campagne, sans doute. Pour Saint-Esprit, c'est un coup dur... Il m'a demandé de tes nouvelles. »

Loumis se tourna vers Julia, pour la prendre à témoin :

« Saint-Esprit m'a dit : " Quel harponneur extraordinaire, ce Frenchie! S'il veut revenir, il y aura toujours une place pour lui dans ma pirogue... " »

Il regarda Jean-Marie.

« ... C'est une belle proposition, tu devrais y réfléchir. »

Dans le soleil éclatant du printemps de Californie, entre les cocktails de crevettes, les huîtres et le saumon, au fur et à mesure que le rosé frais de Los Angeles se répandait dans ses veines, Jean-Marie ressortait de son obsession comme du fond d'un gouffre. Au dessert, il se mit à parler de la mer et Julia fut heureuse de cette façon qu'il avait de renaître à lui-même. Il évoqua pêle-mêle le violon du captain Lelièvre, Stephan qui régatait au cap Horn et les naufrages à répétition du captain Delpierre. Julia souriait à ce renouveau soudain de Jean-Marie. Au dessert, il raconta l'amputation du captain Guilloux, et le matelot à trois jambes qui passait son éternité au cimetière de Terre-Neuve.

« Dans deux mille ans, les savants n'auront pas fini de se poser des questions! » conclut-il.

Julia partit d'un rire clair. Loumis eut un sourire content et fit un signe à un garçon en veste blanche.

« Je t'avais promis une surprise... »

Le serveur arriva en tenant un paquet long et plat.

« Les jours vécus dans le Grand Nord, le poste froid et sombre, les monstres qui soufflaient leur jet de vapeur, tout cela méritait de passer à la postérité! »

Il déchira le papier d'emballage et découvrit une aquarelle aux couleurs sombres et nappées de brume : des pirogues s'éloignaient d'un baleinier aux voiles serrées et se dirigeaient vers des masses noires, au loin, dans un brouillard glacé.

« Ma première toile..., fit-il. Elle est pour toi. »

Jean-Marie resta les yeux écarquillés.

« Dis donc, Loumis, t'es un vrai champion! s'écria-t-il enfin. C'est vrai, t'as du talent.

— Ce ne sont encore que des balbutiements, protesta Loumis avec une modestie sincère. Ça fait rien. Je te devais bien ça. Je ne sais pas si c'est une bonne toile, mais c'est un bon euphorisant. Quand je me trouve un peu maussade, je la regarde : l'effet est garanti. Meilleur que le bambou de Chinatown... C'est l'enfer qui a inventé le paradis, c'est bien connu... Nous, on a déjà eu droit au désespoir, c'est normal qu'on ait notre part de bonheur. »

Il eut vers Jean-Marie un regard vif.

« Ce serait bien stupide de ne pas le prendre, ce bonheur. Surtout quand il rôde aussi près... Le traiter par le mépris, c'est se rendre malheureux... »

Il prit un air de prédicateur illuminé, leva un doigt en l'air et prononça avec solennité :

« C'est retourner en enfer! »

Le vent eut des caresses fraîches, l'après-midi, sur la grève de Cliff House. Loumis avait prétexté un somme d'après déjeuner, une sieste qu'il devait faire, impérative, dans la douceur d'un bosquet non loin du restaurant... Julia faisait tourner son ombrelle le long de l'Océan qui finissait sa course en houle éclatée, dans le soleil chaud et les assauts frais d'une brise chargée d'écume. Jean-Marie, lui, tenait par un doigt sa veste sur l'épaule et piquait, nonchalant, le sable mouillé, du bout de sa canne à pommeau d'argent.

« C'est la deuxième fois que nous faisons cette promenade, fit remarquer Julia. Il s'est passé bien des événements depuis. Vous avez vu du pays...

— J'ai même appris un métier : harponner les baleines... Ce fut d'ailleurs le seul intérêt de la croisière. Les paysages péchaient par une uniformité... un peu froide.

— Mon père m'a dit, avec regret, que vous ne pouviez l'accompagner à Hawaii. »

Jean-Marie eut un haussement d'épaule désolé.

« Vos obligations professionnelles, bien sûr, votre fortune qui se fait jour après jour, à San Francisco...

— Vous exagérez, Julia.

— Vraiment? fit-elle en détaillant la tenue vestimentaire du jeune homme. Vous vous privez de bien des plaisirs en n'allant pas dans les îles, l'endroit est merveilleux. Les amis de mon père aussi. Tenez : Sanford Dole, le gouverneur d'Hawaii depuis 1898, celui qui a en premier contribué au renversement de la royauté, qui en a même été le seul président de la République, est un être exquis. Il allie la culture des meilleures universités anglo-saxonnes à l'art de vivre colonial. Un résultat déli-cieux.

– Je croyais William Thorndike très attaché à la monarchie hawaiienne », fit Jean-Marie étonné...

Le rosé clair de Los Angeles continuant son effet, il se risqua :

« Fachetti m'avait même fait comprendre qu'il avait eu quelque intimité avec la reine Liliuoka-lani... »

Julia partit d'un rire franc et clair.

« C'est une plaisanterie que mon père s'est amusé à laisser colporter... »

Elle eut pour Jean-Marie un air de reproche amusé.

« Ne croyez pas tout ce qu'on vous a dit. Si vous aviez connu Sa Majesté Liliuokalani, reine d'Hawaii, vous trouveriez tout à fait incongrue la simple pensée d'une liaison entre elle et William Thorn-dike. Franchement désopilante même!

– Vous l'avez rencontrée? fit Jean-Marie inté-ressé.

– J'étais encore petite fille, à l'époque... C'était en 1892, la dernière année de son règne. Mon père avait décidé de tenter l'aventure de la Pacific Ocean Transport, sur les conseils de Charles Bishop et de Sanford Dole. Il avait ouvert des bureaux dans l'île d'Oahu et avait fait construire une maison, qui est toujours notre résidence, sur la pointe rocheuse de Diamond Ead, la corniche qui marque l'entrée dans la baie d'Honolulu... J'aimerais vous la faire connaître, fit-elle avec un frisson de regret dans la voix. C'est une grande villa coloniale, en bois blanc, avec une vaste véranda où l'on a installé des hamacs pour la sieste de l'après-midi, et une promenée de planches protégée d'une rambarde qui fait le tour de la maison, en surplombant les eaux transparentes et bleues de la baie. C'est très beau... Mon père a choisi l'endroit, non seulement pour le panorama, mais aussi pour la végétation autour, les palmiers, les bananiers, les hévéas, les plantes tropicales et les buissons d'hibiscus. C'est un endroit au calme, à l'abri de tout... qui ressemble beaucoup à Ashby Ranch! D'ailleurs, quand vient le soir, on voit aussi des lumières, celles d'Honolulu, qui s'illuminent au loin... La reine nous a reçus dans le palais Iolani qui surplombe Honolulu : une grande bâtisse discrète et élégante comme un gâteau d'anniversaire. A l'intérieur, dans les grandes salles désertes, des statues de guerriers polynésiens me faisaient peur... comme Liliuokalani... Elle était assise sur son trône, un fauteuil juché sur une petite estrade de marbre, et d'une largeur impressionnante... Ce qu'il fallait pour accueillir les formes... avantageuses de Sa Majesté. Pour dire la vérité, elle était repoussante, Liliuokalani. De la lignée royale, elle avait hérité l'obésité, le nez fort et les cheveux hirsutes...

— Portrait flatteur, remarqua Jean-Marie.

— Sous prétexte que j'étais une petite fille, elle s'était mis dans l'idée de me cajoler, me faire des caresses. Elle m'a même prise sur ses genoux. C'était affreux. Elle puait le whisky.

— Encore la tradition royale.

— Sans doute », admit-elle.

Julia souriait dans cet après-midi chaud de l'été californien, heureuse d'être avec Jean-Marie qu'elle aimait, profitant du moindre instant. La tristesse viendrait plus tard. Elle dévorait à belles dents le peu qu'il lui donnait.

« Elle aussi avait un conseiller, poursuivit-elle. Une conseillère plutôt, une femme, Fräulein Wolf. Je me souviens très bien d'elle. Elle se tenait un peu en retrait. C'était une Allemande d'une trentaine d'années, aux cheveux blonds tirés en arrière, avec des yeux bleus, splendides, toujours vêtue d'une tenue d'équitation uniformément noire, la veste ceintrée, le pantalon et les bottes. Une tenue qui laissait perplexe. On ne l'a jamais vue sur un cheval... Mon père avait souhaité une entrevue pour entretenir « Son Altesse » de sa société de navigation. Il souhaitait qu'elle mette fin aux agissements de la société concurrente, celle de Colemane. La reine a écouté sa requête, ses gros yeux mi-clos... A la fin, elle a fait un signe de tête, et Fräulein Wolf lui a dit un mot à l'oreille. Son Altesse a opiné et a grommelé, d'une voix grave et rocailleuse : " La société Colemane joue un rôle important dans l'économie du royaume. Nous ne pouvons entraver son activité. Nous pouvons, par contre, vous offrir d'acheter de la terre sucrière dans l'île de Mauï. "

– Dans l'île de Mauï ? » fit Jean-Marie, étonné.

Julia confirma d'un mouvement de tête.

« Celle-là même qui avait été concédée à Colemane puis mise officiellement sous séquestre. En fait, Colemane continuait à les exploiter comme par le passé, sans la moindre gêne...

– La reine le savait ? demanda Jean-Marie.

– Non, elle l'ignorait. Mauï est loin d'Honolulu. D'ailleurs, l'univers de Liliuokalani se limitait à la salle du trône et à ses appartements. Le reste était au bout du monde.

– Et cette Allemande, Fräulein Wolf, fit Jean-Marie, elle non plus ne savait rien de la situation ?

486

– Bien sûr que si! répondit Julia, passionnée, heureuse que Jean-Marie s'intéresse à Hawaii, à ce qu'elle semblait aimer profondément. A l'époque, tout le monde pensait qu'elle était achetée par Colemane, qu'elle était sa complice. Avec le temps, on s'est aperçu qu'il n'en était rien. Fräulein Wolf, c'était un mélange curieux de dix pour cent d'illumination et de quatre-vingt-dix pour cent d'escroquerie. Elle disposait d'un grand pouvoir sur Sa Majesté. Elle lui disait son avenir. Trois fois par jour, elle lui tirait les cartes. Elle lui voyait de l'amour, du succès et de la gloire... Un jour, elle lui a vu de l'argent : " Un homme, dans votre maison, à la nuit, Majesté. Il va vous faire une proposition qui vous rapportera beaucoup d'argent, qui remplira les caisses de l'Etat. " »

Jean-Marie souriait au ton enjoué de Julia.

« Effectivement, trois jours plus tard, un quinquagénaire est venu lui faire une suggestion : il voulait organiser une sorte de tombola gigantesque dans les îles, une idée qu'il avait concoctée lui-même et qu'il avait baptisée : " Loterie nationale. " Liliuokalani a été enthousiasmée par le projet. Les Chinois organisaient déjà ce genre de jeu tous les jours, dans les tripots d'Honolulu et de Hilo. Il suffisait de reprendre le principe, à l'échelle du royaume. »

Julia vit Jean-Marie qui la regardait, éberlué.

« Evidemment, vous trouvez cette idée absurde. La reine, pour sa part, la trouvait lumineuse. La " Loterie nationale " n'a jamais vu le jour, à Hawaii... Au dernier moment, un des frères de la reine lui a fait remarquer que les indigènes, les Hawaiiens traditionnels, ne gagneraient jamais puisqu'ils ne savaient pas ce qu'était l'argent. Il y avait là une injustice. Le projet a été abandonné... On n'a jamais su qui était l'élégant monsieur qui avait proposé l'idée, sauf qu'il entendait bien repartir avec la caisse et qu'il avait un fort accent allemand.

— William Thorndike a-t-il acheté les terres que lui offrait Liliuokalani? demanda Jean-Marie.

— Oui, et au prix fort, sur les conseils de Charles Bishop et de Sanford Dole. Ils avaient une idée derrière la tête, tous les deux. Ils étaient prêts pour la révolution... Quand la royauté a été balayée, ils ont promulgué un décret précisant que l'achat des terres des Maüi par Colemane était illégal. Mon père en devenait le seul propriétaire... Mais, à ce jour, il n'a jamais pu en prendre véritablement possession : Colemane y a organisé des troubles sans relâche.

— Dans ces conditions, pourquoi votre père retourne-t-il dans les îles? fit Jean-Marie intrigué.

— C'est que la situation a changé... L'armée de la petite République d'Hawaii ne pesait pas lourd face aux mercenaires de Colemane. Depuis qu'Hawaii est devenu un Etat américain, surtout depuis qu'un sénateur a été légalement élu et siège à Washington, depuis trois mois maintenant, les troupes de l'Union sont chargées du maintien de l'ordre dans les îles. Ce n'est plus la même chanson. Lexington tente encore des actions désespérées, mais c'est un combat d'arrière-garde... L'empire Colemane de Maüi ne survivra pas à Ezechiel. »

Il fallut réveiller Loumis, assoupi paisiblement à l'ombre d'un chêne, dans le parc de Cliff House. Pour regagner San Francisco, le fiacre traversa les allées encombrées du Golden Gate Park. Jean-Marie prit le tableau de Loumis à bout de bras et le regarda avec attention, pour chasser la vague sombre qui l'avait envahi un instant.

« Tu seras peut-être célèbre, Loumis, fit Jean-Marie sincèrement admiratif. Le meilleur peintre de tous les shangaïés! »

Loumis s'étira dans la calèche. Le rosé de Los Angeles avait alourdi la sieste. Il revenait à lui peu à peu, dans un engourdissement voilé.

« J'espère que tu me représenteras sur une de tes toiles, avec mon harpon », continua Jean-Marie.

Loumis se contenta de bâiller, puis se passa une main lasse dans les cheveux.

« Saint-Esprit aussi, il le mérite... Et Rodrigo et Richardson, ils resteront peut-être dans les siècles à venir, comme Mona Lisa, célèbres dans le monde entier! Et Burt... il faut que tu fasses son portrait... de mémoire! » conclut-il avec malice.

Loumis le regarda, soudain éveillé, étonné de la remarque de son ami.

« Je crains que Burt ne m'inspire pas beaucoup, répondit-il avec un sourire gouailleur. Je ne fais jamais de nature morte... »

Les deux hommes se regardèrent et partirent d'un rire gigantesque. Julia les observa ébahie et fut bientôt entraînée, malgré elle, dans le fou rire tourbillonnant, des hoquets nerveux qui vinrent se mêler aux sursauts de la calèche et au trot rapide du cheval.

Les semaines passèrent. Jean-Marie attendait chaque jour un peu moins une lettre de Samantha. Il savait que Lexington n'était pas reparti à Hawaii et il interprétait en conséquence le silence de sa maîtresse. Il en éprouvait de l'amertume. Il se consacrait avec une frénésie obstinée aux affaires de sa société et celles-ci, jour après jour, de maison en gratte-ciel, devenaient florissantes. Loumis passait régulièrement, en fin d'après-midi, dans le bureau discret de Russian Hill et, chaque fois, il donnait des nouvelles de Julia, d'un ton détaché, comme si le sujet fût arrivé de manière fortuite.

« Je l'ai rencontrée à l'université des Arts, disait-il. C'est une chance. Je n'y vais plus guère. Mon père a décidé de m'installer un atelier. Ce sera le dernier étage de notre maison. J'ai dit à Julia : " On aura moins l'occasion de se voir. Je te regretterai ". Elle m'a répondu : " Surtout que je vais partir à Hawaii. " »

C'est ainsi que Jean-Marie apprit que Julia allait prendre, au mois de juillet 1906, le chemin d'Honolulu pour retrouver son père...

« William est fatigué, d'après ce qu'elle m'a fait comprendre, précisa Loumis un autre jour. La tâche de remise en marche des plantations de Maüi est trop lourde pour lui. Julia va lancer toutes ses forces dans la bataille..., mais ça ne sera pas suffisant. Et il leur faudrait quelqu'un de solide pour les aider, bien les épauler... »

L'allusion n'était pas discrète. Jean-Marie ne s'en formalisa pas. Il ressentit une vague tristesse. Il pensa que ses affaires pourraient bien se passer de lui, qu'elles avanceraient toutes seules... Il se dit aussi qu'il y avait une autre chose qui le retenait malgré lui à San Francisco, et qu'il ne s'en déferait jamais.

Il se demanda longtemps pourquoi il était monté, le 4 juillet au soir, le long des rues qui traversaient Nob Hill et débouchaient sur l'immense portail de Clifton House. Lexington avait repris la tradition de son beau-père et organisait des garden-parties princières dans les jardins de la belle résidence. Il avait lancé des centaines d'invitations. La rumeur s'était répandue dans San Francisco; ce serait en l'honneur de l'Indépendance américaine, une fête somptueuse, la première depuis l'incendie, un émerveillement en souvenir d'Ezechiel Colemane. Pour ponctuer la réception, il y aurait au milieu de la nuit un feu d'artifice grandiose, pour marquer l'intronisation de Thomas Lexington. Tout le monde en parlait à l'avance dans la grande ville californienne, dans les rues du port désormais larges et déjà bordées d'immeubles neufs. Le carton glacé que Jean-Marie avait reçu, en qualité de chef d'entreprise, et qui le conviait aux festivités dans les jardins de Clifton House, pouvait, selon Loumis, être interprété comme un acte de mépris ou une provocation. Au choix. Dans les deux cas, une stupidité. Et c'était une stupidité bien plus considérable de se rendre à Clifton House.

Dans les jardins du palais de Nob Hill, il se revit deux ans en arrière. La foule était aussi nombreuse et disciplinée, tout à l'honneur d'être invitée dans le saint des saints, admise pour la seule fois de l'année dans l'entourage des gens fortunés. Les buffets croulaient des mêmes victuailles et les mêmes orchestres de violons et de guitares écorchaient une musique rythmée, vague souvenir des terres d'Irlande. Il se voyait, extérieur à lui-même, dans la lumière des torches et des ampoules électriques, marchant au milieu des murmures soyeux des robes de soirée, parmi les ouvriers italiens, moustachus et endimanchés, vers un but qui s'imposait à lui et qu'il ne connaissait pas. Il vit la surprise dans le regard de Luiz Fernando :

« J'ai beaucoup regretté votre longue absence, monsieur Quéïnec... »

Il était d'une élégance recherchée, Fernando. Il se sentait sûr de lui. Il passait les pouces négligemment dans les poches de son gilet.

« J'en ai parlé avec William Thorndike. Vous n'étiez pas là pour surveiller les travaux sur le Saint-Pol..»

Il eut un sourire ironique.

« N'en parlons plus. Je vous ai remplacé de bonne grâce... »

Il fit signe à un garçon, chamarré grand siècle, de lui apporter deux cocktails. Il tendit à son invité un verre à pied dans lequel une cerise surnageait dans un liquide orange. Jean-Marie eut un geste poli.

« Merci de votre bonne grâce, monsieur Fernando. »

Jean-Marie sentait la violence qui montait en lui, la force qu'il avait appris à connaître et qui durcissait ses muscles.

« Vous avez signalé ma disparition à ma compagnie. Merci de cette attention... »

Il regarda droit dans les yeux Luiz Fernando, devenu blafard.

« Vous êtes une ordure, monsieur Fernando... N'en parlons plus. »

Il leva son verre avec une politesse ironique :

« Un jour, je vous ferai la peau... »

Son sourire se crispa, méchant.

« ... de bonne grâce! »

Fernando, irrité, fit demi-tour et repartit se perdre dans l'éclat de la réception, parmi les invités qui discutaient en petits groupes ou se pressaient autour du buffet.

La grande demeure au fond du parc, scintillante de centaines de torches, de lampes à huile et d'ampoules électriques dissimulées dans l'immense lustre en cristal, ne recevait que les invités de marque. Samantha, dans le grand hall d'entrée, au pied de l'escalier monumental qui montait jusqu'à l'étage, accueillait les hôtes de qualité. Ils s'inclinaient en baisemains distingués, les commerçants importants de la ville, les directeurs des grands hôtels qui remontaient de nouveau vers le ciel, peu à peu, dans Market Street, les négociants de toutes sortes, habit noir, gilet blanc et cravate de soie grise, accompagnés de leurs épouses chuchotantes de guipures et de satin, aux décolletés austères éclairés de colliers de perles. Samantha accordait à chacun un sourire lumineux. Lexington, près d'elle, en costume sombre, la cravate noire piquée d'un diamant, remerciait d'un mot, le regard coupant, les cheveux tirés en arrière et la bouche dédaigneuse. Samantha eut un mouvement de surprise en voyant Jean-Marie. Lexington se laissa aller à un sourire hautain, une attitude de mépris amusé. Samantha baissa les yeux quand Jean-Marie s'inclina pour baiser le bout de ses doigts et le jeune homme réalisa en un éclair d'une douleur fulgurante, dans une certitude absolue qu'il avait été joué, méprisé, utilisé. Un passe-temps de jeune fille capricieuse et gâtée. L'outil d'une vengeance, la victime d'un désespoir qui ne le concernait pas.

« T'as quand même fini par ouvrir les yeux! » se réjouit Loumis, à la fois irrité et satisfait.

Au bar de l'hôtel Baldwin, le lendemain, reconstruit et ouvert depuis peu, les deux hommes prenaient l'apéritif dans la chaleur de midi, des coupes de champagne pour fêter l'Indépendance américaine.

« Et ta joue tuméfiée, comment tu te l'es faite? Ces jolies couleurs violacées sous l'œil droit? T'es rentré dans une porte, en sortant de Clifton House? T'as pas vu le portail?

— C'est la suite de la soirée..., fit Jean-Marie, l'air sombre et dur, peu accessible au ton léger de Loumis. Je me suis senti seul, tout à coup, perdu. Tout s'était effondré. Je n'avais même plus l'inquiétude, l'angoisse, l'attente qui m'avaient tenu compagnie pendant les dernières semaines. J'étais vide..., paumé. »

Loumis hochait la tête lentement, une façon d'approuver.

« Je me suis dirigé vers le buffet, dans la grande salle à manger de la résidence. Il y avait des plateaux de sandwiches au saumon, du caviar et des langoustes. Mais je n'ai rien mangé. J'ai demandé à un serveur en veste blanche un cocktail à la cerise. Je crois que c'était à base de lait de coco et de rhum. J'en ai bu trois d'affilée.

– C'est intelligent !

– C'est à partir de là que les choses ont commencé à se gâter. Je pensais que les cocktails me remonteraient, m'aideraient à tenir le coup... Je me suis retrouvé plus abattu, au contraire. Je me sentais trahi, malheureux, ridicule... Lexington et Samantha ont circulé dans la pièce pour dire un mot à chaque invité... J'étais toujours près de l'immense buffet, tout seul, et j'entamais mon quatrième cocktail à la cerise... En passant devant moi, Lexington s'est arrêté. Il m'a regardé puis s'est tourné vers Samantha : " Notre ami a pris de mauvaises habitudes sur son baleinier : l'alcool ne lui réussit pas ! " Il m'a regardé de nouveau et il m'a dit : " Vous êtes infréquentable, lieutenant, et vous manquez de tenue. " J'étais décontenancé, je pensais qu'il m'ignorerait, qu'il se ferait discret. Non, il m'agressait ! Mais ce n'était pas le pire. J'ai regardé Samantha et elle souriait. Elle était ravie du comportement de son époux, elle le trouvait spirituel, il m'humiliait et elle applaudissait en elle-même, elle irradiait. Elle était aux anges. J'ai répliqué : " Votre réception est lugubre. Il n'y a guère que dans vos cocktails qu'on peut trouver un peu de gaieté... " J'ai reposé mon verre et j'ai ajouté : " Vos domestiques ont plus d'imagination que vous, Lexington. Et plus de distinction aussi... " Il m'a regardé avec mépris puis il a dit d'une voix forte : " Mesdames, messieurs ", en faisant un signe pour que le silence se fasse. En un instant les conversations se sont arrêtées. L'atmosphère est devenue lourde. J'ai senti des dizaines de regards tournés vers moi. " Savez-vous que ce monsieur ne nous trouve pas suffisamment élégants à son goût! " Un murmure est monté de l'assistance. " Nous manquons de classe... C'est comme je vous le dis! " Et il a haussé encore la voix, afin d'être entendu de tous les invités : " Mais savez-vous qui est ce jeune homme, ce gandin qui prétend nous donner des leçons?... C'est un ancien officier d'un voilier français dont le mérite le plus clair est d'avoir été embarqué, contre son gré, sur un baleinier de San Francisco... Vous avez devant vous un officier shangaïé! " Il ajouta, d'un ton grossier : " Soyez respectueux. " Des rires, un peu forcés, sont montés de la grande salle à manger jusqu'au lustre de cristal. Il en a profité pour continuer, en me regardant sous le nez : " Savez-vous que ce petit paltoquet profite de la tradition d'hospitalité des Etats-Unis, et singulièrement de notre ville, pour faire des affaires avec l'aide d'une tenancière de " maison? " Parfaitement! Une compatriote, paraît-il... Cet aventurier au petit pied fait fructifier l'argent qu'il prend aux prostituées. " J'ai répliqué, d'un coup : " Je prends de l'argent aux prostituées... et vous leur en donnez. Ainsi va le monde. " En disant cela, j'étais prêt à la suite. Quand j'ai reçu une gifle, à toute volée, mon bras est parti instantanément pour la lui rendre. »

Jean-Marie prit un temps, comme regrettant d'avoir à avouer une faute.

« Seulement, je n'avais pas vu que deux costauds en costume sombre s'étaient postés sans bruit derrière moi. J'ai été ceinturé en un instant et, sur un signe de Lexington, propulsé dans le jardin, du côté des cuisines, où les invités n'étaient pas admis. Dehors, d'autres gardes du corps sont venus leur prêter main-forte. Ils m'ont entraîné vers une porte dérobée, dans le mur d'enceinte de la propriété. Avant de me jeter dans une petite rue sombre de Nob Hill, Lexington est arrivé. Et il m'a dit : " Je pourrais vous faire passer à tabac, ou vous jeter dans la Golden Gate..., ou vous renvoyer au Grand Nord! Mais je ne me donnerai pas ce mal. Je ne pensais pas que vous auriez la bêtise d'accepter mon invitation. " Il a eu une moue de mépris : " ... Puisque vous êtes venu, je vais vous apprendre quelque chose. Vous n'aurez pas perdu votre soirée... Ezechiel Colemane m'a laissé une fortune que j'entends bien décupler. Je suis décidé à contrôler toute la Californie... et pas seulement la Californie. Je briserai quiconque se mettra en travers de ma route. Vous pourrez en toucher deux mots à vos amis d'Ashby Ranch... Encore ceci, pour finir : vous croyez que je vous ai fait shangaïer pour vous éloigner de Samantha? Vous êtes naïf. Je trouvais détestable que vous vous mêliez de mes affaires. C'est tout... Et puis, pendant que nous y sommes, je sais que vous étiez, jusqu'à la mort d'Ezechiel, l'amant de ma femme. Mais il se peut que vous ignoriez un point qui n'est pas négligeable : vous n'étiez pas le seul! " Voilà, conclut Jean-Marie, voilà où nous en sommes avec Lexington. Pour l'instant.

— Il serait bon d'en rester là, fit Loumis, soudain alerté par le ton ferme qu'avait pris son ami.

— Non..., ce n'est pas possible. »

Et Loumis comprit qu'il se préparait à un acte irréversible. Il sentit tout son corps qui se serrait dans une immense inquiétude.

CHAPITRE XXIV

LE destin est souvent capricieux. C'est sa nature profonde. Il inquiète nos âmes, il complique nos vies. Il dresse des obstacles sur des chemins trop lisses, il jette des retrouvailles sur des avenirs sans ombre. Le destin, d'évidence, aime à faire des histoires.

Jean-Marie Quéïnec a rôdé pendant deux semaines, chaque soir, dans le San Francisco obscur, parmi les monstres de la nuit, dans Barbary Coast qui retrouvait avec délectation ses délicieux enfers. Il a remonté Jackson Street, éclairé d'ampoules électriques frissonnantes, pris le chemin de China-town dans l'odeur du gingembre, les parfums opia-cés qui s'élevaient dans la nuit. A la place du Flamingo, il a vu une cabane en planches et, au lieu du théâtre chinois, il a vu un tas de cendres d'où émergeaient des poutrelles calcinées, une corniche tourmentée et une tête de dragon. Il est entré dans des bars et des tavernes qui avaient tout perdu dans l'incendie, sauf leur nom, Parenti, Fierce Grizli, Nymphia, So Different; et leur clientèle de marins en bordée, de chercheurs d'or éméchés et d'entraî-neuses aux rires aigus. Au-dessus du Bears Lead aux murs épargnés par les flammes, il avait vu l'ap-partement de Sullivan dévasté, une pièce béante et noire sur le passé. Dans les bars aux comptoirs de bois ciré et de cuivres astiqués, on regardait avec déférence ses allures élégantes, ses costumes clairs, ses chaussures de peau cirées, ses cravates de soie et ses chaînes de montre en or. Les prostituées avisaient le gibier égaré et s'en approchaient dans des ondulations nappées de parfum...

« Tu cherches des frissons, gentleman ? lui proposaient-elles. Tu veux des choses que t'oses pas demander à ta femme ? »

Et il disait « non », irrité...

Au fil des jours, il se demandait, stupéfait, s'il finirait par trouver une arme à feu dans San Francisco ! On se méfiait trop de lui. Depuis la catastrophe, des militaires et des policiers de toute sorte avaient afflué dans la grande ville de l'Ouest. Les barmen redoutaient les pièges : « Un revolver ? qu'ils disaient quand Quéinec leur posait la question après son deuxième whisky. Je ne vois pas où vous pourriez trouver ça..., même avec ce que vous proposez comme argent... Depuis l'incendie, vous savez, rien n'est pareil... » Il hochait la tête. Il n'inspirait pas confiance. C'était indiscutable. Il jetait un dollar sur le comptoir et repartait vers un autre bar, un autre bouge, un autre tripot clandestin, à la recherche du pistolet dont il avait besoin pour faire justice, pour tuer Thomas Lexington.

En allant de bar en bar et de taverne en boarding-house, avec un détour brumeux dans une fumerie, on finit par faire des rencontres... Dans la lumière vaguement rousse du Parenti, accoudé au bar, un homme buvait, seul. Il était jeune et solide, les cheveux noirs et courts, le visage rond et lisse, à la peau burinée, luisante dans l'éclairage du bar. Jean-Marie le regarda sans faire attention. Puis, comme l'homme relevait les yeux, il le reconnut tout à coup. Le regard noir, devenu profond dans la lumière, les traits un peu forts : Pierre Le Cozic. Au même moment, Le Cozic partait d'un immense sourire, des dents solides et blanches qui éclairaient son visage. En trois pas, derrière les consommateurs accoudés derrière le bar, les deux hommes se serrèrent l'un contre l'autre.

« C'est bon de te voir, Pierre, répéta Jean-Marie décontenancé.

— T'es habillé très chic, Ti Jean..., un vrai gentleman américain. »

Ils s'accoudèrent contre le comptoir de bois ciré et Le Cozic fit un signe pour appeler le garçon. Jean-Marie protesta...

« Je t'invite, je suis l'aîné », fit Le Cozic d'un ton net.

Jean-Marie s'inclina d'un geste. C'est à ce moment qu'il remarqua, en un regard, une lueur de tristesse, un malaise chez Pierre Le Cozic.

« Tu es arrivé quand ? demanda Jean-Marie ressentant une curieuse inquiétude qui le pénétrait peu à peu.

— Hier matin. Je suis allé tout droit à la Cage aux lions. Maggy m'a renseigné. Elle m'a dit que tu étais devenu entrepreneur de travaux publics. J'ai été un peu étonné... Elle m'a dit aussi que tu étais à la tête d'une société importante et que tu amassais une jolie fortune.

— Les affaires marchent bien, dit Jean-Marie, une façon à la fois de confirmer et de ramener l'ampleur du succès à davantage de nuances.

— Je suis allé tout de suite à ton bureau, mais tu n'y étais pas. J'ai laissé un message. »

L'inquiétude s'amplifiait dans l'esprit de Jean-Marie. Il percevait chez son « grand frère » Le Cozic des intonations d'une gravité étrange.

« Je voulais te voir... J'ai des nouvelles à t'apprendre.

– Des nouvelles de ma mère? » fit Jean-Marie, guidé par une soudaine intuition.

Le Cozic hocha tristement la tête.

« Elle a été inquiète de ne pas avoir de mes nouvelles... »

Jean-Marie trouvait une solution, une explication avantageuse à l'embarras de Le Cozic. Il poursuivit.

« Tu sais, où j'étais pendant quinze mois, il m'était difficile d'envoyer du courrier. Mais, à mon retour, j'ai trouvé un bateau qui repartait en France, après l'incendie, je lui ai envoyé une lettre... C'était un quatre-mâts, le *Babin-Cheveye*. Il partait pour Bordeaux... Il doit être arrivé à ce jour. Catherine connaît maintenant les raisons de mon silence. »

Le Cozic haussa les épaules dans un mouvement d'abattement.

« Il y a longtemps qu'elle était au courant... Dès le printemps 1905, Briand était allé la trouver. Il avait eu des nouvelles par son armateur. Un des directeurs s'était déplacé spécialement à Saint-Malo pour lui demander des éclaircissements. Fernando leur avait fait parvenir une note. Il leur signalait ta disparition. D'après ce qu'il croyait savoir, précisait-il, tu avais trouvé plus profitable de faire le commerce entre la Chine, Hawaii et San Francisco..., le commerce d'opium, tant qu'à faire!

– Ce Fernando est un scélérat! ponctua Jean-Marie.

– C'est ce que Briand a expliqué à ta mère; il l'a rassurée, comme il a pu. Il lui a dit que tu avais été shangaïé, que c'était arrivé à d'autres, un accident fréquent à San Francisco. Tu faisais tes classes, en somme. Tu te méfierais davantage la prochaine fois... Il a promis de tout faire pour sauver ta carrière. Il a promis d'aller personnellement à Bordeaux pour parler de toi à Antonin Bordes, le grand patron. »

Le Cozic fixa la bouteille de bourbon que le serveur venait de poser sur le comptoir avec deux petits verres. Il était abattu et hésitant. Il avait une nouvelle à annoncer qui lui pesait. Il se décida :

« Tu sais, Ti Jean..., je vais te faire de la peine. »

Jean-Marie avait retenu sa respiration et il lui semblait que ses yeux s'étaient dilatés tant il fixait Le Cozic.

« C'est au sujet de ta mère, Catherine... »

Pierre Le Cozic prononçait des paroles d'une voix mécanique et sourde.

« Elle est morte. »

Ce fut pour Jean-Marie un instant de vide, comme si les conversations s'étaient arrêtées tout à coup dans l'ombre menaçante du Parenti, comme si les consommateurs s'étaient figés, interrompus dans leurs gestes, inertes comme des statues, inexistants. Il s'entendit prononcer :

« Elle n'était pas malade. Elle était solide... Que s'est-il passé ? »

Le Cozic dit doucement :

« Un accident... en revenant d'Angleterre.

– En revenant d'Angleterre ? »

Pour Jean-Marie, cette révélation ajoutait l'absurdité à la douleur. Il cherchait à comprendre.

« Elle était partie pour deux semaines chez des amis anglais qui habitaient Londres...

– Des amis anglais ? » répéta Jean-Marie.

Le Cozic servit à boire d'un geste lent.

« Depuis quelques années, tu le sais, les Anglais se sont pris de passion pour la Bretagne. Ils trouvent le climat plus ensoleillé que chez eux. Ils ont fait construire des belles villas à Dinard, sur le front de mer, autour du casino. Les Hope-Simpson étaient des gens très curieux. Ils étaient riches et

solitaires... Ils trouvaient Dinard trop mondain. Ils
ont fait construire une belle maison à Saint-Briac,
à côté de *La Javotte*, dans les pins maritimes, en
retrait du chemin des Douaniers. L'été dernier, en
août 1905, les travaux n'étaient pas finis aux Alcyons,
la villa des Hope-Simpson. Catherine a accepté de
leur louer la moitié de sa maison. Ils sont devenus
amis... et ils ont tellement insisté pour lui faire
connaître l'Angleterre, qu'elle a accepté leur invitation. Elle est partie avec les Hope-Simpson, au
début du mois de novembre. J'étais de passage à
Saint-Briac. Elle m'a envoyé un mot de Londres
pour me demander de venir l'attendre à Saint-Malo,
à l'arrivée du ferry, le *Hilda*, à dix heures du soir, le
5 décembre. »

Il but une gorgée et reposa son verre.

« Le *Hilda* n'est jamais arrivé à Saint-Malo...

— Il a coulé? fit Jean-Marie, le regard fixe. Comment est-ce possible?

— On ne le saura jamais, répondit Le Cozic en
haussant les épaules. Le 5 décembre dans l'après-
midi, je suis arrivé à Saint-Malo par le vapeur à
roues de Dinard. Je me suis promené un peu dans
les murs et j'ai été boire une bière au Bar de
l'Univers. J'ai mes habitudes. Vers six heures, j'ai
longé la digue du bord de mer pour me rendre chez
le captain Briand... Il m'avait invité à dîner. C'est là
que je me suis rendu compte que le temps prenait
une sale gueule. Toute la journée, on avait eu droit
à un vent de noroît, costaud, avec une succession de
grains de plus en plus solides. Avec l'obscurité sont
arrivées des rafales de tempête, toujours au nord-
ouest, et la neige s'est mise à tomber. J'ai eu du mal
à arriver chez Briand. Sur la digue du front de mer,
on ne voyait pas à trois mètres et le vent me jetait
contre les murs des maisons. Derrière ses doubles
vitrages, en débouchant une bouteille de muscadet,

Briand m'a dit : " Vous allez dormir ici cette nuit. Le *Hilda* va sans doute rester au large. " J'ai dit : " Faut espérer... " Briand m'a rassuré : " Le *Hilda* est commandé par Grégory. C'est un bon captain, Grégory, et qui connaît la baie de Saint-Malo comme sa poche... Il attendra que le temps se calme un peu, qu'il puisse voir plus loin que le bout de sa passerelle, pour s'engager dans les passes. Il ne prendra pas de risque. " On ne saura jamais pourquoi il a pris des risques... », conclut Le Cozic.

Jean-Marie demanda simplement :

« Catherine est morte... noyée?

– Il faisait un froid épouvantable, Ti Jean, précisa Le Cozic. Elle est morte d'une congestion... »

Il se ressaisit :

« Le lendemain matin, à sept heures et demie, on a pris notre petit déjeuner ensemble, avec le captain Briand, dans la salle à manger. Il était soucieux. Il m'a dit : " C'est curieux, le temps est tombé et je n'entends pas les machines du *Hilda*. " Une heure après, c'est le tocsin qu'on a entendu... Le jour était levé dans une aube violette et un ciel pommelé. Briand a installé sa longue vue. On a compris tout de suite... Au large, par le travers nord-ouest de l'île Cézembre, des bateaux tournaient en rond à la hauteur d'un haut-fond rocheux qu'on appelle le Jardin. C'est là que le *Hilda* s'était fracassé, dans la nuit... »

Jean-Marie commençait à ressentir dans sa chair les premiers assauts de la détresse. Il vit en un instant la grande maison de Saint-Briac et il se dit qu'elle était vide; le gouffre de l'absence vint le gifler de plein fouet. Il sentit sa gorge se serrer et dit machinalement, avec dérision :

« Elle voulait que j'abandonne la voile. " C'est trop dangereux ", qu'elle disait... Tu vois, elle est morte dans le naufrage d'un ferry à vapeur... »

Pierre Le Cozic resta muet. Il leva les yeux et vit son ami qui vidait d'un trait son verre de bourbon.

« On a retrouvé son corps?

– Oui. C'est un des premiers que les sauveteurs ont sortis de l'épave... On l'a enterrée au cimetière de Saint-Servan, à côté de Joseph Morvan. Briand est venu aux obsèques. Il était digne, vêtu d'un manteau noir et d'un chapeau mou... Après les obsèques, on a été boire un muscadet dans un bar, rempli de terre-neuvas, au port des Bas-Sablons. Il était triste, surtout pour toi. Il t'aime bien, Briand. Il m'a dit : " C'est un bien grand malheur pour Quéïnec. Et en plus, on ne sait même pas où il est! " Je lui ai dit : " Nous, on ne sait pas. Mais sa mère, Catherine, maintenant, elle sait... " »

Jean-Marie, intrigué, regardait Le Cozic, l'esprit soudain en alerte.

« Briand aussi a été étonné, quand je lui ai dit ça. »

Le Cozic prit un temps, puis avec sérieux, il dit :

« C'est une idée de ma mère. Elle pense que quand on est mort on devient beaucoup plus libre. Tu comprends, c'est notre corps qui nous retient et qui nous pèse. Une fois que l'on est débarrassé de lui, tout devient facile. Rien ne nous arrête. On va où on veut, aussi vite que l'on veut. On retrouve les êtres que l'on aime et qui sont encore vivants, qui ne sont pas encore dépouillés de leur carcasse... Quand j'étais enfant et que je faisais une bêtise, elle me disait : " T'as pas honte? Devant ton père! " Les copains de l'école, de la classe du père Renault, repartaient souvent de la maison les yeux ronds... Moi, j'ai fini par m'y faire. Mon père, je sais qu'il est à côté de moi. Des fois même, on se parle... Mais c'est pas comme avec les vivants : c'est seulement avec le cœur. »

Jean-Marie restait figé dans son chagrin. Il ne croyait pas un mot de ce qu'il venait d'entendre. Sa mère était au fond de la terre, c'était la seule chose indiscutable. Sorti de là, il n'y avait que des paroles apaisantes. Et des divagations.

Il pensait que Pierre Le Cozic avait parlé pour la forme, en guise de condoléances. Il se trompait. Le Cozic croyait dur comme fer à ce qu'il venait de dire; les esprits qui voyageaient hors de l'espace et hors du temps, les morts qui surveillaient les vivants. Il entendait bien convaincre celui qu'il considérait comme son « petit frère ». Et ce n'était pas tout... Lors de sa visite à la Cage aux lions, il avait rencontré Maggy. Ils avaient parlé ensemble un moment. Elle lui avait donné des nouvelles de Jean-Marie et il lui avait parlé de Briand, de l'ennui qui le rongeait au long des jours, dans sa maison de Saint-Malo. Il dit aussi la mort de Catherine dans le naufrage du *Hilda* et elle en ressentit de la tristesse. En milieu de soirée, Loumis était arrivé. Les deux hommes étaient restés distants. Ils n'avaient pas vraiment sympathisé : ils venaient d'univers trop lointains. L'amitié, malgré tout, nécessite un minimum de fréquentations et demande un peu d'habitude. Et puis ils ne s'exprimaient pas dans la même langue... Grâce à la traduction de Maggy, Pierre Le Cozic avait compris. Il avait même tout compris... La passion destructrice de Jean-Marie pour Samantha, sa chute morale, sa haine envers Lexington. Loumis avait profité d'un moment d'éloignement de Maggy pour lui faire comprendre d'un geste, deux doigts raidis à l'horizontale pour imiter un pistolet, la conclusion qu'il redoutait pour cette aventure.

Dans la pénombre lourde du Parenti, Le Cozic

entendait bien confier à Jean-Marie ce qu'il pensait de son comportement. Il lui ferait éviter le pire. Il était décidé à profiter du coup de tonnerre de la mort de Catherine pour lui faire entendre raison. Le faire changer de cap. Un coup de vent purifie le ciel. Petits nuages, diablotins et goudrons soignés : tout y passe... Le Cozic appliquait aux êtres la science qu'il avait apprise sur les bateaux. Il était sûr du résultat.

« Tu ne crois pas que ta mère te voit, maintenant qu'elle est morte? reprit-il devant l'attitude sceptique de Jean-Marie. C'est que tu y as intérêt. »

Jean-Marie le regarda, étonné.

« T'as intérêt à ce qu'elle ne te voie pas en ce moment..., précisa Le Cozic d'une voix dure.

— Tu pourrais t'expliquer? fit Jean-Marie, buté dans son chagrin.

— Vaut mieux pas qu'elle sache ce que t'es devenu... »

Jean-Marie ouvrait des yeux stupéfaits. Le Cozic prit son temps, but d'un trait son petit verre de bourbon et le reposa.

« Que tu deviennes un richissime Américain, ça me ferait plutôt plaisir. Je te souhaite tous les bonheurs; la vie à Nob Hill, en costume clair et panama, est plus agréable que sur un grand voilier, et même dans une cabine de captain. »

Jean-Marie haussa les épaules :

« J'ai été shangaïé, j'ai pas choisi.

— C'est seulement le malheur que tu as choisi, alors? »

Pour la première fois, Le Cozic s'adressait à Quéinec d'un ton agressif. Il éprouvait une sensation curieuse. Les mises en garde et les coups de gueule font partie de l'amour, mais il l'ignorait. Il manquait d'expérience. Il savait simplement qu'il irait jusqu'au bout.

« Loumis m'a raconté; tu délaisses tes amis, les gens qui t'aiment. Maggy l'a confirmé. Elle ne te voit plus guère. Tu lui dois pourtant ta fortune, tes bottines de notaire et tes chaînes en or d'armateur. Tu donnes ce que tu as de plus précieux en toi, les minutes qui passent, le temps, à une fille aux yeux verts comme la mer d'Irlande, paraît-il... et au cœur dur comme le granit du cap Lizard.

— Je ne vois plus Samantha, réagit Jean-Marie.

— C'est vrai. Elle te délaisse et tu en souffres... »

Il n'en revenait pas, Le Cozic. Il constatait un phénomène inattendu. Une curiosité. Il dit, cherchant dans sa mémoire :

« Je me souviens, il y a quelques années, la même chose est arrivée à un vieux matelot... On faisait la route du Horn et de Valparaiso et on était allé relâcher en Afrique dans un petit port du cap Vert, suite à une avarie de gouvernail... Au bout d'un mois, on va pour repartir et on s'aperçoit qu'il manque un marin : le père Guillerme, un ancien, le plus vieux du bord, un brave bougre natif du Mont-Saint-Michel, aussi peu causant que les moines de l'abbaye, mais beaucoup plus alcoolique. Le bosco a fini par le retrouver. Il vivait dans un village de l'intérieur du pays, au milieu des Noirs, parmi les cases, avec les femmes qui pilaient le mil et les poulets qui couraient dans tous les sens. Il nous a présenté une vieille édentée : sa future épouse. Il était amoureux, lui aussi, il voulait se marier. Il ne voulait plus partir... Le bosco est venu au rapport auprès du captain. Il a conclu : " J'ai déjà entendu parler de ce genre de mystère, captain... Les Africains disent : il a été " marabouté ". Il n'y a rien à faire. Il faut le laisser! " Le captain, qui en avait vu d'autres, s'est étranglé de stupéfaction : " S'il arrêtait un peu de picoler, Guillerme, il serait moins " marabouté ", comme vous dites... " Il s'est mis à rigoler franchement. Il a répété " marabouté ", plusieurs fois. Le mot lui plaisait. Il a fini par reprendre son sérieux : " Ramenez le Guillerme, et de force s'il le faut. Je vais le mettre à l'eau douce jusqu'à Valparaiso. Et retour... Vous allez voir, je vais le " démarabouter ", moi! " »

Le Cozic regarda de nouveau Jean-Marie.

« Guillerme n'est pas près d'oublier sa mésaventure. " Etre amoureux, je l'ai entendu expliquer l'année dernière à la grosse Jeannie, du Mouton bleu, c'est comme une infirmité. Moi, je le sais : j'ai été marabouté. C'est pareil... Tu te retrouves avec du mou de chat dans la tête. T'as plus de volonté. Et tu peux être amoureux d'une horreur! Ça n'a pas d'importance. De toute façon, t'as plus les yeux en face des trous..., tu vois plus clair. T'es un débris. " »

Le Cozic, dans l'obscurité du Parenti, vit son ami qui haussait les épaules.

« Et encore, reprit-il d'un ton cassant et sous-entendu, Guillerme ne voulait tuer personne, lui.

— Qu'est-ce que tu veux dire? fit Jean-Marie, nerveux tout à coup.

— Tu veux faire la peau à Lexington. C'est un secret pour personne... Tu vas tuer un homme de sang-froid, Ti Jean, tu vas te conduire comme un voyou. C'est pas faire honneur à ceux qui t'aiment et qui vont savoir ce que tu as fait, ou même qui vont voir... Sans compter que les malfrats de Lexington auront vite fait de te régler ton compte. Ou la justice américaine... Ou alors tu passeras le reste de ta vie, comme un paria, de pays en pays, ça revient au même. Suis le même traitement que le vieux Guillerme : Valparaiso et retour à l'eau douce, ou l'équivalent. Tu verras : tu ne penseras plus à Lexington, ni même à la fille aux yeux verts... et tu pourras regarder un peu ceux qui attendent que tu reviennes, que tu sois toi-même. Ils le méritent. Et je crois qu'ils s'impatientent! »

Le Cozic avait vu juste. Il avait associé les amours de Jean-Marie à la mort de sa mère et, par comparaison, ceux-ci étaient devenus dérisoires. Par moments, pourtant, l'image de Samantha lui revenait en assauts douloureux. C'était alors un déferlement de visions aiguës et de sensations cruelles qui le submergeaient. Le chemin de l'oubli revient souvent sur ses pas.

Le lendemain, dans l'après-midi, il décida de rendre visite à Loumis, dans l'atelier qui occupait désormais tout le dernier étage de la maison de Columbus. Heinrich Stehler était occupé à installer des meubles au rez-de-chaussée.

« Je suis seul aujourd'hui, dit-il. Vous n'avez pas de chance. Surtout que Loumis regrettait que vous ne veniez jamais le voir. Je vais lui apprendre votre visite, il va être content. Il est allé à l'université, aujourd'hui. Vous le trouverez peut-être à la sortie... »

Mais Jean-Marie ne le vit pas à l'université. Julia n'était pas venue non plus ce jour-là, à l'école d'art de Bush Street. Il l'attendit une heure. « Mes efforts ne sont pas récompensés », pensa-t-il, et cette idée ajouta à son immense lassitude. Puis il se dit que tout cela n'était que justice. A sept heures du soir, il reprit enfin le chemin de son bureau vers Russian Hill, dans l'animation des rues et le crépuscule qui montait du port.

« Loumis m'a appris pour votre mère... », fit doucement Julia.

Mais Jean-Marie fit signe de ne plus en parler. La

509

vision du *Hilda* en perdition lui revenait et c'était une image insoutenable, comme la tombe qu'il imaginait à Saint-Servan ou *La Javotte*, dans les pins maritimes, devenue déserte et les volets clos. Sur le pont arrière de l'*Aloa Ohe* appuyé à la lisse, dans l'éclatement tendu de la grande voile d'artimon, Jean-Marie regardait San Francisco qui commençait à se voiler au loin. Par instants, les longs cheveux noirs que Julia avait dénoués venaient lui caresser la joue. Il prenait la route d'Hawaii à la fois meurtri et libéré. Julia, par instants, lui adressait un regard chaleureux. Finalement, il avait accepté de l'accompagner dans ce voyage vers les îles, où elle devait retrouver son père. Se retrouver sur un vrai voilier, sentir le vent du large et la houle du Pacifique était la meilleure des thérapeutiques, avait-il pensé. Le meilleur moyen d'oublier.

Maggy avait décidé d'accompagner Jean-Marie au wharf de Clay Street où l'*Aloa Ohe* était amarré. Elle venait d'acquérir une voiture automobile de marque Ford et Jefferson ne se débrouillait pas trop mal pour piloter l'engin. Il avait de bons réflexes et le sens de la trajectoire. Ses notions de mécanique, par contre, laissaient à désirer. La moindre panne prenait des proportions dramatiques : une fois le moteur arrêté, il était dans l'incapacité de le remettre en marche. Il retirait sa veste et son canotier en pestant, relevait les manches et faisait tourner la manivelle de toute sa puissance de boxeur poids lourd. Au bout d'une demi-heure, Maggy remontait chez elle en fiacre, et une heure après Porfirio à pied, tenant par la bride Queen Jane et Lolita, arrivait pour prendre en remorque la voiture.

Le départ de Jean-Marie Quéïnec pour Hawaii était pour Maggy un événement important. Elle lui avait dit :

« Vous commencez une nouvelle vie. Une nou-

velle fortune, peut-être? Loumis, entre deux aquarelles, s'occupera très bien de vos affaires. Vous
allez devenir un milliardaire du sucre. Un métier
très en vogue et qui conviendra à merveille à votre
type d'élégance... »

Compte tenu des places disponibles dans la Ford,
Jean-Marie, en compagnie de Loumis et de Le
Cozic, était descendu vers le pont dans le landau de
Porfirio, tiré par les juments fringantes, Maggy et
trois de ses dames suivant derrière, dans le véhicule
vrombissant conduit par Jefferson. Sur le wharf de
Clay Street, la Ford s'était fait attendre une heure.
Julia, entre-temps, dans le matin clair, était descen-
due du *Martinez* sur un autre ponton. A côté d'elle,
Sarah, vêtue de noir, tenait un grand sac de voyage
et, derrière, Fachetti portait sur l'épaule une malle-
cabine.

« Vous veillerez bien sur ma petite Julia, monsieur Jean-Marie... »

Le destin savait parfois se montrer généreux. Au
fond d'elle-même et en secret, Sarah en convenait
volontiers.

Maggy finit tout de même par arriver à l'embarcadère. Porfirio s'impatientait : le remorqueur
venait de lancer une aussière à l'avant de l'*Aloa Ohe*,
un petit schooner à trois mâts, propriété de Charles
Bishop, qui faisait à l'occasion la traversée San
Francisco-Hawaii.

Maggy n'était pour rien dans ce retard. Elle
protesta de sa bonne foi : la Ford avait eu une
panne, une de plus, au beau milieu de Market
Street. Jefferson avait été obligé de tomber la veste
et de ramper sous la voiture. Elle trouva Jean-Marie
défait : il s'efforçait à des sourires un peu raides, il
affichait la bonne humeur devant les plaisanteries
de Loumis qui lui conseillait de profiter de sa
nouvelle vie hawaiienne pour apprendre à danser le

hula. Mais il ne trompait personne. Elle fit des compliments à Julia sur ses yeux noirs qu'elle trouvait d'un velours profond et les beaux reflets de sa chevelure. Julia en rougit. Elle lui dit aussi qu'elle connaissait son père, William Thorndike, qu'elle le trouvait agréable et distingué et, apercevant Porfirio qui la fixait d'un sourcil réprobateur, elle s'empressa d'ajouter qu'il lui avait été présenté un jour, par Briand, lors d'une réception au Bohemian Club...

Un homme d'une cinquantaine d'années, le teint hâlé et le regard noir, descendit la passerelle de l'*Aloa Ohe*. Il était vêtu d'un pantalon blanc et d'une veste bleu marine, sur une chemise blanche à col ouvert. Il retira sa casquette et tendit à Julia une main franche.

« Je suis le capitaine Matthews, mademoiselle Thorndike. Il ne faut plus tarder. Le remorqueur nous attend. »

Julia acquiesça et jeta un regard vers Jean-Marie. Elle le vit replié sur lui-même, voûté sous le poids d'une infinie tristesse. Elle entendit Le Cozic, près de lui, qui parlait d'une voix douce :

« Faudra écrire de temps en temps. A Maggy et à Briand aussi. Nous envoyer un petit mot, donner des nouvelles. C'est une autre vie qui commence pour toi. Le bonheur, Ti Jean, s'il t'arrive, faut lui faire fête. Battre le tambour. Le bonheur est susceptible et m'as-tu-vu : il aime qu'on parle de lui. »

Le voyage dura trois semaines. Les alizés soufflaient de nord-ouest et le « schooner sans corne » d'une trentaine de mètres, élégant et rapide, faisait du près, souple et fier, dans la longue houle qui se creusait dans le soleil clair du Pacifique. Jour après jour, Jean-Marie renaissait à lui-même. Il apaisait le chagrin de la mort de sa mère et la morsure profonde de l'infidélité de Samantha dans des promenades sur le pont du voilier et de longues stations, silencieux, sur le gaillard d'avant, à écouter les focs puissants et bien tendus qui respiraient en claquements lourds et gémissaient sur leurs points d'amure. Julia l'évitait avec douceur. Elle restait assise sur la plage arrière, dans le fauteuil que le captain Matthews lui avait fait installer, un foulard noué autour de la tête pour se protéger du vent. « Observer quelqu'un dans son malheur, pensait-elle, c'est violer son intimité. » Elle restait à l'écart. Pendant les repas, le captain Matthews assurait à lui seul la conversation. C'était un homme à la fois discret et chaleureux, un officier britannique qui avait pris le goût des îles Hawaii et s'y était installé depuis plus de trente ans.

« Royaume pour royaume, dit-il un jour, j'ai choisi le soleil, la mer chaude et transparente et les punchs aux fruits de la passion de l'Asiatic Hotel... Liliuokalani valait bien la reine Victoria, encore que je ferai quelques réserves sur sa veine poétique. »

Julia éclata de rire. Elle regarda Jean-Marie.

« La reine Liliuokalani écrivait des poèmes en langue hawaiienne, expliqua-t-elle, et en anglais. Des quatrains..., des choses très inattendues. Des chansons d'amour aussi, qu'elle interprétait elle-même, de sa grosse voix rauque, en s'accompagnant au yukulélé. Terrifiant!

— C'est vrai que Liliuokalani était un personnage très curieux, confirma Matthews. Tout à l'image de la vie sous son règne. Les baleiniers plutôt brutaux se mêlaient aux escrocs distingués, comme le parfum de ilang-ilang aux frissons de l'opium... Aujourd'hui, les Etats-Unis apportent l'ordre et la paix. Après tout, c'est peut-être mieux comme ça, ajouta-t-il avec nostalgie. »

Un après-midi, il entraîna la conversation sur les bateaux à vapeur, ces machines honnies, ces fléaux dangereux, ce qui était d'une gravité relative, et inesthétiques, ce qui était déjà moins excusable. Il prêchait des convaincus.

« La partie n'est pas encore perdue, fit remarquer Jean-Marie qui prenait la parole pour la première fois. Les armateurs et les architectes ont trop vite baissé les bras. Le cinq-mâts schooner *Julia* était à même de rivaliser avec le meilleur cracheur d'escarbilles. Peut-être en apportera-t-il la preuve, un de ces jours? »

Julia le regarda, avec un sourire étonné. Après le repas, tandis qu'il faisait quelques pas sur le pont, elle lui demanda des explications sur ce qu'il venait de dire.

« C'est vrai que j'ai gagné de l'argent dans la reconstruction de San Francisco, expliqua Jean-Marie. L'idée m'est venue, il y a quelques jours, en retrouvant le plaisir que procure une belle goélette, bien gréée, la coque bien profilée et les écoutes écartées... Je pourrais vous aider à refaire fonctionner le chantier. Vous remettrez en état le *Julia*... »

Il regarda la jeune fille. Il reprenait confiance peu à peu et ses yeux bleu pâle s'éclairaient d'une joie intérieure.

« ... On s'offrirait un beau lancement, avec sirènes de remorqueurs, rubans et bouteilles de champagne. Par la même occasion, on retaperait aussi le *Saint-Pol*. J'y suis très attaché. »

Julia s'accouda contre la lisse, regarda la mer un instant et se tourna vers Jean-Marie. Elle était bouleversée par la proposition qu'il venait de lui faire. Au bord des larmes, elle sentait ses lèvres qui tremblaient un peu. Elle fit un effort pour se ressaisir :

« Vous voulez taquiner Thomas Lexington? »

Il fit « non » de la tête. Elle sentit qu'il s'était éloigné de ses démons habituels, de son obsession. Il se séparait de son monde de ténèbres. Elle reprit :

« Mon père, William Thorndike, a décidé de tirer un trait sur Merritt Shipyard. A Hawaii, il pourra oublier les bateaux. C'est pour ça qu'il est parti..., ne plus en entendre parler. Jamais.

– On ne peut pas lui faire changer d'avis? » demanda Jean-Marie, soudain triste.

Julia prit un temps, comme pour rassembler tous les éléments du problème, et dit, en lui lançant un regard soudain vif et rieur :

« Rien ne nous empêche d'essayer! »

En ce 15 août 1906, au moment où l'*Aloa Ohe* jetait l'ancre au mouillage d'Honolulu, à l'heure tiède de l'après-midi où le vent caressait d'un souffle les palmiers du front de mer, devant les grands hôtels et le casino qui enluminaient le port, William Thorndike avait déjà commencé une nouvelle vie. Il avait décidé en effet de mettre en exploitation ses terres de Maüi, ancienne propriété de Colemane, et d'en tirer des revenus aussi confortables que les autres exploitants sucriers des îles. Ce projet, à lui seul, mobilisait toute son attention et toute son énergie.

Le soir même, un dîner fut offert dans la belle ville coloniale de Diamond Head, dans les cris étranges des oiseaux de nuit. Les lumières d'Honolulu scintillaient au loin. Après avoir une fois de plus levé son verre à la venue de sa fille et à la présence de Jean-Marie Quéïnec, événement qu'il qualifia sans ironie d'« d'infiniment heureux », William Thorndike évoqua les troubles dans les îles et, avant de s'asseoir, forma des vœux pour la paix.

Autour de la longue table aux couverts de fine porcelaine et d'argent, servies par des domestiques asiatiques en veste blanche, dans la lumière des torches et des lourds chandeliers, les personnalités d'Honolulu s'étaient installées en compagnie de leurs épouses. Charles Bishop était venu seul, sa femme étant morte depuis peu et enterrée dans la terre de ses ancêtres, le tombeau des rois, au sud de Hilo. Comme les autres hommes, il avait revêtu un smoking sombre et un nœud papillon, malgré la chaleur de la nuit d'été hawaiienne. C'était un être qui entrait dans la vieillesse avec sérénité et distinction. Il portait un collier de barbe taillé court, grise comme ses cheveux, qui faisait ressortir un regard sombre et un peu triste. Charles Bishop, depuis une vingtaine d'années, profitant du produit de la vente des terres de sa femme, était devenu banquier. Le premier des îles et, à la vérité, le seul. Sa puissance était considérable. Il avait accordé un soutien financier de première importance aux républicains contre la royauté et avait réussi à influencer certains hommes politiques de Washington pour aider à l'annexion. C'était la première personnalité d'Hawaii, bien avant le gouverneur Sanford Dole qui se tenait en face de lui à la grande table, à la gauche de William Thorndike. Quand il se leva, pour porter un toast, après l'allocution de William Thorndike, le silence se fit aussitôt :

« Mesdames et messieurs, dit-il en levant sa coupe de champagne, c'est une joie de se retrouver tous ici, ce soir, à l'invitation de notre cher William... »

Sa voix était chaude et assurée mais faible, à peine audible, le ton du puissant, habitué à ce que l'interlocuteur se donne la peine de prêter l'oreille.

« ... Tout au bonheur de l'arrivée de Julia et de son... ami. »

Il y eut une sorte de remous dans l'assistance, de nombreux invités ayant cru entendre « fiancé ». Julia ressentit une violente émotion en découvrant une étincelle de complicité dans le regard de Jean-Marie.

« Puisse leur bonheur être de bon augure pour les mois à venir dans les îles de l'Etat d'Hawaii... A ce sujet, le prince Kuio, notre délégué au Sénat, a pu m'informer que le *Glory of the Sea*, navire transport de troupes, arriverait la semaine prochaine de San Francisco avec, à son bord, mille cinq cents officiers, sous-officiers et soldats américains. Ils seront mis à notre disposition. »

Il prit un temps.

« Sur ma proposition, M. le gouverneur Sanford Dole a décidé de les affecter à l'île de Mauï et plus précisément à la protection de la propriété de William Thorndike, où, depuis dix ans, comme vous le savez, la situation des ennemis de la liberté..., des anti-Yankees, ne cesse de prospérer. »

Un crépitement d'applaudissements monta autour de la table. William Thorndike se leva et son émotion fit ressortir la maigreur de ses traits. Il prit sa coupe de champagne et prononça d'une voix mal assurée :

« Je les accompagnerai, si vous voulez bien, mesdames et messieurs... Je veux être le premier à rentrer sur mes terres. »

CHAPITRE XXV

L'ANNONCE, par la *Gazette d'Honolulu,* le grand quotidien d'Hawaii, de l'arrivée des renforts de l'armée
américaine fut suivie d'une baisse sensible de l'activité rebelle dans les îles. Au fur et à mesure que les
journalistes développaient l'information sur l'aide
militaire de Washington, bien naturelle puisque
Hawaii était désormais un Etat américain, la place
accordée aux troubles s'amenuisait. Certains rédacteurs se félicitaient que la seule perspective de la
présence américaine suffise à ramener l'ordre. D'autres étaient plus sceptiques. Ils se demandaient
« quelle était la tactique qu'entendait suivre
l'homme d'affaires de l'Ouest américain qui rému-
nérait la sédition », et chacun comprenait : Que
trame donc Thomas Lexington? C'était, pour la
majorité des personnes informées, un calme qui
précédait une tempête.

Jean-Marie Quéïnec tint à accompagner William
Thorndike sur ses terres de Maüï, dès l'arrivée des
marines américains. Julia aussi était du voyage. Son
père avait tenté, en vain, de s'y opposer :

« Ce n'est pas vraiment une partie de plaisir.
C'est beaucoup plus risqué. C'est une expédition...
La situation est agitée. Aucun planteur n'est par-
venu à vivre sur sa propriété. Des pillards incen-

518

dient les fermes et brûlent les champs de canne à sucre. Ce n'est pas un état d'insécurité. C'est un état de guerre. »

Elle avait haussé les épaules et regardé William Thorndike avec douceur.

« Je ne suis pas venue pour rester ici, dans notre villa de Diamond Head, à contempler la baie ou pour prendre le thé à cinq heures près des jets d'eau du casino d'Honolulu. Je suis venue pour être avec toi. Où tu iras, j'irai. C'est tout. Par mes propres moyens, s'il le faut. »

Jean-Marie était intervenu :

« Nous aurons la protection de l'armée, avait-il fait valoir à William Thorndike encore indécis. Les risques seront limités... Et puis, avait-il ajouté d'une voix chaude qui avait fait tressaillir Julia, avec les voyous de Lexington, on n'est en sécurité nulle part. Votre fille ne sera pas plus en danger avec nous à Maüi que seule, ou presque, à Diamond Head et, au moins, nous ne serons pas inquiets... »

Julia avait ressenti un moment de joie en entendant « nous..., nous ne serons pas inquiets ». Elle n'avait rien dit. Le bonheur arrivait à pas de loup. Elle retenait ses paroles et ses gestes pour ne pas l'éloigner.

Les militaires défilèrent dans Punchbowl Street. C'était de jeunes garçons, gauches dans leurs lourdes capotes de drap vert, les épaules tirées en arrière par de grands fusils et d'encombrants sacs à dos. Ils étaient vêtus de neuf et leurs casquettes de gros drap n'avaient pas eu le temps de s'effondrer, de devenir informes... C'était encore des enfants, malgré leur allure fière, au visage frais et à la peau tendue, parfois rosie par les tout premiers feux du rasoir. La population d'Honolulu qui se bousculait de chaque côté de la rue, dans les applaudissements, la nuée des confetti et l'éclat des petites bannières étoilées, les regardait avec une joie mêlée d'étonnement. Les Américains envoyaient leurs propres fils, à peine sortis de l'adolescence, pour les protéger et ramener l'ordre. L'émotion courait, diffuse, parmi les Hawaiiens solides au teint de sucre doré, les milliers de Chinois de la ville, les Haolés, les Blancs en costume léger et panama. C'était un grand honneur qu'on leur faisait. Ils y étaient sensibles et ils lançaient vers le ciel avec une vigueur accrue des nuages de confetti.

Au large de la côte est de Mauï, le *Glory of the Sea*, qui avait embarqué de nouveau ses mille cinq cents marines sur le pied de guerre, dut attendre que la tempête se calme. Avec septembre, la mousson était arrivée, les nuages bas avaient masqué le sommet des volcans à l'intérieur de l'île et un rideau de pluie voilait au loin le rivage, ourlé de cocotiers et de palmiers agités par le vent.

Le débarquement était prévu à Colemane-Ville, la cité la plus importante de l'île. Son nom à lui seul tenait lieu de cours d'histoire. Elle avait été construite de toutes pièces pour accueillir les immigrés chinois qui étaient venus travailler sur les terres de Colemane. C'était un entassement géométrique de maisons en planches, au toit de palme, petites cabanes délabrées aux volets battant dans le vent et ruisselantes de la pluie de la mousson. Les rues de Colemane-Ville étaient envahies d'herbe et la végétation grimpait sur les maisons, pénétrait par les fenêtres, assoupissait le lieu dans un sommeil végétal. Colemane-Ville était devenue une ville morte.

Au bout de deux jours, la tempête s'apaisa et le *Glory of the Sea* put franchir les passes, percées étroites dans la barrière de corail qui barricadait la baie. Les soldats débarquèrent sur la plage, en pelotons successifs. L'atmosphère vaguement inquiète des premières heures se détendit rapidement. Les maisons délabrées de l'ancienne cité des travailleurs des plantations ne cachaient aucun groupe de combattants royalistes. Seuls quelques indigènes, des familles grelottant autour de feux de planches, s'étaient réfugiés dans les bâtisses pour se protéger de la pluie. Une petite communauté chinoise, des commerçants qui faisaient du troc avec les Hawaïens, était également restée sur place. C'était une « famille élargie », une trentaine de personnes, qui occupaient la plus grande maison du village, l'ancienne demeure du chef de plantation. C'est eux qui donnèrent des renseignements quand le colonel Dixon qui commandait le détachement les interrogea, en présence de William Thorndike et de Jean-Marie Quéïnec.

« Les bandits sont dans la montagne », dit le chef de famille, un vieillard à la longue barbe blanche, maigre et aux traits creux. Il s'exprimait dans un anglais à peine compréhensible, un « pidgin » torturé. « Ce sont des Américains pour la plupart. Des Mexicains aussi, avec des cartouches en bandoulière et des poignards glissés dans les bottes. Ils ont brûlé les plantations que des Haolés avaient voulu exploiter au sud de l'île. Ils prétendent qu'ils luttent pour le retour de la royauté. Ils enrôlent les Hawaïens de force... Ils leur promettent du whisky. Et ils ne les gardent pas longtemps, leurs recrues, le régime est trop dur. Ils les entraînent pour la grande attaque contre Honolulu, c'est ce qu'ils disent. Seulement, l'alcool, ils le gardent pour eux... Les désertions sont nombreuses.

— Ils ne viennent jamais par ici? demanda William Thorndike.

— De temps en temps, fit le vieux Chinois. C'est

521

rare. Leur base est située vers la côte ouest, de l'autre côté des volcans. Des pêcheurs disent que des bateaux viennent les ravitailler. Ici, il n'y a rien qui les intéresse. Ils n'ont même pas mis le feu aux maisons.

— Ils pensent peut-être s'en servir, un jour ou l'autre, fit Thorndike d'un air pensif.

— S'ils savent que d'autres vont les habiter, fit le Chinois, ils vont se fâcher... et ils vont venir. Ils vont tuer tout le monde, conclut-il craintif.

— Ils ne tueront personne », fit le colonel Dixon d'une voix sèche et suffisante.

Jean-Marie regarda William Thorndike d'un air interrogateur. Le vieil homme haussa les épaules :

« Je serais étonné qu'ils n'essaient pas, dit-il. Nous aurons sans doute de leurs nouvelles... bientôt. »

William Thorndike s'était mépris sur la tactique qu'utiliseraient les combattants de l'indépendance d'Hawaii, les « hommes de la liberté » qui organisaient le retour de la royauté dans les îles et, en particulier, celui de Lexington sur les terres immenses dont il avait hérité. Ils demeuraient silencieux, tapis dans les forêts profondes, invisibles et insaisissables. Au bout d'un mois, les soldats pensèrent, avec quelque immodestie, que leur seule arrivée avait suffi à apeurer les agitateurs. L'atmosphère se détendait. Dans Colemane-Ville, transformée en camp retranché, la vie s'organisait. Les soldats avaient dressé des vastes tentes qui leur servaient de dortoirs et de cantines, entre les patrouilles et l'exercice des maniements d'armes du matin. Le soir, harassés, ils restaient de longues heures autour du feu qui réchauffait la nuit, près des fusils hérissés en faisceaux. Ils s'endormaient, serrés les uns contre les autres, engoncés dans leurs grandes capotes.

Dans les premiers jours, William Thorndike s'installa avec sa fille dans une des maisons du village abandonné. Ce n'était pas la plus grande, simplement la moins délabrée, mais il décida de n'y faire aucuns travaux. Dès que la plantation serait remise en marche, il ferait construire une belle villa coloniale sur les hauteurs boisées qui surplombaient la mer, un peu au nord de la ville déserte. Il fallait attendre un peu, accepter de bonne grâce les conditions précaires. « Nous menons une vie de pionniers », disait William Thorndike et Julia acquiesçait d'un sourire. C'était une chance inestimable. Une expérience unique.

Jean-Marie prenait ses repas avec eux. Chaque fois, les conversations roulaient sur les terres sucrières, la plantation où Jean-Marie, avec l'accord de Maggy, avait décidé d'investir une grande partie de sa fortune. La plantation Thorndike deviendrait la plus moderne du Pacifique. L'idée faisait l'unanimité et soulevait l'enthousiasme. La jubilation de l'entreprise naissante redonnait à William Thorndike une vigueur qui, au fil des événements tragiques des dernières années, avait fini par se faner.

« Faire des plantations Thorndike le modèle du modernisme et du rendement, c'est rendre hommage à Colemane, dit-il un jour.

– Hommage à Colemane ? » questionna Jean-Marie, sidéré.

Thorndike haussa les épaules, comme contraint à l'évidence de ce qu'il allait dire.

« Toute sa vie, Ezechiel s'est conduit comme un voyou, c'est vrai. Les terres de Mauï, il ne les a pas achetées. Et les Chinois qui y travaillaient, il ne les payait pas cher... Seulement, il a fait venir des ingénieurs, des géologues, des hydrologues et il a fait construire un étonnant réseau d'irrigation sur des dizaines de kilomètres. Un système dont la réalisation a demandé dix ans... Quand il a commencé à fonctionner, la production a tout de suite grimpé et Colemane a été expulsé. Rien d'étonnant à ce qu'il ait traîné les pieds pour partir. L'entrée de Maüï dans le XXe siècle, c'était tout de même son œuvre. »

Le soir, quand William Thorndike partait se coucher sur un lit de camp tendu d'une moustiquaire, Jean-Marie tenait compagnie à Julia pendant qu'elle faisait la vaisselle dans une grande bassine en fer-blanc, posée sur une table de tréteaux dans le coin de la grande pièce transformée en cuisine. Un soir, ils firent quelques pas ensemble sur la grande plage qui bordait les maisons de Colemane-Ville, près des feux des soldats qui se consumaient en crépitements vifs. La nuit était fraîche et Jean-Marie passa tendrement son bras autour des épaules de Julia.

« Sarah m'a demandé de veiller sur vous, Julia. Il faut vous méfier de la saison des pluies dans le Pacifique. On y prend un coup de froid aussi sûrement qu'un coup de lune... »

Il sentit la jeune fille se serrer contre lui.

« Vous parlez comme si vous aviez passé toute votre vie dans les îles, comme si vous étiez un Haolé de pure souche.

— Je le deviens. San Francisco et Hawaii deviennent mon deuxième pays. Le plus important à mes yeux... Pas celui qui m'a été donné, celui que j'ai choisi...

— La France va vous manquer. Vous y retournerez un jour... d'ailleurs, vous m'emmènerez peut-être avec vous. Pourquoi pas?...

— Vous voulez connaître Paris, le Café de la Paix,

les élégantes de Longchamp? » demanda Jean-Marie d'un ton ironique.

Julia le regarda avec surprise et douceur.

« Non, dit-elle simplement. Le Gai-Paris ne m'attire pas. J'ai envie de connaître les lieux de votre enfance. Les endroits où vous avez grandi... »

Il la sentait palpitante près de lui.

« Vous me présenterez les amis de votre jeunesse. Ceux qui vous appellent Ti Jean. »

Il éclata de rire.

« Il n'y a que Le Cozic qui m'appelle Ti Jean. »

Il sentit son rire qui peu à peu sonnait faux, sa bouche qui se contractait. Il perçut les battements de son cœur qui martelaient sa poitrine, rapides et forts. Il se rendit compte qu'il tenait Julia de plus en plus serrée contre lui. Il la vit qui le regardait avec un regard noir brûlant. Il inclina la tête vers elle et elle entrouvrit ses lèvres. Ils furent ensemble, loin de tout, dans un instant humide et tendre.

Au bout de six semaines, le colonel Dixon apporta à William Thorndike des assurances formelles sur la paix civile dans Mauï.

« Je suis en mesure de vous affirmer que tout danger séditieux est désormais écarté », dit-il sans s'être départi un instant de ses intonations hautaines.

William Thorndike regarda Jean-Marie et fit, se rendant à l'évidence, malgré lui :

« J'ai du mal à y croire, mais c'est ainsi. Les brutes de Lexington se sont transformées en gentlemen soucieux d'ordre et de droit. Je ne savais pas l'ambiance des îles à ce point propice à la magie...

– Le rapport des forces ne leur est pas favorable, dit Jean-Marie. Tant que nous vivrons dans un camp retranché, nous ne risquons rien... Ils feront sans doute parler d'eux quand on ne les attendra plus. »

Le colonel Dixon se contenta d'une moue dubitative et un peu méprisante. Deux jours plus tard, le *Glory of the Sea* au mouillage en face de Colemane-Ville embarqua le régiment du colonel Dixon qui laissa toutefois sur place une compagnie de fantassins commandée par un jeune capitaine. Le colonel Dixon ayant donné son accord, des centaines d'hommes, Chinois, Japonais et Indonésiens, arrivèrent pour travailler sur les plantations Thorndike de Maui. C'était des bateaux de toute sorte, schooners, jonques, sinagots et vapeurs fatigués qui déversaient quotidiennement leur cargaison de main-d'œuvre sur la grande plage de l'est de Maui, hommes venus du bout de l'Asie et des îles indonésiennes, Australiens rudes et silencieux venus se constituer un petit pécule ou un grand trésor, avant de retourner chez eux.

Avant le déferlement des coupeurs de canne à sucre était arrivé Max Tolby, à bord de l'*Aloa Ohe*. Max Tolby était l'un des plus anciens spécialistes de l'exploitation sucrière des îles Hawaii. C'était un homme de forte corpulence, qui avait sereinement dépassé la cinquantaine et dont la compétence en matière de plantation n'avait d'égal que la paresse. Il n'avait accepté d'organiser le travail sur la propriété Thorndike que sur la demande expresse de Charles Bishop et aussi, ce qu'il avait admis sans difficulté, suite à une série de revers subis au casino d'Honolulu.

C'est Max Tolby qui apprit à Jean-Marie le métier d'exploitant sucrier, une occupation difficile, physiquement éprouvante, sans rapport avec le dilettantisme d'un « milliardaire du sucre », tel que l'imaginait Maggy. Max Tolby, malgré son « demi-siècle dépassé », ainsi qu'il le répétait volontiers, et en dépit de la réputation de paresse dont il se prévalait, était d'une énergie inlassable. Il prenait son petit déjeuner dans la fraîcheur des dernières heures de la nuit avant l'aube, toujours avant cinq heures du matin; des œufs sur le plat, des steaks et des haricots qu'il préparait lui-même. Dans les premiers temps, Jean-Marie eut du mal à soutenir le rythme tranquillement échevelé du planteur.

« Vous êtes un être dangereux, Max, lui disait-il pendant le petit déjeuner, en réprimant difficilement un bâillement... Vous êtes un oiseau de nuit, un insomniaque.

– Un lève-tôt, reprenait Max Tolby, souriant, dans une forme éclatante, en retournant d'une main assurée les steaks sur le gril. Les ouvriers ne me voient jamais dormir. Ils finissent par s'imaginer que je suis un être à part. La discipline s'en trouve simplifiée. L'autorité est fille du mystère. »

Jean-Marie en convenait.

« Tout de même, Max, objectait-il, vous auriez pu mettre au point un mystère qui nous laisse dormir.

– Faire partie de l'univers des dieux demande quelques sacrifices... », concluait Max Tolby.

Et il servait avec jubilation le café brûlant dans des gobelets en fer-blanc.

Le soleil se levait à peine, dans l'aube rougissante et fraîche de la mousson du Pacifique, quand ils quittaient les baraques de Colemane-Ville. Il fallait parcourir des dizaines de kilomètres dans les champs de canne à sucre pour faire l'état des lieux, envisager une méthode de travail, estimer les possibilités d'exploitation dans les vallées étroites, serrées contre les contreforts des volcans, et évaluer le coût de la remise en état du réseau d'irrigation désormais tombé en ruine. De points d'eau en vallées sucrières, les deux hommes sillonnaient pendant des heures la superficie des terres acquises par Thorndike, dans la tenue habituelle des coupeurs des îles, chemise et pantalon de grosse toile bleue, chapeau de paille et bottes de cuir pour se prémunir des piqûres des petits serpents verts qui rampaient sur le sol. Le reste de la journée se passait à contrôler les équipes qui taillaient les cannes à coup de machette et l'embarquement des coupes dans de lourds bateaux à vapeur qui faisaient plusieurs fois par semaine la route d'Honolulu.

Au crépuscule, ils se baignaient dans la mer, tiède et transparente, alors que le soleil disparaissait lentement derrière les volcans. C'était l'heure où les pêcheurs rentraient et où les ouvriers, sur la plage, allumaient des petits feux dans le frisson des palmiers.

Julia et William Thorndike les attendaient pour le dîner, dans la maison que le nouveau propriétaire de Colemane-Ville était en train de faire construire sur la colline boisée qui surplombait la baie. L'atmosphère était douce dans la grande salle à manger – à peine achevée – qui s'ouvrait sur la mer dans une immense baie vitrée, meublée dans la rigueur des bois des îles, assouplie de rocking-chairs accueillants. Les conversations s'éloignaient rarement du domaine sucrier. William Thorndike parlait peu. Il écoutait Max Tolby qui faisait le point de la situation et proposait des stratégies d'exploitation, ponctuées d'observations de Jean-Marie sur les difficultés du terrain et la générosité de la végétation. William Thorndike se contentait souvent d'acquiescer d'un mouvement de tête. Sa santé déclinait de semaine en semaine. Son regard s'éloignait du monde sensible, de l'activité et de la précision. Par moments, ses yeux noirs s'éclairaient d'une lueur chaude. C'étaient les instants où Jean-Marie s'approchait de Julia, profitant du moment où ils passaient à table ou d'un détail de travaux qu'elle tenait à lui indiquer. Des liens se créaient qui apaisaient son mal, dégageaient sa fatigue du poids de l'inquiétude.

« Et les voyous de Lexington, demanda-t-il un soir, toujours pas de trace?

– Ils se sont transformés en courant d'air, monsieur Thorndike, dit Max Tolby, en relevant les yeux de son assiette d'un air satisfait. Ils sont d'une discrétion unique... Impossible de trouver des traces de leur présence, ni chemin dans la forêt ni reste de feu de camp... D'après certains indicateurs que j'ai dans les communautés de pêcheurs, ils seraient repartis. Les Hawaiiens favorables au retour de la royauté sont également revenus chez eux. Ils lancent de nouveaux des filets... C'est moins dangereux que des grenades.

– Je vous trouve bien optimiste, Max... », laissa tomber Jean-Marie.

Thorndike intervint d'une voix faible :

« Etes-vous sûr de tous les ouvriers?

– Ils sont trop nombreux pour que tout risque d'infiltration ait été supprimé, admit Tolby. Mais je suis certain des chefs d'équipe et des contremaîtres. J'ai épluché leur candidature... Je connais bien les planteurs du Pacifique. J'ai pris des assurances. Ils ne seraient pas longs à détecter les brebis galeuses. »

Jean-Marie fit un geste de la main, une invitation à la prudence.

« Je voudrais en être convaincu. Vous connaissez les planteurs. Moi, je connais Lexington... Il attend un moment favorable, qu'on l'ait un peu oublié. Il veut bénéficier de la surprise... »

Il ajouta d'un air pensif :

« Il va s'assurer que ses coups porteront. Il ne recule devant aucune cruauté. Au contraire. Il les recherche. Il a le goût de la violence et du sang. C'est inscrit au fond de lui... Il ne tardera pas à nous rendre visite. Pour le plaisir... Ne vous y trompez pas : chez Lexington, l'ambition n'est pas un but. C'est un prétexte. »

Au fil des jours, la vie dans les îles de Maüï s'enfonça dans un calme que ne venaient même plus troubler les orages de la saison des pluies. Max Tolby, pendant les petits déjeuners pris dans une ombre rendue plus douce par le retour de la saison sèche, ne manquait jamais de taquiner Jean-Marie sur la venue de plus en plus hypothétique des mercenaires de Lexington.

« C'est peut-être pour aujourd'hui, disait-il en mimant l'inquiétude.

— Qu'est-ce que tu veux dire? demandait Jean-Marie à peine réveillé.

— Eh bien, les délicats compagnons de Lexington! Tu sais, les révolutionnaires favorables à la royauté, les dynamiteros qui doivent mettre le pays à feu et à sang. »

Quéïnec haussait les épaules. Il ne se donnait pas la peine de répondre. Il ne pourrait jamais convaincre Max Tolby. Il se dispensait de fatigues inutiles.

Jour après jour, Jean-Marie Quéïnec finit, à son tour, à ne plus croire au retour du successeur de l'empire Colemane dans les îles. Le soir, après le repas, il proposait à Julia de faire quelques pas en sa compagnie. La jeune fille passait un châle autour de ses épaules et ils descendaient le chemin qui menait de la colline à la plage, et elle prenait soin de bien lui tenir le bras, l'endroit étant, expliquait-elle, particulièrement dangereux... Ils restaient de longs instants face à l'Océan, dans la nuit chaude, loin du murmure des ouvriers et des feux de bois qui déclinaient peu à peu. Elle se serrait contre lui. Il sentait sa respiration de petite chatte confiante et leurs baisers, peu à peu, prirent un goût d'avenir.

Les jours allèrent en diminuant. Les dernières pluies remontèrent dans le nord du Pacifique, lavant le ciel des îles d'un bleu timide. Pour le jour de Noël 1906, Max Tolby rédigea, en guise d'étrennes, un rapport qui indiquait que la plantation Thorndike de l'île de Maüi « tournait désormais à plein régime ». Il précisait également que Jean-Marie Quéïnec était maintenant bien au fait des affaires sucrières et qu'il pourrait désormais assurer seul la direction de l'exploitation. Il terminait en signalant que tout risque de troubles armés lui paraissait exclu, la présence d'aucun mercenaire n'ayant à ce jour été découverte. Il ajoutait, toutefois, qu'il n'avait pu, pour des raisons bien compréhensibles, pousser ses investigations jusque dans les cratères de certains volcans en activité...

Dans le salon de la maison à présent achevée du haut de Colemane-Ville, Jean-Marie reposa le rapport de Tolby avec un léger sourire.

« Je regretterai votre humour, Max », fit-il.

Il prit une bouteille de whisky sur un bar roulant et servit deux verres.

« Votre décision n'est peut-être pas définitive. »

Max prit le verre que lui tendait Jean-Marie. Pour la soirée de Noël, il avait passé un costume clair sur une chemise blanche. Le lourd planteur s'était tout à coup transformé en personnage élégant.

« Définitive et intangible, s'empressa de répondre Tolby. Un choix délibéré et irréversible. J'avais promis à Charles Bishop de vous mettre en selle avant la fin de l'année. J'ai tenu parole. »

Il sourit.

« Maintenant que vous êtes sur vos rails, je vais pouvoir m'occuper de chemins de fer. »

Jean-Marie le regarda, étonné.

« Je me comprends, poursuivit Tolby. Le casino d'Honolulu me démange. C'est ainsi. »

Il eut un regard amusé.

« Je vais flamber mes économies plus sûrement que Lexington vos champs de canne à sucre. C'est ma façon d'être. Dans six mois, peut-être moins, je reviendrai... »

Julia entra dans la pièce. Son visage était creusé, son regard assombri d'un voile de fatigue.

« Julia, fit Jean-Marie inquiet. Que se passe-t-il? »

La jeune fille alla s'asseoir près de lui sur le canapé de bois recouvert de coussin.

« Mon père se sent épuisé, murmura-t-elle. Il souhaite vous parler. »

William Thorndike avait fait allumer une petite lampe à huile, posée sur une table de nuit basse, qui diffusait une lumière douce où courait l'ombre d'un bananier du jardin.

« Vous m'excuserez, Jean-Marie, de n'être pas avec vous pour la soirée de Noël... Ma fatigue a raison de ma volonté. »

Il s'efforçait à un sourire douloureux. Ses cheveux blancs, retombant sur ses épaules, accentuaient sa maigreur.

« J'ai reçu un courrier de Charles Bishop... Il a des informations à nous donner sur l'état financier de l'exploitation. Vous irez sans moi. Je vous ai établi une procuration. Vous prendrez les décisions que vous jugerez bonnes. Demain, un vapeur chargé de cannes partira pour Honolulu. Prenez-le. »

Il posa sa main sur celle de Jean-Marie d'un geste paternel.

« Divertissez-vous un peu, prenez un punch aux fruits de la passion au bar de l'Asiatic Hotel à ma santé. Mais ne vous attardez pas trop. Julia va vous attendre, je la connais... »

Il laissa son bras retomber sur les draps.

« Le sommeil me gagne... Je vous verrai à votre retour. »

Jean-Marie ne revit jamais William Thorndike. Dans son grand bureau, au-dessus de Punchbowl Street, au cœur d'Honolulu, Charles Bishop l'informa que la situation financière de la société Thorndike devenait très favorable, les négociants ayant opéré leurs règlements et le prix du sucre sur le marché américain ayant connu une nouvelle hausse. Il lui demanda s'il souhaitait retirer l'argent qu'il avait investi et Jean-Marie déclara qu'il n'en voyait pas l'utilité. Bishop l'informa que l'*Aloa Ohe* mouillait en ce moment dans la rade et qu'il le mettait à sa disposition pour retourner à Colemane-Ville. Il lui dit aussi qu'il était un « ami de William de plus de trente ans » et qu'il sollicitait la permission de l'accompagner à bord afin d'aller rendre une visite, peut-être la dernière, à ce « cher William ». Jean-Marie sourit devant l'exquise courtoisie de Bishop. « La distinction, pensa-t-il, dépasse les modes, les codes et les formules. L'élégance est un état d'esprit. »

Max Tolby, sur le ponton qui avait été jeté sur la plage de Colemane-Ville où l'*Aloa Ohe* était venu s'amarrer dans la chaleur de midi, parla avec simplicité, après avoir retiré son chapeau de paille.

« William Thorndike est mort le lendemain de Noël, fit-il. Il y a trois jours. Il s'est endormi. La veille il m'a fait venir près de lui et il m'a remis une lettre. « *Mon cœur ne va pas tarder à m'abandonner. Vous prendrez connaissance de mes volontés. Après mon départ...* »

Ils firent quelques pas sur le ponton. Jean-Marie sentit Charles Bishop qui s'était éloigné d'eux, seul dans son malheur, le regard au-delà des baraques des ouvriers, bien au-dessus des palmiers du bord de mer.

Ce n'est qu'en 1910 qu'Eugène Briand apprit la mort de William Thorndike, par un courrier que lui adressa Jean-Marie Quéïnec. La nouvelle lui parvint par une belle matinée d'octobre, au moment où il s'apprêtait à son habituelle promenade du matin, sur la digue du front de mer de Saint-Malo. Il trouvait cette activité digne d'un grand vieillard. « Une promenade matinale et crépusculaire », disait-il. Mais il s'y résignait, sur ordre de son médecin. Il lui fallait un peu d'exercice. Il s'inclinait, à contrecœur.

*J'apprends aujourd'hui, au détour d'un article publié dans l'*Examiner, *que le* Gloria, *clipper britannique, a péri il y a bientôt trois ans dans une tempête au cap Horn,* écrivait Jean-Marie *d'une main ample et ferme. Faisant escale à San Francisco, il devait faire halte à Bordeaux. J'avais confié au captain une lettre à votre intention... Je crains que cette missive ne vous soit pas parvenue. Je la reprends donc du début... William Thorndike nous a quittés le 26 décembre 1906. Ses forces s'étaient amenuisées peu à peu depuis votre départ. Au retour de mon shangaïage, détour involontaire au Grand Nord dont vous avez eu des échos, je l'ai trouvé affaibli et las. J'avais accepté de tenter avec lui et Julia la remise en fonctionnement de sa plantation sucrière de Maui, dans l'Etat d'Hawaii. L'aventure s'est révélée moins dangereuse que nous le craignions. Le calme, dans l'île, n'a jamais*

été troublé... Elle nous a coûté par contre beaucoup de
force, de fatigue et d'énergie. William Thorndike a fini
par y laisser sa vie. Son cœur s'est arrêté d'un coup,
pendant le sommeil. C'est une mort que l'on peut
imaginer douce et qu'il méritait bien. Selon ses dernières volontés, il a été inhumé au cimetière de Colemane-Ville, un petit terrain situé en bordure des
rivages dans le prolongement des maisons des
ouvriers. Le lieu était tombé à l'abandon. On l'a
restauré à la hâte pour la circonstance. Il a expliqué
dans sa dernière lettre qu'il souhaitait être enterré
parmi les Hawaiiens, les Chinois, les Haolés..., tous
ceux qui ont contribué par le passé et contribueront
dans l'avenir à faire de la plantation un domaine riche
et productif. Selon ses dernières volontés, également,
le port de Colemane-Ville n'a pas été débaptisé. William Thorndike a voulu rendre un hommage à Ezechiel pour son œuvre de modernisation, pour l'infras-
tructure hydraulique qu'il a mise en place dans l'île et
qui désormais est devenue le bien commun. Il a voulu
aussi laisser par-dessus tout un message de paix et de
pardon.

L'enterrement a été bref. Un religieux espagnol a dit
quelques prières et la compagnie de fantassins américains a rendu les honneurs. Depuis maintenant quatre
ans, William Thorndike repose donc au cimetière de
Colemane-Ville. Quelques ouvriers chinois, indonésiens et polynésiens sont venus depuis reposer à ses
côtés, dans leur dernier sommeil.

J'ai épousé Julia six mois plus tard. Peut-être a-t-il
fallu la mort de ma mère et celle de William Thorndike pour que nos élans se soudent ? Peut-être le destin
aime-t-il à faire des détours avant de choisir un
chemin ? La cérémonie de mariage a eu lieu en juin
1907. La cathédrale Sainte-Marie, à San Francisco,
était à peine assez grande pour accueillir les invités,
tous ceux qui avaient tenu à être présents, les anciens

charpentiers de Merritt Shipyard et leurs familles, endimanchées et dignes, qui voulaient présenter leurs vœux à Julia, comme une ultime marque d'amitié envers William Thorndike. Les ouvriers de la Maggy's, la société de construction de travaux publics qui m'appartient désormais en totalité depuis que Maggy s'est retirée de l'affaire, avaient aussi voulu assister à la messe de mariage. Le père Mac Kinley qui disait l'office a su retenir son émotion. Il nous a bénis et nous a offert ses vœux de bonheur avec un grand sourire. Sarah, par contre, a pleuré pendant toute la messe, comme pour un enterrement... Maggy aussi a pleuré, des sanglots écrasés dans son mouchoir. Elle est venue avec toutes les pensionnaires de son établissement, réquisitionnées pour l'événement. L'émotion comme le rire est communicatif. Les dames de la Cage aux lions, robe d'organdi et chapeau emplumé des grands jours, ont fondu en larmes les unes après les autres. Arrivé au Sanctus, tout le personnel de Maggy étouffait des sanglots, deux rangées dans le fond de la cathédrale qui pleuraient à chaudes larmes, des petits miaulements qui se mêlaient au grondement des orgues.

C'est le souvenir que je garderai de ce jour merveilleux, avec Porfirio qui attendait à la sortie, en bas des marches, en frac et huit-reflets, un fouet à la main, et Jefferson qui avait tombé la veste et le canotier et qui tournait de toutes ses forces la manivelle de la grande Ford.

Nous sommes repartis peu après pour Hawaii. Nous ne voulions pas laisser seul trop longtemps Max Tolby, un planteur expérimenté désormais associé à la propriété. Nous avons repris notre vie d'exploitants sucriers. Les récoltes ont été bonnes et le prix du sucre n'a cessé de monter. Les affaires tournaient bien. Nous étions un peu prisonniers de Mauï où notre travail nous tenait en permanence, mais la vie y était plaisante. Julia est la plus douce des femmes et nous avons connu des moments délicieux que rien n'est venu troubler, même pas les « combattants de la liberté », en fait les hommes de main de Lexington, disparus, comme par enchantement. C'est après la saison des pluies de 1908, au mois de décembre, que nous avons connu notre premier orage, notre première tristesse ensemble. Julia était enceinte et l'accouchement était prévu pour la semaine de Noël. Tout était prêt pour l'arrivée de l'enfant : le berceau, la layette et le prénom... Il n'est jamais venu. Il est mort avant même d'avoir vu le jour... D'après les médecins, Julia souffre d'une infirmité qui l'empêche d'avoir des enfants. C'est un malheur qui nous frappe. Pendant des mois, Julia a été très abattue, elle restait silencieuse, elle ne mangeait pas. « Neurasthénie », ont dit les médecins que nous sommes allés consulter à San Francisco. Et puis elle s'est ressaisie. Nous avons décidé de relancer Merritt Shipyard. Fachetti et Mac Allister ont retrouvé les anciens ouvriers du chantier. La plupart ont accepté de revenir travailler. L'activité a repris. C'est Julia qui dirige tout... Elle vit de nouveau à Ashby Ranch avec Sarah. Les affaires marchent bien. Pour ma part, je partage mon temps entre les hauteurs d'Oakland et Colemane-Ville. Depuis un an, je fais le voyage à bord du Julia, le cinq-mâts schooner de William Thorndike que nous avons lancé, dans une liesse indescriptible, dans la baie de Frisco. C'est un coureur confortable et élégant, encore plus rapide que ce qu'espérait son concepteur. C'est la coqueluche des hommes d'affaires américains et de leurs familles qui découvrent le charme des îles Hawaii, qui « font du tourisme », selon l'expression à la mode. Ma vie s'est donc faite sur les bords du Pacifique. Je reviendrai un jour en France, moi aussi « en touriste »... Charles Bishop m'a convaincu de demander la nationalité américaine. Il a des mots qui

savent me toucher. « Notre vie est là où on la fait... »
Ce sont ses paroles. Il a raison. Il dit aussi qu'il me
verrait très bien, dans quelques années, sénateur
d'Hawaii... Je lui réponds que je n'en crois rien et il
déclare que j'ai tort... Il a l'air sûr de lui. Pour l'instant
nous sommes occupés à en finir avec le monopole de
transport maritime de la Colemane California. La
Pacific Ocean Transport va reprendre des activités
commerciales. Nous avons commandé des bateaux à
Merritt Shipyard. Des bateaux à vapeur... Julia a
refusé, un temps, de construire de « telles horreurs »
puis elle s'est inclinée. Moi aussi... Le modernisme
l'emporte.

Tout est changé. L'armée américaine a ramené la
paix à Hawaii et les manières de voyou de Lexington
sont passées de mode. Sullivan n'est plus de ce
monde... Lexington lui-même semble avoir quitté la
ville. San Francisco a pris un charme nouveau. Celui
du XXᵉ siècle.

Briand replia la lettre. Le charme nouveau de San
Francisco n'était plus le sien. Il était midi et demi et
la gouvernante venait d'installer le couvert, une
assiette et un verre, sur la grande table de la salle à
manger. Il fit quelques pas vers la grande baie
vitrée, ajusta sa cravate d'un geste machinal et
regarda sur la grande plage déserte, nappée d'un
soleil froid, une nuée de mouettes et de goélands
qui tournoyaient, nerveux, au-dessus d'un poisson
mort.

Sur le front de mer d'Honolulu, dans la chaleur
de midi de décembre 1910, Max Tolby n'accordait
pas un seul regard à la meute des oiseaux de mer
qui virevoltaient autour des filets de pêcheurs poly-

nésiens. Il avait allumé un cigare pour tromper son énervement, son impatience. Le *Julia* avait été annoncé au phare de Diamond Head. Il n'en avait plus pour longtemps à attendre. Tout de même, le schooner avait cinq heures de retard. « Bien joli, la voile, grognait-il en lui-même, mais imprévisible... » Il avait des raisons très sérieuses de venir attendre Jean-Marie Quéïnec à sa descente du *Julia*. Le retard du voilier aiguisait son exaspération.

« Si j'avais su que tu venais m'attendre, j'aurais demandé aux alizés de souffler du nord-ouest », fit Jean-Marie percevant l'agacement de son ami, à peine à terre. Il avait pris l'apéritif sur le voilier, sur la plage arrière, en compagnie d'hommes d'affaires américains qui partaient « à la découverte du paradis de Cook ». Il se sentait euphorique.

« Je t'invite à déjeuner. Ta patience mérite d'être récompensée... Que dirais-tu du restaurant du Pacific Club? »

Max Tolby haussa les épaules et dévisagea Jean-Marie :

« Tu as encore fait des progrès dans ta tenue vestimentaire : blazer rayé, pantalon blanc et panama. Un vrai dandy... »

Il reprit, sec :

« On ira au Pacific une autre fois. On va d'abord passer voir Charles Bishop. »

Jean-Marie le regarda soudain soucieux.

« Bishop est souffrant, il ne peut pas me recevoir, expliqua Tolby en indiquant à Jean-Marie une calèche qui attendait plus loin. Toi, il te recevra. Même dans son lit. »

Jean-Marie s'arrêta et posa sa main sur le bras de Tolby.

« Max..., que se passe-t-il? »

Max Tolby hocha la tête.

« Les mercenaires de Lexington sont revenus.

Les « combattants de l'indépendance et de la liberté », comme ils s'appellent. Ils veulent mettre Maüi à feu et à sang. C'est ce qu'ils nous ont écrit... Tiens, regarde... »

Il tendit à Jean-Marie une grande enveloppe souillée de taches. Jean-Marie en sortit un papier qu'il dépouilla. Il lut à voix haute :

« *Haolés hors de Maüi! Vive Liliuokalani...* Liliuokalani est vivante?

— On ne sait pas, fit nerveusement Max Tolby. On verra plus tard... Pour l'instant, il faut des renforts. La compagnie de fantassins qui protège Colemane-Ville est dépassée.

— Dépassée? Tu veux dire que les troubles ont déjà commencé?

— Ils ont déjà brûlé des dizaines d'hectares de canne dans le nord-est, en dessous du volcan Waï-luku. Et ils ne vont pas s'arrêter là... »

Il regarda Jean-Marie et déclara avec regret, devant l'évidence :

« Je me suis moqué de toi il y a quelques années. J'avais tort. Il a pris son temps, mais il l'a fait... Thomas Lexington est revenu. »

CHAPITRE XXVI

L'INCENDIE striait la nuit de longues griffures pourpres. Le flanc sud du volcan Waïluku, dans l'île de Mauï, un endroit inhospitalier au nord-ouest de Colemane-Ville, était en flammes. Depuis le 15 décembre 1910, jour du retour de Jean-Marie Quéïnec dans les îles Hawaii, plus d'une semaine, les troubles dans les îles s'étaient répétés, chaque soir, toujours selon le même scénario. A la nuit tombée, des groupes de combattants sortaient de leurs caches dans la forêt et, protégés par la végétation dense, mettaient le feu aux champs de canne à sucre et faisaient sauter à la dynamite les canaux d'irrigation. C'était des groupes d'une dizaine d'hommes, d'après les renseignements que Max Tolby avait réunis, composés d'Hawaiiens et de Blancs, malfrats en majorité américains, mais aussi mexicains et asiatiques, recrutés dans les bouges de Frisco.

Jean-Marie et Max Tolby avaient organisé les ouvriers en milices qui protégeaient l'exploitation dans la journée et patrouillaient, la nuit, vers les volcans du nord-est, d'où venaient les commandos rebelles. Charles Bishop leur avait fait parvenir des armes, de vieux fusils provenant de l'arsenal clandestin des « Hawaiian Rifles », les républicains qui avaient chassé Liliuokalani de son trône, des carabines lourdes et inefficaces dont la seule qualité était de faire beaucoup de bruit. Jean-Marie et Max Tolby participaient, à tour de rôle, avec les ouvriers et la centaine de soldats exténués, aux rondes dans la forêt. C'était une fatigue vaine.

Cette nuit-là, une fois de plus, depuis la terrasse en planches de la belle maison sur la colline surplombant la baie de Colemane-Ville, ils observaient, impuissants, le feu au loin qui dévastait les champs de canne et l'odeur du sucre brûlé leur parvenait dans des exhalaisons âcres.

« Combien peuvent-ils être ? demanda Jean-Marie à Max qui avait allumé un nouveau cigare, près de lui.

– Difficile à dire... Au moins une centaine. D'après les pêcheurs, il en arrive chaque semaine. Des voiliers viennent mouiller la nuit dans les criques, de l'autre côté des volcans...

– Il n'y a aucune preuve de la présence de Lexington ? »

Tolby regarda Jean-Marie, étonné.

« Il n'est peut-être pas parmi les truands, mais il est certainement derrière. Je ne l'imaginais pas aussi rancunier. Je pensais qu'il avait abandonné toute revendication sur Mauï.

– Il a abandonné toute revendication », prononça Jean-Marie avec lenteur et d'une voix ferme.

Max retira son cigare de la bouche et se tourna vers lui.

« Je sais : tu m'as expliqué que Lexington organisait des assassinats pour le plaisir. " L'ambition est un prétexte ", m'as-tu dit. J'ai du mal à y croire.

– Cette fois, il n'agit pas sans raison », fit Quéïnec énigmatique.

Il vit l'attitude agacée de Max qui haussait les épaules, et expliqua :

« Les affaires de Lexington périclitent. Il a fait des placements malheureux dans des compagnies fruitières d'Amérique centrale. Il lui reste la Colemane California Line, mais il risque de perdre le monopole du commerce d'Hawaii. Ce serait une perte énorme pour lui. Il veut sauver les meubles. Garder l'exclusivité.

– Pourquoi envoyer des hommes de main sur notre propriété? demanda Max, intrigué.

– Pour négocier. Il nous échangera la paix dans les îles contre le retrait de la Pacific Ocean Transport du commerce maritime d'Hawaii...

– C'est du racket! s'écria Tolby.

– Lexington a appris à penser dans les bouges de Barbary Coast. Il a été à l'école de Shangaï-Bill Sullivan. Il en a adopté les méthodes. Il perpétue les traditions... »

Les renforts de l'armée arrivèrent au début de janvier 1911. La situation dans la plantation s'était encore dégradée. Les raids menés par les « rebelles » se rapprochaient chaque jour davantage des habitations de Colemane-Ville. Max Tolby estimait à trente pour cent la baisse de la production sucrière sur la dernière semaine, à près de quinze pour cent la superficie des terres dévastées et à des milliers de dollars le coût de la remise en état des installations hydrauliques.

La plantation Thorndike, bien plus que les propriétés des autres planteurs de moindre importance et situées plus au sud, allait vers la dévastation complète. Les marines débarquaient donc à point nommé. C'est ce que Jean-Marie expliqua au colonel Gatwick, commandant le régiment d'infanterie de marine affecté à la « pacification » de Mauï. A la fin du dîner offert en l'honneur de l'officier et de son état-major, le lendemain de leur arrivée, il porta un toast à l'armée américaine, à son dévouement et à son efficacité. Le colonel Gatwick, petit homme sec, aux cheveux blonds et ras et au corps sanglé dans un uniforme impeccable, répondit par une politesse raide et un rictus agacé. Il détestait, dans une sorte de réflexe automatique, la personnalité de son hôte. C'était un civil. Première faute. De plus, un homme jeune, qui portait ses trente ans avec une distinction coloniale discrète et recherchée, une élégance composée de costumes d'étoffe légère confectionnés dans Market Street, des gilets de soie et des bottines de cuir souple. Un homme qui avait appris la mesure de sa fortune et en avait retiré une assurance tranquille. Les cheveux blonds et longs ainsi que l'accent vaguement européen de ce « milliardaire du sucre » achevaient, aux yeux du colonel Gatwick, un tableau exécrable. Jean-Marie perçut l'antipathie de l'officier, mais n'y prêta aucune attention. Max Tolby avait pris le relais et exposait, avec méthode et précision, la forme et l'évolution de la guérilla. Jean-Marie n'écoutait plus... Un homme l'intriguait, un sergent, grand et solide, avec de bons yeux verts et le teint rose, la casquette enfoncée sur la tête avec la décontraction d'un vieux baroudeur, qui, pendant la journée, lui avait adressé plusieurs regards insistants. Au cours du dîner, le sergent était passé dire un mot à la sentinelle qui gardait la villa. Il en avait profité pour jeter, une nouvelle fois, un regard en direction de Quéïnec en conversation avec les officiers. Jean-Marie était troublé.

Ce n'est que le lendemain qu'il reconnut l'homme qui cherchait son regard. En traversant le camp de tentes que les militaires avaient installé derrière les maisons de Colemane-Ville, il entendit le sergent qui reprenait vertement un conscrit maladroit. Sa voix le frappa de plein fouet... Il se retourna et le nom lui vint tout à coup à l'esprit : Rodney Bottle-neck.

« J'ai cru que vous ne me reconnaîtriez jamais, monsieur Quéïnec, fit Rodney d'une voix heurtée, en retirant sa casquette.

— Si j'avais vu ta chevelure flamboyante, je ne t'aurais pas manqué une minute...

— Moi, j'ai moins de mérite. Je savais que vous étiez là... »

Il vit Jean-Marie qui fronçait les sourcils.

« ... que tu étais là.

— T'as pris du galon... et du poids », fit Jean-Marie en souriant.

Rodney eut un geste d'évidence désolée. Les deux hommes se mirent à marcher dans le camp où les soldats s'occupaient à leurs corvées du matin.

« C'est Loumis qui m'a expliqué que tu vivais désormais dans les îles.

— En partie, corrigea Jean-Marie.

— C'est vrai. Tu viens parfois autour de la baie. J'ai même vu ta photo dans l'*Examiner*... De toute façon, la plantation Thorndike, j'aurais deviné que c'était chez toi. Tu as épousé Julia Thorndike. Je le sais : j'étais à ton mariage.

— Tu n'es pas venu me dire bonjour ?

— Tu étais très entouré..., très lointain aussi. Mon père était avec moi. Il m'a dit : " On ne va pas l'ennuyer. Il n'a pas besoin de nous pour être heureux... " On est reparti, tous les deux, tous seuls. »

L'intonation de Rodney Bottleneck était devenue un peu triste. Il se reprit :

« Peu après, Loumis est venu me voir à Fort Mason. Il s'étonnait de ne pas avoir de mes nouvel-les... Il m'a invité à sa première exposition, à l'insti-tut Mark Hopkins. J'ai trouvé ses toiles très belles. C'est un grand peintre, Loumis... »

Jean-Marie acquiesça d'un mouvement de la tête. Il était convaincu du talent exceptionnel de Loumis. Il se souvint aussi qu'il n'était pas allé à la première exposition de son ami. Il était à Hawaii. Il était occupé... Avec le recul, il s'aperçut qu'il ne s'était pas donné beaucoup de mal pour organiser ses affaires et prendre le bateau pour San Francisco. Il vit, en un éclair, comme extérieur à lui-même, un être indifférent et froid.

« Loumis est venu avec moi rendre visite à mon père, dans son ranch, près des criques du nord, au-delà de Petaluma... Il considère que mon père lui a sauvé la vie. Il exagère un peu... »

C'était une allusion cruelle que faisait Rodney, mine de rien, et sans la moindre trace de méchanceté. Jean-Marie encaissa le coup sans broncher.

« Il a profité de son séjour pour faire quelques croquis des lieux : la plage où vous avez échoué, au matin du tremblement de terre. Il a fait le portrait de Reginald. Le vieux Reg, avec son visage de gros chien fatigué et sa bouche édentée, n'en est pas revenu. Le portrait est devenu un tableau, une gouache magnifique. Il a été exposé dans une grande galerie de New York, mais Loumis a refusé de le vendre. Il l'a donné à Reg... Depuis il est accroché dans la cabane du vieux Reginald, dans la grande pièce qui lui sert de cuisine, de salle à manger et de chambre à coucher. D'abri aussi pour les dindons, les jours de pluie... Il y a peu, un marchand très riche est venu spécialement de Chicago pour le lui acheter. Il lui en a offert mille dollars. C'est une véritable fortune. Reg a refusé. " J'y tiens, c'est un cadeau de Loumis, qu'il a dit. En plus, c'est moi sur le tableau. Je me regarde quand je veux. C'est beaucoup mieux qu'un miroir... Je me vois à l'intérieur. " »

Un clairon hésitant sonna le rassemblement. Rodney s'excusa.

« Viens me voir, de temps en temps », fit Jean-Marie.

Rodney accepta d'un sourire et revint vers les soldats qui se rassemblaient pendant que Jean-Marie remontait vers sa villa. Il pensa à Loumis et il se dit que, malgré son succès, sa renommée de peintre qui s'affirmait, il n'avait jamais oublié ceux qui l'avaient aidé. Il se sentit froid au fond de lui.

C'est pendant la nuit suivante que se déroula un événement qui revêtit, pour Jean-Marie Quéïnec, une importance particulière. Peu après minuit, le colonel Gatwick décida de mettre son régiment en état d'alerte. Une escouade revenait de patrouille et rapportait des renseignements inquiétants : à quelques kilomètres en avant du camp, sur les premiers contreforts du volcan Waïluku, elle était entrée en contact avec un groupe ennemi. Ils étaient peu nombreux, mais très fortement armés. C'est ce qui inquiétait le colonel Gatwick. Les marines avaient été reçus par des rafales de mitrailleuses. C'était pour le pète-sec Gatwick un fait alarmant. S'ils se donnaient la peine de transporter dans la forêt des armes aussi pesantes et malcommodes, c'est qu'ils se préparaient à une attaque. Le colonel, qui avait fait ses classes pendant la guerre contre le Mexique, restait étonné et vaguement admiratif devant l'audace de ceux qu'il appelait les « séditieux ». Max Tolby, dans la salle à manger coloniale de la « villa Thorndike », s'était servi un whisky.

« Attaquer un régiment... J'en reviens pas! »

Il répétait sa stupéfaction, entre deux gorgées :

« Ils n'oseront pas... »

Jean-Marie haussait les épaules. Il repensait à ce que lui avait fait comprendre Rodney. Il ne s'était guère soucié de ceux qui l'avaient aidé. Il se dit que le vieux Bottleneck n'était pas le premier qu'il eût délaissé. Ni le dernier. Il avait toujours avancé sans regarder autour de lui. Il ne cherchait plus à revoir Loumis. Julia aussi avait droit à son indifférence. Parfois, elle lui lançait des regards tristes et interrogateurs. Il n'y pouvait rien. Il continuait son chemin. Pour lui seul.

Une première rafale de mitrailleuse creva la lourdeur de la nuit vers une heure du matin. Les soldats répliquèrent dans un crépitement assourdissant, une frénésie d'explosions sèches, hérissées de hurlements. Des grenades incendiaires furent lancées qui embrasèrent des palmiers, éclairant d'une lueur rose les soldats blottis derrière les sacs de sable. Le colonel Gatwick donna l'ordre d'attaquer les rebelles sur le flanc gauche, et une compagnie se glissa en dehors du camp retranché, une dizaine d'hommes qui se faufilaient d'arbre en arbre dans l'obscurité pour prendre l'ennemi à revers. Peu après, le feu nourri des assaillants s'arrêta. Le colonel Gatwick donna ordre, à son tour, de cesser le feu. Le silence se fit autour du camp retranché de Colemane-Ville, encore illuminé de l'incendie qui dévorait les palmiers à quelques dizaines de mètres en avant. Les soldats partis en contre-attaque revinrent, dans un bruissement de branches écrasées. Au milieu du groupe, deux hommes ramenaient un corps, un homme qu'ils soutenaient à chaque épaule, les pieds traînant sur l'herbe. Un soldat vint saluer d'un mouvement raide le colonel Gatwick. Jean-Marie s'approcha. Il reconnut Rodney qui venait au rapport.

« Sergent Bottleneck, dit-il. Les rebelles ont décroché au moment où nous arrivions près d'eux. Nous avons tiré lorsqu'ils s'enfuyaient... »

Les soldats laissèrent tomber leur fardeau humain comme un gibier tué au cours d'une chasse.

Jean-Marie s'en approcha. Aux pieds du colonel Gatwick, l'homme reposait, inerte, face à terre. Les lumières orangées de l'incendie faisaient courir des reflets roux dans sa chevelure blonde. Sa chemise grise était souillée, au milieu du dos, d'une large tache sombre. Max Tolby vint à côté de Jean-Marie au moment où le sergent Bottleneck se baissait pour retourner le mort sur le dos. Tout à coup Jean-Marie se tourna vers Max Tolby. Il dit dans un souffle :

« C'est Lexington... »

Le cercle se referma autour du cadavre. Jean-Marie fit un pas en arrière pour rester à l'écart. Il resta silencieux, comme si le poids du destin lui eût scellé les lèvres. Max revint près de lui. Il avait gardé son lourd fusil à la bretelle et mis les mains dans les poches. Les deux hommes repartirent d'un pas lourd vers les maisons de Colemane-Ville, en lisière de la plage.

« C'est le sergent qui l'a tué..., fit Tolby.

— Bottleneck ? demanda Jean-Marie.

— Bottleneck, confirma Tolby. Il a vu une ombre qui se faufilait dans les buissons, derrière les mitrailleuses qui avaient été installées par les rebelles. Il a tiré... »

Un silence s'installa.

« ... Bottleneck est un peu secoué. Il avait beau jouer les baroudeurs, il était bien tendre : c'était la première fois qu'il tuait un homme... »

Tolby regarda Jean-Marie, perplexe.

« Quand j'ai vu le visage de Lexington, j'ai trouvé qu'il te ressemblait. Plus maigre, bien sûr, les traits plus durs, mais dans l'ensemble la ressemblance était frappante... Vraiment très curieux. »

Il conclut, comme malgré lui :

« J'ai eu l'impression qu'on avait tué ton frère. »

La mort de Lexington fut suivie d'un arrêt immédiat de la guérilla. Pendant plusieurs semaines, les hommes du colonel Gatwick patrouillèrent par-delà les flancs volcaniques du Waïluku, descendant dans les criques les plus inaccessibles au nord-est de l'île, mais ils ne trouvèrent que des campements abandonnés, des bivouacs désertés et des caches d'armes laissées intactes, un entassement de fusils, de pains de dynamite et de cartouches. Les pêcheurs hawaiiens confirmèrent qu'ils avaient vu des Blancs embarquer de nuit sur de grands voiliers.

Peu après Jean-Marie Quéinec décida de revenir à San Francisco.

« Je crois que j'ai beaucoup délaissé Julia, ces temps-ci, confia-t-il à Max Tolby. Tu pourrais t'occuper seul, pour un temps, de la plantation... On pourrait s'entendre. Je te céderais une partie de mes actions. »

Max Tolby accepta, à contrecœur :

« Ça ne me laissera pas beaucoup de temps pour jouer au casino d'Honolulu, fit-il contrarié.

— Ça te permettra de perdre davantage », répondit Jean-Marie.

Et Max Tolby admit en souriant qu'au fond l'opération avait des qualités.

Les mois passèrent à Ashby Ranch. Sarah était heureuse que « Monsieur Jean-Marie ne s'absente plus des mois entiers dans les plantations d'Hawaii, dans les îles du bout du monde. Un bon mari doit rester avec sa femme..., répétait-elle, avec un sourire éclatant. C'est comme ça. C'est la nature ».

Julia ne disait rien. Elle était heureuse de la présence de Jean-Marie près d'elle. Son bonheur pourtant n'était pas absolu. Sa joie n'était pas sereine. Elle le trouvait silencieux bien souvent, et retranché au fond de lui, perdu dans des pensées sans fin, seul et très loin... Elle finit par lui dire un jour, d'un ton inquiet et doux :

« Tu me parais absent, bien des fois, Jean-Marie. Nous n'avons pas d'enfant... J'ai peur que tu m'en veuilles. »

Il l'avait serrée très fort contre lui.

« Je serais bien injuste de t'en vouloir, avait-il répondu.

– Tu sais, avait-elle repris d'un ton pressé, un médecin de San Francisco pense avoir trouvé un traitement, un médicament nouveau qui pourrait me permettre de garder mon enfant... »

Il l'avait regardée avec une bonté sincère.

« Pourquoi rêver? avait-il dit. Nous sommes très bien comme ça. »

Julia avait été rassurée. Il ne lui tenait pas rigueur de sa stérilité. Elle avait aussi éprouvé une vague inquiétude. Elle sentait rôder l'indifférence.

A la suite de la mort de Thomas Lexington, les valeurs de la Colemane avaient connu une baisse spectaculaire à la Bourse de San Francisco, tandis que parallèlement les actions de la Pacific Ocean Transport se mettaient à flamber. Rien là que de très prévisible. Mais, peu à peu, ce phénomène avait été enrayé, puis inversé, ce qui était beaucoup plus surprenant. Jean-Marie, malgré la fréquentation qui lui était devenue désormais quotidienne du Stock Exchange, n'arrivait pas à s'expliquer ce mystère financier. La société Colemane California avait gardé les mêmes fondés de pouvoir, des agents de change qui intervenaient sur le marché avec la même rigueur, comme si la société dont ils exécutaient les ordres continuait comme par le passé, du temps de la splendeur d'Ezechiel, dans une sérénité tranquille et suffisante. Au fil des mois, les rumeurs circulaient dans les couloirs de la Bourse. On murmurait que Frank Schulten, un avocat de l'entourage de Thomas Lexington, qui avait été nommé directeur général à la suite des événements, n'était qu'un personnage falot, inconsistant, un homme de paille. Le véritable président, dans l'ombre, lui dictait ses décisions...

Jean-Marie mit des mois avant de connaître la vérité. Ce n'est qu'au début du mois d'août 1914 que Maggy, bien renseignée par d'éminents clients de la Cage aux lions, lui apporta les éclaircissements qu'il recherchait.

« C'est toujours Samantha que vous traquez, lui dit-elle, avec tristesse. Je ne suis pas dupe, vous l'aimez encore... »

Elle fit taire les protestations de Jean-Marie d'un geste.

« Vous vous renseignez sur la Colemane pour savoir ce qu'elle devient... »

Elle regarda Jean-Marie dans les yeux.

« ... Elle a quitté San Francisco depuis plus d'un an. Elle vit dans un appartement pauvre à New York. Des cousins, les Colemane de la côte est, l'ont prise en charge. Elle vit dans la misère... Voilà.

– D'où tenez-vous vos informations ? »

Maggy parut irritée.

« De l'entourage du grand patron de la Colemane !

– De l'entourage de Schulten ? demanda Jean-Marie étonné.

– Le véritable président de la société s'appelle Luiz Fernando... »

Maggy lut la surprise dans les yeux de Jean-Marie.

« A la mort de Lexington, il y a eu un flottement

sur les actions de la Colemane, reprit Maggy. Fernando disposait de quelques valeurs. Il a organisé la panique : il a indiqué ostensiblement qu'il était vendeur. Tout le monde a suivi et la cotation s'est effondrée. Fernando a expliqué à Samantha qu'il fallait vendre. La malheureuse venait de perdre son mari. Elle était bouleversée, égarée... Elle a cédé ses actions. Et Fernando a tout racheté. Il a réorganisé la société... Les cours sont remontés, Fernando est devenu tout-puissant... et Samantha s'est retrouvée sans revenu. Son train de vie lui coûtait cher, l'entretien de Clifton House, les domestiques, les voitures et les chevaux... En deux ans, elle était ruinée. La famille new-yorkaise a accepté de venir à son secours. Ils ont la charité parcimonieuse. Ils l'ont installée dans un deux-pièces minuscule, dans un immeuble modeste de Brooklyn. Ils lui donnent chaque mois de quoi subsister... »

Maggy regarda Jean-Marie avec douceur.

« Elle a beaucoup changé, paraît-il. La misère n'embellit personne. »

Jean-Marie se sentit envahi par une vague de tristesse infinie. Malgré le temps, les années, malgré la trahison aussi, l'idée de Samantha seule dans un petit appartement de New York lui entra dans le cœur comme une brûlure vive. Il l'aimait encore. Maggy avait vu juste. Cette vérité lui pesait, comme un fardeau qui entravait son âme.

La nouvelle arriva à la fin de l'été 1914. Un titre barrait la première page de l'*Examiner*, en caractères gigantesques : L'EUROPE EN GUERRE. La stupeur fut totale.

Maggy décida d'arrêter les activités de son établissement en signe de deuil, pendant une semaine, comme on fait un vœu que l'on paie d'abord, une neuvaine propitiatoire. Le silence s'installa sur la Cage aux lions. Elle écrasait des larmes dans son mouchoir et posait des questions à Porfirio qui ne cherchait pas à la rassurer.

« Pourquoi accepteraient-ils des médiateurs? disait-il. Pour éviter la guerre? C'est ce qu'ils veulent. Depuis des années. Depuis toujours... La boucherie, le carnage, le massacre. Ils en rêvent. Ils n'abandonneront pas si près du but. »

Maggy sanglotait de plus belle, Porfirio la prenait alors par l'épaule dans un geste très tendre.

« On ne peut pas composer avec la folie des hommes. Il faut la fuir. Ils ne viendront pas jusqu'ici... »

Mme Greta, « l'amie de toujours », qui s'était retirée depuis plusieurs années dans une jolie maison à Berkeley, vint dès le lendemain à la Cage aux lions. Les deux femmes se serrèrent dans les bras l'une de l'autre, dans une étreinte mêlée de larmes. Maggy, devant le désespoir de sa compagne allemande et connaissant le nom de sa ville natale, laissa tomber :

« Berlin ne sera peut-être pas touché... »

Et Greta répondit simplement :

« Je pleure sur nous, Maggy, sur notre malheur. Pas sur Berlin. »

Jean-Marie Quéïnec vint à son tour rendre visite à Maggy, deux jours plus tard. C'était dans les derniers moments de l'après-midi et la brise du Pacifique caressait la lourde chaleur d'une journée d'été. Il paraissait fatigué et lointain. Il retira son panama et s'assit dans un fauteuil profond, les yeux fixés sur le plancher. Maggy se décida à parler.

« C'est une bien grande détresse qui nous frappe », dit-elle.

Jean-Marie fit « oui » de la tête. Elle eut une

sensation curieuse, une intuition qui lui vint tout à coup. Elle s'entendit demander :

« Jean-Marie..., vous n'allez pas?... »

Mais Jean-Marie, sans relever la tête, déclara d'une voix sourde :

« Si, Maggy... Je pars demain pour la France. Je suis passé tout à l'heure au consulat. Je suis mobilisé. Je pars... »

Porfirio était entré dans le grand salon de la Cage... Maggy avait tout à coup cessé de pleurer. Ils se regardèrent, sidérés.

« Vous allez vous faire tuer! » protesta Porfirio, stupéfait.

Jean-Marie releva la tête :

« C'est la guerre, Porfirio. Je dois me battre pour mon pays...

– Pour votre pays! » répéta Maggy, ébahie.

Porfirio s'assit. Il cherchait à comprendre. Il trouvait que Jean-Marie avait répondu par une formule creuse, sans conviction, une phrase molle et vide. Maggy reprit :

« Votre pays est ici, mon garçon. C'est ici que vous vivez, que sont vos amis, que vit votre femme. »

Elle jeta à Jean-Marie un regard dur.

« ... Vous allez l'abandonner? Elle ne le mérite pas. Julia vous a apporté sa chaleur et son amour. Depuis que vous êtes mariés, elle veille sur vous. Elle vous attendait quand vous partiez des mois jouer au planteur dans les propriétés d'Hawaii. Elle ne vous faisait aucun reproche quand vous reveniez à Ashby Ranch. Elle ne vous disait pas qu'elle s'était sentie bien seule... Vous êtes injuste, vous délaissez ceux qui ont fait votre bonheur... »

Elle ajouta, coupante :

« Et ceux qui ont fait votre fortune! »

Jean-Marie s'était dressé dans son fauteuil. Maggy

ne lui laissa pas le temps de répondre. Elle enchaîna :

« Vous allez vous jeter dans une boucherie qui ne
vous concerne pas. »

Jean-Marie se leva. Il était blême.

« Je vais défendre ma patrie... C'est mon devoir »,
dit-il d'un ton sec.

Il sortit du salon de la Cage en grandes enjambées rapides. Maggy le rejoignit au moment où il
ouvrait la lourde porte d'entrée. Elle avait des
gestes brusques et les yeux brillants.

« Défendez-la bien votre " patrie ", comme vous
dites! Elle vous attend. Elle a besoin de vous... Ça va
lui faire un mort de plus. Elle va être ravie! »

Jean-Marie ne dit rien. Il sortit et referma brutalement la porte.

La soirée d'Ashby Ranch s'écorcha aux épines
amères de la séparation, dans la lumière tremblante
des ampoules électriques. Julia portait une robe
serrée à la taille, une robe blanche, la couleur
qu'elle aimait et qui faisait ressortir le noir de ses
cheveux retenus en chignon et la douce chaleur de
son regard sombre. Elle ne toucha pas aux plats qui
avaient été posés sur la grande table de la salle à
manger. Jean-Marie eut malgré lui une pensée. Le
souvenir de la première soirée passée à Ashby
Ranch, quand le commandant Briand l'avait
emmené... William Thorndike parlait de voiliers et
George avait passé son habit des grands soirs pour
faire le service... Julia dit, d'un ton où n'affleurait
aucun reproche :

« Je vais me sentir bien perdue sans toi, vide.

— Tu ne seras pas seule, risqua Jean-Marie, sans
beaucoup de conviction.

— C'est vrai. Tu vois, au fil des années, il me reste
toujours Sarah... »

Elle eut un discret signe de la tête vers la cuisine d'où parvenaient, voilés, de petits sanglots aigus.

« Les activités de Merritt Shipyard continueront à occuper tes journées, reprit doucement Jean-Marie. Il faudra aussi penser à rendre visite à Tolby, à Colemane-Ville. Mais ce n'est pas pressé. D'ici un an... »

Il s'efforça à un sourire.

« ... Je serai sans doute revenu.

– Si Dieu veut », dit-elle, comme par réflexe.

Elle se reprit et, regardant son mari :

« Je le prierai chaque jour, comme je penserai à toi, à chaque instant de ma vie. »

Quand ils furent montés dans la chambre, elle tint à lui faire elle-même sa valise, un large sac de voyage au cuir astiqué et aux lourdes fermetures en argent.

« Quelle saison est-ce, en ce moment, en Europe? demanda-t-elle.

– C'est l'été », fit Jean-Marie.

Elle disposa au fond du sac de grosses chaussettes de laine et des caleçons longs de coton blanc.

« Je les ai achetés cet après-midi, dans une boutique d'Oakland. La mercière est polonaise. Elle m'a dit : " En Europe, il pleut et il fait froid tout le temps. "

– La France n'est pas la Pologne, tu sais. »

Julia ne répondit rien et se dirigea vers l'armoire de la chambre, face au grand lit tendu d'une courtepointe blanche et parsemé de coussins multicolores. Elle revint en tenant à la main une bouteille de couleur sombre, large et ventrue, fichée d'un long goulot, comme d'un long cou.

« J'ai retrouvé une bouteille... C'est du porto du captain Carrington. " Demi-retour des Indes ", comme disait mon père. Il a vieilli dans la cale du

Little Lily... On l'a toujours bu dans les moments heureux. Il te portera chance. »

Jean-Marie s'approcha de Julia, la prit dans ses bras et la serra très fort contre lui. Il sentit le corps de sa femme qui se relâchait puis des sanglots qui remontaient dans sa poitrine ferme. Il se pencha pour l'embrasser et sa bouche se posa au coin de ses lèvres, un endroit creux et chaud qui se mouillait d'une saveur salée.

Le brigadier Floch de la gendarmerie maritime de Brest était « estomaqué ». C'était son expression. Il y tenait. Il la répéta à son subordonné, le gendarme Cudenec.

« Cudenec, pour la première fois de ma vie, je suis " estomaqué "... Tu as devant toi le citoyen Quéïnec, né à Morlaix en 1880, lieutenant au commerce, shangaïé à San Francisco en 1904 et devenu, suite à l'incendie dont tu as entendu parler, un homme d'affaires américain... C'est ce qu'il vient d'expliquer. Et constructeur naval... Et il m'a dit aussi : planteur à Hawaii. »

Cudenec tourna sa moustache courte et ses gros yeux marron et stupides. Il était heureux de sa promotion sociale, Cudenec, de son uniforme sanglé d'un ceinturon de cuir et d'un baudrier, de ses basanes luisantes.

« Il est plus élégant que toi, hein, Cudenec ? »

Cudenec approuva d'un sifflement admiratif. Il dévisagea Jean-Marie, debout devant lui. Il vit un homme d'une trentaine d'années, grand, les cheveux blonds et longs, ce qui provoquait l'hilarité du brigadier Floch, les traits réguliers, le teint bronzé et les yeux bleus. Il avait également pour particularité d'être vêtu avec une élégance inhabituelle, en ces temps et en ce lieu : un macfarlane bleu foncé jeté sur les épaules, un panama clair, un costume beige coupé dans une étoffe légère, un gilet de soie et une cravate rouge piquée d'un diamant. De quoi, tout de même, « estomaquer » un gendarme finistérien en 1914. Jusqu'aux bottines de cuir souple et à la canne à pommeau d'argent qui achevaient de faire du « réserviste mobilisé » un arrivant d'un autre monde. Et, d'une certaine façon, c'était bien d'un autre monde que Jean-Marie Quéïnec avait débarqué sur le quai du Havre, une semaine auparavant.

Floch s'arrêta de rire et demanda :

« Alors... t'es un millionnaire ?

— Oui, fit Jean-Marie, du ton simple de l'évidence, en dollars ».

Le brigadier et le gendarme se regardèrent, bouche bée.

« Très bien..., se reprit le brigadier. Tu es bon pour le front. Tu as été affecté dans un régiment de ligne, basé dans l'Est, dans le secteur justement où les Allemands déploient leur offensive. »

Jean-Marie haussa les épaules.

« Où tu vas, faudra changer d'habillement..., continua Floch avec une ironie pesante. (Et Cudenec se mit à rire franchement...) Avec ta tenue, tu serais vite repéré par les Allemands... »

Jean-Marie ne l'entendait plus. Il était ailleurs. Il pensait qu'en ce moment le jour se levait sur San Francisco, que Julia prenait seule son petit déjeuner, que les vapeurs commençaient à sillonner la baie dans le claquement sec de leurs roues à aube, sous un soleil radieux qui blanchissait la ville.

Avec l'hiver 1915, l'armée française s'enfouit dans les tranchées, terrée dans la boue des argiles de Champagne et la glaise des Ardennes. L'offensive allemande avait été repoussée. La guerre s'installait dans l'horreur.

Jean-Marie s'était replié en lui-même. Ecrire devint un acte de survie, une façon de renouer avec lui-même, de s'accrocher au monde des vivants. Il repensait à Julia comme il avait pensé à son père sur le *City of Burlingame*, dans les moments du bout du massacre où la mort lui paraissait une promesse de bonheur et de paix qui se faisait attendre... « *Neo ket ken aes all da vont betek koad an ankou.* » Pas facile d'aller en enfer.

Pendant des mois, il ne reçut pas de courrier de San Francisco. Seules les lettres qu'Eugène Briand lui adressait depuis Saint-Malo lui parvenaient. *Ne vous inquiétez pas, Jean-Marie,* écrivait-il. *Les liaisons avec la Californie connaissent du retard. Les routes maritimes sont perturbées. Personne ne vous a oublié...*

Peu à peu, en lui, une déchirure apparut qui s'élargit chaque jour davantage. Jean-Marie cessa d'écrire. Entre les attaques ennemies, il dormait d'un sommeil aveugle, en dehors de la vie, proche déjà des milliers de cadavres ensevelis dans ces terres martyrisées. Parfois il jouait aux cartes avec des « collègues », des soldats, comme lui maigres, barbus, le regard vide. Tous ceux qu'il avait connus au début de la guerre étaient morts. Plus personne ne l'appelait « l'Américain » ou « le shangaïé ». Son passé était parti avec eux.

En mars, sa compagnie fut retirée du front et Jean-Marie obtint deux semaines de permission. Il les passa chez Eugène Briand, à Saint-Malo, dans la maison du bord de mer. Il demeurait des heures, silencieux, debout derrière la grande baie vitrée, à contempler la mer à marée basse qui découvrait les rochers au loin, déchiquetés dans le soleil pâle, et les chevaux des goémonniers qui remontaient la grève.

Pendant les repas, Eugène Briand faisait la conversation tout seul. Jean-Marie ponctuait d'un hochement de tête, d'un mot, parfois d'une phrase.

« La marine allemande coule tous nos trois et quatre-mâts, les uns après les autres, dit un soir Briand. Il n'en restera bientôt plus un seul... »

Il jeta un regard vers Jean-Marie, mais celui-ci demeura impassible. Briand éprouva une sensation glacée et enchaîna rapidement :

« Evidemment, il y a plus grave en ce moment! »

Il se força à un sourire.

« ... Après tout, c'est une belle mort pour les grands coureurs. Plus belle que d'aller pourrir sur la rivière de Nantes. »

Briand comprit que la fin des grands voiliers laissait Jean-Marie indifférent. Rien ne l'intéressait. Il avait commencé à s'éloigner du monde.

Le printemps 1915 vint réchauffer un peu les soldats ensevelis derrière les barbelés, dans les terres dévastées du Nord et de l'Est; un souffle tiède sur leurs blessures. On défendait le terrain mètre par mètre. On se sauvait au jour le jour... Jean-Marie avait définitivement cessé d'écrire. « A quoi bon? » se disait-il. L'image de Julia s'estompait peu à peu. Au bout de son épuisement, dans les moments où la mort rampait, si proche, il revoyait le regard vert de Samantha, une lumière douloureuse dans son obscurité.

Lorsque, à la fin d'un jour de mai, le vaguemestre, jeune homme gros et rougeaud, aux petits yeux noirs imbéciles, appela, froid et nonchalant, le nom de Quéïnec, Jean-Marie eut une réaction de joie discrète. Briand lui écrivait chaque semaine. Il ne l'oubliait pas. Par-delà la souffrance et l'horreur, il était sensible à cette affection fidèle.

Le regard du jeune soldat-postier l'arrêta :

« Alors, on s'fait écrire de l'étranger ? »

Le ton était lourd, d'une ironie épaisse où affleuraient l'envie et la méchanceté. Jean-Marie haussa les épaules, un geste de lassitude teintée de mépris. Dans sa poitrine, son cœur s'était mis à battre à tout rompre. Il tendit la main. Le vaguemestre continuait à considérer l'enveloppe avec une admiration outrée.

« C'est un personnage important, Quéïnec. On lui écrit de San Francisco.

– Tu me donnes cette lettre ou tu veux que j'aille la chercher moi-même ? »

Le ton de Jean-Marie était devenu d'un coup menaçant.

« Tiens..., darling ! »

Jean-Marie prit la lettre sans relever. Son sang cognait aux tempes. Il fit quelques pas en arrière et s'assit sur un remblai, à l'écart de la tranchée... Le texte était rédigé d'une écriture ample et régulière, et en anglais, ce qui augmenta son trouble. Il la retourna instinctivement pour voir la signature. Julia ! Il sentit sa respiration se couper et lut d'une façon précipitée.

Ashby Ranch. 15 octobre 1914. Mon cher amour... Deux mois que tu es parti. Le temps me paraît long et immobile. Je ne reçois pas de tes nouvelles. Mon inquiétude augmente de jour en jour. Maggy me dit de ne pas m'en faire. Les temps sont troublés, me répète-t-elle. Alors, j'attends. L'Examiner parle de la guerre en Europe. Il décrit les combats. Il utilise des mots terribles : férocité, sauvagerie... Je ne dors plus. Je ne

sais même pas si tu reçois les lettres que je t'envoie.
Peut-être ignores-tu que j'attends un enfant de toi? Un
médecin de New York est venu s'installer dans Colum-
bus Avenue. Il existe un traitement dans mon cas,
m'a-t-il dit. Il est sûr que je garderai cet enfant. Moi
aussi, j'en suis certaine. Il vivra. Il naîtra au début du
mois de mai. Ce sera un garçon, blond aux yeux bleus,
j'en suis sûre. Comme son père... Il vient pour m'aider
à t'attendre. Je lui parlerai de toi, tous les jours. A
nous deux, nous saurons te faire revenir... Ta femme
qui t'aime. Julia.

Jean-Marie se sentit envahi par une joie intense
qui montait du plus profond de lui. Un sourire lui
vint, de plus en plus large, puis il se mit à rire,
malgré lui, de plus en plus fort, des sursauts de
bonheur qui se répercutaient entre les parois ter-
reuses de la tranchée, ricochaient dans les casema-
tes et s'envolaient au-delà des barbelés, vers les
lignes ennemies.

« On est au mois de mai, répéta-t-il plusieurs fois.
On est au mois de mai! »

Il se dit qu'un enfant de lui était né à l'autre bout
du monde. Il sentit une volonté qui le submergeait.
Il retrouvait une force, tout à coup, comme un
éclair immense et fulgurant. La volonté de vivre.

Il n'eut la confirmation de la naissance que cinq
mois plus tard. Le front s'était tapi sur des centaines de kilomètres, dans une terre rendue sèche par
un été brûlant et clair. Septembre 1915 s'attardait
en caresses chaudes. Les vendanges étaient bonnes.
De la Somme à la Champagne, les morts désertaient
les combats par pleines charrettes et les plaies
pourrissaient sous les pansements souillés.

Il lut pour la centième fois la lettre que Maggy lui
avait adressée :

San Francisco. Mai 1915. Vous nous manquez, Jean-Marie, était-il écrit d'une main généreuse sur un papier bleu pâle envolé d'oiseaux-lyres. *Surtout en ces jours qui devraient être de joie et de bonheur. Vous êtes père, Jean-Marie. Julia a donné le jour hier, aux premières heures de la matinée, à un beau garçon. Il a des yeux ronds et noirs comme sa mère. Elle voulait lui donner un prénom français, mais je lui ai fait remarquer qu'il avait déjà un nom français, et même breton, ce qui suffisait largement à sa disgrâce. Elle a choisi Michael...*

Le grondement de l'artillerie ennemie commença à ramper au loin. Jean-Marie était de l'autre côté de la terre. Un enfant de lui continuait la vie et cette idée lui apportait une force inconnue, la volonté de vaincre la souffrance et la guerre.

Un soldat, près de lui, dit d'un ton goguenard : « Les artiflots du Kaiser ont des démangeaisons, on dirait. » Le grondement se rapprocha soudain et un éclair creusa le ciel d'un hurlement sec. Couchés dans la terre, quelques corps apparurent quand la fumée se dissipa, encore agités de brèves convulsions et de plaintes insupportables. Le silence retomba sur la tranchée dévastée, dans la chaleur de septembre.

Mars 1919. San Francisco. Le ferry avait gardé le même nom, *Martinez...*, mais ce n'était plus un bateau à roues. C'était un vapeur long et large, puissant, qui rejetait des jets de vapeur du haut de sa cheminée trapue, enchâssée dans les deux ponts-promenade. Le dernier passager venait d'embarquer. Il s'était engagé *in extremis* sur la passerelle.

En posant le pied sur le pont du vapeur, il avait remercié d'un geste les marins, des jeunes gens solides en chemise bleue, qui avaient retardé un instant leur manœuvre de départ. Il se dirigea d'une démarche retenue et saccadée vers le grand bar, au milieu du ferry qui commençait à appareiller.

C'était un homme grand, légèrement voûté, les cheveux blonds et courts, un personnage qui paraissait être entré dans l'âge mûr trop rapidement, poussé par des événements douloureux. Il pénétra dans le bar du *Martinez,* déjà grouillant des conversations qui s'alliaient au rythme percutant de la chaudière. Il avisa un endroit libre, derrière une table au fond du coffee-room. Il s'y rendit, retira la veste marron qu'il portait sur un gilet beige, posa sa valise près de lui et s'enfonça dans le cuir de la banquette, les yeux mi-clos, comme recueilli en lui-même, occupé à humer l'air du lieu. Le *Martinez* entamait son dernier voyage de la journée, dans le jour qui descendait en brume bleutée sur la baie de San Francisco et dans les rugissements des machines.

Au bout d'une demi-heure, deux hommes vinrent lui faire face. Ils demandèrent l'autorisation de s'asseoir et l'homme leur fit discrètement signe de s'installer. Il s'aperçut qu'ils le dévisageaient. Lui aussi ressentait une sensation curieuse. Leurs visages ne lui étaient pas inconnus. C'était deux hommes d'aspect paisible. L'un, le regard noir et un peu triste, avait largement entamé la soixantaine, l'autre était beaucoup plus jeune. Il entrait à peine dans l'âge adulte, sûr de lui, de ses cheveux roux, de ses yeux verts, de son visage rond et de sa carrure solide. Les deux hommes se jetèrent un regard rapide. Le plus âgé alors se risqua :

« Ne soyez pas offusqué de notre comportement,

dit-il. Nous vous observons depuis quelque temps... Nous étions au bar. »

Il parlait d'une voix douce, teintée d'un accent italien.

« Maintenant que nous vous voyons de près... Vous êtes monsieur Quéïnec? »

L'homme eut un large sourire.

« Et vous êtes Fachetti! »

Il se tourna vers le solide gaillard :

« Et vous Mac Allister! »

Fachetti répéta :

« Ça alors... »

Mac Allister fit un signe à un garçon d'apporter à boire et Jean-Marie, ses yeux bleus rendus plus pâles par l'émotion, balbutia :

« C'est un moment merveilleux de vous voir..., merveilleux!

— Faudra faire attention à Julia, reprit Fachetti, elle ne s'y attend pas... »

Il essuya rapidement une larme qui perlait aux coins des yeux.

« ... Elle risque de s'évanouir. »

Les trois partirent d'un rire faux et un peu forcé. Un rire de bonheur.

« Vous seriez arrivé la semaine dernière, vous auriez fait une grande impression », dit Fachetti.

Jean-Marie le regarda étonné.

« Il y avait une grande fête à Ashby Ranch. Julia n'en fait jamais... Elle n'avait pas le cœur à ça. On a arrosé une commande importante pour le chantier. M. Loumis était là. Il a longtemps parlé de vous. Il vous appelle " son sauveur "... Il a dit à Julia : " Tant qu'on n'a pas de preuve qu'il est mort, c'est qu'il est en vie. " Julia ne comprenait pas que vous ne lui ayez jamais écrit.

— J'ai été blessé dans un bombardement en septembre 1915. Les Allemands m'ont fait prisonnier dans l'attaque qui a suivi. Ils m'ont gardé pendant trois ans. J'ai été libéré à la fin de l'année dernière, en novembre 1918, et tout de suite j'ai fait télégraphier au consulat de France à San Francisco.

– Rien n'est arrivé, dit Fachetti. C'est pas étonnant. D'Italie non plus, je ne reçois rien... M. Loumis a dit qu'il partirait en France pour vous ramener. Il habite New York, maintenant. Il nous a dit : " Pour moi, Paris, c'est la porte à côté. "

– Loumis habite New York? demanda Jean-Marie.

– A cause de son travail, expliqua Fachetti. Il y a un atelier. Il fait beaucoup d'expositions... Il est connu dans le monde entier. C'est un grand peintre maintenant, Loumis... Il vient de temps en temps nous rendre visite, voir son père dans Columbus Avenue. Il passe dire bonjour à Maggy, aussi. »

Le visage de Fachetti s'assombrit tout à coup.

« Maggy ne va pas très bien en ce moment. Elle ne sort plus de chez elle. Elle reste dans sa chambre, couchée dans son lit, au dernier étage de la Cage aux lions. Porfirio passe son temps à son chevet. Il la soigne. Il lui fait des piqûres. Elle souffre beaucoup, paraît-il. »

Il regarda Jean-Marie.

« ... Vous n'oublierez pas d'aller la voir, n'est-ce pas? » fit-il inquiet.

Jean-Marie fit « non » de la tête.

« Je n'oublierai pas. »

L'idée de Maggy dans son lit, ravagée par la douleur, vint ouvrir une blessure au plus profond de lui. Il ne l'avait pas écoutée un jour d'août 1914. Il était parti.

Jean-Marie s'avança seul dans le jardin d'Ashby Ranch. Un petit garçon jouait sur le gravier, près de la tonnelle, dans le fond du parc. Il vint vers lui, quand il l'aperçut :

« Bonjour, monsieur, fit le garçon. Je m'appelle Michael. »

Jean-Marie se baissa pour mieux le regarder. Il avait les cheveux et les yeux noirs, d'un noir profond et doux.

« J'ai quatre ans et demi », ajouta-t-il avec un sourire fier...

Jean-Marie hocha la tête.

« Ta maman est là ? » demanda-t-il.

Le garçon se mit à courir vers la grande maison dans les frondaisons, au-dessus de l'étendue bleue de la baie, et appela d'une voix vive :

« Maman ? Il y a un monsieur qui veut te voir... »

Jean-Marie fit quelques pas vers Julia qui venait d'apparaître. Elle dit, comme malgré elle :

« Tu es revenu, Jean-Marie.

– Oui... Tu es devenue une très belle femme », murmura-t-il.

Et elle se jeta dans ses bras. Il sentit son corps ferme et les larmes qui montaient en elle.

Michael, intrigué, demanda :

« Maman..., tu le connais ? »

Julia desserra doucement l'étreinte de son mari, regarda Michael et fit « oui » de la tête en s'essuyant les yeux.

« Alors tu vas rester avec nous ? » dit le garçon en regardant son père.

Jean-Marie mima l'hésitation.

« Si tu restes, reprit l'enfant, je te raconterai l'histoire du marin de Terre-Neuve qui a trois jambes ! »

Jean-Marie éclata de rire, puis il déclara, l'air sérieux :

« Alors, je reste... »

Il vit que Julia souriait. Il s'approcha d'elle et chuchota à son oreille :

« C'est pour lui faire plaisir, parce que l'histoire du marin à trois jambes de Terre-Neuve, en fait..., je crois bien que je la connais. ».

GLOSSAIRE DES TERMES MARITIMES

Amariné : entraîné à la mer.

Amure : coin bas au vent (d'où vient le vent) d'une voile carrée. Bâbord amure, tribord amure : position du bateau quand le vent vient de la gauche, de la droite. Point d'amure : coin inférieur d'un foc ou d'une voile aurique (axiale).

Au commerce (naviguer) : naviguer sur un bateau de la marine de commerce, par opposition à la marine de guerre.

Aussière : fort cordage servant à l'amarrage ou au remorquage.

Atterrages : proximité d'une côte.

Bâbordais : désignation d'une équipe de matelots (de même : tribordais).

Barrot de pont : barre soutenant le pont.

Bau : largeur d'un bateau.

Beaupré : grand espar (poutre) surplombant l'étrave et portant les voiles d'avant ainsi que les étais du mât de misaine.

Bitord (père Bitord) : personnage mythique, « prince de la manœuvre et du matelotage ».

Bout au vent : face au vent.

Bout-dehors : prolongement du beaupré.

Brassé carré : se dit d'un bateau doté de vergues

perpendiculaires à l'axe des mâts et, par conséquent, de voiles carrées.

Brick-goélette : bateau gréé à la fois avec des voiles
axiales et des voiles carrées. Egalement : goélette
à huniers.

Cabillot : pièce de bois autour de laquelle se tourne
un cordage.

Courir sur son erre : continuer à avancer toutes
voiles serrées.

Courir grand-largue : naviguer plein vent arrière ou
légèrement de travers.

Culer : reculer.

Draille : câble le long duquel se hisse le foc.

Drisse : filin permettant de hisser les voiles axiales.

Dunette : pont surélevé à l'arrière du bateau, traditionnellement réservé aux officiers. Egalement :
gaillard d'arrière.

Ecoute : sur une voile carrée, filin frappé au coin
sous le vent.

Etarquer : tendre.

Faseyer : se dit d'une voile qui bat, passant dans
l'axe du vent.

Flot : marée montante.

Foc tourmentin : foc de tempête.

Gabier : matelot agile, chargé d'envoyer et de serrer
les voiles, accroché à la vergue.

Gaillard d'avant : pont surélevé à l'avant du bateau,
traditionnellement lieu de détente des matelots.

Haubans : câbles en acier destinés à maintenir la
mâture, tendus en haut des mâts et fixés aux
flancs du navire.

Hune de vigie : petite plate-forme d'observation de
forme circulaire, située au sommet des bas-
mâts.

Jambette de pavois : pièce de charpenterie consti-
tuant l'extrémité des couples et soutenant le
bastingage.

Jusant : marée descendante.

Manœuvre : souvent synonyme de cordage.

Matelotage : art des nœuds marins.

Maugère : bâche destinée à recouvrir un orifice. Egalement prélart.

Mettre en fuite : courir devant le vent, avec peu de toile, dans le gros temps.

Oreilles de lièvre : les basses voiles gonflées sur le côté par un vent de travers.

Prendre la cape courante : technique de disposition des voiles de façon à faire peu de route et à se protéger du gros temps en dérivant. *Prendre la cape sèche :* courir toutes voiles serrées. Egalement : capéyer.

Prendre des ris : réduire la surface des voiles quand le vent forcit.

Schooner : nom américain des goélettes. On prononce : « chouneur ».

Vergue : poutre cylindrique, perpendiculaire au mât, soutenant les voiles carrées.

IMPRIMÉ EN FRANCE PAR BRODARD ET TAUPIN
Usine de La Flèche (Sarthe).
Librairie Générale Française - 6, rue Pierre-Sarrazin - 75006 Paris.
ISBN : 2 - 253 - 04313 - 3